高等职业教育铁道交通运营管理专业校企合作系列教材
高等职业教育“十三五”规划教材——轨道交通类

铁路旅客运输组织（第2版）

主　编 ○ 李增和
副主编 ○ 宋玉佳　刘　晶
主　审 ○ 朱殿萍

西南交通大学出版社
·成　都·

内容简介

本书是高等职业教育铁道交通运营管理专业校企合作系列教材之一，是针对高等职业院校高素质技术技能型人才培养的特点，以铁路旅客运输各环节的岗位工作为任务导向，以培养学生的实践能力为重点，并结合新的客运规章和新技术、新设备编写的。全书内容分为六个项目：旅客运输计划编制、售票作业、行包运输作业、车站客运作业、列车客运作业、客运安全工作。

本书既注重基本理论知识，又突出实践操作技能，内容丰富、实用性强，是铁路高职院校铁道交通运营管理专业的专业教材，也可作为其他高等院校、中等职业学校和职工岗位培训教学用书，还可作为铁路客运工作相关人员的学习参考书。

图书在版编目（CIP）数据

铁路旅客运输组织 / 李增和主编. —2 版. —成都：西南交通大学出版社，2018.8

高等职业教育铁道交通运营管理专业校企合作系列教材 高等职业教育“十三五”规划教材. 轨道交通类

ISBN 978-7-5643-6384-0

Ⅰ. ①铁… Ⅱ. ①李… Ⅲ. ①铁路运输 – 旅客运输 – 运输组织 – 高等职业教育 – 教材 Ⅳ. ①U293.1

中国版本图书馆 CIP 数据核字（2018）第 200208 号

高等职业教育铁道交通运营管理专业校企合作系列教材
高等职业教育“十三五”规划教材——轨道交通类

铁路旅客运输组织

（第 2 版）

主　编 / 李增和

责任编辑 / 姜锡伟
助理编辑 / 宋浩田
封面设计 / 何东琳设计工作室

西南交通大学出版社出版发行
（四川省成都市二环路北一段 111 号西南交通大学创新大厦 21 楼　610031）
发行部电话：028-87600564　028-87600533
网址：http://www.xnjdcbs.com
印刷：四川煤田地质制图印刷厂

成品尺寸　185 mm × 260 mm
印张　25　　字数　623 千
版次　2018 年 8 月第 2 版　　印次　2018 年 8 月第 8 次

书号　ISBN 978-7-5643-6384-0
定价　69.80 元

第2版前言

随着铁路建设与发展进程的不断加快，企业对铁路旅客运输组织技术人才、管理人才的数量和质量都提出了更高的要求，社会需要专业实践操作能力强、具有发展潜力的高素质技术技能型人才。

我国高等职业教育为了适应企业对职业人才的需求，倡导“项目导向、任务驱动”的职业教育理念，在“教、学、做一体”的教学模式下，使学生在学习中感受作业环境，体会岗位要求，理解岗位所需的知识和技能，缩短与实际岗位的差距。

本教材适应铁道运输专业教学指导委员会新修订的铁道交通运营管理专业课程设置和教学改革要求，立足体现教育部关于高等职业教育要“深化工学结合、校企合作、顶岗实习”的人才培养模式改革的要求。

本教材是在深入铁路生产一线调研的基础上，通过岗位职业能力分析，结合铁路旅客运输岗位群的任职要求编写的。由于铁路建设的发展，本教材及时纳入客运新设备、新技术、新规章等新内容，体现高等职业教育“以专业技能训练为主线、以职业素质培养为核心”的特点，职业性与实践性都很强。

本教材由天津铁道职业技术学院李增和担任主编，宋玉佳、刘晶担任副主编，北京铁路局客运处朱殿萍担任主审。编写分工如下：天津铁道职业技术学院李学华编写项目一、项目五的任务一；刘晶编写项目二、项目五的任务二至任务五及拓展知识；李增和编写项目三；宋玉佳编写项目四；肖宝玲编写项目六。

本教材在编写过程中，得到了有关铁路局、站段的大力支持，得到了行业专家的热情帮助和指导，在此深表感谢。

由于编者水平有限，书中不妥之处，敬请读者批评指正。

编　者

2018年5月

第1版前言

铁路是国民经济大动脉，是国家的重要基础设施和大众化交通工具，在我国经济发展中的地位和作用至关重要。铁路旅客运输的基本任务是安全、迅速、经济、便利地运送旅客、行李和包裹。做好铁路旅客运输工作关系国民经济发展、人民生命财产安全和社会稳定大局。随着铁路新设备、新技术的大量采用，铁路企业需要具有专业职业素养、掌握职业岗位所需理论知识和操作技能的高端技能型专门人才。

我国高等职业教育为了适应企业对职业人才的需求，倡导“项目导向、任务驱动”的职业教育理念，在“教、学、做一体化”的教学方式下，使学生在学习中体会岗位要求，理解岗位所需知识和技能，缩短与实际岗位的差距。为适应铁路运输专业教学指导委员会会议新修订的铁道运营管理专业课程设置和教学改革要求，本教材在编写时立足于体现教育部关于高职教育要深化工学结合、校企合作、顶岗实习的人才培养模式改革的要求。在教材编写前期准备过程中，我们积极邀请铁路运输企业技术人员参与，征求企业对学生技能培养的意见和建议；同时，教师深入企业进行调研，了解专业人才需求情况，听取毕业生专业技能及综合素质等方面的意见和建议，确定了满足教学目标的教学内容。

本教材根据铁道运输专业人才培养目标并结合教学改革的要求，采用“项目导向、任务驱动”的职业教育理念，通过岗位职业能力分析，提出每一项目的学习目标，使学生在学习之前能够清楚岗位的职业要求。由于铁路建设的发展、设备更新、客运规章配套更新，为使教材更适应新设备、新规章，我们邀请了企业现场专家共同参与研讨教材内容，将教学过程和企业的生产过程紧密结合。

本书由天津铁道职业技术学院李增和任主编，李学华任副主编，北京铁路局天津客运段耿学杰任主审。编写分工如下：天津铁道职业技术学院李学华编写项目一，项目五的任务一和二，项目六；李增和编写项目二、项目三；北京铁路局天津站吕忠强编写项目四；北京铁路局天津客运段孙强编写项目五的任务三、四、五。

本书在编写过程中得到了铁路运输专业教学指导委员会、北京铁路局天津站、北京铁路局天津客运段的大力支持，同时北京铁路局客运处高级工程师朱殿萍为本书的编写提供了很多帮助和建议，在此深表感谢。

由于编者水平有限，书中不妥之处，敬请读者批评指正。

编　者

2012年11月

目　录

项目一　旅客运输计划编制

【教学目标】

旅客运输计划是铁路运输计划的主要内容之一，是整个国民经济计划的重要组成部分。它不仅是确定旅客列车对数和客运机车车辆需要数的基础，也是确定客运设备、客运机车车辆修造计划以及客运运营支出计划的重要依据，同时也是铁路旅客运输组织工作的基础，以及旅客安全、迅速、准确、便利、舒适地旅行的前提。旅客运输计划按其组织形式分为客流计划、技术计划、日常计划三种。掌握编制旅客运输计划相关知识和技能，能为从事铁路旅客运输计划相应岗位的工作打下良好的基础。因此，本项目教学目标为：

一、知识目标

（1）客流的概念、分类；

（2）旅客列车的概念、分类；

（3）客流图的概念、用途；

（4）旅客运输计划指标；

（5）旅客列车行车量；

（6）旅客列车运行图、时刻表；

（7）旅客输送日计划；

（8）乘车人数通知单；

（9）客运调度工作。

二、技能目标

（1）能够进行客流调查；

（2）能够预测客流；

（3）能够按要求绘制客流图；

（4）会计算旅客运输计划指标；

（5）能够准确确定旅客列车运行区段和行车量；

（6）能够看懂旅客列车运行图、时刻表；

（7）能够编制旅客输送日计划；

（8）能够正确填制乘车人数通知单。

任务一　旅客运输客流计划编制

任务描述

旅客运输客流计划是编制旅客运输计划的基础，作为铁路客运计划员，应当掌握客流调查方法及不同方法的调查目的，能够准确预测客流变量及客流量等，为做好铁路旅客运输计划、客运计划调整等工作打下良好的基础。

旅客运输客流计划是编制旅客运输计划的第一项作业，包括客流调查、客流变化的判断、客流预测等环节。完成此作业需要掌握铁路客流的概念、分类，客流调查方法、客流预测方法，客流斜线表的编制、客流图绘制等相关知识和技能。

知识准备

一、客流的形成及分类

1. 客流的形成

客流是指铁路某一方向上、一定时间内旅客的流量和流向，由旅客运输的数量、行程和方向构成。在我国，客流主要由广大人民在生产和生活中的旅行需要所形成。

2. 客流的分类

铁路上为了合理地组织旅客运输和确定旅客列车的运行区段和种类，按旅客的乘车距离和铁路局管辖范围，一般将客流分为以下两种：

（1）直通客流，指旅客乘车距离跨及两个及其以上铁路局的。

（2）管内客流，指旅客乘车距离在一个铁路局范围以内的。

二、旅客列车分类及列车车次

（一）旅客列车分类

为了规范管理，适应市场需要，满足日益增长的客流的需求，铁路总公司在大力挖掘运输潜力的同时，不断推出高速新型旅客列车等运输新产品。目前，旅客列车的分类大致如下：

（1）高速动车组旅客列车。

这种列车采用先进的和谐号、复兴号动车组列车，车内设备、服务水准一流，列车运行在高速铁路线路上，设计时速 350 km，主要安排在客流较大的城市所在站始发、终到，实现大城市间旅客的快捷运输。

（2）城际动车组旅客列车。

这种列车采用先进的和谐号、复兴号动车组列车，车内设备、服务水准一流，列车运行在城际高速铁路线路上，设计时速 350 km，实现城市间旅客的快捷运输。

（3）动车组旅客列车。

这种列车采用先进的和谐号动车组列车，车内设备、服务水准一流，列车运行在普速铁路线路上，最高时速 250 km，主要安排在客流较大的城市所在站始发、终到，实现大城市间旅客的快捷运输。

（4）直达特快旅客列车。

这种列车采用先进的庞巴迪和 25 T 型客车，车内设备、服务水准一流，列车运行在普速铁路线路上，最高运行时速达 160 km，途中一站不停，主要安排在客流较大的城市所在站始发、终到，实现大城市间旅客的快捷运输。

（5）特快旅客列车。

这种列车也是目前国内速度较高、车内设备完善、服务质量较好的列车，列车运行在普速铁路线路上，在首都与各大城市及国际之间开行。有国际和国内两种特快旅客列车，国内特快又分为跨局特快和管内特快。特快列车停站少，运行速度和直通速度都较其他普速旅客列车高。

（6）快速旅客列车。

这种列车目前在京沪、京广、京哈、陇海等经过技术改造后具有提速条件的普速铁路线路上开行，其中在相距 1 000 ~ 1 500 km 的大城市间开行了多对夕发朝至的快速列车，受到旅客极大欢迎。

（7）普通旅客快车。

这种列车运行在铁路普速线路上，分为跨局及管内两种普通快车，比特快、快速旅客列车慢，编组辆数和停站次数较多，运行于各大中城市之间。

（8）普通旅客慢车。

这种列车运行在铁路普速线路上，分为跨局及管内两种普通旅客慢车，编组辆数多，定员多，速度较低，在营业站均有停点。

（9）临时旅客列车。

这种列车是为了适应客运市场需求而临时开行的旅客列车。

（10）旅游列车。

这种列车在名胜古迹、游览胜地所在站和大中城市间开行，用于运输旅游观光旅客。旅游列车的速度、服务和设备都优于其他旅客列车。

（11）回送出入厂客车底列车。

这种列车是把客车配属站的空客车底事先调送至异地的列车始发站待用，或把旅客运送至目的地后，将空客车底回送至原客车的配属站而运行的列车。

（12）因故折返旅客列车。

除上述旅客列车外，旅客运输企业根据旅客旅行的多元化需求，还可开行其他形式的旅客列车。

（二）旅客列车车次

全国有上千对不同种类、性质的旅客列车运行在全国各条线路上。为了便于旅客区别各种旅客列车的性质和种类，同时，考虑到铁路行车部门组织列车运行和进行作业的需要，铁路部门把各种旅客列车按其性质、种类和运行方向用一定字母、数字编定车次。所以，车次是某一列车的简明代号，它能表示：① 列车的种类——是客车还是货车，如是客车还可判明是直通的还是管内的；② 列车的等级——是快车还是慢车，如是快车还可区分特快、快速、普快等；③ 列车的去向——是上行还是下行，在我国以向首都北京、支线向干线或指定方向为上行，车次编定为双数，反之为下行，车次编定为单数。同一车站到开或同一径路运行的列车不得编用相同的车次，有些列车在途中几次变换上下行方向，就形成了一趟列车多个车次，列车可使用不超过四个车次运行到终点站。

目前采用的车次代码方案为：普通旅客快、慢列车由 4 位数字组成，其他列车由一位字母和 1 ~ 4 位数字组成（但回送客车底列车、因故折返旅客列车除外）。旅客列车车次编定如表 1.1.1 所示。

表 1.1.1　旅客列车车次表

序号	列车种类		车　次
1	高速动车组列车	跨局	G1 ~ G5998
		管内	G6001 ~ G9998
2	城际动车组列车	跨局	C1 ~ C1998
		管内	C2001 ~ C9998
3	动车组列车	跨局	D1 ~ D3998
		管内	D4001 ~ D9998
4	直达特快旅客列车	跨局	Z1 ~ Z9998
5	特快旅客列车	跨局	T1 ~ T4998
		管内	T5001 ~ T9998
6	快速旅客列车	跨局	K1 ~ K6998
		管内	K7001 ~ K9998
7	普通旅客快车	跨三局及以上	1001 ~ 1998
		跨两局	2001 ~ 3998
		管内	4001 ~ 5998
8	普通旅客慢车	跨局	6001 ~ 6198
		管内	6201 ~ 7598
9	通勤列车		7601 ~ 8998
10	临时旅客列车	跨局	L1 ~ L6998
		管内	L7001 ~ L9998
11	旅游列车	跨局	Y1 ~ Y498
		管内	Y501 ~ Y998
12	动车组检测车		DJ5501 ~ DJ5598
13	回送出入厂客车底列车		001 ~ 00298
14	回送图定客车底		原车次冠以“0”
15	因故折返旅客列车		原车次冠以“F”
16	行包列车		X1 ~ X299

三、客运量预测

客运量预测是指对客运量的发展进行动态分析，并在定性基础上进行定量计算，为编制旅客运输计划提供科学依据。客运量预测是编制铁路旅客运输年度计划、五年计划和长远规划的基础，也是铁路新线建设和旧线技术改造的重要依据。

（一）客流调查

客流是运输组织工作的基础，是编制旅客运输计划的依据，而摸清客流又是一项比较复杂的工作，因为大部分客流是基于个人旅行需要而自然形成的，但它又受一系列社会因素的影响。因此，客流调查以影响客流发展与变化的主要因素为对象，同时，要确切地掌握一定时期的客流数量和客流变化规律。

1. 影响客流变化的主要因素

（1）社会政治、经济、文化的发展变化。

（2）国家或地区一定时期内方针政策的变化。

（3）生产力布局的变化，经济区的开发，地方工业及乡镇企业的兴办和发展。

（4）人口的自然增长。

（5）人文、民俗及国家和地区性的大型团体活动。

（6）现有铁路的技术改造，新线的修建，客流吸引范围的扩大或缩小。

（7）各种交通运输工具的发展和分工情况。

（8）不同交通工具客运票价的变化。

（9）自然灾害和季节、气候变化。

（10）旅游业的发展变化。

这些因素对客流变化的影响极为显著。例如，城市人口的增加，广大人民群众物质文化生活水平的提高，铁路客运设备的不断改善等，都会引起客流的急剧增长。

必须指出，上述各种因素的变化，都是国民经济计划在该地区的具体体现。因此，调查、分析和运用这些资料时，首先应该研究国民经济计划的发展趋势，领会党和国家在一定时期制定经济计划的原则精神和在各地区进行经济建设的方针意图。以此作为根据，再进行具体资料的分析，才有可能使客流调查工作做得更好，更符合客观实际。

2. 客流调查的范围

客流调查可以在列车上进行，也可以在车站及其铁路沿线的吸引区内进行。客流调查的范围，是铁路沿线的吸引区。吸引区分为直接吸引区和间接吸引区两种。直接吸引区是指车站所在地及其附近地区被车站直接吸引的城市和居民点的总区域。这个区域可用垂直平分法划出大致范围，如图 1.1.1 所示。

甲站的几何吸引范围是实线包围的地区 *ABCD*。

其求法为：先划出甲乙和甲丙的垂直平分线，然后划出甲丁的垂直平分线与其相交于 *A*，*B* 两点，再划出甲戊的垂直平分线与其相交于 *C*，*D* 两点。*A* 点与甲、乙、丁三站的距离相等，*B* 点与甲、丙、丁三站的距离相等，*D* 点与甲、乙、戊三站的距离相等，*C* 点与甲、丙、戊三站距离相等。所以几何图形 *ABCD* 内各点都距甲站较近，可作为甲站的吸引范围。同时还必须考虑许多具体条件，如地形、地貌、交通条件、运输费用、在途时间等进行分析、修正，才能最后确定吸引区的边界。

间接吸引区是指车站直接吸引范围以外，由其他交通工具的联系而被间接吸引的较远地区的城市和居民点的总体区域。一般按最短通路原则进行划定。

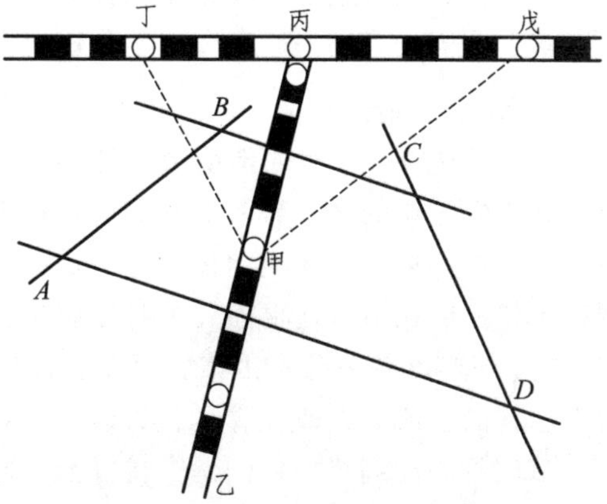

图 1.1.1　直接吸引区示意图

3. 客流调查的方法

客流调查分为综合调查、节假日调查、日常调查三种形式，一般以日常调查为主。调查对象多为居民或旅客。

1）综合调查

综合调查一般每年进行一次。调查的目的是摸清车站吸引区的政治、经济、文化和人民生活情况，了解影响铁路客运量变化的各种因素以及对客运工作的客观要求，作为制定长期规划、年度计划及改进客运设备的主要依据和日常客运组织工作的基础。

调查内容有：

（1）吸引地区的一般情况。

地区的自然条件（位置、地形、气候等），行政区域的划分，城市、农村人口的分布和增长情况，工矿企业、机关学校的分布和发展情况，工矿企业生产水平及与外地在供销上的联系，农业生产和劳动力的安排及有组织的或自发的劳动力外出情况，文教、卫生事业的发展和名胜古迹、医院、疗养院的分布。

（2）直接影响客流的各项因素。

吸引地区的总人数，工矿企业、机关、学校等单位的人员及家属人数、休假制度及利用铁路旅行的情况，疗养、休养处所的开放时间、床位及其周转时间，吸引范围内名胜古迹、游览胜地及历年各月的旅游人数，历年特殊客流及大批人员运输情况（应分出主要到发区段）。

（3）各种交通运输工具的分工情况。

吸引范围内现有交通运输方式的运输能力，历年的运量及比例，客流在时间上的变化情况以及今后的发展；各种交通运输工具的运行线路，与铁路旅客列车运行时间的配合情况。

（4）铁路旅客运输资料。

按运输类别的旅客发送、中转及到达人数，使用铁路乘车证人数，客流月间、季度的波动情况及原因；历年客流变化及到达各区段的客流量；分直通、管内和市郊的旅客列车对数、运行区段、时间及平时和客运量最大时的运能与运量的适应情况；其他与编制客流计划、组织旅客运输有关的资料。

综合调查最好每年例行在规定时间内进行，并将调查结果按客流分析说明表等汇总，编制成各年度的铁路旅客运输客流调查资料。这样，逐年按期进行，可以系统地取得历年资料，在了解、分析、对比和研究客流变化规律方面是有很大作用的。

2）节假日调查

节假日调查主要是对清明节、劳动节、端午节、中秋节、国庆节、元旦节和春节这七大节日和学生每年的寒、暑两个假期进行调查。此外，铁路高速旅客列车的开行、国家法定节假日的增加使得管内客流增长明显，近年相应的中距离运输的直通客流也呈明显增长态势。调查工作一般在节日运输前一个月左右进行。春节期间客流增长量大，且与学生寒假运输连在一起，影响客流变化的因素较复杂，暑期客流增长的主体为学生流和旅游客流，因此春节、暑期运输的客流调查应在春运、暑运前 3 ~ 4 个月内进行。

节假日客流调查的目的是安排好节日旅客运输方案以及做好各项组织工作，其中包括制订节假日期间临时旅客列车开行方案，编制节日旅客运输计划和售票、服务组织工作等。

调查的主要内容：

（1）重点工矿企业、政府机关团体的休假制度、社会经济活动及外地人员乘坐火车的流量和流向。

（2）学生客流重点调查本地区大中专学校数量、在校学生和外地学生人数、乘坐火车的流量和流向、放假和开学日期。

（3）民工客流重点调查产生地的农业人口数量、乡镇企业发展情况和剩余劳动力数量及外出劳动力分布地区和数量，接纳地区用工部门、劳务市场已经或预计接纳的用工数量。中转站应建立健全民工旅客的流量、流向资料台账，加强分析和预测。

（4）其他交通运输工具与铁路衔接运能、运量的变化情况。

调查的方法可采取登门调查、函调和召集会议等方式。

将调查的资料汇总，编制出节假日客流调查统计表，如表 1.1.2 所示。

表 1.1.2　节假日客流调查表

<table>
<tr><td colspan="2">所属部门：　　　　　　　　局（公司）单位名称：</td></tr>
<tr><td colspan="2">地址　　　　区（县）　　　　路　　　巷（弄）</td></tr>
<tr><td colspan="2">联系人科室：　　　　　　姓名：　　　　　　电话：</td></tr>
<tr><td colspan="2">全厂（校）人数：　　人　　其中职工（教职工）　　人　（学生）　　人　享受探亲假职工（师生）　人</td></tr>
<tr><td colspan="2">发薪日期：　　　日，厂（校）休日星期　　春节假期自　　　月　　日至　　月　　日止（包括调休）</td></tr>
<tr><td rowspan="5">××年春节在××乘坐交通工具</td><td>乘火车往××方向　　人，往××方向　　人，往××方向　　人，小计　　人</td></tr>
<tr><td>乘长途汽车往××方向　　人，往××方向　　人，往××方向　　人，小计　　人</td></tr>
<tr><td>乘内河轮船往××方向　　人，往××方向　　人，小计　　人</td></tr>
<tr><td>乘火车至××站转乘海轮往××方向　　人，往××方向　　人，小计　　人</td></tr>
<tr><td>现有临时工使用到××年×月底的往××方向　　人
往××方向　　人，小计　　人</td></tr>
<tr><td>对铁路客运服务工作和车次时间等方面的意见、要求</td><td></td></tr>
</table>

填表单位：　　　　　　填表人科室：　　　　　　姓名：　　　　　　电话：

3）日常调查

日常调查是指车站的有关客运人员与旅客在购票、候车、乘车过程的接触中，对客流变化的各项因素进行的调查了解，对于本地区重大社会活动、大型项目的实施等情况也应有所了解。

车站客运计划人员应经常注意车站内和吸引地区客流情况，随时了解、掌握旅客流量、流向的变化，找出客流受季节、气候等因素影响的规律，分析客流增减数量、变化原因和延续时间等。在调查中，特别要了解旅客的旅行目的、到达地点、返回日期及掌握市郊、周末、集市贸易、旅游、会议等方面的旅行动态。这种调查，对于编制日常旅客运输计划和安排运输工作，将起到较大作用。

调查内容可根据日常客流发生的特殊变化情况来确定。

调查的方法，可深入售票处、候车室及列车等旅客密集的场所采用“听、看、问”的方式或制定统一的调查登记表（见表 1.1.3、表 1.1.4），发给旅客填写。

表 1.1.3　日常客流调查登记表

各位旅客：

为了搞好客流调查，有计划地组织旅客运输，更好地为广大旅客服务，请您协助在以下调查内容内画“○”或填写：

一、本人职业：工人、农民、军人、师生、商业、机关干部、（其他：＿＿＿＿＿＿＿＿）

二、旅行目的：出差、开会、学习、参观、采购、浏览、就医、探亲、（其他：＿＿＿＿＿）

三、建议或要求：＿＿＿＿＿＿＿＿＿＿＿＿＿＿＿＿＿＿＿＿＿＿＿＿＿＿＿＿＿＿＿＿

＿＿

四、本人单位：＿＿＿＿＿＿＿＿＿＿＿＿＿＿＿＿＿＿＿＿＿＿＿＿＿＿＿＿＿＿＿＿＿

祝您旅途愉快！

××铁路局××站

年　月

表 1.1.4　旅客抽样调查问卷

旅客抽样调查问卷

时间＿＿＿＿＿　地点＿＿＿＿＿站

欢迎您乘坐铁路客车，为了解您的旅行需求，继续改善我们的服务质量，需要占用您一点宝贵的时间，配合我们此次问卷调查，谢谢您的支持与合作。

一、您对铁路客运的总体印象　1. 很满意　2. 满意　3. 不太满意　4. 不满意

二、您希望铁路客运改善哪些方面？（限选 2 项）

1. 设备设施　2. 速度　3. 票价　4. 服务态度　5. 售票和进出站　6. 卫生　7. 餐饮

三、本次旅行，您选择铁路的原因是？（限选 2 项）

1. 安全　2. 速度　3. 票价　4. 舒适　5. 便捷　6. 服务

四、当您出门旅行选择交通工具时，认为最重要的是？（限选 3 项）

1. 安全度高　2. 速度快　3. 费用低　4. 舒适　5. 便捷　6. 服务好

五、您认为最适合铁路旅行的距离为：（限选 2 项）

1. 200 公里以下　2. 200～500 公里　3. 500～1 500 公里　4. 1 500 公里以上

六、您认为最适合铁路旅行的时间为：（限选 2 项）

1. 2 小时以下　2. 2～5 小时　3. 5～12 小时　4. 12～20 小时　5. 20 小时以上

七、您此次旅行的购票渠道

1. 车站窗口购票　2. 代理售票点购票　3. 车站电话订票　4. 网上订票　5. 旅馆订票

6. 旅行社代购　7. 上车补票　8. 绿色通道购票　9. 单位订票　10. 其他＿＿＿＿＿

八、您购买的车票席别？　1. 软座　2. 硬座　3. 软卧　4. 硬卧

九、您乘坐本次列车的票价是＿＿＿＿＿元，您认为可以接受的价格是＿＿＿＿＿元。

十、您本次旅行的购票费用来源　1. 工作单位支付　2. 自费

如果费用来源是“工作单位支付”，那么您的工作单位是（“自费”不填）

1. 政府及事业单位　2. 国有大型企业　3. 其他类型企业　4. 其他单位＿＿＿＿＿

十一、您去年外出旅行的总次数　1. 3 次以下　2. 4～9 次　3. 10 次及以上

其中乘坐火车旅行的次数　1. 3 次以下　2. 4～9 次　3. 10 次及以上

十二、您此次旅行的原因

1. 公务及商务需要往返　2. 寻找工作机会往返

3. 学习培训往返　4. 旅游度假往返　5. 探亲访友往返　6. 其他＿＿＿＿＿

十三、您的月收入情况

1. 2 000 元以下　2. 2 000～5 000 元　3. 5 000～10 000 元　4. 10 000 元以上

十四、您所购买的车票是从＿＿＿＿＿站到＿＿＿＿＿站（铁路人员填写里程＿＿＿＿千米）

全面的、较大规模的客流调查，一般以车站或车务段为单位，在车站吸引范围内进行。由于调查的范围广，涉及的部门多，因此必须成立调查小组，分工负责，分片包干，各级有关客运人员应把客流调查工作作为自己日常工作的一部分。铁路局主要是作重点调查，汇总并分析各站（段）上报的客流调查情况。

（二）旅客运输统计报告资料

旅客运输统计报告资料，是掌握旅客运输变化规律的重要资料。根据统计资料，可以分析历年来实际客流的流量、流向及变化规律，可以查明旅客运输的季节性波动。通过分析各方向各次旅客列车乘车人数的统计资料，可以确定各区段列车的利用情况。

1. 旅客运输部门掌握的日常统计分析资料

车站根据售出客票记录，按直通、管内分别编制售出客票报告及退票报告等业务统计资料，报铁路局客运部门、收入部门和统计部门，并根据各次旅客列车上下车人数的统计，编制相关的报表资料，作为日常统计分析资料。

2. 由统计部门编制的客流统计资料

车站和车务段根据售退票原始票（单）据和原始电子信息编制售票报告、退票报告等业务资料及区段票、代用票、定额票、定期票据（包括乘降所上车票据），一起报铁路运输统计部门，再由统计部门根据各站、段提交的资料和铁路局间交换资料编制有关报表。

（1）始发旅客人数及票价收入统计表——客报-1。

本表反映各客运营业站（乘降所）、运输铁路局和省级行政区域的始发旅客人数情况。

（2）上车旅客人数统计表——客报-1A。

本表反映各客运营业站、运输铁路局在报告期内的旅客乘车情况。

（3）售出旅客人数统计表——客报-1D。

本表反映各铁路局售出客票对应的旅客人数完成情况。

（4）旅客运输量及平均行程统计报表——客报-2。

本表根据各铁路局客运始发资料和各运输铁路局交换资料编制，反映始发旅客人数在各铁路局分运输种别、旅客周转量及平均行程的完成情况。

（5）免票签证旅客运输量及平均行程统计表——客报-2M。

本表根据本铁路局免票签证旅客发送资料和各运输铁路局交换的资料编制，反映免票签证旅客运输在各铁路局内产生的始发旅客人数、旅客周转量及平均行程的完成情况。

（6）分界站旅客输出、输入及通过量统计表——客报-3。

本表反映运输铁路局间始发旅客去向及铁路局间分界站输出、输入及通过始发旅客人数。

（7）分界站免票签证旅客输出、输入及通过量统计表——客报-3M。

本表反映运输铁路局间免票旅客去向及各运输铁路局间分界站输出、输入及通过免票签证旅客人数。

（8）区段旅客运输密度统计表——客报-4。

本表反映了铁路营业线、临时营业线上各区段旅客运输密度。

（9）距离别始发旅客运输量统计表——客报-5。

本表按照运行距离别，分席别反映始发旅客人数和始发旅客周转量，用以了解和研究旅客行程情况的依据。

（10）中转旅客人数统计表——客报-6。

本表反映车站和列车上以电子售票方式办理中转手续的分担当铁路局别车次别的旅客运送情况。

（11）分线别旅客运输量及平均行程统计表——客报-7。

本表是以线路为独立的个体，反映全路分线别分运输种别的始发旅客人数、旅客周转量及平均行程的情况。线名以“铁路客运运价里程表”线名排序索引表为依据。

（12）铁路局内分线别旅客运输量及平均行程统计表——客报-7A。

本表反映铁路局管辖范围内客运分线别分运输种别的旅客人数、旅客周转量及平均行程的情况。

（13）分车次别席别始发旅客运输量及票价收入统计表——客报-8。

本表反映运输铁路局分车次、担当铁路局、席别的旅客运输情况。

（14）动车组分车次别席别日始发旅客运输量及票价收入统计表——客报 8D。

本表反映动车组每日旅客乘车情况，以“乘车日期”为依据进行统计。

（15）分站别车次别担当铁路局别始发旅客人数及免票签证旅客人数统计表。

本表反映各营业站、乘降所分车次分担当铁路局的始发旅客人数及免票签证旅客人数情况。

除此之外还有一些其他用途的报表及派生报表。各个统计报表使得铁路旅客运输统计资料更准确，更具有使用价值。

通过客流调查，并结合客运统计报告资料的分析，可掌握吸引地区客流产生与变化的一般规律，为编制旅客运输计划提供依据。

（三）各种预测方法

预测分近期预测、中期预测和长期预测三类。对客运量来说，5 年以内的预测为近期预测，5～10 年的预测为中期预测，10 年以上的预测为长期预测。预测方法有：直接计算法、乘车系数法、动态关系法、时间序列法、回归分析法等。

1. 直接计算法

根据客流调查资料，对有组织的客流，直接纳入预测的计划旅客发送量（n）。其计算公式为：

$$n = n_i - A + B$$

式中　n_i——上年度旅客发送量实绩；

A，B——上年度、计划年度的可变旅客发送量。

这种方法计算简单，但需要充分的客流调查资料，才能有良好的效果。

2. 乘车系数法（固定比例法）

通过采用旅客的乘车系数进行推算，得出计划期间客流。其计算公式为：

$$y(\text{乘车系数}) = Y(\text{铁路客运发送量})/N(\text{吸引地区居民人数})$$

例如，某年某站吸引地区的居民人数为 40 万人，而铁路客运发送量为 24 万人，则

$$y = Y/N = 24\ \text{万人}/40\ \text{万人} = 0.6$$

y 是随着客观形势的发展不断变化的，所以必须分析研究各项因素对 y 的影响程度，从而确定计划期的 y。如上例中，计划期 $y_{\text{计}}$为 0.65，计划期吸引区的居民人数为 43 万人，则计划客运发送量为：

$$Y_{\text{计}} = N_{\text{计}} \cdot y_{\text{计}} = 43\ \text{万人} \times 0.65 = 27.95\ \text{万人}$$

3. 动态关系法（比例增减法）

根据各种因素的影响，推定铁路客运发送量的增长百分数。例如，某站客运发送量最近三年的增长率为 9%、10%、13%，分析其不同的增长是由哪些因素造成的，然后根据计划年度各项因素预计发展情况，加以分析研究，确定计划年度应有的百分比，再乘以上年度的旅客发送量。

【例 1.1】 经调查了解，某站历年增长客流的基本原因是吸引区经济建设的迅速发展。车站附近中学的建立，一批工厂的兴办，在计划期间内还将有几座大工厂投产、兴建，确定计划年度的增长百分数为 15%。如上年度客运发送量完成 24 万人，则计划年度客运发送量应为 27.6 万人，其计算公式如下：

$$Y_{\text{计}} = Y(1+\beta) = 24\ \text{万人} \times (1+15\%) = 27.6\ \text{万人}$$

式中 $Y_{\text{计}}$——计划年度客运发送量；

Y——上年度客运发送量；

β——计划年度增长百分数。

4. 时间序列法（趋势外延法）

时间序列数据是将过去的历史资料和数据按时间顺序排列起来的一组数字序列，如历年某局或全路的客运发送量。

时间序列法的特点是假定客运发送量过去的变化趋势会同样延续到未来，因而可以根据过去的时间序列数据推算出其变化趋势，做出预测。这种方法多适用于短期预测，同时应消除偶然性因素的影响。

预测公式为：

$$\hat{Y} = a + bt$$

式中 t——年序数；

a，b——参数。

设一次移动平均数为 M_t^1，二次移动平均数为 M_t^2，取平均时距为（$n=3$），则

$$a = 2M_t^1 - M_t^2$$

$$b = M_t^1 - M_t^2$$

M_t^1 和 M_t^2 可按下列方法求解：

设各年的实际客运量为 X_{01}，X_{02}，…，X_{14}，则

$$\underset{(03)}{M_t^1}=\frac{X_{01}+X_{02}+X_{03}}{3}$$

$$\underset{(04)}{M_t^1}=\frac{X_{02}+X_{03}+X_{04}}{3}$$

$$\underset{(05)}{M_t^1}=\frac{X_{03}+X_{04}+X_{05}}{3}$$

……

二次移动平均数 M_t^2，不过是一次移动平均数 M_t^1 的再一次移动平均而已，即

$$\underset{(05)}{M_t^2}=\frac{\underset{(03)}{M_t^1}+\underset{(04)}{M_t^1}+\underset{(05)}{M_t^1}}{3}$$

【例 1.2】 表 1.1.5 所示为铁路客运发送量（Y）的动态数列，其变化趋势近乎直线，预计今后的铁路客运发送量仍将保持线性的增长趋势。请预测第 16 年客运发送量。

解： 将已知数据代入公式，得到 a，b。

预测第 16 年客运发送量（将 $t=2$ 带入公式）为：

$$\hat{Y}_{14+t}=1\,110+56t=1\,110+56\times2=1\,222\text{（百万人）}$$

表 1.1.5　客运量动态数列表

年份	Y（百万人次）	M_t^1（$n=3$）	M_t^2（$n=3$）	a	b	$\hat{Y}$	$\frac{\hat{Y}-Y}{Y}$
1	552						
2	612						
3	648	604					
4	660	640					
5	696	668	637	699	31		
6	705	687	665	709	22	730	+0.035
7	787	729	695	763	34	731	−0.071
8	807	766	727	805	39	797	−0.012
9	856	817	771	863	46	844	−0.014
10	912	858	814	902	44	909	−0.003
11	942	903	859	947	44	946	+0.004
12	989	948	903	993	45	991	+0.002
13	1 049	993	948	1 038	45	1 038	−0.01
14	1 123	1 054	998	1 110	56	1 083	−0.036

5. 回归分析法（相关因素法）

回归分析法是在定性研究的基础上，对实际调查的定量资料进行分析，找出事物发展的内部影响因素，确定出自变量与因变量以及它们之间的相互关系，形成一个回归方程，利用它来进行预测。

铁路客运发送量的基本影响因素有人口、国民平均收入等，如根据近几年统计资料的分析，它们相互间具有线性关系。

现设客运发送量为因变量 Y，人口为自变量 x_1，国民平均收入为自变量 x_2，其函数关系式为：

$$Y = f(x_1, x_2)$$

二元线性回归方程为：

$$Y = a + b_1x_1 + b_2x_2$$

为简化计算，将人口与客运发送量相比，求出乘车系数，使二元线性回归方程简化为一元线性回归方程，即

$$y = a + bx$$

式中 y——乘车系数（因变量）；

x——国民平均收入（自变量）；

a，b——回归参数。用最小二乘法求出，即

$$a = \overline{y} - b\overline{x} \qquad ①$$

$$b = \frac{\sum xy - \dfrac{\sum x \cdot \sum y}{n}}{\sum x^2 - \dfrac{(\sum x)^2}{n}} \qquad ②$$

将预测的乘车系数求出后，只要知道人口数，即可求得预测的客运发送量。

【例 1.3】 某地区国民平均收入及乘车系数的数据如表 1.1.6 所示。

表 1.1.6 某地区国民平均收入和乘车系数资料

序号	国民平均收入（元/人）	乘车系数		
		客运发送量（万人）	人口（万人）	系数
1	201	1 301.3	3 402	0.383
2	221	1 586.9	3 470	0.457
3	224	1 794.9	3 538	0.507
4	274	1 922.4	3 613	0.532
5	310	2 041.3	3 684	0.554
6	317	2 123.7	3 733	0.569
7	338.5	2 278.6	3 806	0.599

根据表 1.1.6 所列数据求参数 a，b，列表计算如表 1.1.7 所示。

表 1.1.7 回归直线方程计算表

序 号	国民平均收入 x	乘车系数 y	x^2	y^2	xy
1	201	0.383	40 401	0.146 69	76.983
2	221	0.457	48 841	0.208 85	100.997
3	244	0.507	59 536	0.257 05	123.708
4	274	0.532	75 076	0.283 02	145.768
5	310	0.554	96 100	0.306 92	171.74
6	317	0.569	100 489	0.323 76	180.373
7	338.5	0.599	114 582	0.358 8	202.762
$\sum$	1 905.5	3.601	535 025	1.885 09	1 002.331
$n=7$，　$\bar{x}=272.214$，　$\bar{y}=0.514$					

将表中有关数据带入②式中，得

$$b=\frac{1\,002.331-\dfrac{1\,905.5\times3.601}{7}}{535\,025-\dfrac{1\,905.5^2}{7}}=0.001\,35$$

将结果带入①式，得

$$a=0.514-0.001\,35\times272.214=0.147$$

回归方程如下：

$$y=0.147+0.001\,35x$$

根据上式，只要有计划年度的人口和国民平均收入数据，即可求得预测的客运发送量。

四、客流图的编制

为了对需要的旅客运输量与运输能力进行平衡，进而确定计划客运机车车辆工作量，必须编制客流图。

铁路总公司在下达编制客流图任务的同时，公布全路直通客流区段（管内客流区段由路局自定）和规定的客流月。所谓客流月，就是铁路总公司指定作为统计客流的某个月份，一般情况采用客运量需求较大的月份。所谓客流区段，是指客流的到达区段，它不同于列车运行区段和机车牵引区段，其长度按客流密度的变化情况而定。凡各大城市之间，客流密度大致相同的地点，衔接几个铁路方向的大型客运站，各铁路局间的分界站，都是划分客流区段的始发和终点站。在同一客流区段内各站间有不同的客流密度时，区段客流密度应按其中最大值计算，如图 1.1.2 所示，其区段客流密度应为 360 人。

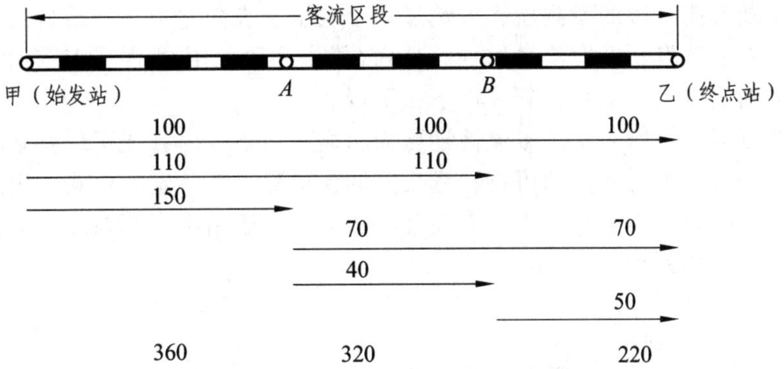

图 1.1.2　区段内始发和到达客流图

各个铁路局的统计部门按《铁路客货运输统计规则》的要求，提出客流月的直通、管内分区段的发送旅客流向统计资料。客运部门根据分区段的旅客流向资料，按日平均数编制客流图。

客流图分直通、管内两种。直通客流图是由一个铁路局所属各客流区段产生的客流，经过一个或几个铁路局间分界站到达他局客流区段的客流图解来表示。一般是根据统计工厂提供的各直通客流区段产生的输出客流量、流向分线别和客流区段来编制。先作一条线的第一个客流区段产生的直通输出客流，再作该线的第二个客流区段产生的直通输出客流，一直作到分界站。把各个客流区段产生的直通输出客流按顺序填入各客流区段，即得该客流区段产生的直通输出客流与通过本客流区段输出客流的总和。这样，最后一个客流区段的直通客流也就是本线所产生的直通输出客流量，如图 1.1.3 所示。

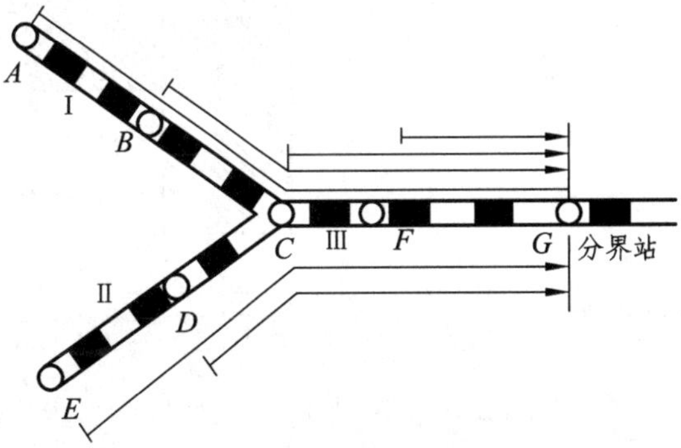

图 1.1.3　直通输出客流图

管内客流图是由一个铁路局管内各客流区段产生，在本铁路局管内各客流区段消失的客流图解来表示。管内客流图的编制方法与直通客流图不同，一般是先填制客流斜线表，后编制管内客流图。管内客流斜表如表 1.1.8 所示。

表 1.1.8　客流斜表

到站 发站	距离（km）	甲	乙	丙	丁	戊	上行	下行	总计
甲			3 545	2 050	938	856	7 389	—	7 389
乙		3 823		1 436	770	501	2 707	3 823	6 530
丙		1 823	830		2 622	865	3 487	2 653	6 140
丁		920	900	1 430		2 493	2 493	3 250	5 743
戊		780	1 300	1 170	1 460			4 710	4 710
上行		—	3 545	3 486	4 330	4 715			16 076
下行		7 346	3 030	2 600	1 460	—			14 436
总计		7 346	6 575	6 086	5 790	4 715	16 076	14 436	30 512

它将各大站及客流区段的发到旅客人数显示于表上。表内左边一列站名为发站，上边一行站名为到站。将发站发送的客流量按到站分列在同一行的相应栏内，表示出管内客流的流量和流向。表中斜线以上为上行，斜线以下为下行。

为使管内客流斜线表所表示的客流计划更为明显、清晰，而且便于计算旅客运输指标和确定旅客列车行驶区段与行车量，可将斜线表上的各项数字按一定的格式，用图案的形式绘制出管内客流图。同时，为了便于识别，在客流图上，对于由不同车站发送的客流，可用不同颜色或符号表示，如图 1.1.4 所示。

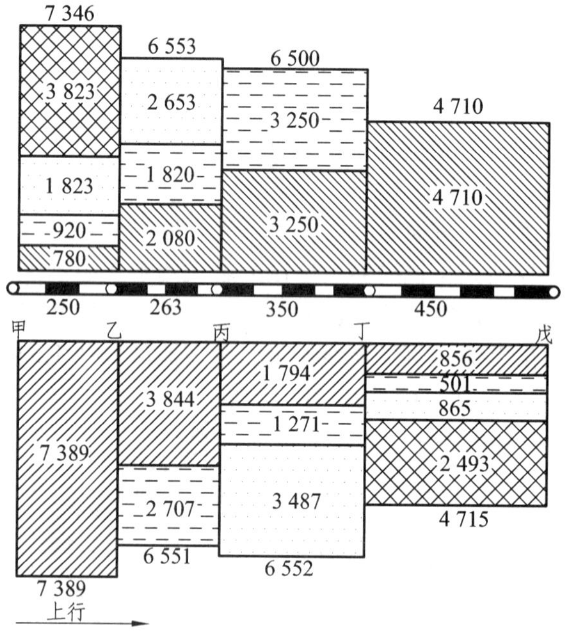

图 1.1.4　管内客流图

图 1.1.4 中，甲站上行日均发送 7 389 人，则甲乙区段上行客流密度为 7 389 人，而乙丙区段因到达乙站 3 545 人，则乙丙区段的客流密度为 7 389 − 3 545 = 3 844（人），丙丁区段因到达丙站 2 050 人，则其客流密度为 3 844 − 2 050 = 1 794（人），丁戊区段因到达丁站 938 人，则其客流密度为 1 794 − 938 = 856（人），该 856 通过丁戊区段后到达戊站。同理，从乙站发送上行旅客为 2 707 人，到丙站 1 436 人，到丁站 770 人，到戊站 501 人，各区段客流密度如图 1.1.4 所示：乙丙区段为 2 707 人，丙丁区段为 1 271 人，丁戊区段为 501 人。根据各站的发送和到达累计各区段客流密度如下：

甲乙区段为 7 389 人，乙丙区段为 6 551 人，丙丁区段为 6 552 人，丁戊区段为 4 715 人。

下行编制方法同理。

各铁路局编好直通、管内客流图后，铁路总公司组织各铁路局将所编制的输出直通客流图资料进行交换，并汇总在按局别的全国铁路直通客流图上。各局根据交换的资料，计算出直通客流区段的客流密度，连同管内和市郊一起，汇总在全国铁路区段客流密度图上。然后，各局结合客流调查和统计资料，利用各种预测方法推算出计划期内客流可能的增长率或绝对数，据以编制全部客流计划。最后把计划客流密度与现行运行图规定的旅客列车能力进行比较，如表 1.1.9 所示，即可提出编制新的客车运行图所需的资料。

表 1.1.9 运行图旅客密度与客车能力比较表

局　　　　　　　　　　　　　　　　　　　　　　　　　　　　　　　年　　月　　日

<table>
<tr><th rowspan="3">线路区段</th><th rowspan="3">方向</th><th colspan="3">年　月份</th><th colspan="3">年至　　年计划</th><th colspan="4">现行旅客列车能力</th><th colspan="4">密度与能力比较</th></tr>
<tr><th rowspan="2">旅客密度</th><th colspan="2">其　中</th><th rowspan="2">旅客密度</th><th colspan="2">其　中</th><th rowspan="2">对数</th><th rowspan="2">总定员</th><th colspan="2">其中：直通客车</th><th colspan="2">与　月份</th><th colspan="2">与　年</th></tr>
<tr><th>直通</th><th>管内</th><th>直通</th><th>管内</th><th>对数</th><th>定员</th><th>总计</th><th>直通</th><th>总计</th><th>直通</th></tr>
<tr><td></td><td>上</td><td></td><td></td><td></td><td></td><td></td><td></td><td></td><td></td><td></td><td></td><td></td><td></td><td></td><td></td></tr>
<tr><td></td><td>下</td><td></td><td></td><td></td><td></td><td></td><td></td><td></td><td></td><td></td><td></td><td></td><td></td><td></td><td></td></tr>
<tr><td></td><td>上</td><td></td><td></td><td></td><td></td><td></td><td></td><td></td><td></td><td></td><td></td><td></td><td></td><td></td><td></td></tr>
<tr><td></td><td>下</td><td></td><td></td><td></td><td></td><td></td><td></td><td></td><td></td><td></td><td></td><td></td><td></td><td></td><td></td></tr>
<tr><td></td><td>上</td><td></td><td></td><td></td><td></td><td></td><td></td><td></td><td></td><td></td><td></td><td></td><td></td><td></td><td></td></tr>
<tr><td></td><td>下</td><td></td><td></td><td></td><td></td><td></td><td></td><td></td><td></td><td></td><td></td><td></td><td></td><td></td><td></td></tr>
<tr><td></td><td>上</td><td></td><td></td><td></td><td></td><td></td><td></td><td></td><td></td><td></td><td></td><td></td><td></td><td></td><td></td></tr>
<tr><td></td><td>下</td><td></td><td></td><td></td><td></td><td></td><td></td><td></td><td></td><td></td><td></td><td></td><td></td><td></td><td></td></tr>
<tr><td></td><td>上</td><td></td><td></td><td></td><td></td><td></td><td></td><td></td><td></td><td></td><td></td><td></td><td></td><td></td><td></td></tr>
<tr><td></td><td>下</td><td></td><td></td><td></td><td></td><td></td><td></td><td></td><td></td><td></td><td></td><td></td><td></td><td></td><td></td></tr>
<tr><td></td><td>上</td><td></td><td></td><td></td><td></td><td></td><td></td><td></td><td></td><td></td><td></td><td></td><td></td><td></td><td></td></tr>
<tr><td></td><td>下</td><td></td><td></td><td></td><td></td><td></td><td></td><td></td><td></td><td></td><td></td><td></td><td></td><td></td><td></td></tr>
</table>

注：列车定员，按编组表中规定的定员计算。

五、旅客运输计划指标

1. 旅客发送人数（客运发送量）

旅客发送人数是指在一定时期（日、旬、月、年）内，全路、铁路局、车站发送的旅客人数，分别按直通、管内计算，然后加总，其计算公式如下：

$$A_{发} = A_{发}^{直通} + A_{发}^{管内} \quad （人）$$

式中　$A_{发}$——旅客发送人数；

$A_{发}^{直通}$，$A_{发}^{管内}$——直通、管内旅客发送人数。

$$A_{发}^{全路} = \sum A_{发}^{站} \quad （人）$$

式中　$A_{发}^{全路}$——全路旅客发送人数；

$A_{发}^{站}$——全路各站旅客发送人数。

旅客发送人数是国家规定的旅客运输计划指标，是考核铁路完成任务情况的主要指标。

2. 旅客运送人数

旅客运送人数是指在一定时期内，铁路局运送的全部旅客人数，其计算公式如下：

$$A_{运} = A_{发} + A_{通过}^{接入} + A_{到达}^{接入} \quad （人）$$

式中 $A_{运}$——旅客运送人数；

$A_{通过}^{接入}$——接入通过的旅客人数；

$A_{到达}^{接入}$——接入到达的旅客人数。

对全路而言，除去国际联运及新建临管线接运的旅客人数外，则

$$A_{运} = A_{发}$$

就一个铁路局而言，$A_{发}$不能反映全部客运工作量，$A_{运}$才能反映总的旅客运输量。

3. 旅客周转量

旅客周转量是指在一定时期内，一个铁路局或全路所完成的人公里数。

旅客周转量应分别按直通、管内客流计算，然后加总，其计算公式如下：

$$\sum AL = A_{直通} \cdot L_{直通} + A_{管内} \cdot L_{管内} \quad (人 \cdot km)$$

式中 $\sum AL$——旅客周转量；

$A_{直通}$，$A_{管内}$——直通、管内旅客运送人数；

$L_{直通}$，$L_{管内}$——直通、管内运输的旅客平均行程。

旅客周转量能较全面地反映铁路旅客运输的情况，是铁路客运工作中最重要的产品产量指标，也是各铁路局间分配客运收入、计算和分析运输成本和劳动生产率的依据。

4. 旅客平均行程

旅客平均行程是指平均运送每名旅客的距离，应按直通、管内运输分别计算，然后再求得总的平均行程，其计算公式如下：

$$L_{平均} = \sum AL / A_{运} \quad (km)$$

式中 $L_{平均}$——平均行程。

5. 客运密度

客运密度是指一定时期内，某一区段、铁路局或全路平均每千米线路上所承担的旅客周转量，其计算公式如下：

$$\varepsilon_{客}^{区段} = AL_{区段} / L_{区段} \quad (人 \cdot km/km)$$

$$\varepsilon_{客} = \sum AL / L_{营业} \quad (人 \cdot km/km)$$

式中 $AL_{区段}$——通过该区段的旅客周转量；

$L_{区段}$——该区段客运长度；

$\varepsilon_{客}^{区段}$——区段客运密度；

$\varepsilon_{客}$——铁路局或全路的客流密度；

$L_{营业}$——营业里程。

客运密度能比较全面地反映线路客运能力的利用情况和表明铁路客运工作的强度。

任务练习

一、客流调查练习

（一）日常客流调查

选择某一车站进行客流调查。要求如下：

（1）调查客流成分、流向、流量、流时、流程。

了解旅客旅行目的、到达地点、返回日期，掌握市郊、周末、集市贸易、旅游、会议等方面旅行动态。

（2）问卷调查。

在售票处、候车室、代售点及列车等旅客密集场所，向旅客发放日常客流调查登记表（见表 1.1.3）或旅客抽样调查问卷（见表 1.1.4），组织、指导旅客填写。

（3）查阅客票发售统计资料。

利用“客票发售和预订系统”客运统计功能，按日、方向、席别等收集整理本站客票发售数据信息。

（4）质量要求：

① 调查数据要全面、准确、翔实。

② 调查对象要符合要求。

③ 调查时要注意方式方法，争取旅客积极配合，确保反馈信息真实可靠。

（二）节假日客流调查

（1）根据某站实际情况编制节假日客流调查表，如表 1.1.2 所示。

（2）采取多种客流调查方式调查，一般可采取登门调查、函调和召集会议等方式。

（3）编写节假日客流调查报告，主要包括以下内容：

① 节假日客流调查目的。

② 节假日客流调查主要内容。

③ 节假日客流调查方法。

④ 统计整理节假日客流调查登记表。

⑤ 查阅节假日客票发售统计资料并进行同比分析。

⑥ 调查情况总结。

（4）质量要求：

① 调查内容翔实，数据准确。

② 编写资料积累齐全，不漏项。

二、客流预测练习

（1）采用乘车系数法，预测旅客发送量。

① 某年某站吸引区的居民人数为 127 万人，而铁路旅客发送量为 36 万人，乘车系数是多少？

② 如计划期乘车系数为 0.25，计划期吸引区的居民人数为 135 万人，则计划发送量是多少？

（2）采用比例增减法，预测旅客发送量。

经调查了解，乙站历年增长客流的基本原因是吸引区经济建设的迅速发展。车站附近新建了一所中学，一批合资厂已建成，在计划期间内还有几座大工厂投产、兴建，确定计划年度的增长率为 18%。如上年度旅客发送量完成 28 万人，则计划年度旅客发送量是多少？

三、编制管内客流斜线表练习

在预测出各大站发、到客流并填制到客流斜线表（见表 1.1.10）的条件下，完成其客流斜线表所有内容，并指出表内每一个数字的含义。

表 1.1.10　客流斜线表

到站 / 发站	距离（km）	甲	乙	丙	丁	戊	上行	下行	总计
甲	120 135 176 221		2124	813	372	160			
乙		2 493		2 561	277	27			
丙		865	2 622		1 594	582			
丁		501	770	1 436		1 316			
戊		117	126	594	1 216				
上行									
下行									
总计									

四、绘制管内客流图练习

根据上述练习完成的客流斜线表，绘制其管内客流图。

任务二　旅客运输技术计划编制

任务描述

旅客运输技术计划是保证质量良好地完成旅客运输任务，合理使用机车车辆和其他各种技术设备的具体生产计划。作为铁路客运计划员，应当掌握旅客运输技术计划编制方法，能够正确地编制旅客列车运行图、时刻表和列车编组表，为做好铁路旅客运输工作打下良好的基础。

旅客运输技术计划应以客流计划为依据，着重解决以下问题：

（1）合理地选择旅客列车的重量与速度；

（2）恰当地确定各种旅客列车的运行区段和行车量；

（3）正确地编制旅客列车运行图、时刻表和列车编组表；

（4）经济合理地确定客运机车、车辆的需要数。

旅客运输技术计划的编制，是一项细致而复杂的工作。为此，要求客运和其他各部门密切配合，共同努力，编制出质量较高的旅客运输技术计划。

知识准备

一、旅客列车的重量和速度

选择合理的旅客列车重量和速度，是旅客运输组织工作的一个重要问题。它决定着旅客列车编成的大小及旅客在旅途中的时间消耗，直接影响为旅客服务的质量和客运技术设备的使用效率。选择旅客列车重量和速度的方法如下。

1. 拟定设计的直通速度

在牵引种类和机车功率一定的条件下，列车重量愈大，运行速度则愈低。确定旅客列车重量时，应以提高直通速度为主，还应考虑旅客站台和站线的有效长，并按列车的种类和等级，参照现行技术标准，分别拟定其设计直通速度。

$$v_{设直} = \frac{L_{方向}}{\sum t_{区段} + \sum t_{技站}}$$

式中 $v_{设直}$——设计直通速度；

$L_{方向}$——列车在该方向所行驶的距离；

$\sum t_{技站}$——列车在客运技术作业站的停站时分总和；

$\sum t_{区段}$——列车在各区段内旅行时间的总和，其值为：

$$\sum t_{区段} = \sum t_{运行} + \sum t_{停站} + \sum t_{起停} + \sum t_{慢行}$$

其中 $\sum t_{运行}$——区间运行时分总和；

$\sum t_{停站}$——列车在区段内停站时分总和；

$\sum t_{起停}$——起停车附加时分总和（一般不包括技术作业站的）；

$\sum t_{慢行}$——慢行时分总和。

2. 修正直通速度

为方便旅客，直通旅客列车自始发站发车的最佳时刻在 19:00 之后，但不迟于 0:00，到达终点站的最佳时刻宜在 7:00 ~ 14:00，如图 1.2.1 所示。

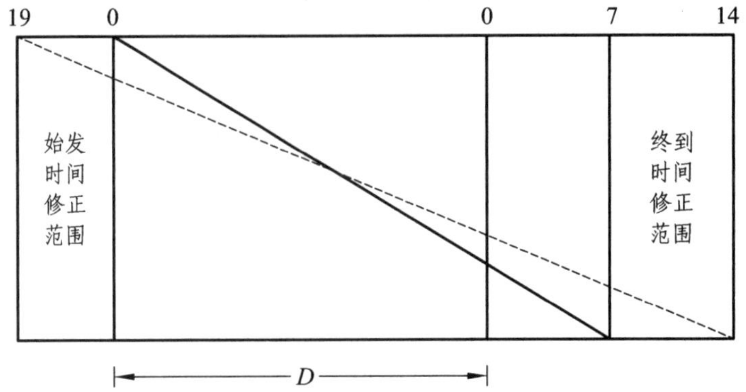

图 1.2.1　长途直通旅客列车发、到时间修正范围

据此来修正直通速度，使之规定在下列范围之内：

$$\frac{L_{方向}}{19+24D} \leqslant v_{修直} \leqslant \frac{L_{方向}}{7+24D}$$

式中　$v_{修直}$——修正直通速度；

D——途中过夜天数。

3. 确定列车重量和编组数

根据修正后的直通速度，通过牵引计算可求出列车重量理论上的允许值，再根据线路和站台的长度、加挂预留吨位、区段通过能力等因素区分列车种类和等级，最后确定列车重量和编组辆数。

二、旅客列车的运行区段及行车量

旅客列车的运行区段和行车量，基本上取决于客流计划。“按流开车”是确定旅客列车运行区段和行车量的基本原则。

在我国，铁路旅客列车的开行必须服从国家的政治、经济、文化、科技、国防的需要，加强首都与各直辖市和各省、自治区首府之间，以及各省、市、自治区主要城市之间，重点工矿之间，边疆、沿海和内地之间，城市和农村之间的联系。旅客列车的开行，必须符合大量客流的需要，同时还要有利于铁路技术设备的合理运用。

现以某线路最大客流方向的总客流计划所绘制的客流图（见图 1.2.2）为例，从图中不仅能很清楚地看出旅客的流量、流向，而且可以看出客流发生和消失的地点，这就给划分直通和管内旅客列车运行区段的工作提供了有利的条件。

根据甲戊线上客流显著变化的地点为乙、丁、戊三站，则可按照甲—戊区段、甲—丁区段、甲—乙区段的不同客流密度，确定旅客列车对数。

旅客列车对数确定是否合理，是衡量运行图编制质量的重要标志。列车对数定多了，浪费运能，定少了，造成旅客拥挤，所以正确地确定列车对数是一项很重要的工作。

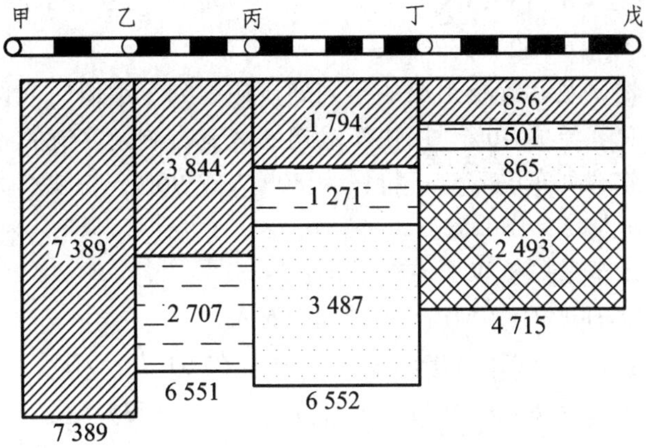

图 1.2.2　最大客流方向的客流图

1. 概　算

$$N=A/a\ （列）$$

式中　A——总客流量（日均计划）;

a——列车平均定员人数;

N——列车数。

2. 公式计算法

由于旅客列车的种类和运行距离不同，要求列车的编组内容也不同，因而列车定员也就不同，所以对不同的旅客列车，应分别确定其列数。

1）特别快车列数（$N_{特快}$）

$$N_{特快}=AK_{特快}/a_{特快}\ （列）$$

式中　A——总客流量;

$K_{特快}$——乘特快旅客列车旅客的百分数;

$a_{特快}$——特快旅客列车定员。

2）旅客快车列数（$N_{快}$）

$$N_{快}=(A-a_{特快}N_{特快})K_{快}/a_{快}\ （列）$$

式中　$K_{快}$——乘快车旅客的百分数（除特快外）;

$a_{快}$——普通旅客快车定员。

3）普通旅客慢车列数（$N_{慢}$）

$$N_{慢}=(A-a_{特快}N_{特快}-a_{快}N_{快})/a_{慢}\ （列）$$

式中　$a_{慢}$——普通旅客慢车定员。

【例 1.4】　以图 1.2.2 所列资料计算各种旅客列车数。

首先确定区段客流量。

甲—戊区段：4 715（人）。

甲—丁区段：6 552 − 4 715 = 1 837（人）。

甲—乙区段：7 389 − 6 552 = 837（人）。

然后根据客流的性质及其旅行距离的不同确定旅客列车编组。假设甲—戊区段需要用特别快车输送的客流占总客流的 40%，用快车输送的客流占剩余客流的 60%，其余客流以普通旅客慢车输送。各种旅客列车的容量：特快为 800 人或 900 人，快车为 900 人或 1 000 人，普通旅客慢车为 1 050 人或 1 150 人。

则甲—戊区段的行车量可按以下方法求出：

$N_{特快} = (4\ 715 \times 40\%)/900 = 2$ 列…………余 86 人

$N_{快} = (4\ 715 - 900 \times 2) \times 60\%/900 = 2$ 列…………欠 51 人

$N_{慢} = (4\ 715 - 900 \times 2 - 900 \times 2)/1\ 150 = 1$ 列…………欠 35 人

甲—丁区段：

设 $K_{特快}$ 为 40%，$K_{快}$ 为剩余客流的 30%。

$N_{特快} = (1\ 837 \times 40\%)/800 = 1$ 列…………欠 65 人

由于用快车输送的客流占剩余客流的 30%，按此比例求算出的快车客流仅有 $(1\ 837 - 800) \times 30\% = 311$ 人，不够开行一列快车的条件。所以，决定甲—丁区段不开行快车，而剩余客流由普通旅客慢车进行输送。

$N_{慢} = (1\ 837 - 800)/1\ 050 = 1$ 列…………欠 13 人

甲—乙区段：

由于甲—乙区段运行距离不长，同时客流不算太大，需要用特快车输送的客流比重也不多，为此，可组织开行普通旅客慢车来进行输送。

$N_{慢} = 837/1\ 050 = 1$ 列…………欠 213 人

所欠 213 人的客流，可采取减少旅客列车的编成辆数的方法，以免虚糜。

甲—戊区段上总的行车量如表 1.2.1 所示。

表 1.2.1　甲—戊区段客车行车量

列车行驶区段	各区段行车量			合计	输送能力（人）
	特别快车	旅客快车	普通旅客列车		
甲—戊	2	2	1	5	4 750
甲—丁	1		1	2	1 850
甲—乙			1	1	1 050
合　计	3	2	3	8	7 650

确定各种旅客列车的行车量，除按上述方法进行计算外，还应考虑以下情况：

（1）通过概算或公式计算出的列车总数和各类列车数，往往出现不足一列的尾数，对此一般不予进整，而是采用加挂车辆或调整车型以扩大客车定员或采取超员运输办法解决。

（2）对于不足每日开行一列的长途直通旅客列车或国际旅客列车可采用定期（如每周两次）或隔日开行的方式，以合理地运用铁路机车车辆和通过能力。

（3）如直通旅客快车在运行全程个别区段定员有余，为充分利用运能而不影响旅客服务质量，可在定员有余区段适当增加列车停站次数，以吸收部分管内客流，或在超员区段加挂回转车，缩减列车基本编组辆数，在超员区段再编挂上。

在实际工作中，按现行运行图开行的客车对数，根据客流计划，进行确定。

直通旅客列车由各铁路局根据直通客流（由始发局到终到局），符合下列条件时报铁路总公司开行：

（1）跨两局的列车不少于 600 人；

（2）跨三局的列车不少于 500 人；

（3）跨四局以上的列车不少于 400 人。

管内旅客列车输送沿途变动的客流，行车量要与客流密度相适应，由各铁路局确定后报铁路总公司备案。

三、旅客列车运行图及时刻表

（一）旅客列车运行图的编制

列车运行图是铁路运输工作的综合计划和行车组织工作的基础。科学合理地编制列车运行图，对保证行车安全，适应市场需求，提高运输能力、效率和效益，具有重要意义。

列车运行图编制实行两级管理，跨局列车由铁路总公司组织铁路局编制，局管内列车由铁路局负责编制。

列车运行图分为基本列车运行图（简称基本图）和分号列车运行图（简称分号图）。

基本图是指经过重新编制或调整，正在实施并持续到下次重新编制或调整为止的列车运行图。调整后的基本图又称调整列车运行图（简称调整图）。基本图的变更通过编制或调整来实现。编制需重新确定各项技术作业标准，重新构建旅客列车运行框架，重新铺画全部客货列车运行线，在全路范围同时实行。调整则是在各项技术作业标准和旅客列车运行框架不做大变动的基础上，对基本图做的局部变更。全路基本图原则上每两年编制一次，宜在春季或秋季实行。铁路总公司、铁路局要根据铁路运输市场需求、铁路技术装备或运输组织方式发生的变化及时编制列车运行图。基本图的编制、调整和分号图的编制原则上以会议的方式进行。列车运行图编制、调整及确定的相关事项，以铁路总公司或铁路局的正式文电公布实行。

分号图是指为适应短期运输、应对突发事件或施工等需要，短时间实行，实行完毕又恢复到基本图的临时性列车运行图。遇有春运、暑期和其他节假日旅客运输需要等情况时，应编制分号图。编制分号图时，原则上不变动基本图旅客列车运行线。分号图的编制分为“编制”和“选线”两种。“编制”是在基本图以外另行编制的运行图，单独定点、定车次；“选线”，是在基本图上用抽减运行线的方法制定的运行图，只减少客、货列车对数，不单独定点、定车次。

1. 编制步骤

旅客列车运行图的编制，应在铁路总公司统一领导下，由各铁路局负责编制，具体的编制工作，分两个阶段进行。

第一阶段：编制跨局旅客列车运行方案（简称客车方案），如图 1.2.3 所示。客车方案图是整个列车运行图的骨架和核心，它用小时格进行铺画，在图上只表示出始发站、终到站、分界站及其他主要站的到开时刻，主要解决列车整体布局问题。旅客列车开行方案，应根据预期客运市场需求、现行列车运行图旅客列车实际利用情况及线路通过能力确定。局和管内旅客列车开行方案、编组内容和动车组运用计划，分别由铁路总公司和铁路局确定。跨局旅客列车运行方案，由铁路总公司组织有关人员成立方案小组具体负责编制；管内旅客列车运行方案，由铁路局在跨局旅客列车运行图的基础上进行编制。

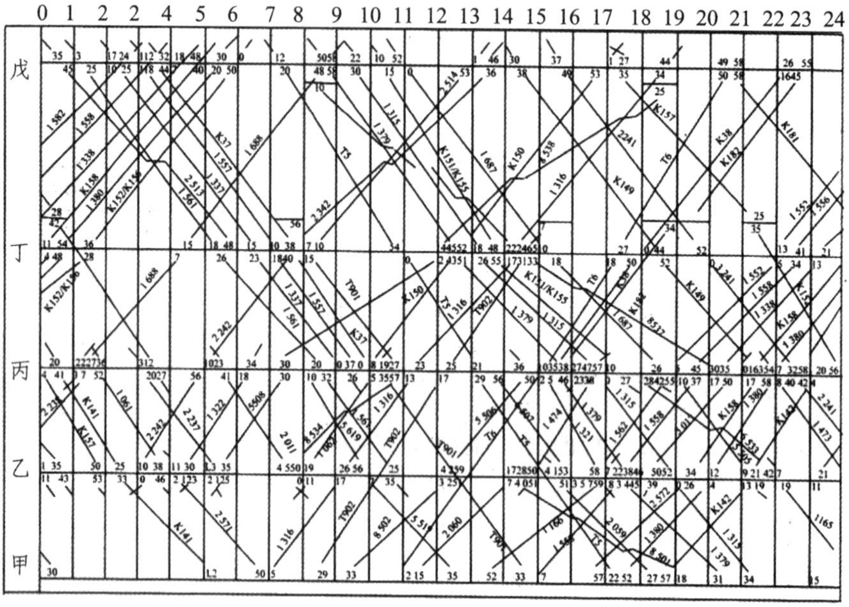

图 1.2.3　客车方案图

第二阶段：以客车方案为基础，铺画表示每一列车在各站到发或通过时刻的旅客列车运行图（简称详图）。

2. 旅客列车运行图的编制要求

旅客列车运行方案不仅对整个列车运行图的布局起着决定性作用，而且对列车运行图的编制质量有直接影响。因此，在编制时应符合下列各项基本要求：

（1）保证列车运行安全；

（2）符合各项技术作业标准；

（3）适应旅客运输市场需求；

（4）经济合理地运用机车车辆；

（5）做好列车运行线与客流结合；

（6）努力实现各站、各区段间列车运行的协调和均衡；

（7）提高铁路应急处置能力。

3. 旅客列车运行图的编制方法

旅客列车运行图的编制工作，贯彻集中领导和分级负责相结合的原则。跨局旅客列车，应在铁路总公司统一领导下由各铁路局编制。管内旅客列车，则由铁路局组织编制。在铁路总公司的总体部署下，分片、分线、分工负责，各片、各线之间又密切配合，交叉并进地进行编制。

各局根据上述编制原则，按照先跨局后管内、先重点后一般的顺序编制。

基本图编制完毕后，应详细检查列车运行图的质量，审核相关标准并计算列车运行图指标。铁路总公司于实行前 45 天下发实行新图文件，铁路局于实行前 30 天下发实行新图文件及相关资料，做好新图实施前各项准备工作，组织相关部门进行新图培训，召开新图实施工作会议；实施新图时，做好列车运行图新旧时刻交替和新图实施值班、总结等工作。

列车运行图在规定的有效期间内，必须严格贯彻执行，要保持列车运行图的严肃性和相对稳定。需要调整时，须由铁路局以书面形式上报铁路总公司并得到正式书面批复。铁路总公司根据相关铁路局提报的调图范围和内容，协调、确定调整图的实行日期，尽量减少调图次数。

（二）旅客列车时刻表的编制

旅客列车运行图编完以后，应根据运行图规定的车次、运行区段、停车地点、到发时分以及列车编组等事项编制旅客列车时刻表，利用表格形式，把运行图的主要事项反映出来。旅客列车时刻表的格式如表 1.2.2 所示。

表 1.2.2　旅客列车时刻表

T129	K929	2051	车次				T130	K930	2052
甲	甲	甲	自甲起公里	始发			戊 1	戊 1	戊
10:46	16:30	12:12					13:11	13:26	00:03
戊 1	戊 1	戊		终到			甲	甲	甲
15:00	22:03	17:15					17:41	19:05	05:25
V 10:46	V 16:30	V 12:12	0	↓	甲	↑	— 17:41	— 19:05	— 05:25
↓	16:57 17:01	12:38 12:42	33		甲 1		17:08 17:06	18:36 18:33	04:51 04:47
↓	17:33 17:37	13:14 13:16	78		甲 2		↑	18:02 17:59	04:16 04:13
11:52 11:54	17:57 18:01	13:36 13:39	105		乙		16:22 16:20	17:39 17:35	03:53 03:49
↓	18:50 18:53	14:28 14:31	179		乙 1		↑	16:46 16:44	03:00 02:57
↓	19:14 19:17	14:52 14:54	210		乙 2		↑	16:23 16:21	↑
13:13 13:14	19:43 19:47	15:20 15:23	240		丙		15:00 14:57	16:01 15:58	02:19 02:15
↓	20:11 20:14	↓	272		丙 1		↑	15:28 15:25	01:45 01:41
13:56 13:58	20:40 20:43	16:10 16:16	308		丁		14:10 14:06	14:59 14:52	01:15 01:10
↓	↓	↓	333		丁 1		↑	↑	00:51 00:49
↓	↓	↓	381		丁 2		↑	↑	↑
↓	21:47 21:56	17:15 —	397		戊		↑	13:48 13:32	00:03 ^
15:00 —	22:03 —		400		戊 1		13:11 ^	13:26 ^	

旅客列车时刻表编制的说明：

（1）时刻表的编制采用 24 小时制，列车在 24:00（即夜间 12:00）出发时为 0:00，到达时为 24:00。

（2）列车的始发、终点站均以该站的字头、字尾或省、市的简称来表示，并在开往栏内注明该列车的终点站站名。

（3）列车的到、开时刻，凡站名左边的均为下行列车，应由上向下看，并以↓表示；凡站名右边的均为上行列车，应由下向上看，并以↑表示。

（4）为使时刻表简明起见，有关内容可用符号表示。

常用符号的含义如下：

“…”或“↓”表示列车在该车站通过；

“=”表示列车不经过此站；

“—”表示列车的终点站；

“※”表示旅客乘降所。

四、旅客列车编组顺序表的编制

旅客列车编组顺序表在实行新图之前，由铁路局确定，报铁路总公司批准后，以总公司令公布执行。

旅客列车编组顺序表规定了该次列车编挂的车种、辆数、顺序及车底周转图等内容，其格式如表 1.2.3 所示。

表 1.2.3　旅客列车编组顺序表

上海—广州	车乘辆务	顺序	沪开	1	2	3	4	5	6	7	8	9	10	11	12	13	14	15	16	17	18			计
			广开	18	17	16	15	14	13	12	11	10	9	8	7	6	5	4	3	2	1			
		车种		XL	YZ	YZ	YZ	YZ	YZ	CA	RW	YW	YW	YW	YW	YW	YW	YW	YW	KD	UZ			18	18
		定员			118	118	118	118	112		36	60	66	66	66	66	66	60						1070	
		吨数		43	46	46	46	46	46	48	45	48	48	48	48	48	48	48	48	63	48			861	
		附注							办			广							宿						
快速K47/K48次	广州车客辆运段担当	上海 广州																							

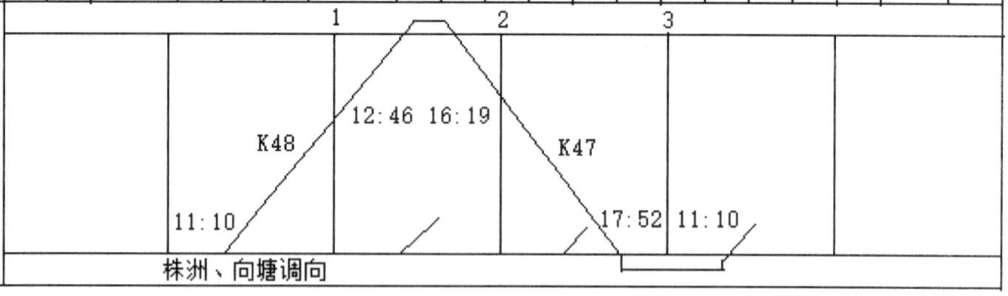

1. 列车发到站、车次栏

列车的发到站先填下行发站，后填下行到站，对改变运行方向的列车（即一对列车 4 个及其以上车次时），先填担当乘务工作的铁路局的始发站。

列车性质按照高铁、动车、直达、特快、快速、普快、普客填写。

车次一律先填下行后填上行，一对列车有 4 个及其以上车次时，车次的填写必须和列车的发到站相对应。

2. 担当乘务栏

担当乘务的车辆、客运（列车）段，如名称相同，可只填写一个。

3. 车底编组栏

列车中车厢顺序号的编定，凡北京站和上海站始发的各次特、直快列车车厢顺序号均小号在前，大号在后（北京、上海间始发和到达的列车以北京站规定顺序为准）。非北京站和上海站到发的各次特、直快列车车厢顺序号，均以担当局始发站的发车方向为准，小号在前，大号在后。两个局担当的列车由有关铁路局事先商定后报铁路总公司。但对途中某个站由于车场进路关系必须调头运行的列车，为便于确认，须在编组顺序项注明发站。

车种按统一的汉语拼音标记，定员按该种车辆的标记定员数填写，吨数填写该种车的总重，并根据车辆的用途、附属设备及其他说明，在附注项内注明“宿”“茶”“广”“办”“具”“隔”“欠”“回”“空”“普”“高”“控”等字样。

4. 车底周转图栏

车底周转图，表示需用车底组数和始发、终到时刻，并由此计算车底在始发站和终点站的停留时间。

周转图上填写的始发站名顺序须和填写列车种类车次的始发终到站栏相同，不得上下颠倒。一般先填下行始发站名，运行线从担当局的始发站开始画，始发和终到时间填在车站中心线与运行线相交的钝角上。

五、车底需要组数及客车需要辆数的计算

为正确计算客车需要辆数，在编制客车方案的同时，应编制旅客列车编组表，并绘制客车车底周转图，以确定各次列车的车底需要组数，根据车底编成数即可求得车辆数。

客车底需要组数的计算方法有以下两种。

1. 图解法

这种方法是根据客车方案图绘制客车车底周转图，从周转图上直接查得需要的车底数。一种是从周转图上的箭头直接查出，如图 1.2.4（a）所示。一种是在周转图的任何一部分截取，截取线和运行线或车底停留线的交点数，如图 1.2.4（b）所示。

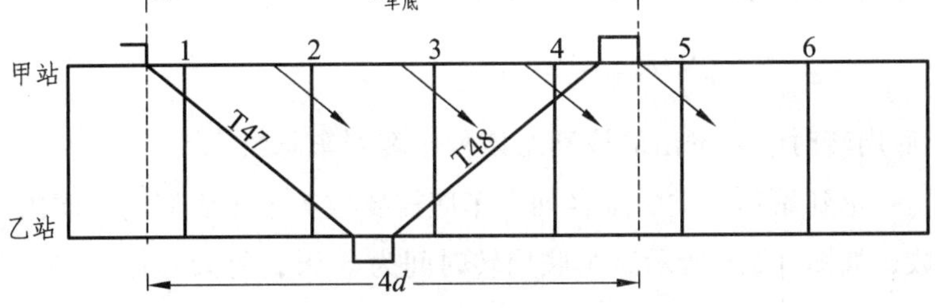

（a）

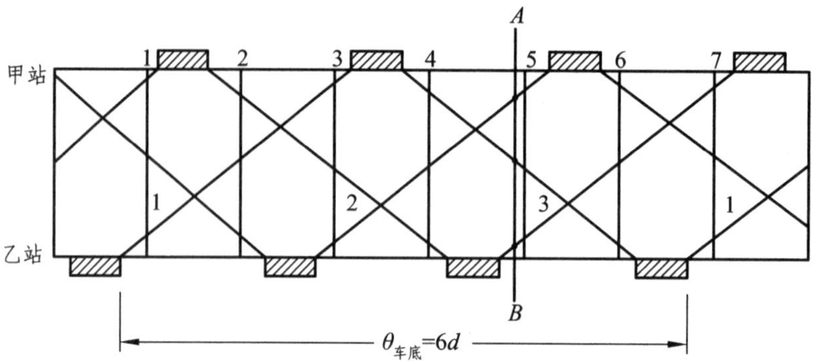

（b）

图 1.2.4　旅客列车车底周转图

2. 分析计算法

这种方法是分析一定到站和一定种类列车的车底周转时间，计算在该周转时间内发出的某种旅客列车的总数。

车底周转时间是自始发站出发时起至下次再由始发站出发时止，车底所经过的时间。其计算公式如下：

$$T_{车底}=\sum t=t_1+t_2+t_3+t_4 \quad \text{（h）}$$

式中　$T_{车底}$——车底周转时间，h；

t_1——车底自始发站至折返站所走行的时间，h；

t_2——在折返站的停留时间，h；

t_3——从折返站返回发站的走行时间，h；

t_4——在始发站的停留时间，h。

车底周转时间除以 24 即得车底的周转天数（$\theta_{车底}$）：

$$\theta_{车底}=T_{车底}/24 \quad \text{（d）}$$

设某到站某种旅客列车的车底周转时间为 $\theta_{车底}$，在一个周转时间内平均每天发出的列车数为 K，则该到站该种旅客列车的车底需要数 $n_{车底}$ 为：

$$n_{车底}=\theta_{车底}\cdot K \quad \text{（组）}$$

由于 $K=N/\theta_{车底}$，上式也可以写成：

$$n_{车底}=\theta_{车底}\cdot N/\theta_{车底}=N$$

式中　N——车底周转时间内发出的该到站该种旅客列车总数。

公式表明，一定到站和种类的旅客列车车底需要数等于车底周转时间内发出的该到站该种旅客列车总数，如图 1.2.5 所示。车底周转时间为 5 天，每天开行 1 列，该次列车共需 5 组车底。

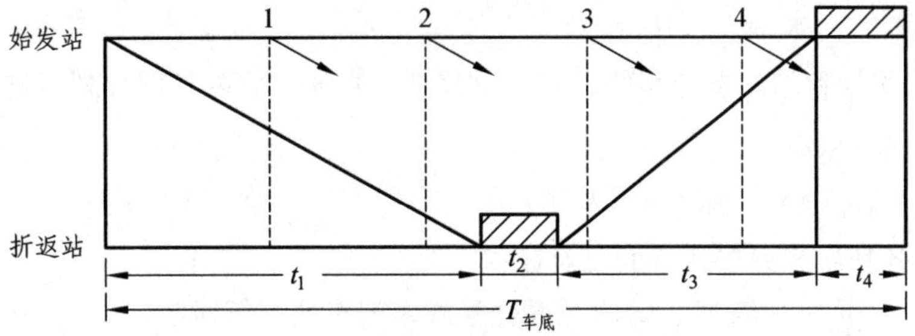

图 1.2.5　车底周转时间

综上所述，车底数是由车底周转天数和平均每天发出列车数决定的。因此，节省车底的途径有两方面——压缩 $\theta_{车底}$ 或缩小 K 值，必须根据具体情况作具体分析。缩小 K 值是有条件的，必须客流小，可以隔日开行或数日开行才行。缩减车底需要数可采取压缩站停时间，提高技术速度，采用先进牵引动力及加强运输组织工作等措施，这是挖掘运输潜力的有效途径，也是编制技术计划必须遵循的。

各区段需要的车底数确定后，即可计算车辆的需要数。其计算公式如下：

$$m_{运} = m_1 n_1 + m_2 n_2 + \cdots + m_n n_n \quad（辆）$$

式中　$m_{运}$——运用客车辆数；

m_1，m_2，…，m_n——列车中编挂的车数；

n_1，n_2，…，n_n——车底数。

以运用客车为基础，对某车辆段配属车辆时，需用下列公式计算客车总数：

$$m_{总} = m_{运} \times (1+\gamma) \quad（辆）$$

式中　$m_{总}$——配属车辆段的客车总数；

γ——检修、备用车所占运用客车的百分数。

六、旅客列车运行图主要指标的计算

为了检查、分析和评价旅客列车运行图的编制质量，规定有以下主要指标。

（一）数量指标

1. 运输能力

指运行图规定的全路、铁路局在一定时期内（日、月、年）始发和运行的各种旅客列车的总定员数，即

$$A_{总} = A_{直} + A_{管} + A_{混} \quad（人）$$

式中　$A_{总}$——各种旅客列车的总定员数；

$A_{直}$，$A_{管}$，$A_{混}$——直通、管内、混合等旅客列车的定员数。

运输能力是考核铁路完成国家规定的旅客运输任务情况的指标之一。运输能力的大小，反映一个路局和全路的客运工作量。

2. 列车对数

指全路、铁路局各站始发列车的总和，应分别对直通、管内和混合列车进行统计并加总计算，即

$$n_{总}=n_{直}+n_{管}+n_{混}\quad（对）$$

式中 $n_{总}$——各种旅客列车开行的总对数；

$n_{直}$，$n_{管}$，$n_{混}$——直通、管内、混合等旅客列车的开行对数。

列车对数是旅客列车运行图中很重要的指标，因为运输能力必须由相应的列车对数来保证，列车对数的多少在一定意义上表示运输能力的大小。

3. 列车公里

指全路、铁路局由各站始发的列车和其运行距离乘积的总和，即

$$n_L=n_{直}L_{直}+n_{管}L_{管}+n_{混}L_{混}$$

$$n_{直}L_{直}=n_{直1}L_{直1}+n_{直2}L_{直2}+\cdots+n_{直n}L_{直n}$$

式中 n_L——列车公里；

$n_{直}L_{直}$，$n_{管}L_{管}$，$n_{混}L_{混}$——直通、管内、混合等客车的列车公里；

$n_{直1}$，$n_{直2}$，…，$n_{直n}$——不同运行区段的直通列车数；

$L_{直1}$，$L_{直2}$，…，$L_{直n}$——不同运行区段的里程数。

管内客车和混合列车的列车公里可按直通客车列车公里同理求得。

在有几种牵引方式时，还应对内燃、电力牵引等分别计算列车公里。

列车公里是反映全路或各铁路局客运机车车辆工作量的指标。在客运机车车辆类型、数量一定的条件下，列车公里越大，表明客运机车车辆的运用效率越高。

4. 车底在配属站的停留时间

指车底在列车由折返站返回到达配属站之时起，至车底下一次由配属站出发之时止的全部时间，即

$$t_{配站}^{客}=t_{到}^{客}+t_{送}^{客}+t_{作}^{客}+t_{取}^{客}+t_{发}^{客}+t_{等}^{客}\quad（h）$$

有些管内旅客列车车底到达配属站后不送配属段时，则上述公式将简化为：

$$t_{配站}^{客}=t_{到}^{客}+t_{发}^{客}+t_{等}^{客}\quad（h）$$

式中 $t_{配站}^{客}$——车底在配属站停留时间，h；

$t_{到}^{客}$，$t_{发}^{客}$，$t_{等}^{客}$——列车在配属站的到达作业、出发作业、等待出发的时间，h；

$t_{送}^{客}$，$t_{取}^{客}$——向客车配属段调送、调取车底的时间，h；

$t_{作}^{客}$——车底在配属段的作业时间，h。

5. 车底在折返站的停留时间

指车底在列车从到达折返站之时起，至车底在列车从折返站出发之时止的全部时间。

车底在折返站的停留时间所包含的各项因素和计算公式与上述配属站停留时间相同，只不过是各项因素的内容繁简和时间长短有所不同而已，故不另列。

6. 旅客列车停站次数、平均停站时分、平均停站距离

这三项数值应分别对不同列车种类进行统计，其计算公式如下：

$$n_{停}^{总}=\sum n_{停} \quad （次）$$

$$t_{停}^{平均}=\frac{\sum t_{停}}{\sum n_{停}} \quad （min）$$

$$L_{停}^{平均}=\frac{\sum L_{运}}{\sum n_{停}} \quad （km）$$

式中 $n_{停}^{总}$——停站总次数，次；

$t_{停}^{平均}$——平均停站时分，min；

$L_{停}^{平均}$——平均停站距离，km；

$\sum n_{停}$——停站次数总和；

$\sum t_{停}$——停站时分总和，min；

$\sum L_{运}$——运行距离总和，km。

（二）质量指标

1. 旅客列车直通速度

指旅客列车平均每小时所运行的公里数，应按直通、管内（包括混合）旅客列车分别计算。

旅客列车直通速度

$$v_{直}=L/(\sum t_{运行}+\sum t_{停站}+\sum t_{起停}+\sum t_{慢行}) \quad （km/h）$$

路局旅客列车平均直通速度

$$v_{直}^{局}=\sum nL/(\sum nt_{运行}+\sum nt_{停站}+\sum nt_{起停}+\sum nt_{慢行}) \quad （km/h）$$

式中 L——旅客列车运行距离，km；

$\sum nL$——旅客列车公里总和，km；

$t_{运行}$，$t_{停站}$，$t_{起停}$，$t_{慢行}$——旅客列车的运行时分、停站时分、起停附加时分和慢行时分，min。

旅客列车的直通速度越大越好。提高旅客列车直通速度的主要途径是压缩旅客列车在途运行、停站、起停附加和慢行时间。

2. 旅客列车技术速度

指不包括停站时分在内的旅客列车平均每小时的运行公里数，应和直通速度一样分别进行计算。

旅客列车技术速度

$$v_{技}=L/(\sum t_{运行}+\sum t_{起停}+\sum t_{慢行}) \quad （km/h）$$

路局旅客列车平均技术速度

$$v_{技}^{局} = \sum nL / (\sum nt_{运行} + \sum nt_{起停} + \sum nt_{慢行}) \quad (\text{km/h})$$

旅客列车的技术速度越大越好。提高旅客列车技术速度的主要途径是压缩列车在各区间的运行时间，加强运输组织工作和调度指挥水平。

3. 直通速度系数

指直通速度和技术速度的比值，即

$$\beta = v_{直} / v_{技}$$

从上述对直通速度和技术速度的分析说明可知，在一般情况下，列车的直通速度总是小于技术速度的，即速度系数小于 1。但应当通过加强运输组织工作来缩小两者之间的差距，比值越接近 1，说明旅客运输效率越高。

4. 列车车底日车公里

指某一车底或平均每一车底在一昼夜内所运行的公里数，即

$$S_{车底} = 2L / \theta_{车底} \quad [\text{km/(车底·d)}]$$

$$S_{车底} = \sum NL / \sum N_{车底} \quad [\text{km/(车底·d)}]$$

式中　$S_{车底}$——列车车底日车公里；

L——列车运行区段里程，km；

$\theta_{车底}$——车底周转天数，d；

$\sum NL$——全部车底运行公里总和，km；

$\sum N_{车底}$——车底总数，列。

列车车底日车公里是反映全路或各铁路局客车车底运用的工作量指标。列车车底日车公里和车底的全程运行里程成正比，和车底周转天数或车底数成反比，即无论是一个车底的车底日车公里，还是全部运用车底的平均日车公里，当车底周转越慢或运用车底总数越多时，车底日车公里就越低，表明车底的运用效率就越低。反之，车底周转越快或运用车底总数越少时，车底日车公里就越高，表明车底的运用效率越高。因此，加速车底周转和压缩运用车底总数是提高列车车底公里的重要途径。

任务练习

一、旅客列车的行车区间及行车量确定的练习

以任务一“任务练习”中作出的管内客流图为条件，确定此线路旅客列车的行车区间及行车量。

二、车底需要组数及客车需要辆数的计算

（1）××××次列车于 17:15 从 M 站出发，第三天 13:50 到 N 站，返回的××××次列

车于 18:05 从 N 站出发，第三天 14:30 到达 M 站，M 站整备时间需 6 小时，N 站整备时间需 4 小时。分别用图解法和计算法计算开行这对列车需要的车底组数。

（2）××××次列车，于 21:00 从 M 站始发，第三天 17:00 到 N 站，于 21:03 从 N 站始发，第三天 17:00 到达 M 站，M 站为配属站，N 站为折返站。在配属站 M 的整备时间为 6 小时，在折返站 N 的整备时间为 3 小时。要求用计算法及图解法分别求车底需要数。

（3）××××次列车于 10:38 从 N 站出发，第二天 11:12 到 M 站，返回的××××次列车于 15:05 从 M 站出发，第二天 16:14 到达 N 站。已知车底在 M 站整备时间为 3 小时，在 N 站整备时间为 6 小时，计算开行这对列车需要的车底组数。

三、旅客列车运行图主要指标的计算

设某局今年市郊运输的发送人数为 350 万，平均运程为 32 km；管内运输人数为 320 万，平均运程为 110 km；直通发送人数为 600 万，在管内的平均运程为 200 km；直通运输到达人数为 500 万，在管内的平均运程为 150 km；直通运输通过该局的人数为 200 万，在管内的平均运程为 300 km。求该局全年的旅客周转量和旅客平均运程。

任务三　旅客运输日常计划编制

任务描述

旅客运输日常计划是旅客运输计划的组成部分，它是为保证计划年度任务的完成而编制的。由于旅客运输在节假日、不同季节时常波动，为指导日常运输工作、保证合理运用技术设备和及时输送旅客，必须编制旅客运输日常计划。作为铁路客运计划员，应当掌握客票票额分配方法、日计划编制方法等，为做好铁路旅客运输计划工作打下良好的基础。

旅客运输日常计划是车站编制旅客运输计划的主要作业，包括旅客输送日计划、站车客流信息传报等工作。旅客输送日计划的编制，实行固定票额与日计划相结合的方法，在客流正常情况下，以分配的固定票额为基础，在客流发生变化时，提出调整票额、增减车辆的计划并报客调，由客调调整后执行。同时，为质量良好地完成旅客输送日计划，防止列车超员（超重）或虚糜，车站和列车间还应实行站、车预报工作。正确的站、车预报，对合理地组织售票工作，维护站、车秩序，保证列车安全正点运行起着重要作用。完成此作业需要掌握铁路客票票额分配原则、日计划编制方法、站车信息传报方法等相关知识和技能。

知识准备

一、票额分配

票额分配工作是在编制新列车运行图后（列车对数、行驶区段和列车编组内容确定后）根据旅客列车运送能力和编制新运行图所使用的客流图、客流计划资料，按局分车次、上下

行、软硬卧铺和硬座进行的。直通旅客列车票额分配方案由担当局根据客流和列车停站情况与始发局和有关局协商确定，并报铁路总公司核备；管内旅客列车票额分配方案由铁路局负责制定，并分别以总公司、局文件公布实施，与新运行图同时实行。

（一）票额分配依据

（1）指定月份的市郊、管内和直通客流图及主要站间旅客交流表等资料。

（2）列车旅客密度表，分车次整理的软卧、硬卧和硬座实际人数，各次列车超员和虚糜的分析。

（3）主要站分车次、区段的上车人数和分车次的下车人数。

（二）票额分配办法

为充分利用铁路运能资源，更好地满足旅客需求，铁路直通旅客快车票额分配方案坚持把全路整体利益放在首位，优先满足始发站至终到站及限售站以远长途客流的需要，保证党和国家机要交通使用卧铺的需要，适当考虑中途直辖市、省会、自治区首府、铁路局和较大城市所在地车站的票额需要。直通旅客慢车和管内旅客列车的票额分配由各铁路局比照直通旅客快车并结合本铁路局实际情况进行票额分配。

（1）直通旅客列车各停车站票额按其至限售站以远客流量依次分配，途中各停车站分配票额由始发站套用，始发站不套用时，其他站可进行套用，但不得重复套用。

限售区段是指列车运行途中指定限售站至终到站间的整个区段（不含限售站）。同方向有两对及以上直通列车时，较长途列车限售站应在较短途列车的终到站以远。

（2）为实现票额资源的合理利用，直通旅客快车票额分配，原则上中途站凡有同方向、同等级、同终到站始发列车时，所经过列车不再分配票额。

（3）软硬卧铺和软座按标记定员，硬座按实际定员进行分配。软硬卧铺和软座票额一般只分配给始发站及始发局所属较大车站。列车在始发局管内运行距离较短时，可适当给中途局较大车站分配少量票额，但最远不超过列车全程运行距离的三分之一。

（4）动车组、直达特快列车全程不分配无座票额，可按照各停车站的停点时刻及客流规律，为中途停站适当分配一定数量票额，沿途站分配票额数量不超过总票额的 25%。

（5）特快列车在限售站及以近各站（夜间 1:00 ~ 5:00 停车站除外）分配有座票额，中途站有座票额分配数量不超过有座票额总数 30%；限售站以远各站不分配有座票额，可根据客流规律按车厢分配少量无座票额，分配总数量不得超过列车硬座定员的 20%。

快速列车和普快列车硬座票额根据列车实际定员及规定的超员率、按限售区段分配。始发站及少数指定较大站分配有座票额；其余限售站及以近车站，根据客流量和相应的超成定员分配至限售站以远的无座票额；限售站以远车站根据旅客下车规律数分配无座票额。

（6）列车运行途中，夜间 1:00 ~ 5:00 停车的车站不分配卧铺、有座票额，可根据客流规律按车厢分配适量无座票额。但中途站至列车开行方向只有一对客车时，分配卧铺、有座票额可不受夜间 1:00 ~ 5:00 停车时刻及运行距离的限制。

（7）因专运任务需要，对部分直通旅客列车控轴一辆，控轴车厢票额应全部分配始发站发售，所有控轴车提前一日 12:00 后售票。

（三）票额的调整

列车两端始发站分配车厢应尽量一致，旅客列车编组发生变化时，应首先调整始发站票额，中途车站尽量不作调整。同方向、同终到站只有一对列车时，中途站预留票额不做调整。

各铁路局必须严格按实际编组分配票额。对编挂宿营车的列车，机务便乘、运转车长席位在宿营车中安排；对取消宿营车的列车，机务便乘、运转车长席位仍按原方案预留，但在客票系统中不得再生成席位。

动车组、直达特快列车票额全部集中存放，原则上由始发局按照能力利用最大化原则，负责全程票额的日常管理和调整，特殊情况下由铁路总公司指定。

动车组和直达列车在始发局（站）能力有剩余时，应及时将票额向有客流需求的中途局（站）调整。始发局能力不足，需将中途局票额调回始发局时，必须报铁路总公司以“票额调整通知单”形式批准后，始发局方可操作执行。

各铁路局应加强对票额利用情况的追踪分析，掌握客流变化和能力需求情况，按照全程能力利用最大化原则，提出票额分配方案调整建议。

票额分配方案在铁路局管内进行调整，由票额所在局商始发局及担当局，以铁路局文电或“票额调整通知单”形式通知始发局和担当局，并报部备案。

票额分配方案进行跨局调整，由铁路总公司批准后，以铁路总公司文电或“票额调整通知单”的形式下达，或以担当局文电形式公布并报铁路总公司核备。

（四）列车定员的计算

1. 列车硬座定员

（1）列车硬座标记定员为各硬座车厢标记定员的总和，其计算公式为：

$$A_{标记}=\sum \alpha_{标记}\quad（人）$$

式中　$A_{标记}$——列车硬座标记定员；

$\alpha_{标记}$——硬座车厢标记定员。

（2）列车硬座实际定员为硬座车厢标记定员的总和减去其他用途占用的座位，其计算公式为：

$$A_{实际}=A_{标记}-10\quad（人）$$

式中　$A_{实际}$——列车硬座实际定员；

10——其他用途占用座位（供办公、售货等用，如新型车的标记定员不包含办公席在内者，则不减 10，其实际定员即为标记定员）。

（3）列车硬座超成定员为列车硬座实际定员与列车实际定员乘以规定超员率之和，其计算公式为：

$$A_{超成}=A_{实际}(1+K_{超员})\quad（人）$$

式中　$A_{超成}$——列车硬座超成定员；

$K_{超员}$——铁路总公司规定的超员率（代用车辆除外，不再加超员率）。

在保证安全、正点和服务质量的前提下，容许旅客列车硬座车厢超员运输。动车组、直达特快和特快列车全程不超员。快速列车和普快列车始发不超员，途中快速列车准超员20%，普快列车准超员 30%；春、暑运期间如需增加超员率，以总公司发文、电为准。管内旅客列车超员限度原则上比照上述相同等级旅客列车的规定办理或自行规定，并以局发文电为准。

2. 软座和软、硬卧车定员

软卧（座）定员按标记定员计算。硬卧定员（宿营车除外）为硬卧车厢标记定员总和。软、硬卧车代用软、硬座车时，软卧每一下铺按 3 人、硬卧每一下铺按 4 人计算，不再加超员率。中、上铺按铁路总公司有关规定办理。

二、旅客输送日计划

旅客输送日计划是根据车站旅客运输年度计划任务、票额分配计划并考虑客流变化情况而编制的乘车组织计划，目的是严格掌握旅客列车的乘车人数并及时调整各站的票额数量。

旅客输送日计划在客运副站长（或客运主任）领导下，由客运计划员根据分配票额的规律数，分车次、分区段确定。客运计划员对票额要合理安排、统一调度、认真掌握、严格管理。

三等及其以上客流量较大的车站，均须编制旅客输送日计划，并且按定员编制标准配备客运计划员。

（一）编制旅客输送日计划的主要依据

（1）各次旅客列车的票额分配计划；

（2）近日来各次列车上车人数实绩及其规律数；

（3）临时加开旅客列车及图定列车变更编组情况；

（4）中转换乘旅客签证的规律；

（5）节假日与平日客流的差异情况及其规律；

（6）未来天气变化情况和过去天气变化时对客流影响的规律；

（7）有无团体预约和到达本站的团体（对后者应调查其回程日期和拟乘车次）；

（8）各次列车预售客票数量和情况；

（9）其他因素对客流的影响。

（二）旅客输送日计划内容

旅客输送日计划的主要内容包括：分线别（方向别）的旅客列车车次、运行区间、开车时刻；分线别的管内、直通区段；分车次（分区段）的各席别票额；中转人数；车辆的甩挂计划（运能调整情况）；分车次实际上车人数及合计数；分有车次的日计划兑现率；全站日计划兑现率；客调（客票中心）调整票额数；审核签字；客调审批命令号。

（三）旅客输送日计划的编制、审批与执行

车站旅客输送日计划，按 0:00～24:00 编制，分管内、直通列车，分车次并按客流区段进行，时间以列车的开车时间为标准。车站的发送、中转及持铁路乘车证旅客都要统一纳入日计划。

编制旅客输送日计划必须从全局出发，按照长短途列车合理分工的原则，注意运输能力的均衡使用，通过计划来指导、组织售票和其他服务工作。

对有票额分配计划的列车，按固定票额分配计划、限售区段及有关调度命令执行；对无票额分配计划的列车，按平日上车规律数执行。同时考虑影响客流变化的各种因素。遇有客流发生变化时，车站应将变化数量及其流向上报客调（客票中心），必要时提出加挂车辆或加开临客的请求。节假日日计划的编制方法与平时有些不同。节假日期间客流量大，波动性大，时间集中，且常为单方向客流，在图定运能满足不了需求时，需请求增开临客和加挂车辆来弥补图定列车运输能力不足，满足旅客的需求。

旅客输送日计划编制完毕后，经客运副站长（或客运主任）审查签字（或盖章）后，报客调（客票中心）批准。在无调整运能的需求时，不必每日上报审批。有票额调整需要时，应及时上报客调（客票中心），进行调整后予以批准实施。

各站接到客调（客票中心）批准的日计划后，即可将预售及团体预订票数量和中转签证的规律数从调整后的计划中减去，就可得出本站次日可以发售的票额，由计划人员下达给售票处所发售。

（四）旅客输送日计划的考核

为了考核日计划的编制质量和有关部门的执行情况，车站应对每一车次统计实际上车人数（分软、硬座和软、硬卧），并和旅客输送日计划对照，查明超员或欠员情况，并建立分析考核制度。

车站旅客输送日计划编制质量的高低，主要是通过对兑现率进行考核。根据铁路总公司的要求，每趟列车计划兑现率与日计划兑现率，都要分别达到 95% 以上。

1. 各次列车日计划兑现率

每趟列车兑现率，应根据实际大小分别计算，其计算公式为：

实际大于计划时　$\gamma = [1-(A_{实际}-A_{计划})/A_{计划}]\times100\%$

实际小于计划时　$\gamma = (A_{实际}/A_{计划})\times100\%$

式中　$A_{实际}$，$A_{计划}$——每趟列车实际、计划上车人数。

2. 车站日计划兑现率

日计划兑现率，可根据全天各次列车兑现率加总后平均求得，其计算公式为：

$$\alpha = \sum\gamma / N$$

式中　α——日计划兑现率；

$\sum\gamma$——每趟列车兑现率的总和；

N——列车数。

三、站、车客流信息传报工作

站、车客流信息传报工作是指办理客运业务的车站按规定区段或停车站正确、及时地向旅客列车提报确切的乘车人数，同时，旅客列车如遇客流高峰，造成严重超员时，列车长应及时向有关车站拍发超员电报的相互通报工作。

建立站、车客流信息传报制度，是合理组织旅客乘车、控制列车超员、弥补列车虚糜、实现旅客计划运输的主要措施之一，同时也是实现车站旅客输送日计划的重要环节。站车信息传报和车站旅客输送日计划结合可使客调（客票中心）了解、掌握各次列车的旅客密度，使始发站、中间停车站的客流得到合理输送，列车前方停车站能有预见地组织旅客乘车，以保证旅客的均衡运输。同时还可为列车提供良好的服务条件，对车站组织售票，维护站、车秩序，保证旅客列车安全、正点运行起着重要作用。

通过站、车客流信息传报，还可为列车提供良好的服务条件，对车站合理地组织售票，维护站、车秩序，保证旅客列车安全正点运行起着重要作用。

（一）专用表报和填写方法

1. 乘车人数通知单

它是车站统计各次列车上车人数、积累客流资料的原始记录，是列车填写旅客密度表的依据，也是车站考核日计划兑现率，核查售票、检票执行旅客输送日计划情况的依据。

1）填报要求

凡办理客运业务的停车站，都必须按到站或规定的区段，正确地统计旅客上车人数，做到真实可靠，正确率达到 95% 以上，并及时向列车提交“乘车人数通知单”。随着铁路售票和信息传递逐步信息化、现代化，全路大多数车站开始使用站车客运无线信息交互系统，实现计算机打印乘车人数通知单（见表 1.3.1）为主，极少数车站使用手工填写的乘车人数通知单（见表 1.3.2）。

计算机打印乘车人数通知单基本操作如下：在计划模块主菜单界面上进入“客运统计”子菜单，然后进入乘车人数通知单界面，在左侧选择车次以及确定日期，按照规定时间点击“打印”按钮。打印机随即打出乘车人数通知单。

手工填写乘车人数通知单基本要求如下：

（1）快车按到站、慢车按到站或规定区段分别统计软硬座和软硬卧人数。

（2）无旅客上车时，车站也要提交乘车人数通知单，并在人数栏内填写“无”字。

（3）中转换乘的旅客人数和使用铁路乘车证乘车的人数也要填写在相应的人数栏内。

（4）准确填写车站名、日期、车次、进款等内容。

2）站车交接要求

乘车人数通知单一式两份，一份交列车长，另一份由列车长签字（或盖章）后留站存查。交接地点在列车中部。

表 1.3.1 乘车人数通知单（计算机打印）

乘车人数通知单

主表

车站：　　　　　　日期：　　　　　　　　　　次车　　　　发车时间：

站名	硬座人数	软座人数	硬卧人数	软卧人数	无座人数	乘车证		中转人数	售出合计	剩余硬卧	剩余软卧	剩余硬座	剩余软座
						卧铺	其他						
合计													

备注

附表

车次进款（元）：　　　　　　　计划员：　　　　　　　车长签收：

表 1.3.2 乘车人数通知单（手工填写）

站　　年　　月　　日　　　　　　　　　　　　　次列车

到站	软卧	硬卧	软座	硬座			
				始发	中转	乘车站	合计
合计							
上车总人数：　　　人				总进款：　　　元			

2. 站车客运无线信息交互系统

为提高铁路客运的信息化水平，运输部门已使用站车客运无线信息交互系统。

1）系统组成

系统由地面系统、无线传输平台及移动系统组成。地面系统由下列设备组成：信息发布服务器、GPRS 接口服务器、安全隔离系统、路由器及防火墙。地面系统设置在铁路总公司，负责从客票系统获取乘车人数通知单、列车席位等信息，并通过无线传输通道，推送给指定的移动终端设备。无线传输平台是利用中国移动 GSM GPRS 网络构建的无线传输通道，用以完成列车（客运段）与地面之间的信息传递。移动系统是指配备专用 SIM 卡、具备接收指定无线信息功能的手持设备或笔记本电脑，在列车上和客运段使用。列车终端设备主要提供乘车人数通知单统计、列车席位信息查询及车票查验等功能；客运段终端设备主要提供列车密度表查询、监控列车移动终端设备使用情况等功能。

2）车站作业过程

车站应设专人做好乘车人数通知单的发送工作。至少在列车开车前 5 分钟，点击客票系统计划管理模块“乘车人数通知单”中“打印”按钮（见图 1.3.1），统计该列车在本站的售票情况及剩余席位。客票系统自动将信息发送给指定的移动终端。点击按钮后车站不得继续发售该次列车车票。遇有列车晚点，车站应在客票系统中做“晚点”调度命令。

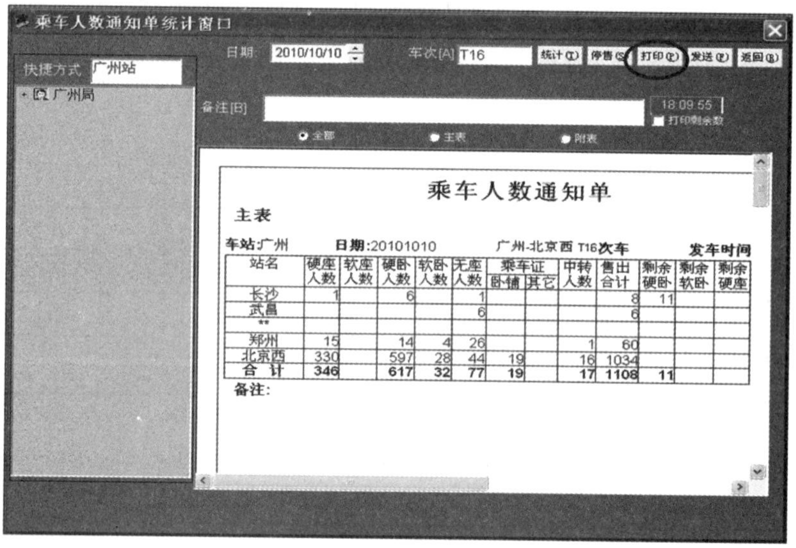

图 1.3.1　乘车人数通知单中的“打印”按钮

3）应急情况的处理

当网络通道、地面系统或列车运行途中终端设备发生故障时，列车长应向故障发生地所属铁路局客运处报告，由该局客运处顺序通报列车运行前方各局，通知前方各停靠站打印并递交“乘车人数通知单”。车站接到电报后按照该要求办理。

由于调试通道或地面系统等需中断系统的正常运行时，相关部门必须提前 5 日报铁路总公司，批准后方可实施，调试期间相关车站将临时恢复打印和递交“乘车人数通知单”。

4）有关要求

各车站必须按照铁路总公司的要求在列车开车前点击“打印”按钮，对于未按规定操作的车站，将按照乘车人数通知单考核办法进行考核，铁路总公司定期公布考核结果。

3. 列车密度表

列车密度表是列车长准确掌握旅客密度，向客调提交区段旅客密度的依据，是积累各站上下车人数资料、编制列车运行图、调整列车停站和票额分配计划的依据，也是列车长及时掌握旅客流量、流向变化，合理安排统一作业过程，主动为旅客服务的基础。

（二）资料的积累

车站的客流信息资料除了在铁路客票发售和预定系统中按规定进行积累和保存，以供使用外，车站还将打印的乘车人数通知单按车次装订成册，保存 3 个月。

四、客运调度工作

铁路运输调度是铁路日常运输组织的指挥中枢，各级调度分别代表各级领导组织指挥日常运输工作。铁路运输调度担负着组织客货运输、保证国家重点运输、提高客货服务质量、确保运输安全等重要责任，对完成铁路运输生产经营任务、提高铁路局效益起着重要作用。各级调度人员必须精心组织，科学调度指挥，努力增运增收。凡与运输有关各部门、各工种都必须在运输调度的统一组织指挥下，进行日常生产活动。

铁路客运调度工作，实行分级管理、集中统一指挥的原则。铁路总公司设调度处，铁路局（含青藏铁路公司）设调度所。铁路总公司设值班处长、调度员；铁路局设值班主任、主任调度员、调度员。

（一）客运调度的基本任务

（1）认真贯彻上级命令和指示，严格执行各项规章制度。

（2）掌握和统一调度客车，及时调整运能。

（3）挖掘运输潜力，提高运输效率，经济合理地使用客车和客运设备。

（4）组织客运有关部门紧密配合，协同动作，搞好路内外协作，安全、迅速、准确、便利地运送旅客和行李、包裹，使铁路更好地为旅客服务。

（二）客调的职责范围

1. 铁路总公司客运调度主要职责

（1）督促、检查各铁路局客运调度工作完成情况。

（2）掌握全路客车配属、直通旅客列车编组及各铁路局客车运用情况，调用各铁路局的客车，组织掌握路用客车的跨局运用。

（3）掌握全路客流变化情况，有计划地组织大批团体旅客和行包运输，根据需要临时调整运能；确定旅客列车的停运、加开、折返、迂回和变更编组方案；监督检查、分析和掌握各铁路局、主要站客流波动及旅客列车超员和票额利用情况，对严重超员的列车采取有效控制措施。

（4）掌握国际旅客列车和直通旅客快车的运行情况；遇有晚点时，组织有关铁路局及相关部门采取措施，恢复列车正点运行。

（5）遇有灾害或事故中断行车时，及时请示汇报，处理旅客快车的停运、加开、折返、保留和变更径路等事宜。

（6）组织旅客运输中的有关军事运输工作，安排新老兵运输，重点掌握与其有关的旅客列车安全正点运行情况。

（7）组织总公司署专包、中央大型会议及重点任务的乘车计划，并掌握运行情况。

（8）组织、指导行包运输工作。

（9）组织、落实铁路总公司领导交办和日常客运工作中的有关事宜。

2. 铁路局客运调度主要职责

（1）监督、检查站段客运工作完成情况。

（2）编制、审批日班计划，有计划地组织大批团体旅客和行包运输，根据客流需要，及时调整列车编组和运能，安排铁路局管内旅客列车的停运、加开，并认真监督检查和落实。

（3）检查、指导铁路局管内各站售票情况，控制列车严重超员，对严重超员的列车采取有效控制措施，并向客运管理部门通报相关情况。

（4）监督、掌握旅客列车按运行图安全正点运行，努力使晚点列车恢复正点。遇特殊情况，报调度所值班主任批准后，由列车调度员下达铁路局管内的旅客列车在不停车站临时停车的命令。

（5）组织铁路局旅客运输中有关军事运输任务，安排铁路局管内新老兵乘车计划，重点掌握有关旅客列车安全正点情况。

（6）认真掌握客车设备及动态，调用各段的客车，组织好出入厂、段客车的回送，及时收报、核对旅客列车编组、备用车、检修车及运用客车外出情况。

（7）遇铁路局管内发生重大、大事故或因自然灾害中断行车时，采取措施，并提出有关旅客列车停运、加开、折返、保留和变更径路等方案。

（8）收取站、车有关客运的事故概况，并及时报告铁路总公司客运调度和有关领导。

（9）加强与邻局的协作，及时沟通信息，及时准确交换调度命令，认真核对留轴、挂车情况。

（10）及时向站段发布客运调度命令，监督检查站段执行调度命令和落实专运及重点任务的情况，并及时将有关情况通知专运办。

（11）加强与有关业务处室的信息沟通，并及时将有关命令抄知本局客票中心，共同做好旅客运输工作。

（12）组织指导做好行包运输工作。

（13）按规定正确收集客运工作概况，并及时上报；按日、月、年度积累各项统计资料，逐项进行分析。

3. 客运计划员主要职责

（1）认真执行客运调度命令，及时调整票额。

（2）搞好日常调查、节假日调查及大批团体、寒暑假学生、春运期间民工等综合客流调查，认真分析研究，根据客流的流量、流向变化情况，提出加开、停运或增、减挂车辆的建议，及时向有关领导汇报。

（3）掌握春运、暑运临客开行及其他节假日大批团体旅客的运输；掌握新老兵及其他有关军事运输工作。

（4）认真核实本站始发的各次旅客列车编组及上车人数，并将上车人数通知本务列车长；加强站、车联系，及时了解重点旅客列车客流波动情况，虚心听取列车有关人员的意见，不断改进旅客运输组织工作。

（5）汇总全站旅客运输的有关资料，及时向铁路局客运调度汇报；建立健全日、旬、月，分车次、区段和节假日的客流资料台账。

（6）及时收取、上报临时发生的有关客运情况。

（三）客运调度报告制度

为准确掌握客运工作情况，及时处理发生的问题，车站计划室、车务段调度、铁路局客运调度必须加强报告制度，除按规定上报的有关资料外，凡发生下列情况之一时必须逐级向上级客运调度报告：

（1）发生自然灾害和行车重大、大事故中断行车。

（2）发生旅客、路内客运职工伤亡事故，或由于站车设备损坏或其他原因造成人员伤亡。

（3）车站和旅客列车发生火情、火灾。

（4）旅客列车因机车、车辆发生事故造成甩车，或长时间修理造成始发和运行晚点。

（5）售票系统发生故障不能正常售票。

（6）车站和列车票款、票据被抢、被盗。

（7）进京上访人员乘车。

（8）站、车之间发生纠纷或其他原因导致旅客列车严重晚点。

（9）站、车发生意外情况，工作人员不能正常作业。

（10）因特殊原因，临时造成旅客积压，不能及时输送。

（11）因误售车票造成旅客漏乘。

（12）因错、漏传调度命令，错挂或漏挂车辆，造成旅客不能正常乘车。

（13）有关客运工作中出现好人好事的典型事例。

（14）其他需要及时上报的有关客运工作事项。

任务练习

一、掌握列车定员计算方法

××次列车，列车编组 UZ1、YZ8（118）、CA1、YW3（60）代 YZ、RW1（32）代 RZ、XL1 共计 15 辆，计算该列车的标记定员、实际定员、超成定员（超员率 30%）各是多少。

二、掌握日计划编制方法

（1）××××年 2 月 23 日，××站 88 趟列车计划兑现率和为 8 480%，请计算该站日班计划兑现率。

（2）××××年6月8日，甲站至乙站K40次空调列车甲站计划上车944人，甲站实际上车人数为898人，请计算甲站K40次列车的计划兑现率。

思考题

1. 什么是客流？客流是怎么形成的？客流的分类有哪些？
2. 旅客列车分为哪几类？车次包含哪些含义？
3. 客流调查有哪些方法？其调查的主要内容有哪些？
4. 客流预测方法有哪几种？
5. 什么是客流区段？客流区段如何划分？
6. 什么是客流图？为什么要编制客流图？客流图分哪几种？
7. 怎样合理选择旅客列车的重量和速度？
8. 旅客列车的运行区段和行车量是怎样确定的？
9. 怎样确定旅客列车车底需要数？
10. 旅客列车运行图主要指标有哪些？怎样计算？
11. 什么是票额分配？票额分配如何进行？
12. 旅客输送日计划有何作用？编制依据是什么？
13. 无线信息交互系统由哪些设备组成？车站乘车人数通知单是如何发送的？
14. 客运调度的任务和职责是什么？

【拓展知识】

高速铁路列车运行图

高速铁路列车运行图是高速铁路组织列车运行的基础性文件和高速铁路运输工作的综合计划。编制高速列车运行图应该从确定需求，即从客运市场调查与客流预测入手，根据现有的运输资源及其运输能力，确定供给方案，即编制列车开行方案和列车运行图。

一、高速铁路列车运行图的编制步骤

（1）搜集编图资料，有关问题进行组织调查、研究和试验，计算确定列车运行图的要素。

（2）编图前，各铁路公司提出跨线、本线高速列车开行方案。

（3）铁路总公司统一确定列车开行方案。

（4）编制高速铁路列车运行方案。

（5）编制动车组运行方案。

（6）编制客运站技术作业图表。

（7）列车运行图指标计算及分析评价。

（8）绘制列车运行图，公布列车时刻表。

二、客运需求量预测

1. 高速铁路客流特点

旅客运输构成按出行目的可以分为公务性旅行、个人旅行两大类，主要包括出差、通勤、经商、打工、探亲、上学和旅游等。按乘客身份可以分为工人、农民、军人、干部、学生、商人等。不同消费层次的旅客对旅行条件具有不同的需求，高速铁路也有其对应的旅客层次和需求特点：

（1）从出行目的的角度来看，公务旅客是高速铁路的最大消费群体，旅游客流增长速度最快。

（2）从旅客年龄构成角度来看，中青年是旅客的主体。

（3）从乘客身份角度来看，商务、企业和行政管理人员、科技人员占主导。

（4）从旅客选择旅行工具时最优先考虑的因素来看，旅客在旅行过程中最重视的因素是安全和速度，对费用高低不敏感。

2. 客运市场调查与客流预测

客运市场调查，是对高速铁路吸引范围内，运用科学的方法，有系统、有目的地搜集、记录、整理有关的市场信息，了解、分析旅客出行的行为、运输方式选择、运输产品需求的现状和发展趋势的活动过程。其目的在于为进行市场预测、确立营销方针策略、编制营销计划、组织运输服务提供客观、正确的资料。

客运市场调查包括：

（1）运输市场环境调查，包括：政治法律环境、经济和社会文化环境等。

（2）技术发展调查，包括：新技术、新工艺、新材料的发展趋势和发展速度；新产品的技术现状、发展趋势和发展速度，以及应用新技术、新工艺、新材料的情况；新产品的先进水平等。

（3）运输市场需求容量调查，包括：市场需求的动向；现有的和潜在的需求量；某类服务产品的社会拥有量；整个行业中同类产品在市场上的供应量和销售量；本企业和竞争企业的同类产品的市场占有率；本行业和其他相关行业的投资动向等。

（4）消费者与消费行为的调查，包括：消费者类别、消费者的购买能力、消费者的欲望和购买动机、消费者的购买习惯等。

（5）竞争企业和竞争产品的调查，包括：竞争对手分析、竞争产品分析。

（6）对本企业已采取的产品策略、价格策略、分销策略、促销策略及其组合在现行市场上的作用、效果，以及是否需要变化、改进等进行的调查分析。

高速铁路客流预测，强调从需求生成、需求增长变化、需求的时空分布和需求的地区交流四个方面进行数量和趋势预测分析，一般运用因果分析模型、时间序列模型和计量经济模型方法进行综合预测，从全社会客流总量预测入手，建立各种运输方式分担模型，考虑运量的转移和诱增，注重定性分析和定量分析相结合，数量分析与情景分析相结合，专业预测分析与专家咨询论证相结合。在进行常规性客流预测的同时，特别强调运用心理学原理从情感、习惯等方面分析和研究人们对运输需求的各种变化。例如，从人们对票价、速度、出行时间需求和对某种交通工具的喜好、不同阶层客户购买力、各类客户出行规律及流量等多方面进行研究和分析。

三、高速铁路列车运行图

编制高速铁路列车运行图与普速列车运行图在工作原理和内容上基本相同，都是在以距离为纵轴，时间为横轴的坐标平面上确定满足运行图各种约束条件，并达到一定目标的列车运行线的集合。但由于高速铁路在满足旅客出行需求、行车组织、列车运行速度、天窗设置等方面与普速铁路有较大区别，高速列车运行图的铺画方法势必与双线普速列车运行图存在较大差别。

1. 高速铁路运行图编制中的关键问题

（1）高速铁路运行图的编制必须满足旅客运输市场需要。

市场经济条件下的行车组织，应适应旅客运输市场的需要，而不是“强迫”旅客服从于铁路的“时间表”。随着国民经济的发展和我国城市化进程的加快，城间旅客运输的需求量迅速增长，公务及商务出行比例增加，旅客对早出晚归等时效性较强列车的需求量增大。如短途旅客比较关注早、晚列车的发、到时间，从而形成了客流集中式的到发；长途旅客比较在意铁路能够提供出行机会的多少，形成了客流比较均匀的到发。这些特点在列车运行图上表现为短途旅客列车分时段集中发车，长途旅客列车发车时间分布比较均匀的运行规律。

（2）高速铁路运行图的编制必须考虑共线运行模式下通过能力的合理利用。

“高、中速共线运行”是对高速铁路运输组织模式作了原则性的界定，对于在高速（300 km/h 及以上）和中速（250 km/h 及以下）列车速差比较大的情况下如何组织共线运行更有利，而这是影响高速铁路通过能力的较大因素。高速铁路通过能力不仅与高、中速列车速度差有关，而且与高、中速列车运行组织方式等也有关。通过研究可知，共线运行的行车组织方式有多种，但体现在运行图上归纳起来主要有集中式、相对集中式、均衡式 3 种方式。

集中式是将运行速度相同的列车集中时间铺画，其运输能力最大；均衡式是将所有列车以间隔时间均等的方式铺画，其运输能力最小；相对集中式介于二者之间。动车组的使用效率以均衡式最优，集中式最差，相对集中式介于二者之间。集中式编制方式是理论化的，不符合旅客的出行规律，不可能实现。相对集中式和均衡式是可供比选的运行图编制方式，其中均衡式的铺画形式相对单一，相对均衡式根据集中的程度不同有多种方案，可依据旅客运量构成的不同而异。

（3）高速列车运行图编制必须便利列车运行调整。

在多种运输方式的竞争中，方便快速的旅行是旅客选择高速铁路的重要原因，列车运行正点是保证高速铁路在竞争中取胜的关键因素之一，但列车晚点是不可避免的。因此，出现晚点后，需要通过运行调整在短时间内予以恢复或缩小影响。要做到这一点，对于运行准确性要求很高的高速行车系统而言，在运行图编制时就为列车运行调整创造便利条件是非常必要的。高速铁路列车运行调整的主要方法可以归纳为：晚点列车使用备用运行线、插空运行。

① 晚点列车使用备用运行线。

备用运行线是指在高速列车运行图上铺画一些日常不用的高速和中速列车运行线，供晚点列车使用。其优点是备用线可为晚点列车提供有计划的完整的运行时间点；其缺点是列车晚点出现的时机难以准确估计，确定合理的备用线数量是一大关键问题。

② 晚点列车插空运行。

晚点列车插空运行是指晚点列车利用高、中速列车速度差造成的时间空档运行。其优点是晚点列车对其他列车的影响较小；缺点是“插空”是随机的，晚点列车运行的计划性较差，容易使列车进一步晚点。

2. 高速铁路运行图采用的模式

高速铁路运行图是一个“短途集中、长途均衡，同类列车局部集中、不同种类列车全图均衡”的规格化运行图模式。

规格化运行图是在运输能力合理负荷下以一定时间间隔（单元时间）为单位，循环重复铺画的饱和运行图。所谓规格化是指单元时间内的高、中速列车开行方案及停站方案基本相同。如以小时为单元时间，运行图上每小时内的高、中速列车种类、数量以及停站地点和时间基本相同。在运量需求较大的近、远期，采用这种运行图具备以下 4 个优点。

（1）编制合理的规格化运行图虽然不易，但为运行图的铺画提供了可遵循的方法。通过合理编制单元时间内的高、中速列车运行方案，就可以完成全图的运行图编制，简化了高速铁路运行图铺画过程中由于列车等级及长短途列车不同形成的复杂铺画程序。

（2）规格化运行图的使用具有“以不变应万变”的特点，为运营创造了最大的自由度。由于铺画的运行图是合理负荷下高、中速列车饱和运行图，对于旅客出行高峰期，运行图中已铺画了最大行车密度的运行线，可以用来开行长短途的高、中速列车。如果仍然满足不了旅客的运输需求，只能靠扩大高速列车编组或延长高峰期运行时间的方式予以解决。对于非高峰期，多铺画的列车运行线可以作为备用线使用。这样较好地解决了高峰期与非高峰期的列车运行线如何确切铺画的问题。

（3）规格化运行图较好地解决了晚点列车运行调整问题。由于列车晚点的随机性较大，对于非规格化运行图，备用运行线设置的数量、种类、时间和停站方案等均难以确定，这是采用备用线方法进行运行调整难以解决的问题。对于规格化饱和运行图，由于在各单元时间内高、中速列车行车方案和停站方案基本相同，且饱和图为晚点列车提供了最大的选择机会，晚点列车在等待最大不超过一个单元的时间间隔就可以找到与原运行线相同的运行线，这就比较好解决晚点列车的若干相关问题。

（4）便于编制和评价高速铁路的运输能力。采用非规格化运行图时，高速铁路的区间通过能力将随着计算区段的长短不同而不同，造成在评价高速铁路运输能力时出现多种不确定性，使得对高速铁路的能力大小众说不一。采用规格化运行图时尽管各区段高、中速列车实际开行的数量不同，但作为能力评估，各区段可以采用同样的行车模式和计算方法，因此，规格化运行图为高速铁路能力计算分析提供了可确定性前提。

项目二　售票作业

【教学目标】

售票作业是整个旅客运输的第一项主要作业，是一项烦琐复杂的工作，包括利用计算机、人工及自助售票设备等各种手段发售各种车票、退票，处理有关票务的各种问题，是铁路售票员、售票值班员等岗位必须具备的技能。因此，本项目教学目标如下。

一、知识目标

（1）票价的制定原则；

（2）《铁路旅客运价里程表》《旅客票价表》《列车时刻表》；

（3）客运杂费的规定；

（4）车票；

（5）各种车票的发售、改签和退票条件；

（6）交接班工作制度；

（7）代用票。

二、技能目标

（1）了解车票的作用和种类；

（2）背画铁路客运接算站示意图；

（3）熟练使用《铁路旅客运价里程表》《旅客票价表》《列车时刻表》；

（4）熟练使用代用票发售各种车票、办理变更手续；

（5）熟练使用窗口计算机售票、签证、退票等；

（6）熟练使用电话订票、互联网购票方法订购车票，并能指导购票人订购车票；

（7）熟练使用自动售票机购买车票，并能够指导旅客利用自动售票机购买车票；

（8）能够对自动售票机进行日常维护。

任务一　车票基础知识认知

任务描述

车票基础知识包括车票的作用及种类、票价的制定原则、各种车票的发售规定等有关售票作业的基础知识和技能。这些知识和技能既是售票作业的基础知识和技能，又是整个铁路旅客运输的基础知识和技能，只有掌握了这些基础知识和技能，才能够进一步学习售票作业，为做好售票工作打下良好的基础。

知识准备

一、车票的作用和分类

（一）作　用

车票是旅客乘车的凭证，是旅客和铁路缔结运输合同、发生运输关系的依据，也是旅客支付票价的根据。

（二）分　类

车票是乘车票据的总称。车票票面（特殊票种除外）主要应当标明发站和到站站名、径路、座别、卧别、票价、车次、乘车日期、有效期等内容。旅客使用银行卡购买的车票，正面还印有收单行标记。

车票的分类情况如下。

1. 按形式分

（1）卡片式。

卡片式车票是指外形为硬卡片形的专用车票，包括硬纸卡片票（如图 2.1.1 所示）及磁卡储值票（如图 2.1.2 所示）。硬纸卡片票已停止使用。磁卡储值票是为了免除经常外出旅行旅客反复购票的麻烦，在一些大的客运站通过电子计算机设备发售的能多次使用的车票。

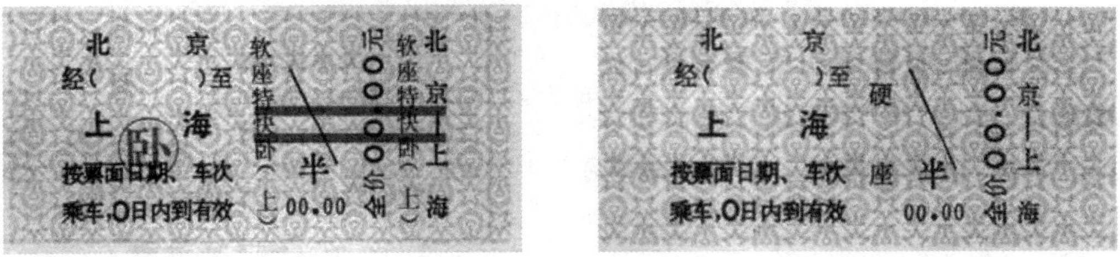

（a）硬座客票　　　　（b）软座特快卧票

图 2.1.1　磁卡储值卡

（a）中铁银通卡正面　　（b）中铁银通卡背面

图 2.1.2　磁卡储值卡

中铁银通卡是由中铁银通支付有限公司发行的预付卡。该卡卡面印有银联 UPcash 标识、持卡人姓名、有效身份证件号码及照片，卡内芯片中存有持卡人姓名、有效身份证件号码等实名信息。目前，持卡人凭中铁银通卡可以在铁路管理部门指定的区段内通过铁路车站自动检票机（闸机）直接刷卡乘车，还可使用中铁银通卡在铁路安装有 POS 机的售票窗口、支持银行卡支付的自助售票机、中国铁路客户服务中心网站（www.12306.cn）等渠道购票。

中铁银通卡根据铁路应用分为金卡和银卡。持卡人可在铁路管理部门指定的区段内通过铁路各车站自动检票机（闸机）直接刷卡乘车，持中铁银通金卡刷卡乘车限乘坐一等座席位，并按一等座票价扣款；持中铁银通银卡刷卡乘车限乘坐二等座席位，并按二等座票价扣款。

“中铁银通实名卡”仅限于持卡人本人使用，不取现、不计息、不可透支，有效期标注在卡片正面，过期后需到指定售卡网点办理换卡手续。

中铁银通京津城际同城优惠卡（以下简称“同城卡”，如图 2.1.3 所示）是指由中铁银通支付有限公司（以下简称“中铁银通公司”）发行，仅含电子现金支付，卡背面印有持卡旅客的有效身份证件号码、姓名和照片的实名预付卡。主要应用于中国铁路实名制刷卡乘车业务并提供票价折扣优惠。仅限跨北京、天津城市间乘坐京津城际列车，往返于北京南站—武清站、北京南站—天津站、北京南站—军粮城北站、北京南站—塘沽站、北京南站—于家堡站点到点直接刷卡乘车使用。“同城卡”仅限于持卡人本人使用，不取现、不计息、不可透支，自购买之日起生效，有效期为一年。

图 2.1.3　中铁银通京津城际同城优惠卡

（2）薄纸式。

薄纸式是指将乘车信息打印在薄纸上的纸质车票，包括售票计算机打印的软纸票、磁性车票（见图 2.1.4），以及根据需要临时填发的区段票（见图 2.1.5）和代用票（见图 2.1.6）等。

（a）软纸票

（b）磁性车票

图 2.1.4　计算机票样张

图 2.1.5　区段票样张

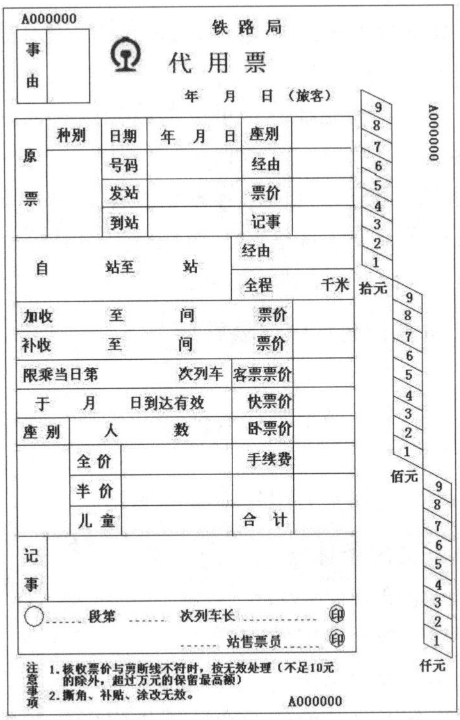

图 2.1.6　代用票样张

区段票是车站未备有卡片式常备票的情况下和列车在补收票价时使用的一种票据。

区段票分为硬座区段票、普通加快区段票和硬座普快联合区段票三种，根据票价里程分组印刷，都为厚纸单页式。硬座普快联合区段票和普通加快区段票，应在旅客页正面年月日上部和报告页发到站名下部加印 1 mm 宽的红色横线一条。

车站发售区段票时，应按下列规定办理：

① 必须用墨汁、黑色墨水或圆珠笔填写，严禁使用红、蓝墨水。

② 根据查出的运价里程，在里程栏相当里程下部沿横线剪断，将上部交给旅客，其余部分报缴铁路局。

③ 在剪断时，对半价票还应沿着有关栏的右方竖线向上端剪断，左上部交给旅客，其余部分报缴铁路局。

代用票是根据需要临时填发的票据。它是车站售票计算机故障、列车移动补票系统故障等特殊情况下代用车票和办理团体旅客乘车、包车、旅游专列时使用的一种票据。

（3）电子客票。

电子客票是指购票人通过中国铁路客户服务中心网订购车票之后，仅凭自己订购车票的有效二代身份证件直接到车站，通过自动检票机进站检票、乘车、出站验票的无形车票。目前，电子客票在京津城际、京沪、沪宁、沪杭、武广、广深等高铁本线车站使用。

2. 按性质分

车票中包括客票和附加票两部分。

（1）客票。

能够单独使用的车票，客票分为软座客票、硬座客票。

（2）附加票。

是客票的补充部分，可以与客票合并发售，但除免费儿童外，不能单独使用。附加票分为加快票、卧铺票、空调票。

此外，还有为方便旅客乘坐快车、卧铺车、空调车，简化售票手续，提高发售速度而使用的各种联合票（如客快、客快卧、客快空调、客快卧空调等联合票）以及为某些旅客发售的专用半价票、国际联运票等。

3. 按是否允许中途换乘分

（1）直达票。

从发站至到站不需中转换乘的车票。

（2）通票。

从发站至到站需中转换乘的车票。

4. 按优惠条件分

（1）全价票。

按票价全价发售的车票。

（2）儿童优惠票。

对符合优惠条件的儿童，按规定发售的优惠车票。

（3）学生优惠票。

对符合优惠条件的学生，按规定发售的优惠车票。

（4）伤残军人半价票。

对符合优惠条件的伤残军警，按规定发售的半价车票。

（5）团体优惠票。

对符合优惠条件的乘车团体，按规定发售的优惠车票。

5. 按收费办法分

（1）普速列车车票。

乘坐普通旅客列车所需的车票。

（2）动车组列车车票。

乘坐动车组列车所需的车票。

（3）特定运价车票。

乘坐包车、租车等特定运价列车所需的车票。

（4）旅游专列车票。

乘坐旅游列车所需的车票。

二、车票有效期

车票是运输合同，任何一种合同都有一定的时效，作为运输合同的车票也不例外，其时效即为有效期间。

1. 车票有效期间的计算

车票有效期间的计算，是根据列车衔接和旅行速度等因素，按照实际需要并考虑有一定富余系数，既保证旅客能在车票有效期间内到达到站，又避免因有效期间太长而产生弊端的情况而制定的。

车票有效期间按下列规定计算：

（1）直达票当日当次有效，但下列情形除外：

① 全程在铁路运输企业管内运行的动车组列车车票有效期由企业自定；

② 有效期有不同规定的其他票种。

（2）通票的有效期按乘车里程计算：1 000 km 为 2 日，超过 1 000 km 的，每增加 1 000 km 增加 1 日，不足 1 000 km 的尾数按 1 日计算；自指定乘车日起至有效期最后一日的 24 时止。

卧铺票按指定的乘车日期和车次使用有效，其他附加票随同客票使用有效。

2. 车票有效期间的延长

遇下列情况，可适当延长车票的有效期间：

（1）因列车满员、晚点、停运等原因，使旅客在规定的有效期内不能到达站时，车站可视实际需要延长通票的有效期。延长日数从通票有效期终了的次日起计算。

（2）旅客因病中途下车、恢复旅行时，在通票有效期内，出具医疗单位证明或经车站证实时，可按医疗日数延长有效期，但最多不超过 10 天；卧铺票不办理延长，可办理退票手续；同行人同样办理。

（3）由于误售、误购、误乘，原票有效期间不能到达正当到站时，应根据折返站至正当到站间的里程，重新计算通票有效日期。

车站在办理延长有效期手续时，应在客票背面注明“因××延长有效期×日”并加盖站名戳。因铁路责任还应在行李票上同样签注，作为到站提取行李时，计算免费保管日数的凭证。

3. 车票有效期间失效的处理

（1）旅客在乘车途中客票有效期间终了，要求继续乘车时，应自有效期间终了站（如列车正在运行中，则从最近前方停车站）起另行补票，核收手续费。

（2）旅客持用的定期客票的有效期间，在乘车途中终了时，可按有效使用至到站。

三、旅客票价的制定

客运运价包括旅客票价和行李、包裹运价。客运运价与客运杂费构成全部运输费用。铁路旅客票价分为普速列车票价、动车组列车票价。如图 2.1.7 所示。

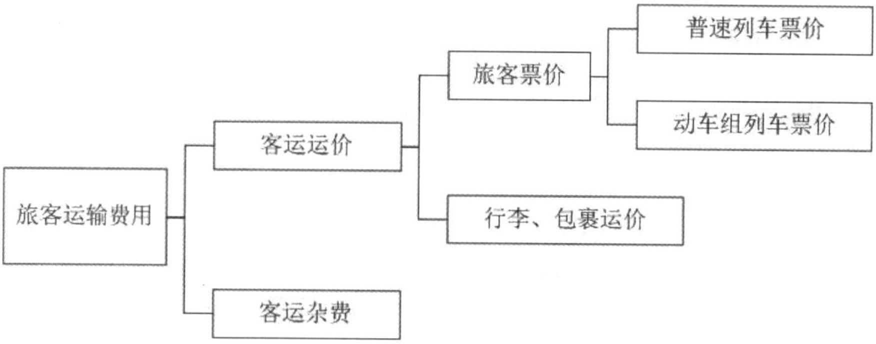

图 2.1.7　铁路旅客运输费用

铁路旅客票价，是铁路旅客运输产品的销售价格，是国民经济价格体系的组成部分。其基本票价率由国务院铁路主管部门拟定，报国务院批准。

铁路旅客运输是直接为城乡广大人民服务的，其中个人旅行占了相当大的比重。旅客票价在一定程度上体现了国家与个人之间的交换与分配关系，在这里，价值规律将起一定的调节作用，旅客票价的高低，对旅客流量、乘车座别以及客运量在各种运输方式之间的分配，都有一定的影响。在确定旅客票价时，必须考虑人民生活水平，妥善处理国家积累与照顾人民生活需要的关系，以及各种运输工具的合理利用。

（一）普速列车票价

普速旅客列车票价根据列车种类、车辆类型、设备条件、客票的使用期间以及减收票价的有关规定，分为两大类：一是客票票价，包括硬座、软座客票票价；一是附加票票价，包括加快、卧铺、空调票票价。

普速旅客列车票价是按基本票价的百分比确定的。基本票价以每人每千米的票价率为基础，按照规定的旅客票价里程区段，采取递远递减的办法确定。

1. 旅客票价构成要素

1）基本票价率与票价比例关系

基本票价率是旅客票价的基础，是决定全部旅客票价水平最重要的因素。

在制定硬座客票票价率时，应认真执行党和国家的方针、政策，根据旅客运输成本，考虑人民生活水平和旅行需要，并参照其他运输方式的旅客票价，在调查研究的基础上通过核算加以确定。当基本票价率确定后，其他各种票价率就按其加成或减成比例计算。目前，基本票价率为 0.058 61 元/人 · km。现行各种票价率的比例关系如表 2.1.1 所示。

表 2.1.1　各种票价率和比例关系

票　　种			票价率 [元/（人·km）]	比例（%）
硬座客票			0.058 61	100
软座客票			0.117 22	200
加快票	普快		0.011 72	20
	快速		按普快票价 2 倍计算	
硬卧票	开放式	上铺	0.064 47	110
		中铺	0.070 33	120
		下铺	0.076 19	130
	包房式	上铺	按开放式硬卧中铺票价另加 30% 计算	
		下铺	按开放式硬卧下铺票价另加 30% 计算	
软卧票	上　铺		0.102 57	175
	下　铺		0.114 29	195
高级软卧票	上　铺		0.123 08	210
	下　铺		0.134 80	230
空调票			0.014 65	25

2）旅客票价里程区段

计算旅客票价时，并不是完全按运输里程一一进行计算的，而是既要考虑到旅客支付票价的合理性，又要考虑到车站计算票价的简便性，因此将运输里程分为若干区段，对同一里程区段，核收同一票价。旅客票价里程区段应适当地划分，使旅客支付票价既合理又简便。现行旅客票价里程区段划分如表 2.1.2 所示。

计算旅客票价，除实行票价区段外，同时考虑到运输成本及分流的问题，对票价的计算规定了起码里程：客票 20 km，空调票 20 km，加快票 100 km，卧铺票 400 km（特殊区段另有规定者除外）。

表 2.1.2　旅客票价里程区段

里程区段（km）	每小区段里程（km）	区段数	里程区段（km）	每小区段里程（km）	区段数
1 ~ 200	10	20	1 601 ~ 2 200	60	10
201 ~ 400	20	10	2 201 ~ 2 900	70	10
401 ~ 700	30	10	2 901 ~ 3 700	80	10
701 ~ 1 100	40	10	3 701 ~ 4 600	90	10
1 101 ~ 1 600	50	10	4 601 以上	100	

3）递远递减率

由于运输成本随运距增加而相应降低，因此，旅客票价采取递远递减的办法进行计算，以减轻长途旅客的经济负担，特别是照顾边远地区的居民同其他地区的联系。

旅客票价从 201 km 起实行递远递减。现行各里程区段的递远递减率和递减票价率（以硬座票价为例）如表 2.1.3 所示。

表 2.1.3　旅客票价递减率和递减票价率（以硬座票价为例）

区　段（km）	递减率（%）	票价率[元/（人·km）]	各区段全程票价（元）	区段累计票价（元）
1 ~ 200	0	0.058 61	11.722	
201 ~ 500	10	0.052 749	15.824 7	27.546 7
501 ~ 1 000	20	0.046 888	23.444	50.990 7
1 001 ~ 1 500	30	0.041 027	20.513 5	71.504 2
1 501 ~ 2 500	40	0.035 166	35.166	106.670 2
2 501 以上	50	0.029 305		

2. 旅客票价理论计算

构成旅客基本票价的三要素（即票价率与票价比例关系、票价里程区段、递远递减率）具备以后，即可计算旅客基本票价。

基本票价的计算，除初始区段不足起码里程按起码里程计算，最后一个区段按中间里程计算外，其余各区段均分别按其区段里程计算。根据各区段的递减票价率求出各区段的全程票价和最后一个区段按中间里程求出的票价加总，即为基本票价。

对于计算基本票价的中间里程的确定，除按区段里程推算外，也可按下列公式求算：

$$L_{中间} = L_{基} + (n \pm 0.5)L_{段}$$

式中　$L_{中间}$——区段中间里程；

$L_{基}$——基数里程；

n——小区段数，其计算公式为：

$$n = \frac{L_{实} - L_{基}}{L_{段}}\text{（尾数四舍五入，舍去前式取“+”，进入或除净前式取“−”）}$$

其中　$L_{实}$——实际里程；

$L_{段}$——小区段里程。

进行旅客票价理论计算时，客票票价以 5 角为单位，不足 5 角的尾数，按 2.5 角以下舍去、2.5 角及以上进为 5 角处理。附加票票价以元为单位，不足 1 元的尾数，按四舍五入处理。半价票票价为全价票票价的一半，以 5 角为单位。

1）硬、软座客票票价的计算

硬、软座客票票价计算公式为：

$$F = E \times i\%$$

式中　F——客票票价；

$i\%$——软、硬客票与基本票价的比例关系；

E——基本票价，其计算公式为：

$$E = C_0L_0 + C_1L_1 + C_2L_2 + \cdots + C_nL_n$$

其中　C_0——其本票价率；

L_0——不递减区段的里程；

C_1，C_2，…，C_n——各区段的递减票价率；

L_1，L_2，…，L_n——递减票价率相应区段的里程。

基本票价又可按下列公式求算：

$$E = C_0 L_{计价}$$

式中　$L_{计价}$——计价里程，其计算公式为：

$$L_{计价} = L_0 + L_1(1 - D_1) + L_1(1 - D_2) + \cdots + L_n(1 - D_n)$$

其中　L_0，L_1，…，L_n——意义同前；

D_1，D_2，…，D_n——各区段的递减率。

2）附加票票价的计算

附加票票价计算公式为：

$$F_{附加} = E \times x\%$$

式中　$F_{附加}$——附加票（含加快票、空调票、卧铺票）票价；

E——基本票价；

$x\%$——相应票种与基本票价的比例关系。

应特别指出的是：

① 售票计算机发售的软、硬座客票票价，内含软票费 1 元（票价不超过 5 元的，内含软票费 0.5 元）。

② 超过 200 km 的硬座客票票价，内含 1 元的候车室空调费。

③ 新型空调列车的各票种票价，分别在普通车客票、加快票、卧铺票、空调票的票价基础上以向上浮动不超过 50%进行计算。同时浮动的票价应分别按票种处理尾数。

④ 加快票由低到高分为三等，即普通加快票、快速加快票和特别加快票。快速加快票票价按普通加快票票价的两倍计算。为体现列车提速不提价，特别加快票票价暂按快速加快票票价核收。

⑤ 卧铺票票价另加 10 元订票费。

⑥ 棚车代用客车时，其客票票价按硬座客票半价计算，棚车加快票价按普通加快票价计算；棚车儿童客票票价按棚车客票半价计算，棚车儿童加快票票价按普通加快票半价计算。

⑦ 广深线开行的列车，票价由企业自主确定。

【例 2.1】　计算北京至上海软座客票、快速加快票、软卧上铺票及空调票的票价（北京至上海客运运价里程为 1 463 km）。

（1）确定区段中间里程。

北京——上海客运运价里程为 1 463 km

$$n = \frac{1\,463 - 1\,100}{50} = 7.267 \approx 7$$

$$L_{中间} = 1\,100 + (7 + 0.5) \times 50 = 1\,475\ （km）$$

（2）计算基本票价。

$$E = C_0L_0 + C_1L_1 + C_2L_2 + \cdots + C_nL_n$$
$$= 0.058\,61 \times 200 + 0.052\,749 \times 300 + 0.046\,888 \times 500 + 0.041\,027 \times 475$$
$$= 70.478\,525（元）$$

或
$$E = 0.058\,61 \times [200 + 300 \times (1 - 10\%) + 500 \times (1 - 20\%) + 475 \times (1 - 30\%)]$$
$$= 70.478\,525（元）$$

（3）计算软座客票票价。

$$F = \mathrm{E} \times \mathrm{x}\% = 70.478\,525 \times 200\% = 140.957\,05 \approx 141.0（元）$$

（4）计算快速加快票票价。

$$F_{普快} = 70.478\,525 \times 20\% = 14.095\,71 \approx 14.0（元）$$

$$F_{快速} = 14.00 \times 2 = 28.0（元）$$

（5）计算软卧上铺票票价。

$$F_{上软卧} = 70.478\,525 \times 175\% + 10.0 = 133.337\,418\,75 \approx 133.0（元）$$

（6）计算空调票票价。

$$F_{空调} = 70.478\,525 \times 25\% = 17.619\,631 \approx 18.0（元）$$

（二）动车组列车票价

动车组列车票价计算，用给定的票价率、运价里程，根据车厢等级不同，按不同公式计算。

1. 时速 200 ~ 250 km 动车组列车票价的计算

1）二等座车公布票价公式

票价 = 0.280 5 × (1 + 10%) × 运价里程

2）一等座车公布票价公式

票价 = 0.336 6 × (1 + 10%) × 运价里程

3）特等座、商务座、一等包座、观光座票价

特等座公布票价 = 0.280 5 × (1 + 10%) × 1.8 × 运价里程

商务座公布票价 = 0.280 5 × (1 + 10%) × 3 × 运价里程

一等包座、观光座按特等座公布票价执行

4）软卧车公布票价公式

上铺票价 = 0.336 6 × (1 + 10%) × 1.6 × 运价里程

下铺票价 = 0.336 6 × (1 + 10%) × 1.8 × 运价里程

5）高级软卧车公布票价公式

$$上铺票价 = 0.336\,6 \times (1 + 10\%) \times 3.2 \times 运价里程$$

$$下铺票价 = 0.336\,6 \times (1 + 10\%) \times 3.6 \times 运价里程$$

6）动车组儿童、学生、伤残军人票价

按《客规》等有关规定享受减价优待的儿童、学生、残疾军人乘坐动车组时，其票价均以公布票价为基础计算。

动车组软卧儿童票 = 动车组软卧公布票价 − 动车组一等座公布票价/2

符合免费乘车条件的儿童单独使用动车组卧铺时，票价计算方法为：动车组软卧公布票价 − 动车组减去等座公布票价。在运价里程不足 400 km 时，公式中扣减的动车组一等座公布票价均按 400 km 公布票价计算。

2. 时速 300 ~ 350 km 动车组列车票价

根据现行相关规定，300 ~ 350 km/h 动车组列车均实行试行运价，部分 300 ~ 350 km/h 高速铁路上开行的 200 ~ 250 km/h 动车组列车也实行试行运价。试行运价水平由相关铁路运输企业按照充分考虑社会承受能力、体现优质优价的原则，根据市场供求状况，进行合理确定。具体票价由相关铁路运输企业按规定向社会公布后执行，并报国家发改委和铁路主管部门备案。

3. 动车组列车票价折扣

200 ~ 250 km/h 动车组票价可按公布票价打折，但应符合以下条件：

（1）根据不同区域、不同季节、不同时段的市场需求，实行不同形式的打折票价。

（2）二等座车公布票价打折后，不得低于相同运价里程的新空软座票价。在短途公布票价低于新空软座票价时，按公布票价执行。70 km 及以下运价里程的动车组不进行任何形式打折优惠，一律按公布票价执行。

（3）经过相同径路、相同站间、相同时段，不同车次应执行同一票价。

（4）同一车次，各经停站的票价在里程上不能倒挂。

（5）一等座车与二等座车的比价在 1∶1.2 和 1∶1.25 之间。

（6）动车组特等座、商务座、一等包座、观光座票价可按公布票价打折，但特等座折后票价不应低于一等座公布票价，商务座折后票价不应低于特等座公布票价。

（7）动车组软卧票价可按公布票价打折，但打折后不得低于相同运价里程的新空软卧票价。

（8）当计算出的动车组儿童、学生、伤残军人优惠票价高于动车组折扣票价时，动车组儿童、学生、伤残军人优惠票改按动车组折扣票价执行。

四、普速列车票价计算的三大工具

车站在发售普速列车车票时，实际不必要也不可能按票价制定原则的公式方法进行运算，而是根据售票计算机打印的车票票面的票价核收。遇特殊情况，则首先依据《铁路旅客列车时刻表》确定列车运行径路及客车装备，再依据《铁路客运运价里程表》确定发、到站间客运运价里程（不足起码里程按起码里程计算），最后依据《旅客票价表》计算出车票票价。

（一）铁路旅客列车时刻表

旅客列车时刻表是旅客列车运行图的表格表现形式。利用表格形式，把旅客列车的车次、运行区段、停车地点、到发时分等主要事项反映出来，使旅客更容易接受，更容易看懂。

旅客列车时刻表编制的说明：

（1）时刻表的编制采用 24 小时制，列车在 24:00（即夜间 12:00）出发时为 0:00，到达时为 24:00。

（2）列车的始发、终点站均以该站的字头、字尾或省、市的简称来表示，并在开往栏内注明该列车的终点站站名。

（3）列车的到、开时刻，凡站名左边的均为下行列车，应由上向下看，并以↓表示；凡站名右边的均为上行列车，应由下向上看，并以↑表示。

（4）为使时刻表简明起见，有关内容可用符号表示。

常用符号的含义如下："…"或"↓"表示列车在该车站通过；"="表示列车不经过此站；"—"表示列车的终点站；"※"表示旅客乘降所。

（二）铁路客运运价里程表

计算客运运价所应用的里程，称为运价里程，全路的客运运价里程都列在"铁路客运运价里程表"内，它是计算客运运价的依据。

1. 铁路客运运价里程表的组成

（1）使用说明。

介绍铁路客运运价里程表的使用方法，包括各种情况在里程表中的表示方法及说明，如下所示。

① 营业办理限制表示。

全线的营业办理限制在各该线的里程表上用文字注明。各站的营业办理限制，在各该站的站名前用下列符号表示：※表示旅客乘降所，只办理旅客乘降业务；×表示不办理行李和包裹业务的车站；◎表示不办理包裹业务的车站；△表示不办理客运业务的线路连接点车站。G 表示办理高铁快件业务车站。

② 接算站的表示。

在客运运价里程接算站示意图中，接算站通过红色圆圈表示。

在里程表中，站名用黑体字印刷，站名下部印有 1 mm 宽的黑色横线，并在该站的第 13 栏印有"接××线"字样。

③ 径路的说明。

运价里程栏内的站名，表示计算直通运价里程的径路（即经由的站名）。

④ 直通运价里程的说明。

本里程表中的各站，均有自北京、上海、郑州沈阳站接算的运价里程。

⑤ 准、窄轨里程的说明。

准轨与窄轨铁路相互间计算运价里程（如昆明—昆明北）时，不另加算里程（直通运送的行李、包裹，则由窄轨发、到站另行核收换装费用）。

（2）全国铁路客运管辖线路示意图。

（3）客运运价里程接算站示意图。

（4）站名首字音序索引表。

（5）站名首字笔画索引表。

（6）易混站名表。

（7）线名排序索引表。

（8）线名音序索引表。

（9）站名索引表。

（10）里程表。

2. 确定运价里程的步骤

（1）从汉语拼音或笔画站名首字索引表中，查出站名索引表的页数，再从站名索引表中查出发、到站的站名里程表页数，并从站名里程表中确认到站有无营业办理限制。

（2）根据规定的或旅客指定的乘车径路和乘坐列车车次，从铁路客运运价里程表中查出乘车里程或分段计算出全部乘车里程。

如发、到站在同一线路上时，用两站到本线路起点或终点的里程相减，即可求出两站间的里程；如发、到站跨及两条及其以上线路时，应按规定的接算站接算。

确定运价里程时，还应考虑一些特殊规定，如国际旅客联运经由国境线时，应另加算国境站至国境线的里程；如经轮渡时，应另加轮渡里程。

3. 接算站

所谓规定的接算站，就是为了将发、到站间跨及两条及以上不同的线路衔接起来，进行里程加总计算票价和运价所规定的接算衔接点。其形式有下列几种。

（1）大多数接算站是两条及其以上线路相互衔接的接轨站，如哈尔滨、株洲等站。此类接算站，查找、计算里程都较为方便。

（2）部分接算站是接轨站附近的城市所在站。由于接轨站线路设置、车站设备、列车开行等都受到一定的限制，同时，多数旅客从附近大站乘车，因此，为了铁路工作及旅客乘车的方便，指定城市站为接算站。凡是这样的接算站，接轨站和城市站相互间要往返乘车，这部分往返里程已列入里程表中，确定运价里程时，不再另行计算。如京哈线与魏塔线的接轨点为塔山站，但接算站规定为锦州站。再如京哈线与京广线的接轨点为丰台站，但规定接算站为北京站。

（3）个别接算站是在同一城市无线路衔接的车站（由于城市建设的关系，相互间未能铺轨连接），为了计算里程的方便，而特定该两站为同一的接算站。如昆明站与昆明北站，中间相隔约 5 km，即视为昆明站与昆明北站相互衔接，并指定为同一的接算站。

（三）旅客票价表

旅客票价表按客车装备不同分为两部分：一是非空调列车票价表，适用于无新型空调车的列车；二是空调列车票价表，适用于新型空调车的列车。

每一部分的票价表又分为分票种票价表、硬席联合票价表和软席联合票价表三种，应根据需要选用。

查旅客票价表确定车票票价的步骤如下：

（1）根据购票人选定的列车是否为新型空调车，选择非空调列车票价表或空调列车票价表。

（2）根据购票人确定的发站、到站及选定的列车车次所确定出的运价里程、席别，在相应分票种票价表的相应栏内查出所需要的单一票价，再将单一票价相加，得出车票票价；或根据运价里程、席别，在相应联合票价表的相应栏内查出所需要的联合票价，就是车票票价。

五、客运杂费

客运杂费是指在铁路运输过程中，除去旅客车票票价、行包运价以外，铁路运输企业向旅客、托运人、收货人提供辅助作业、劳务及物资等所收的费用。

铁路部门在旅客及行包运输全过程中，向旅客及行李、包裹托运人和收货人提供辅助作业付出的劳务费，运输契约占用铁路设备等所发生的费用，以及因旅客、托运人、收货人违章所加收的款额，均属客运杂费。客运杂费是铁路旅客运输收入的组成部分。

（一）客运杂费的种类

铁路现行客运杂费收费项目主要有以下几类。

1. 付出劳务所核收的费用

该费用包括搬运费、送票费、接取送达费、手续费、行李包裹变更手续费、查询费、装卸费等。

这类费用是在旅客或托运人、收货人提出要求，为其特殊服务时而收取，要贯彻既为旅客或托运人、收货人服务，又要收费合理的原则。

2. 违反运输规定所核收的费用

该费用包括各种无票乘车加收的票款及违章运输加倍补收的运费等。

为了维护站、车秩序，对无票乘车或持失效车票乘车的人员，应根据《中华人民共和国铁路法》及客运规章有关规定加收票款。

为了贯彻国家运输政策，确保旅客运输安全，对违章携带、违章运输应采用经济制裁的办法，施行加倍补收运费。

3. 使用有关单据及其他用品所核收的费用

该费用包括货签使用服务费、安全标志使用服务费、其他用品费用等。对这类费用应本着为人民服务的精神，核收适当的费用。

4. 为加强资金与物资管理所核收的费用

该费用包括迟交金、保价费、保管费等。这类费用是按照有关款额的百分比或保管的日数进行计算收取。

核收客运杂费，应按规定收费项目实际发生的内容收费，未发生的项目或未付出相应的劳务不准收费，更不准随意扩大、曲解收费范围。发生多收、少收、乱收杂费时，根据实际情况按照铁路有关规定办理退补，无法退补的应上缴。

（二）客运杂费的核收标准和相关收费规定

1. 收费项目及收费标准

客运杂费的收费项目和收费标准，根据《中华人民共和国铁路法》规定，由国务院铁路主管部门规定。统一规定的部分杂费收费项目和收费标准如表 2.1.4 所示。

2. 相关收费规定

（1）迟交金：迟交票款、运费、杂费时，从应收该项费用之次日起至付款日止，每迟交 1 天，按迟交总额的规定比例核收运输费用迟交金。

（2）包裹到达通知费：以市内电话以外方式通知时，产生的信函、电话、电报等费用，到站以实际产生的款额向收货人收取。

（3）铁路客票销售服务费：非铁路运输企业（铁路运输企业以外的其他社会经济组织，包括铁路多经、集经等非运输主业单位或个体工商户）开办的铁路客票代理销售点，代理销售铁路客票可收取“铁路客票销售服务费”，其收费标准每张客票最高不得超过 5 元。利用铁路订票系统（包括微机网络、电话等订票系统）订票，在代售点出票时，代售点也可收取“铁路客票销售服务费”，但此时铁路运输企业不得再向旅客或代售点收取送票费或其他任何费用。

表 2.1.4　客运杂费收费项目及收费标准

<table>
<tr><th colspan="2">收费项目</th><th>计费条件</th><th>收费标准</th><th>备　注</th></tr>
<tr><td>1</td><td>站台票</td><td></td><td>1 元/张</td><td></td></tr>
<tr><td rowspan="2">2</td><td rowspan="2">手续费</td><td>列车上补卧铺</td><td>5 元/人次</td><td rowspan="2">同时发生时按最高标准核收一次手续费</td></tr>
<tr><td>其他</td><td>2 元/人次</td></tr>
<tr><td rowspan="5">3</td><td rowspan="5">退票费</td><td>开车前 15 天（不含）以上退票</td><td>不收取退票费</td><td rowspan="5">尾数以 5 角为单位，尾数小于 2.5 角的舍去，2.5 角以上且小于 7.5 角的计为 5 角，7.5 角以上的进为 1 元</td></tr>
<tr><td>开车前 48 小时至 15 天退票</td><td>票价 5%</td></tr>
<tr><td>开车前 24 小时以上，不足 48 小时退票</td><td>票价 10%</td></tr>
<tr><td>开车前不足 24 小时退票</td><td>票价 20%</td></tr>
<tr><td>开车前 48 小时～15 天期间内，改签或变更到站至距开车 15 天以上的其他列车，又在距开车 15 天前退票</td><td>票价 5%</td></tr>
<tr><td rowspan="2">4</td><td rowspan="2">送票费</td><td>送到集中取票点</td><td>3 元/人次</td><td rowspan="2"></td></tr>
<tr><td>送到旅客所在地</td><td>5 元/人次</td></tr>
</table>

续表

收费项目		计费条件	收费标准	备　注
5	标签费	货签使用服务费	0.25 元/个	
		安全标志使用服务费	0.2 元/个	
6	行李、包裹变更手续费	装运前	5 元/票次	
		装运后	10 元/票次	
7	行李、包裹查询费	行李、包裹交付后，旅客或收货人还要求查询时	5 元/票次	
8	行李、包裹装卸费	从行李房收货地点至装上行李车，或从行李车卸下至交付地点，各为一次装卸作业	2 元/件次	超过每件规定重量的，按其超重倍数增收；不足 1 倍的尾数也按 1 倍计算
9	行李、包裹保管费	超过免费保管期限，每日核收	3 元/件次	超过每件规定重量的，按其超重倍数增收；不足 1 倍的尾数也按 1 倍计算
10	行李、包裹搬运费	从车站广场停车地点搬运至行包房办理处或从行包交付处搬运至广场停车地点各为一次搬运作业；由汽车搬上、搬下时，每搬一次，另计一次搬运作业	2 元/件次	超过每件规定重量的，按其超重倍数增收；不足 1 倍的尾数也按 1 倍计算
11	行李、包裹接取送达费	接取、送达各为一次作业，每 5 km（不足 5 km 按 5 km 计算）核收	5 元/件次	超过每件规定重量的，按其超重倍数增收；不足 1 倍的尾数也按 1 倍计算
12	携带品暂存费		3 元/件	每件重量以 20 kg 为限，超重时按其超重倍数增收；不足 1 倍的尾数也按 1 倍计算
13	携带品搬运费	从车站广场停车地点搬运至行包房办理处或从行包交付处搬运至广场停车地点各为一次搬运作业；由汽车搬上、搬下时，每搬一次，另计一次搬运作业	3 元/件次	每件重量以 20 kg 为限，超重时按其超重倍数增收；不足 1 倍的尾数也按 1 倍计算

六、购票付款方式

一般购票人购买车票的付款方式分为现金付款、银行卡付款和扫码付款三种。

（一）现金付款

现金付款是一种传统的付款方式，办理简单，即使该车票发生签证、退票等手续，需要补交或退还票价时，同样使用现金，但当票款较大时，携带票款不方便、不安全。

（二）银行卡付款

购票人必须在安装了银行 POS 机的售票窗口以及安装了银行读卡器和密码键盘的自动售票机上购票或互联网购票才能使用此付款方式。

1. 一般规定

（1）旅客使用银行卡购买车票时，一笔交易仅限一张银行卡支付全部票款。

（2）旅客使用银行卡购买车票后，因变更、退票产生退款时，按银行规定时限退还至旅客购票所用的银行卡账户中。

（3）使用银行卡购买的车票办理改签和退票时，应在安装了 POS 机的车站窗口办理。

2. 车票变更的规定

（1）旅客办理车票始发改签或退票时，应持原购票所用银行卡，到车站安装有 POS 机的始发改签或退票窗口（银行卡办理窗口）办理，售票员根据票面标识的收单行进行处理。

（2）始发改签后的新票票价低于原票票价的，按退款流程进行办理，POS 机打印“退款凭条”；始发改签后的车票票价高于原票票价的，必须先用银行卡支付新票全额票款，再退还原票全额票款，POS 机打印“消费凭条”和“退款凭条”；始发改签后的车票票价等于原票票价的，与现行操作方式相同。

（3）始发改签后新票票面不清或误签的，不能作废，必须将新票按原退方式办理，POS 机打印“退款凭条”，并为旅客办理重新购票流程。

（4）按客规规定中转签证须补收票款时，可用现金或银行卡支付。

（5）客规规定旅客退票（含中途退票）时，按退款流程进行退款，POS 机打印“退款凭条”。

3. 误购误售车票规定

发生误购误售，进行废票作业时，售票员需根据客票系统提示将票款退还至旅客银行卡账户。

（三）扫码支付

扫码支付是一种新型付款方式，旅客可选择支付宝或微信扫码进行支付。为提高窗口扫码支付速度和支付成功率，扫码支付采用旅客被动扫码模式，旅客选择扫码支付时，由旅客展示向商家付款的二维码，使用窗口扫码设备扫码，完成支付票款。

旅客使用自动售票机购票时，若选择扫码支付，采用旅客主动扫码模式，自动售票机在操作界面展示二维码；旅客使用手机客户端中的“扫一扫”功能，扫描二维码。

扫码支付有关事项比照银行卡购票相关规定执行。

任务练习

一、普通旅客列车票价的公式计算练习

计算广州站到长沙站（运价里程 707 km）硬座客票、快速加快票及卧铺下铺票价。

二、铁路旅客列车时刻表使用练习

使用 2012 年版铁路旅客列车时刻表，确定下列列车涉及的各站到开时刻、运行径路及客车装备：

（1）T97 次列车（北京西——广州东）。
（2）K213 次列车（天津——西安）。
（3）K515 次列车（长春——上海）。
（4）1136 次列车（天津——乌海西）。
（5）Z133 次列车（北京西——井冈山）。
（6）K181 次列车（上海南——昆明）。
（7）K117 次列车（北京西——成都）。
（8）T177 次列车（北京——乌鲁木齐）。
（9）2223 次列车（天津——吉林）。

三、铁路客运运价里程表的使用练习

根据上一练习确定的列车运行径路，使用铁路客运运价里程表，确定下列列车涉及的各站营业办理限制、运价里程：

（1）T97 次列车（北京西——广州东），郑州至长沙；北京西至广州东。
（2）K213 次列车（天津——西安），太原至延安；天津至西安。
（3）K515 次列车（长春——上海）四平至唐山；长春至济南。
（4）1136 次列车（天津——乌海西），沙城至包头；天津至临河。
（5）Z133 次列车（北京西——井冈山），九江至吉安；北京西至井冈山。
（6）K181 次列车（上海南——昆明），金华西至桂林北；上海南至昆明。
（7）K117 次列车（北京西——成都），涿州至汤阴；石家庄至成都。
（8）T177 次列车（北京——乌鲁木齐），金昌至柳园；宣化至乌鲁木齐。
（9）2223 次列车（天津——吉林），天津至梅河口；唐山至吉林。

四、旅客票价表使用练习

根据上一练习确定的运价里程，使用旅客票价表，确定下列车票票价：

（1）T97 次列车（北京西——广州东），郑州至长沙全价硬座客票、全价加快票；北京西至广州东全价软座客票、全价加快票、全价卧铺下铺票。

（2）K213 次列车（天津——西安），太原至延安半价硬座客票、半价加快票；天津至西安半价软座客票、半价加快票、半价卧铺下铺票。

（3）K515 次列车（长春——上海），四平至唐山全价硬座客、快联合票；长春至济南全价软座客、快、卧下铺联合票。

（4）1136 次列车（天津——乌海西），沙城至包头全价硬座客票、全价加快票；天津至临河全价软座客票、全价加快票、全价卧铺下铺票。

（5）Z133 次列车（北京西——井冈山），九江至吉安半价硬座客、快联合票；北京西至井冈山半价软座客、快、卧铺下铺联合票。

（6）K181 次列车（上海南——昆明），金华西至桂林北全价硬座客、快联合票；上海南至昆明全价软座客、快、卧下铺联合票。

（7）K117 次列车（北京西——成都），涿州至汤阴半价硬座客、快联合票；石家庄至成都半价软座客、快、卧下铺联合票。

（8）T177 次列车（北京——乌鲁木齐），金昌至柳园全价硬座客票、加快票；宣化至乌鲁木齐全价软座客票、加快票、卧铺下铺票。

（9）2223 次列车（天津——吉林），天津至梅河口半价硬座客票、半价加快票；唐山至吉林半价软座客票、半价加快票、半价卧铺下铺票。

任务二　车站售票计算机故障情况下售票

任务描述

在窗口售票计算机发生故障，不能售票时，使用传统的手工制票方法售票，这是在特殊情况下保证铁路旅客运输继续进行的备用售票方法,也是使用计算机售票前的主要售票方法。手工制票售票，是一项烦琐、复杂的售票工作，不但要求售票员耐心细致，更要求售票员快速准确，要做到这些，售票员就要熟练掌握各种车票的发售条件、客运运价里程、旅客票价表的查找计算方法、各种车票票价的计算方法、代用票的填写要求等。作为铁路车站售票员（客运员），应当掌握手工售票方法，能够准确快速地完成符合旅客要求的各种车票的售票工作，在特殊故情况下，也要尽最大努力使旅客满意。

知识准备

一、售　票

（一）车票的发售规定

车票应在承运人或销售代理人的售票处购买。在有运输能力的情况下，承运人或销售代理人应按购票人的要求发售车票。承运人还可以开办往返票、联程票（指在购票地能够买到换乘地或返回地带有席位、铺位的车票）、定期、不定期、储值、定额等多种售票业务，以便于购票人购票和使用。

1. 客　票

客票是基本车票，乘坐任何旅客列车都应购买客票，其发售条件为：

（1）承运人在发售客票时，应根据购票人指定的到站、座别、径路发售。不得为图方便，使用到站不同而票价相同的客票来互相代替。

（2）发售软座客票时最远至本次列车终点站。为了方便旅客和充分利用运输能力，白天乘车的旅客，在软卧车有空余包房的条件下，车站可根据列车长的预报发售软座客票。可利用始发站给中途站预留的包房，发售最远至预留站的软座客票，但涉及夜间（20:00 至次日 7:00）乘车时不得超过 2 小时，超过时不得发售软座客票。

（3）旅客在乘车过程中，要求一段乘坐硬座车，一段乘坐软座车时，全程发售硬座客票。乘坐软座时，另收软座区段的软硬座票价差额。

（4）发售动车组列车车票时，最远至本次列车终点站。

2. 加快票

加快票是附加票的一种，是客票的补充部分，可以与客票合并发售，其发售条件为：

（1）旅客凭软座或硬座客票购买加快票。

（2）发售加快票的到站，必须是所乘快车、快速车或特别快车的停车站。

（3）发售需要中转换车的加快票的中转站，必须是有同等级快车始发的车站，且发到站之间全程都应有快车运行，如中间有无快车运行的区段时，则不能发售全程加快票。

（4）新型空调列车的普快、快速、特快及动车组列车的车票，最远只能售至本次列车终点站或换车站。

3. 卧铺票

卧铺票是附加票的一种，是客票的补充部分，可以与客票合并发售，其发售条件为：

（1）旅客凭软座或硬座客票（乘快车时还应有加快票）购买卧铺票。

（2）卧铺票的到站、座别必须与客票的到站、座别相同，但对持通票的旅客，卧铺票只发售到中转站。

4. 空调票

空调票是附加票的一种，是客票的补充部分，可以与客票合并发售，其发售条件为：

（1）旅客乘坐提供空调的列车时，应购买相应等级的车票或空调票。

（2）旅客在全部旅途中分别乘坐空调车和普通车时，可发售全程非空调车的车票，对乘坐空调车区段另行核收空调车与普通车的票价差额。

5. 减价票

减价票包括儿童减价票、学生减价票和伤残军人半价票。减价票应按下列规定发售。

1）儿童减价票（简称儿童票）

随同成人旅客的身高 1.2 ~ 1.5 m 的儿童乘车时，应当购买儿童票。超过 1.5 m 的儿童和不足 1.5 m 的成人，均应购买全价票。每一成人旅客可免费携带一名身高不足 1.2 m 的儿童，超过一名时，超过的人数应购买儿童票。

儿童票可享受客票、加快票和空调票的优惠。儿童票票价按相应客票和附加票票价的 50%计算。免费乘车的儿童及持儿童票乘车的儿童单独使用卧铺时，应另收全价卧铺票价。有空调时还应当收半价空调票价。

享受优惠的儿童乘坐市郊、棚车时仍按硬座半价计算，不再减价。

为了确保儿童旅行的安全，承运人一般不接受儿童单独旅行（乘火车通学的学生和承运人同意在旅途中监护的除外）。因此，儿童应随同成人乘车，购买与成人座别相同的儿童票。儿童票的到站，原则上应与成人的客票到站相同。在成人能保证儿童安全的条件下，儿童票的到站，可近于成人的到站，但不能超过成人的到站，以免无人照顾发生意外。

2）学生减价票（简称学生票）

（1）优待对象、优待凭证及优惠次数。

在普通大、专院校（含国家教育主管部门批准有学历教育资格的民办大学），军事院校，中、小学和中等专业学校，技工学校就读，没有工资收入的学生、研究生，家庭居住地和学校所在地不在同一城市时，凭附有加盖院校公章的减价优待证的学生证及优惠卡（小学生凭书面证明），每年可购买家庭至院校（实习地点）之间四次单程的学生票。新生凭录取通知书、毕业生凭学校书面证明可买一次学生票。当年未使用的次数，不能留作次年使用。

（2）优惠票价。

学生票限于使用普通旅客列车硬座和动车组列车二等座。学生票可享受硬座客票、加快票和空调票的优惠，学生票票价按相应客票和附加票的50%计算。持学生票乘车的学生使用卧铺时，应另收全价硬卧票价，有空调时还应当收半价空调票票价。动车组列车的学生票为全价票的75%。

享受优惠的学生乘坐市郊、棚车时仍按硬座半价计算，不再减价。

（3）学生票发售时间。

学生票限定在寒假（12月1日～3月31日）、暑假（6月1日～9月30日）期间发售。

（4）学生票的乘车区间及乘车径路：

学生从实习地点回家或从家去实习地点，凭附有"减价优待证"的学生证和院校的书面证明，可购买学生票。

学生父母都不在学校所在地，并分两处居住时，由学生选择其中一处，并登记在学生减价优待证上。如学生父母迁居时，根据学生申请，经学校确认，可将学生减价优待证上的乘车区段更改并加盖公章或更换新证。

学生回家后，院校迁移或调整，也可凭院校证明和学生减价优待证，发售从家庭所在地到院校所在地的学生票。

减价优待证记载的车站为没有快车或直通车停靠的车站时，离该站最近的大站（可以超过减价优待证规定的区间）可以发售学生票。

学生票应按近径路发售，但有直达列车或换车次数少的远径路也可发售。

（5）分段发售学生票的情况。

学生回家或返校，全程旅行中需要乘坐其他交通工具时，在不绕道运输的原则下，经确认可分段购买学生票。发售时，应在学生减价优待证或其他有效证明上注明日期并加盖站名戳（仅由第一段车票发售站加注、盖戳）。

学生回家或返校，全程旅行中购买联程票或乘车区间涉及动车组列车的，可分段购买学生票。学生票分段发售时，由发售第一段车票的车站在学生优惠卡中划销次数，中转站凭上一段车票售票，不再划销乘车次数。

（6）其他情况。

在乘降所上车的学生（其减价优待证上注明上车地点为乘降所），可以在列车上售给全程学生票，并在减价优待证相当栏内，由列车长注明"×年×月×日乘××次列车"，加盖名章，作为登记一次乘车次数。华侨学生和港澳台学生按照上述规定同样办理。如回家时，其学生票发售至边境车站。若不回家而去境内其他地方旅游观光或探亲访友时，在规定的次数内可发售学生票，由学校所在地车站和返程站售票时各加盖一次站名戳以记录售票次数。

（7）不能发售学生票的情况。

① 学校所在地有学生父或母其中一方时。

② 学生因休学、复学、转学、退学乘车时。

③ 学生往返于学校与实习地点时以及举办夏令营或其他社会实践活动的乘车时。

④ 学生证未按时办理学校注册的。

⑤ 学生证优惠乘车区间更改但未加盖学校公章的。

⑥ 没有“学生火车票优惠卡”、“学生火车票优惠卡”不能识别或者与学生证记载不一致的。

（8）不符合学生票减价条件的处理。

超过学生减价优待证上记载的区段乘车时，对超过区段按一般旅客办理，核收全价。

符合减价优待条件的学生无票乘车时，除补收票款（含应补的半价票价及加收应补票价50% 的票款）外，同时应在减价优待证上登记盖章，作为登记一次乘车次数的证明。

3）伤残军人半价票

中国人民解放军和中国人民武装警察部队因伤致残的军人凭“中华人民共和国残疾军人证”、因公致残的人民警察凭“中华人民共和国伤残人民警察证”购买优待票（以下简称残疾军人票）。

残疾军人票可享受客票和附加票的优惠，残疾军人票票价按相应客票和附加票票价的50%计算。享受优惠的伤残军人乘坐市郊、棚车时仍按硬座半价计算，不再减价。

6. 团体旅客票

凡 20 人以上乘车日期、车次、到站、座别、经由相同的旅客集体乘车时为团体旅客，即可发售团体旅客票。承运人对团体旅客乘车应优先安排并在计价上给予一定的优惠。其具体规定如下：

（1）满 20 人时，给予免收 1 个人票价的优惠，20 人以上每增加 10 人，再免收 1 个人的票价，但每年春运期间（起止日期以春运文件为准）不予优惠。

（2）团体旅客中有分别乘坐座、卧车或成人、儿童同一团体时，按其中票价高的免收。

（3）填发代用票时，人数栏的其中一栏可以改为免收栏，记事栏记录团体旅客证起止号码，除代用票持票本人外，每人另发一张团体旅客证。

（二）特定运价规定

特定运价是对一些特殊运输方式和特殊运价区段而制定的客运运价,包括以下两个方面：

（1）包车、租车、挂运、行驶等运价的计价规定。

（2）国家铁路、合资铁路、地方铁路及特殊运价区段间办理直通、过轨运输的计价。

1. 包　车

凡旅客要求单独使用加挂车辆（含普通客车、公务车）或加开专用列车（含豪华列车）时，均按包车办理。包车人应与承运人签订包车合同。包用客车、公务车、专用列车、豪华列车时，包车人应预先缴付相当于运输费用 20% 的定金。

1）包车运输费用

包车或加开专用列车，应按以下标准，根据运行里程（娱乐车、餐车根据使用日数）核收票价、运费、使用费、包车停留费、空驶费及其他费用等，并且包车或加开专列的运输费用，在全部运行中，里程采取通算。

（1）票价。

① 客车和合造车的客车部分，按客车种别、定员核收全价客票票价。成人与儿童（含享受减价优待的学生、伤残军人）混乘一辆车，人数不足时，按定员核收全价客票票价；实际乘车人数超过定员时，对超过人数按实际分别核收全价或半价客票票价。

② 卧车按种别、定员核收客票及卧铺票的全价票价。

③ 公务车按 40 个定员核收软座客票及高级软卧票（上下铺各二分之一）的全价票价。

④ 豪华列车每辆按 32 个定员核收软座客票及高级软卧票（上下铺各二分之一）的全价票价。

⑤ 棚车代用客车，按车辆标记载重计算定员（每吨按 1.5 人折算）核收棚车客票票价。

包用的客车、公务车加挂在普通快车、特别快车列车上或加开的专用列车、豪华列车按上述等级速度运行时，都应根据核收客票票价人数核收相应的加快票价；途中发生中转换挂（或开行）不同列车等级时，按首次挂运（或开行）的列车等级核收加快票价。

包用车辆使用空调设备时，还应按核收客票票价的人数核收空调费。娱乐车、餐车的空调费按使用费的 25% 计算。

（2）运价。

行李车和合造车的行李车部分，按车辆标记载重核收行李或包裹运费。用棚车代用行李车时，按行李或包裹的实际重量核收行李或包裹运费。起码计费重量按标记载重的三分之一计算（不足 1 吨的尾数进整为 1 吨）。行李、包裹混装时，按其中运价高的核收。

加开专用列车、豪华列车时，隔离车或宿营车不另计费。如用隔离车装运行李、包裹时，应核收包车运费。

（3）使用费。

娱乐车、餐车使用费每日每辆 5 000 元，餐车、合造车每日每辆 2 500 元（不足 1 日按 1 日核收）。

（4）包车停留费。

包车停留费是指包车或加开的专用列车，根据包车人提出的要求，在发站、中途站、折返站停留时（因换挂接续列车除外），所应付的费用。

包车停留费按每日每辆核收，并根据产生停留的自然日计算，即自 0:00 起至 24:00 止为 1 天，停留当日不足 12 小时减半核收。

包车停留费，根据运输成本并考虑减少计费标准、简化手续等要求，将各种不同车辆予以归类，每一个类别，规定统一的收费标准。现行的车辆归为四类：

① 娱乐车、餐车，每日每辆 5 000 元（餐车合造车按减半核收）。

② 公务车、高级软卧车，每日每辆 3 300 元。

③ 软座车、软卧车、软硬卧车、硬卧车、软座硬卧合造车，每日每辆 1 800 元。

④ 硬座车、行李车、软硬座合造车、行李邮政车、软座行李合造车、硬座行李合造车，每日每辆 1 400 元。

包用娱乐车、餐车，1 天内同时发生停留费、使用费两项费用时，只收一项整日费用。

（5）空驶费。

空驶费是指包车人指定要在某日包用某种车辆，而乘车（装运）站没有所需车辆，须从外站（车辆所在站）向乘车（装运）站空送时，以及用完后送至车辆原所在站，所产生空驶应付的费用。

对车辆空驶区段（里程按最短径路并采取通算），不分车种，按每车公里核收空驶费，但棚车不核收空驶费。

（6）其他费用。

① 包用公务车、豪华列车的服务费，按车票票价 15%核收。

② 包用专用列车、豪华列车，如列车编成辆数不足 12 辆时，根据实际运行日数，按每日每辆核收欠编费。当日不足 12 小时的减半核收。

2）包车变更费用

包车人包用的车辆由于某种原因需要变更时，可以办理包车变更。根据不同时间和情况核收已发生的费用及相应比例的停止使用费。

（1）包车单位在始发站停止使用，除退还已收空驶费与已产生的空驶区段往返空驶费差额外，其他费用按下列规定办理：

① 开车 48 小时以前退还全部费用，核收票价、使用费、运费 10% 的停止使用费。

② 开车前 6 小时至不足 48 小时时，退还全部费用，核收票价、使用费、运费 20% 的停止使用费。

③ 开车前不足 6 小时退还全部费用，核收票价、使用费、运费 50% 的停止使用费。

④ 开车后要求停止使用，只退还尚未产生的包车停留数。

（2）包用单位在始发站延期使用，在开车前 6 小时以前提出时，按规定核收包车停留费；在开车前不足 6 小时提出时，核收票价、使用费、运费 50%的延期使用费，并重新办理包车手续。

（3）包车单位在中途站延长使用时，经中途变更站报请铁路局（集团公司）同意后，核收票价、运费、使用费或包车停留费；如包车单位付款有困难，可根据书面要求，由变更站电告发站或到站补收应收费用。包车单位中途缩短使用时，所收费用不退。

2. 租车及租用、自备车辆的挂运和行驶

1）租　车

租车人向承运人租用客运车辆时，租用人应与承运人签订租车合同。承运人按日核收租车费。

2）挂运和行驶

企业自备机车车辆或租用车，利用承运人动力挂运或线路运行时，应向承运人提出书面要求，经协商同意并对机车车辆的技术状态检查合格后方能办理，按不同情况核收挂运费或行使费。长期挂运或行驶时，应签订合约。

租用客车或企业自备客车在国家铁路的旅客列车或货物列车挂运时，按下列标准核收挂运费：

（1）空车。

不分车种，按每轴每千米 0.534 元核收。

（2）重车。

① 客车：按标记定员票价的 80% 核收。

② 行李车： 按标记载重运费的 80% 核收。

③ 餐车、娱乐车、发电车：按租车费的 80% 核收。

企业自备机车、车辆或租用车，利用国家铁路线路运行时，不论空车或重车，均按每轴（含机车轴数）每千米 0.468 元核收行驶费。

3. 过轨运输

国家铁路、合资铁路、地方铁路及特殊运行区段间办理直通旅客运输业务为过轨运输。在办理时应分别按各段里程计算客运运价，加总核收。

（三）旅游专列运价规定

旅游列车是指由旅行社等单位（以下简称包车人）往返全部包用、运载旅游团体旅客的列车。

两个以上（含本数）单位同时包用一列车时，应当由一个牵头单位作为包车人。

开行旅游列车应当在列车始发站（局）具备相应的旅游客流量。

开行跨局旅游列车的，载客车辆不少于 14 辆；经过限制区段的，载客车辆为限制牵引辆数减 3 辆；宿营车只能使用 1 辆。

旅游列车不得超员运输，随同成人旅行的免费儿童除外。

旅游专列运价规定如下：

1）票　价

（1）旅游列车票价按相应的设备条件（非空调或空调，空调车按空调票价执行）、普快和标记定员的 90% 核收，车辆标记定员不足 32 人的按 32 人计算；使用豪华车辆（每车辆定员不足 20 人）的另核收服务费。使用宿营车内铺位时，按实际铺位计费。

（2）旅游列车实际运行技术标准高于前述规定的，按相应等级核收票价。

（3）旅游列车享受上款优惠后，不再同时享受其他任何形式的票价优惠。

（4）旅游列车单程里程通算计算票价；运行径路涉及国铁、地铁、合资铁路等特殊运价区段的，可分段计算，加总核收，但优惠幅度比照第 1 项办理。

2）使用费

旅游列车编挂一辆餐车时，不核收使用费；超过一辆时，对超过部分核收相应等级硬卧车标记定员票价。

旅游列车编挂娱乐车、会议车时，均按相应等级硬卧车标记定员票价核收使用费。

3）停留费

旅游列车在中途站停留 24 小时、折返站停 48 小时以内的，免收停留费；超过上述时限的，自超过时起不足 12 小时的，按半日核收停留费，超过 12 小时但不超过 24 小时的，按 1 日核收停留费。

4）不核收空驶费

旅游列车在始发站发车前及终到站停车后，因调用车辆产生空驶的，不收取空驶费。

5）旅客列车相关票据

（1）包车费用由始发站使用代用票一次收清，其他站车不得再另外收取任何费用。代用票交包车人持有，并另复印一张交折返站。两个以上（含本数）单位共同包用一列车时，可以按包车人数量出具代用票。填写代用票时，发、到站栏填写如下：

北京——广州

广州——北京

（2）旅游列车不从原径路返回时，按实际径路计算，以距始发站最远的停车站作为折返站填写票据。

（3）代用票记事栏应当载明团体旅客证的起止号，经由栏必须按列车实际经由填写。

（4）旅游列车按标记定员数发放团体旅客证。团体旅客证随代用票使用有效。旅客进、出站时，应当出示团体旅客证，包车人应当派员随同并出示代用票。站车工作人员应当认真核对团体旅客证和代用票。

（四）代用票的填发

1. 代用票规格

代用票为甲、乙、丙三页复写式，尺寸为 120 mm × 185 mm。甲、丙页为薄纸，乙页为厚纸。甲页存根，乙页为旅客用，加印浅褐色底纹，丙页报告。每 50 组为一册，按甲、乙、丙顺序装订。顺序号由 00001 ~ 100000 号循环。第 10 万张附记汉语拼音字母 A，B，C…符号，以黑色印刷。

2. 代用票填写规定

1）代用票填写一般规定

车站发售代用票时，字体要清楚、不潦草，不写自造简化字，不涂改，项目填写齐全，不用栏划斜线。发、到站间有两条及其以上径路和发、到站间涉及两条线路时，应填写经由；发、到站均在一条线路上，一般情况下不必填写经由。

2）代用客票、加快票、卧铺票、空调票、包车票、团体票时，代用票填写规定

① 事由栏：为了填记简便，可按规定的略语填写（同时办理两种以上内容时，应分别填写事由）。

代用客票——“客”。

代用普通加快票——“普快”。

代用快速加快票——“快速”。

代用特别加快票——“特快”。

代用客快联合票——“客快”。

代用客特快联合票——“客特快”。

代用卧铺票——“卧”。

代用客快卧联合票——“客快卧”。

代用客特快卧联合票——“客特快卧”。

代用空调票——“空调”。

办理包车票——“包车”。

办理团体票——“团体”。

② 原票栏：不用填写。

③ 人数栏：应按实际收费人数，分价别用大写数字填写，不用栏用“#”符号抹消。办理包车代用票时，如实际乘车人数不足车辆定员数时，填记定员人数（即收费人数）。

④ 票价栏：按收费种别，分别在适当栏内填写。其他费用应在空白栏内注明收费种别和款额，卧铺栏前加“上、中、下”字样，加快栏前加“普、特”等字样。

⑤ 记事栏：办理包车票时，应注明包车的车种、车号和定员数。办理团体旅客票时，应注明团体旅客证的起止号码。代用学生、伤残军人减价票时，应注明㊫、(残)字样。

3）办理变更径路、变更座席、变更卧铺、越站乘车、旅客分乘、误售误购、误撕车票、退加快票、退卧铺票、改乘高等级列车时，代用票填写规定

① 事由栏：按规定略语填写。

变更座别——“变座”。

变更铺别（包括软座变硬卧）——“变铺”。

变更径路——“变径”。

越站乘车——“越站”。

旅客分乘——“分乘”。

误售、误购——“误售”“误购”。

误撕车票——“误撕”。

退加快票——“退快”。

退卧铺票——“退卧”。

改乘高等级列车补收票价差额——“补价”。

② 原票栏：根据原票转记。

③ 乘车区间栏：填记变更的发到站名、经由等有关事项。

④ 票价栏：变径、变座、变铺及改乘高等级列车发生补费时，应填写在补收区间票价栏内，其他则填记在相应的票价栏，不用的票价栏划斜线。软座变硬卧发生补费时，应在空白栏列出应退软硬座差价，以“－”号注明，卧铺票价栏列明硬卧上、中、下铺票价，核收手续费，票价合计栏填写冲抵后补收款额。发生退款时，在空白栏注明应退款种别和款额，合计栏用“－”号注明退款款额。

⑤ 记事栏：在列车上发生退款时，应注明“到站净退款×元”。软座变硬卧时，应注明“软座变硬卧×铺”。原票在原票栏转记并收回时，应注明“原票收回”字样。

4）对无客票、无加快票、乘车日期和车次不符、越席乘车、客票中途过期、不符合减价规定、儿童超高、丢失车票、持站台票来不及下车等处理时，代用票填写规定

① 事由栏：按规定略语填写。

无客票——“无票”。

无普通加快票——“无快”。

无快速加快票——“无快速”。

无特别加快票——“无特快”。

乘车日期、车次、径路不符——“不符”。

越席乘车——“越席”。

不符合减价规定——“减价不符”。

有效期终了——“过期”。

丢失车票——“丢失”。

儿童超高——“超高”。

持站台票送人来不及下车——“送人”。

② 原票栏：除无票乘车、丢失车票、无加快票以及儿童超过 1.2 m 时，不填记原票栏外，其他情况都应将原票有关事项记入原票栏内。

③ 乘车区间栏：填记补票区间的发、到站名。

④ 票价栏：对无票等情况加收的票款，应填写在加收区间票价栏内，其他核收的费用，按收费种别填记在适当的票价栏内。

⑤ 记事栏：原票收回时，应注明“原票收回”字样，以及其他需记载的事项。

发售代用票时，乙页应按票价合计栏的款额，在“款额剪断线”的相当款额右侧剪断，将实收款额留在本页交给旅客，剩余部分附在丙页上报（如发生退款时，“款额剪断线”全部剪下，随丙页上报）。收回原票换发代用票时，应将原票随丙页上报。

（五）手工售票的作业程序

（1）问清旅客购买车票的到站、日期、车次、座别、张数、经由，并告诉旅客票价和是否停车。

（2）根据车票发站、到站及列车经由，根据铁路旅客运价里程表使用方法，确定出发站至到站的运价里程。

（3）根据所乘列车的种类、座别、人数，利用铁路旅客票价表，计算出车票票价。

（4）按代用票填写要求，填写代用票。

（5）核收票款。

（6）取出零钱，准确找零。

（7）复核票面票价、找零款与已收票款是否相符，日期、车次、座号、卧号、到站人数是否正确。

（8）把代用票和找零款一并递交给旅客，同时唱报到站、人数，做到一次一清，把好最后出票和找零钱关，然后将票款分类妥善存放。

（9）统计售出车票数，落实计划售票。

【例 2.2】 张家口南站，购票人李伟，要求购买××××年 1 月 5 日，T284 次（包头—杭州，经沙城、北京西、黄村、黄渡、上海南，空调列车）张家口南至海宁硬卧车票一张（有中铺票额），如何发售？

办理：符合发售条件，应核收硬座客票票价、特快加快票价、硬卧中铺票价、空调票价。

（1）张家口南—海宁运价里程为 1 771 km。

（2）票价：

① 空调硬座客票票价：123.0（元）。

② 空调特快加快票价：48.0（元）。

③ 空调硬卧中铺票价：154.0（元）。

④ 空调票价：30.0（元）。

⑤ 合计：123.0 + 48.0 + 154.0 + 30.0 = 355.0（元）。

（3）填制代用票，如图 2.2.1 所示。

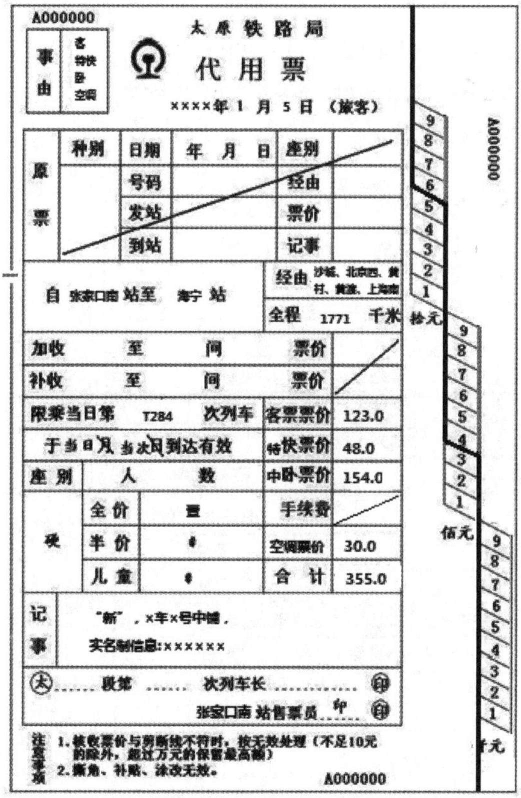
A000000
太原铁路局
代用票
事由：客 特快 卧 空调
××××年 1 月 5 日（旅客）

原票	种别	日期	年 月 日	座别	
		号码		经由	
		发站		票价	
		到站		记事	

自 张家口南 站至 海宁 站
经由 沙城、北京西、黄村、黄渡、上海南
全程 1771 千米

加收 至 间			票价	
补收 至 间			票价	
限乘当日第 T284 次列车			客票票价	123.0
于当日及当次车到达有效			特快票价	48.0
座别	人	数	中卧票价	154.0
硬	全价	壹	手续费	
	半价	#	空调票价	30.0
	儿童	#	合计	355.0

记事："新"，×车×号中铺，实名制信息：××××××

㊅……段第……次列车长…………印
张家口南 站售票员……印

注意事项：1. 核收票价与剪断线不符时，按无效处理（不足10元的除外，超过万元的保留最高额）
2. 撕角、补贴、涂改无效。

A000000

拾元 9 8 7 6 5 4 3 2 1
佰元 9 8 7 6 5 4 3 2 1
仟元 9 8 7 6 5 4 3 2 1

图 2.2.1 例 2.2 代用票填写样式

【例 2.3】 铁路总公司批准太原某旅游公司开行旅游专列申请：1 月 8 日开行太原经德州到泰山间的 Y268/269 次列车，1 月 12 日开行泰山经兖州到日照间的 Y269 次列车，1 月 15 日开行日照经德州、兖州到太原间的 Y270/267 次列车。其运行时刻为：Y268 次 8 日太原站 21:30 开，Y269 次 9 日 7:15 到泰山站；Y269 次 12 日泰山站 13:28 开，12 日 19:35 到日照站；Y270/267 次日照站 16 日 18:28 开，17 日 10:55 到太原站。列车编组为：定员 66 人的空调硬卧 14 辆，餐车 1 辆，宿营车 1 辆，发电车 1 辆。太原站如何办理？

办理：收取票价、停留费、填制代用票。

（1）票价：

往程：太原——日照运价里程为 1 001 km。

返程：日照——太原运价里程为 1 001 km。

往返空调硬座普快卧票价为：

$$(207.5 + 215.5 + 222.5) \times 22 \times 14 \times 90\% \times 2 = 357\ 865.0（元）$$

（2）停留费：

中途站泰山站：9 日 7:15 ~ 10 日 7:15，24 小时免收停留费；10 日 7:15 ~ 12 日 13:28，停留 2.5 日。

折返站日照站：12 日 19:35 ~ 14 日 19:35，48 小时免收停留费；14 日 19:35 ~ 16 日 18:28，停留 2 日。

共停留 4.5 日。

硬卧车停留费为：1 800.0 × 14 × 4.5 = 113 400.0（元）。

（3）费用合计：357 865.0 + 113 400.0 = 471 265.0（元）。

（4）填制代用票，如图 2.2.2 所示。

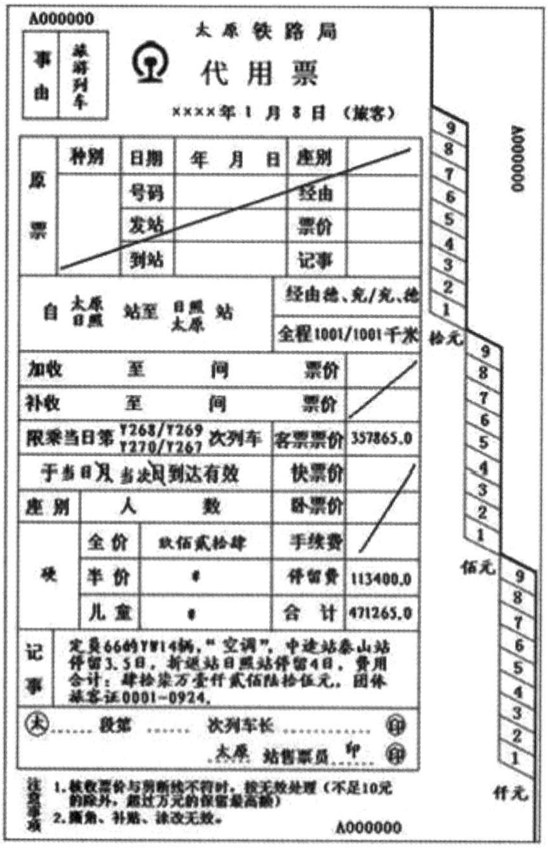

A000000
太原铁路局
代用票
事由 旅游列车
××××年 1 月 8 日（旅客）

原票	种别	日期	年 月 日	座别	
		号码		经由	
		发站		票价	
		到站		记事	

自 太原/日照 站至 日照/太原 站　经由德、兖/兖、德　全程1001/1001千米

加收	至	间	票价	
补收	至	间	票价	
限乘当日第 Y268/Y269 Y270/Y267 次列车			客票票价	357865.0
于当日及当次日到达有效			快票价	
座别	人	数	卧票价	
硬卧	全价	玖佰贰拾肆	手续费	
	半价		停留费	113400.0
	儿童		合计	471265.0

记事：定员66的YW14辆，“空调”，中途站泰山站停留3.5日，折返站日照站停留4日，费用合计：肆拾柒万壹仟贰佰陆拾伍元。团体旅客证0001-0924。

（太）……段第……次列车长…………（印）

太原 站售票员 印……（印）

注意事项：1. 核收票价与剪断线不符时，按无效处理（不足10元的除外，超过万元的保留最高额）
2. 撕角、补贴、涂改无效。
A000000

图 2.2.2　例 2.3 代用票填写样式

二、车票签证

旅客购票后如不能按票面指定的日期和车次乘车时，应当在票面指定的日期在当日24:00前到车站办理一次提前或推迟乘车签证手续（简称改签）。团体旅客必须在开车前48小时以前办理。往返票、联程票、卧铺票不办理改签。办理时，应遵守以下规定。

（1）在有运输能力的前提下，开车前48小时（不含）以上，可改签预售期内的其他列车；开车前48小时以内，可改签开车前的其他列车，也可改签开车后至票面日期当日24:00之间的其他列车，不办理票面日期次日及以后的改签；开车之后，旅客仍可改签当日其他列车，但只能在票面发站办理改签，且开车后改签的车票不能退票。已经办理“变更到站”的车票，不再办理改签。办理时收回原车票，换发新车票，并在新车票票面注明“始发改签”字样（开车后改签的注明“开车后改签不予退票”字样）；原车票已托运行李的，在新车票背面注明“原票已托运行李”字样并加盖站名戳。

（2）在原车票开车前48小时以上，旅客可以任意选择有余票的列车，在车站指定售票窗口办理“变更到站”（即旅客购票后，可根据行程变化，重新选择新的目的地，在车票预售期内变更到站及乘车日期、车次、席位）；未换取纸质车票的，也可在12306网站办理。办理“变更到站”不收取手续费。“变更到站”只办理一次。已经办理“变更到站”的车票，不再办理改签。对已改签车票、团体票及通票暂不提供此项服务。

（3）旅客在发站办理改签（或变更到站）时，改签（或变更到站）后的车次票价高于原票价时，核收票价差额，改签（或变更到站）后的车次票价低于原票价时，退还票价差额，并对差额部分核收退票费并执行现行退票费标准。同时应收回原票，换发新票，计算机票的票面打印“始发改签”（或“变更到站”）字样。

（4）因承运人责任导致旅客不能按票面记载的日期、车次、座别、铺别乘车时，站、车应重新妥善安排。重新安排的列车、座席、铺位高于原票等级时，超过部分的票价不予补。低于原票等级时，应退还票价差额，不收退票费。办理时，在车票背面注明“因铁路责任”字样，并加盖改签乘车日期车次戳。

（5）旅客办理中转签证或在列车上办理补签、变更席（铺）位时，签证或变更后的车次、席（铺）位票价高于原票价时，核收票价差额；签证或变更后的车次、席（铺）位票价低于原票价时，票价差额部分不予退还。

【例2.4】 ××××年1月5日9时，四平站，旅客张平持当日2509次（沈阳—齐齐哈尔，“空调”，四平站9:48发车）四平至哈尔滨软座车票一张（四平站售，直达票），要求改签K39次（北京—齐齐哈尔，四平站10:54发车）硬卧至到站（有中铺票额），如何办理？

办理：符合始发改签规定，予以办理。

（1）原票（2509次列车车票）票价：

① 四平—哈尔滨运价里程为361 km。

② 空调软座普快票价：63.5 + 6.0 + 8.0 = 77.5（元）。

（2）新票（K39次列车车票）票价：

① 四平—哈尔滨运价里程为361 km。

② 空调硬座快速卧中铺票价：33.5 + 12.0 + 51.0 + 8.0 = 104.5（元）。

（3）补收新票与原票票价差额：104.5 – 77.5 = 27.0（元）。

（4）收回原票，换发新票。

三、退　票

铁路发售车票是按照旅客运输日计划办理的，旅客购票后应按照票面记载的日期、车次、座别、铺别乘车，不应随意退票而打乱铁路旅客运输计划。但为了照顾有特殊情况的旅客，并在经济上不受损失，铁路在一定的条件下仍允许办理退票。

1. 旅客责任退票

由于旅客本身的原因，要求退票时，除按下列规定办理外，还应按规定的比率核收退票费。

（1）旅客要求退票时候，应当在票面载明的开车时间前到车站办理，退还全部票价，核收退票费。特殊情况经购票地车站或票面乘车站站长同意的，可在开车后 2 小时内办理。团体旅客不晚于开车前 48 小时办理。

原票使用现金购票的，应退票款退还现金。原票在铁路售票窗口使用银行卡购票或者在 12306 网站使用在线支付工具购票的，按发卡银行或在线支付工具相关规定，应退票款在规定时间退回原购票时所使用的银行卡或在线支付工具。

（2）旅客开始旅行后不能退票。但如因伤、病不能继续旅行时，凭列车开具的客运记录，可退还已收票价与已乘区间票价差额，核收退票费；已乘区间不足起码里程时，按起码里程计算；同行人同样办理。

（3）因特殊情况经购票地车站或票面乘车站站长同意在开车后 2 小时内改签的车票不退。改签后的车票乘车日期在春运期间的，退票时一律按开车时间前不足 24 小时标准核收退票费。

（4）退票费按如下标准核收：票面乘车站开车时间前 48 小时以上的，按票价 5%计，24 小时以上，不足 48 小时的按票价 10%计，不足 24 小时的按票价 20%计。上述计算的尾数以 5 角为单位，尾数小于 2.5 角的舍去，2.5 角以上且小于 7.5 角的记为 5 角。7.5 角以上的进为 1 元。

（5）退还带有“行”字戳迹的车票时，应先办理行李变更手续。

（6）站台票售出不退。

市郊票、定期票、定额票的退票办法由铁路运输企业自定。必要时，铁路运输企业可以临时调整退票办法。

2. 铁路责任退票

由于铁路责任，如列车超员、列车晚点、卧铺发售重号、车辆故障途中甩车、行车事故等原因致使旅客退票时，按下列规定办理，不收退票费。

（1）在发站，退还全部车票票价（或某种车票的全部票价）。

（2）在途中，如在列车上，应由列车长编制客运记录至到站退款；如在中途站，应退还已收票价与已乘区段票价差额，已乘区段不足起码里程时，退还全部票价。

（3）在到站，凭原票和客运记录退还已收票价与已使用部分票价差额。未使用部分不足起码里程时，按起码里程计价退还。

（4）空调列车因空调设备故障在运行过程中不能修复时，应退还未使用区段的空调票价。未使用区段不足起码里程，按起码里程计算。

总之，由于旅客原因（包括旅客因伤、病）要求退还车票票价时，核收退票费，已乘区段不足起码里程时，按起码里程计算；因铁路责任退还车票票价时，不收退票费，如已乘区段不足起码里程时，退还全部票价。

3. 动车组列车退票的公式

中途站办理动车组列车退票的公式：

$$\text{应退票款} = \text{原票价} - (\text{原票价} \div \text{原票里程} \times \text{已乘区间里程})$$

用公式算完应退票款后，再根据退票原因，确定是否核收退票费。

4. 手工退票作业程序

手工退票的作业程序可归纳为五个字。

看：看票面日期、车次、发到站、票价、有效期间、改签日期、有无“禁退”或“禁卖”字样事项，注意有无挂失、涂改、伪造，发现问题要问清车票来历、票价及退票原因。

盖：在票面上盖“退”字章。

填：确认无误后，填写退票报告。

收：注意收回退票，防止误交旅客。

核：按退票报告、净退票款，核清现款后将票款和退票报销凭证一起交给旅客。取退款时，按票面额从大到小，正反复点，交付旅客时唱报清楚。

【例 2.5】 ××××年 8 月 5 日 22:00，北京站，王静持本人当日 T17 次列车（北京—哈尔滨，“空调”，北京站 21:23 发车）北京至哈尔滨软卧上铺直达票一张，票价 411.0 元，票面印有“始发改签”字样，声称因路上出了意外晚到车站，未乘上车，要求退票，如何办理？

解： 符合退票规定，按旅客原因退票办理。

（1）应退票价：

发站退还全部票价 411.0 元。

（2）核收退票费：

$$411.0 \times 20\% = 82.2\text{（元）} \approx 82.0\text{（元）}$$

（3）净退票款：

$$411.0 - 82.0 = 329.0\text{（元）}$$

（4）收回车票，盖“退”字章，将净退票款、退票报销凭证给退票人。

任务练习

一、发售车票练习

（1）在郑州站，购票人王伟，要求购买××××年 1 月 5 日，T97 次列车（北京西—广州东，空调列车），郑州至长沙硬座车票一张（有票额），如何办理？

（2）在北京西站，购票人王强，要求购买××××年 1 月 5 日，T97 次列车（北京西—广州东，空调列车），北京西至广州东软卧车票一张（下铺有票额），如何办理？

（3）在太原站，购票人李丽持有效学生证，要求购买××××年1月5日，K213次列车（天津—西安，经德州、太原、吕梁、延安，空调列车），太原至延安硬座学生票一张（有票额），如何办理？

（4）在天津站，购票人李想持有效学生证，要求购买××××年1月5日，K213次列车（天津—西安，经德州、太原、吕梁、延安，空调列车），天津至西安硬卧学生票一张（中铺有票额），如何办理？

（5）在长春站，购票人张旅持"中华人民共和国残疾军人证"，要求购买××××年1月5日，K515次列车（长春—上海，经四平、沈阳北、锦州南、唐山、济南、昆山，空调列车），长春至济南软卧车票一张（下铺有票额），如何办理？

（6）在天津站，购票人张有，携带身高1.4 m儿童一名，要求购买××××年1月5日，1136次列车（天津—乌海西，空调列车），天津至临河软卧车票两张（下铺有票额），如何办理？

（7）在石家庄站，购票人赵统，要求购买××××年1月5日K117次列车（北京西—成都，空调列车），石家庄至成都30张车票（其中成人硬卧20张、儿童硬卧10张），要求按团体办理（有票额，上中下铺各10张），如何办理？

（8）铁路总公司批准北京某旅游公司开行旅游专列申请：4月17日北京西—洛阳（经由郑州）间开行Y369次列车，4月20日洛阳—张家界间开行Y371次列车，4月25日张家界—北京西（经由洛阳东、郑州）间开行Y372次列车。运行时刻为：Y369次17日北京西站20:30开，18日8:28到洛阳站；Y371次20日洛阳站19:16开，21日9:05到张家界站；Y372次张家界站25日11:28开，26日10:46到北京西站。列车编组位：定员66人的空调硬卧车15辆，餐车1辆，宿营车1辆，发电车1辆。北京西站如何办理？

二、签证练习

（1）××××年1月12日10:00，邢台站。1名旅客持13日K7761次（北京西—邯郸，空调列车）邢台至涉县的空调硬座快速票1张，要求签乘当日下午的4481次（天津—涉县）去到站，邢台站如何办理？

（2）××××年1月10日8:50，唐山站。1名旅客持11日T5684次（秦皇岛—石家庄，唐山12:19开，空调列车）唐山至北京西软座车票1张，要求改乘12日K216次列车（图们—北京，11:11开，空调列车）硬卧去到站，中铺有票额，唐山站如何办理？

（3）××××年3月10日17:00，德阳站。1名旅客持当日1485次列车（太原—成都，空调列车，正点16:59开）德阳至成都硬座车票1张，因列车预报晚点大约2小时50分钟，旅客要求改乘当日T9457次（广元—成都，空调列车，18:04开）硬座去到站，有票额，如何办理？

（4）××××年1月10日19:00，桂林站。1名旅客持当日K38次列车（柳州—广州，空调列车）柳州至郴州空调硬座快速票一张，声称身体不舒服下车看病，要求签乘次日本次列车去到站，没有相关证明，如何办理？

三、退票练习

（1）××××年1月12日19:20，峨眉站2位旅客持当日K165次列车（西安—昆明，经宝鸡，空调列车，17:16开）峨眉至昆明空调硬座票3张，声称因路途遇事故，3位赶进车站时列车已开走，要求退票，如何处理？

（2）××××年1月10日19:00，桂林站。1名旅客持当日K38次列车（柳州—广州，空调列车）柳州至郴州空调硬座快速票一张，声称身体不舒服下车看病，要求退票，没有相关证明，如何办理？

（3）××××年1月12日21:30，中卫站。1名旅客持14日K1087次列车（银川—西安，经中卫、宝鸡，空调列车）银川至西安空调硬卧（中、下铺）票2张，并有列车编客运记录1份（注明“一名旅客因病需下车治疗，另一名旅客为同行人”），要求退票，如何办理？

（4）××××年1月12日21:30，中卫站。一名旅客持当日K1087次列车（银川—西安，经中卫、宝鸡，空调列车）银川至西安空调软卧（上、下铺）票2张，并有列车编客运记录1份（注明“软卧车故障，临时甩车”），要求退票，如何办理？

（5）××××年1月10日17:00，北京西站。1名旅客持当日T5682次列车（石家庄—北京西，空调列车）石家庄至北京西空调软座票1张，并有列车编客运记录1份（注明“列车始发站开车前软座临时甩车，旅客改乘硬座”），要求退还票价差额，如何办理？

（6）××××年1月10日8:30，湛江站。1名旅客持9日K157次列车（北京西—湛江，经衡阳、柳州，空调列车）郑州至湛江空调软卧（上铺）1张，并有列车编客运记录1份（注明“列车运行至信阳时软卧车故障，旅客改乘硬卧下铺”），要求退还票价差额，如何办理？

（7）××××年1月3日，在天津站，1名旅客持1月7日K919次（天津—武昌，空调列车）石家庄至武昌站的空调软座快速卧（下）车票，要求退票，天津站如何办理？

任务三　窗口售票计算机售票

任务描述

窗口售票计算机是现代铁路交通客票预订与售票系统的主要设备之一。窗口售票计算机售票，是铁路车票发售的主要途径。学会窗口售票计算机的使用方法，能够高速、准确地完成符合旅客要求的各种车票的售票工作及办理退票、车票改签等工作，解答旅客问询，组织旅客有序购票，最大限度地减少旅客购票排队等候时间，提高旅客运输服务质量。作为铁路车站售票员（客运员），应当掌握窗口售票计算机的使用方法，高质量地完成窗口售票工作，使旅客在运输的第一个环节就能够感受到铁路客运服务的文明与温馨。

知识准备

一、车票实名发售

车票实名发售是指铁路运输企业凭乘车人的有效身份证件销售车票。一张有效身份证件于同一乘车日期只能购买一张同一车次实名制车票。

购买实名制车票时须凭乘车人有效身份证件,但免费乘车的儿童及持儿童票的儿童除外。购票人可以使用本人有效身份证件原件或复印件购买车票，也可以持乘车人的有效身份证件原件或复印件替乘车人代购车票。未授权的铁路客票代售处仅受理二代居民身份证的购票、取票和换票。

配备二代居民身份证识读设备的售票窗口，必须由系统通过二代居民身份证识读设备自动读取身份信息。遇二代居民身份证无法自动识读、识读设备故障或者使用其他有效身份证件购票时，由售票员录入旅客身份信息。售票员应当认真核实旅客的有效身份证件，制票前应当提示旅客核实有效身份证件信息。制票后交付时，旅客当场发现票面身份信息有误时，旧票由售票员收回并作废，另发新票。旅客未当场核对票面信息，之后提出票面信息与有效证件信息不符的，由旅客自行负责。

（一）旅客购票乘车的有效证件

旅客购票乘车的有效证件具体包括：居民身份证、临时身份证、户口簿、中华人民共和国旅行证、中国人民解放军军人保障卡、军官证、武警警官证、士兵证、军队学员证、军队文职干部证、军队离退休干部证、按规定可使用的有效护照、港澳居民来往内地通行证、中华人民共和国往来港澳通行证、台湾居民来往大陆通行证、大陆居民往来台湾通行证、外国人居留证、外国人出入境证、外交官证、领事馆证、海员证、外交部开具的外国人身份证明、地方公安机关出入境管理部门开具的护照报失证明、铁路公安部门填发的乘坐旅客列车临时身份证明（以下简称“临时身份证明”）、前往港澳通行证，共计 25 种。身高 1.5 m 以上 16 岁以下未成年人的有效身份证件还包括学生证。中铁银通卡在规定使用范围内可作为有效身份证件使用。

临时身份证明一式两联，载明持有人姓名、性别、年龄、身份证件号码，一联为公安留存，一联供旅客购票、退票、中转签证、验证检票以及乘车使用，由旅客自行妥善保管，站车不予收回。同城车站均实行实名制时，临时身份证明可以通用，当日使用有效。设有扫描设备的车站退票处和改签处，对于持临时身份证明办理退票或改签的旅客，要通过设备扫描旅客所持临时身份证明的二维码进行核对确认。

在购买须凭证购买的学生、残疾军人（警察）等减价优惠（待）票时，出示有效身份证件的同时，还应出示符合规定的减价优惠（待）凭证原件，经核实后，方可购票、乘车。学生票按规定核减次数。要想使用残疾人专用票额的车票，需凭乘车人的有效身份证件和符合残疾等级要求的残疾人证。

发售去边境地区的车票时，应要求旅客出示国务院铁路主管部门、公安部门规定的边境居民证、身份证或边境通行证。

（二）车票实名签证

实名制车票办理中转签证和开车后车票改签时，应请乘车人出示本人有效身份证件，若遇他人代办，还需出示代办人身份证，认真核对票、证、人一致后，方可办理。

非实名制通票中转签证实名制车票时，按实名制售票进行办理。

（三）车票实名退票

（1）在铁路售票窗口购票的，应到车站售票窗口办理退票，办理退票时，需核实车票及其票面所载明的有效身份证件的一致性；票、证一致方予办理。

① 乘车人本人办理：凭车票和购票时所使用的有效身份证件原件；无法出示本人有效身份证件原件的，应到车站铁路公安制证口办理临时身份证明后，办理退票手续。

② 代乘车人办理：代办人持本人有效身份证件原件，车票和与票面身份信息一致的乘车人有效身份证件原件或复印件，办理退票手续。

③ 旅客乘车前办理“挂失补”车票退票手续时，在购票地车站或票面发站办理。在乘车后（在到站或下车站）办理时，旅客应在到站后24小时内，凭列车长开具的客运记录、“挂失补”车票和购票时所使用的有效身份证件原件，至退票窗口办理“挂失补”车票退票手续，按规定核收补票的手续费，不收退票费，异地售票手续费不退。

④ 遇票面证件号码有隐藏时，售票员按照旅客提供的证件，正确选择证件类型，输入证件类型号码，售票系统自动比对一致后退票；不一致，系统不予退票。

（2）在 12306.cn 网站购票后，在车站售票窗口退票时，应提供购票时所使用的乘车人有效身份证件原件；居民身份证无法自动识读，或者使用居民身份证以外的其他有效身份证件购票的，应提供订单号码。

二、窗口售票设备组成及功能

售票窗口配备桌椅、计算机、制票机、居民身份证阅读器、双向对讲器、窗口屏、保险柜、验钞机、铁路乘意险购买器等售票设备。发售学生票、残疾军人票的窗口配备学生优惠卡、残疾军人证的识读器，退票、改签窗口配备二维扫描仪，电子支付窗口配备 POS 机、固定式条码扫描器。各设备要按固定位置摆放，如图 2.3.1 所示。

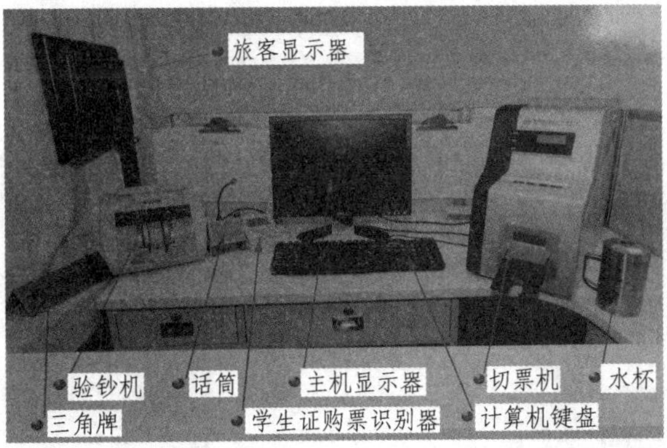

图 2.3.1 窗口售票设备组成及摆放位置

（一）窗口售票计算机

窗口售票计算机是实现车票发售的主要设备。售票计算机要求安装 WINDOWS XP 及以上操作系统和铁路客票发售和预定系统软件（简称“TRS”），按售票员指令实现售票、退票、改签等功能。在售票窗口上不能使用鼠标。

1. 出售车票

售票员可根据旅客要求发售本地普通票、动车组票（磁性车票）、普客到底通票、普快到底通票、特快到底通票、同席孩票、优惠票及全国各联网中心的异地车票、返程车票等；售票员可根据旅客提供的流水号取出预约预订车票。

2. 车票签证

售票员可根据旅客要求，在符合条件的基础上完成普客到底签证、普快到底签证、特快到底签证、始发签证、通票始发签证等工作。

3. 退　票

售票员可根据旅客要求，在符合条件的基础上完成软纸车票、磁性车票的退票工作。

（二）制票机

将票卷放入制票机，接受计算机指令，打印车票并将印制好的票卷切成单张车票。如图 2.3.2 所示。

（三）票　卷

普通车票为白背红底，供普通制票机使用。磁介质车票为黑背蓝底，供磁制售票机和自动售票机使用。票卷的每一卷由 1000 张票底卷成，票面左上方印有票号，票号共 7 位，第一位为大写英文字母（不含 I 和 O），后六位为 000001 和 100000 之间的数字，全部票号从 A000001 起至 Z100000 止。

（四）居民身份证识读器

将二代身份证放在居民身份证识读器的识读区，便能读取旅客二代身份证信息，如图 2.3.3 所示。

图 2.3.2　制票机

图 2.3.3　居民身份证识读器

（五）铁路乘意险设备

铁路乘意险购买器为旅客出行提供安全保障，如图 2.3.4 所示。铁路乘意险是指被保险人在保险期间内持有效乘车凭证，乘坐境内旅客列车，遭受意外伤害致使本人身故、伤残或者受伤治疗的，铁路自保公司按照约定给付保险金的一种保险服务。该保险由旅客在购买火车票时自愿购买，保费 3 元，最高保障 30 万元意外身故、伤残和 3 万元意外医疗保险金。

（六）学生优惠卡识读器（学生读卡器）

通过感应区能自动读取学生优惠卡信息，同时能自动（或手工）改变学生购票次数，实现减价优惠票的规范管理，如图 2.3.5 所示。

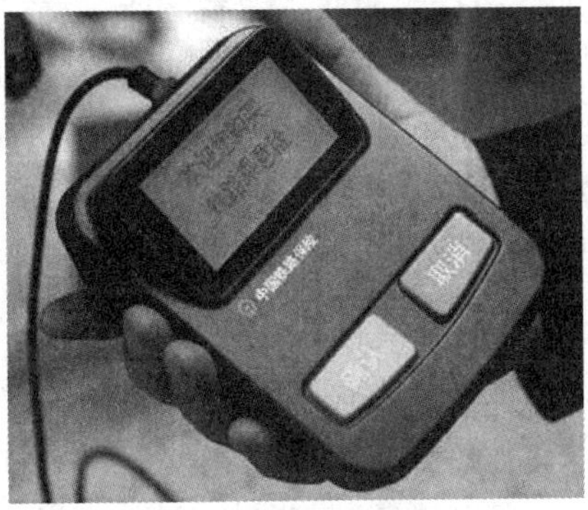

图 2.3.4　铁路乘意险设备

图 2.3.5　学生优惠卡识读器

（七）二维扫描仪

通过扫描车票右下角的二维码，还原车票信息，从而实现车票的改签、退票、验票等功能，如图 2.3.6 所示。

（八）固定式条码扫描器

该设备用以旅客支付宝/微信扫码付款使用，如图 2.3.7 所示。

图 2.3.6　二维扫描仪

图 2.3.7　固定式条码扫描器

三、窗口售票作业标准

（一）售票口售票员作业标准

（1）窗口备用金正确无误，资料备品齐全定位。售票机内票卷当前票号和微机屏幕显示票号一致，票据储存量为一日以上用量。

（2）认真执行“六字”售票法，即一问：问清旅客乘车日期、车次、发到站、席别、票种、张数（支付方式）等；二输：输入旅客乘车日期、车次、发到站、票种、张数及席别；三收：收取旅客购票款，认真清点确认无假钞，将旅客购票款置于桌面（收取银行卡，确认真伪，按 Ctrl + 4 进入银行卡支付界面）；四做：将旅客购票款输入计算机，并根据计算机找零显示，点清找零款，打印软纸票（刷卡支付，POS 机自动打印两联“消费凭条”，商户存根联交由旅客签字确认后由售票员收回，核对无误后，打印软纸票）；五核：一是核对票面信息，发现废票时及时作废，并加盖“废”字章；二是复核找零款与票价之和是否与旅客购票款相符；六交：将车票及余款（银行卡、持卡人存根联消费凭条）交给旅客，并唱收唱付，将购票款（商户存根联）放入售票抽屉归类存放。

（3）执行“五字”取票法（电话订票）：一接：接过旅客订票证件，确认真伪，进入电话订票取票界面，读取二代身份证订票信息（或输入旅客订票证件号码及订单号读取旅客订票信息）；二收：收取旅客购票款（或银行卡），认真清点确认无假钞，将旅客购票款置于桌面；三做：将旅客购票款输入计算机，并根据计算机找零显示，点清找零款，打印软纸票（刷卡支付时，POS 机自动打印两联“消费凭条”，商户存根联交由旅客签字确认后由售票员收回，核对无误后，打印软纸票）；四核：一是核对票面信息，发现废票时及时作废，并加盖“废”字章；二是复核找零款与票价之和是否与旅客购票款相符；五交：将车票及余款（银行卡、持卡人存根联消费凭条）交给旅客，并唱收唱付，将购票款（商户存根联）放入售票抽屉归类存放。

（4） 执行“三字”换票法（互联网购票换票）：一接：接过乘车人证件原件，确认真伪，进入互联网换票界面，读取二代身份证购票信息（或输入旅客购票证件号码及订单号读取旅客购票信息）；二核：核对票面信息，无误后，打印车票（按规定收取客票销售服务费）；三交：将车票及证件交给旅客，并唱收唱付。

（5）当好旅客参谋，主动为旅客介绍车次，遇有重点旅客购票及时与值班员联系，千方百计为旅客解决困难。

（6）认真执行废票处理的有关规定，值班员签认后应及时将废票按提示放入制票机或输入前 21 位编码，核对票面内容和屏幕显示一致后，再按确认键输入计算机内，防止票额虚縻。

（7）售票过程中如需暂时离开窗口时，票据票款应及时加锁，并及时更改窗口显示。

（8）认真落实先交款、后结账制度。交款时仔细清点，防止发生差错。

（9）严格执行对岗交接制度，认真填写交接本并按规定盖章，杜绝信用交接。

（10）窗口干净、整洁，备品摆放定位。

（二）签证口售票员作业标准

（1）遵守作业时间，按规定开关窗口，做到不晚开、不早关。

（2）根据客流变化情况及时请领票卷，储存量为一日以上用量。

（3）办理签字时，按程序审核原票种、日期、发到站、有效期、有无涂改，确认无误后办理签字，做到无差错、无溢赔款、无票款遗失、无票据丢失。办理公免票签证时，按规定检查“三证”（工作证、乘车证、出差证明书），严格执行乘车证管理规定，三证齐全方可办理。

（4）执行“六字”始发签证法：一接：接过车票、审核原票是否有效；二问：问清旅客需改签的日期、车次、席别，确认是否符合改签条件；三输：扫描原票，还原票面信息，确认原票无误后输入新票的日期、车票、席别；四做：按系统提示退还或补收新旧车票票价差额（退还票价差额时，对差额部分核收退票费并执行现行退票费标准），正确办理银行卡支付业务，打印软纸票；五核：一是核对新票票面信息，发现废票时及时作废，并加盖“废”字章（使用银行卡支付购买的车票始发改签后新票不能作废，只能办理原退手续），二是复核票价差额与新票价之和是否与原票票款相符；六交：将新票及余款（银行卡、持卡人存根联消费凭条）交给旅客，在原票上加盖印章，并将原票（商户存根联）收回放入抽屉归类存放。

（5）废票操作准确无误，按提示放入制票机或输入前 21 位编码，核对票面内容和屏幕显示一致后，再按确认键输入计算机内。

（6）暂停作业离开窗口时，票据票款应及时加锁妥善保管，并更改窗口显示。

（7）严格执行对岗交接制度，认真填写交接本并按规定盖章，杜绝信用交接。

（8）窗口干净、整洁，备品摆放定位。

（三）退票口售票员作业标准

（1）按规定时间开关窗口，做到不晚开、不早关。

（2）认真执行“四字”退票法，即一“看”：看票面日期、车次、发到站、票价、有效期、改签日期，有无“行”字戳记，注意有无挂失、涂改、伪造，确认有效；二“输”：将磁票按提示放入制票机或输入前 21 位编码；三“核”：核对票面内容和屏幕显示一致后，再按确认键，并注意核对退票理由和票面是否盖有“退”字戳记，按计算机显示净退款，核清现款；四“交”：将票款和退票费凭证（银行卡、持卡人存根联消费凭条）一并交给旅客，做好唱付，操作准确无误。退回的票妥善保管，不丢失、不遗漏、不破损。

（3）按规定及时请领退票费票据。

（4）认真核对计算机打印与现票是否相符，按规定张数打捆上报。

（5）严格执行作业纪律，将车票及时输入计算机内。离开窗口时，票据票款应及时加锁，并更改窗口显示。

（6）严格执行对岗交接制度，认真填写交接本并按规定盖章，杜绝信用交接。

（7）窗口干净、整洁，备品摆放定位。

（四）交接班工作

（1）执行“五字”交班法：一关：关窗停止售票，并将关窗停售信息提前 15 分钟以上向旅客公告；二点：清点票款、票据，留好备用金；三填：将售票款输入计算机，填写解款单，整理废票、退票、始发改签原票、持卡人存根联等，使用客票系统“交班”功能退出售票和退票程序，并按操作程序关机（先关闭售票微机，再关闭制票机、显示器、POS 机、二维条码扫描器、二代身份证识读器、学生优惠卡识读器等其他设备）；四封：将票款和解款单装入封袋，施封并签章；五交：将票款及相关票据一同交给进款员签收。

（2）清理备品、票据，整理资料，清洁卫生，填写交接班簿。

交班售票员应确认、登记车票未售起号及窗口票卷、碳带实存数量；清点票款，留足备用金；输入封款金额，退出售票系统，关闭窗口机电源；整理登记作废车票，按规定手续交款；对电子售票设备进行维护保养，整理工具、备品等。

接班售票员确认车票未售起号，认真登记；接清窗口备用碳带和票卷数量，清点备用金；检查电子售票设备、资料及工具、备品、签字交接。

四、计算机售票、签证、退票作业

（一）计算机售票、签证操作方法

1. 开　机

（1）按照制票机、学生读卡器、显示器、售票主机的先后顺序进行开机操作。

（2）开机后，初始化制票机，屏显会提示售票人员核对机器显示票号与制票机票号，如图 2.3.8 所示。

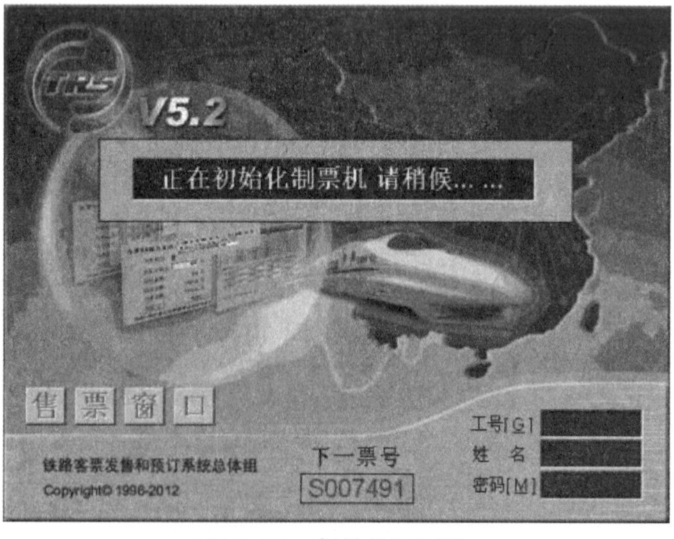

图 2.3.8　初始化制票机

（3）初始化学生读卡器。

（4）正确输入售票员的工号及密码，系统对输入的工号和密码进行校验，如图 2.3.9 所示。

图 2.3.9 售票计算机进班界面

（5）正确选择班次进入售票系统（默认的售票界面为售普通票），如图 2.3.10 所示。

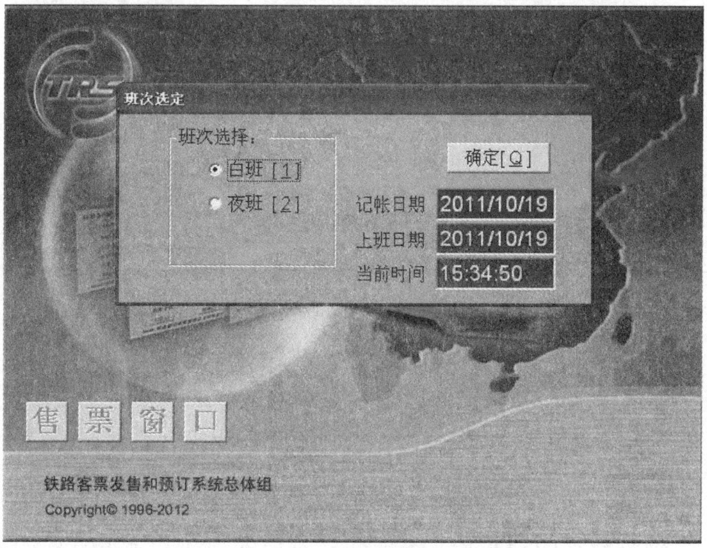

图 2.3.10 售票计算机班次界面

2. 售普通票

售普通票的基本流程为：进入售普通票面→选择用途→选择乘车日期→输入车次→输入发站→输入到站→输入票种票额→选择席别→取票→录入证件信息→收款→印票。

（1）在售票界面“售票”下拉菜单中选择“售普通票”或按快捷键“Alt + S”进入发售普通票的界面（发售普通票界面一般为默认界面，进入售票系统后直接进入默认界面），如图 2.3.11 所示。

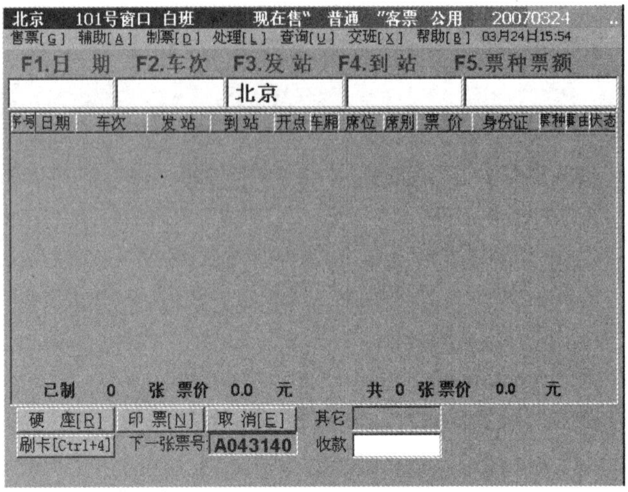

图 2.3.11 售票计算机售普通票界面

（2）输入用途（F11）。按 F11 键显示用途下拉列表，如图 2.3.12 所示；移动光标至相应用途，按回车键进行确认。

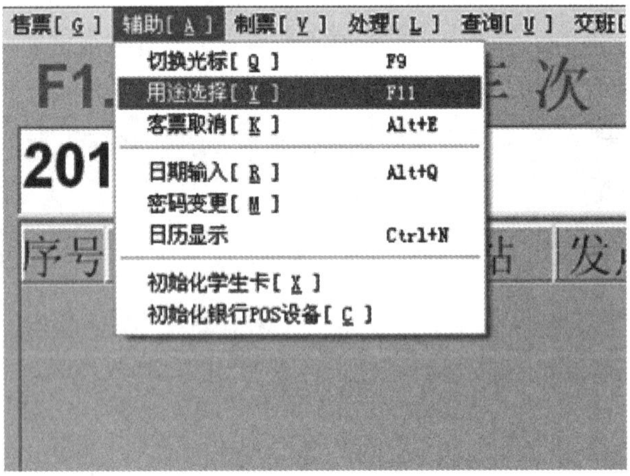

图 2.3.12 选择用途

（3）按购票人要求输入日期（F1）、车次（F2）或发站（F3）、到站(F4)、票种票额（F5）、席位。

① 四种方式输入乘车日期（F1）。

方式 1：按 F1 键打开日期列表框，上下移动光标键定位到乘车日期所在的行，按回车键确认。

方式 2：按 Alt + Q 键将光标切入日期输入框，直接输入四位乘车日期，按回车键确认。

方式 3：按 Alt + Q 键将光标切入日期输入框，在输入框内输入 W，按回车键，可显示前一天的日期。

方式 4：按 F1 键加数字键设置乘车日期。按 F1 + 0 键将日期设置为售票期限的第一天，即当日；按 F1 + 1 键将日期设置为售票期限的第二天，即次日；按 F1 + 2 键将日期设置为售票期限的第三天，即第三日；以此类推。

② 三种方式输入到站。

方式 1：输入相应到站的序号，按回车键确认。

方式 2：输入到站拼音码，按回车键确认。

方式 3：输入到站电报码，按回车键确认。

车站的拼音码：两个字车站为第一字拼音首字母加上第二站拼音头的两个字母；三个字车站为每个字拼音首字母，三个以上汉字车站为第一、第二和最后一个汉字的拼音首字母。

③ 票种票额的选择。目前，票种分为全、孩、学、残、免、探、半、单、团、红、返、卧、集、农。

④ 输入席别。按 F7 键显示席别下拉列表，输入席别代码，如表 2.3.1 所示。

表 2.3.1　列车席别代码

席别代码	席别
1	硬座
2	软座
3	硬卧
4	软卧
W	硬座无座
9	商务座
M	一等座
O	二等座
F	动卧

（4）将车票取到售票界面后，如旅客选择现金支付：

① 在界面右下角收款框内输入核收旅客的购票款，按回车键确认，界面显示找零款额，售票员按照找零款额进行找零。

② 光标在“印票”按钮上时（可通过 Tab 键移动光标），直接按空格键，或使用 Alt + N 快捷键，系统自动弹出证件信息录入窗口。

③ 售票员录入旅客实名制信息后，按 F4 确认键印制车票。

④ 售票员将车票、购票证件及找零款交给购票人，售票完成。

（5）如旅客选择银行卡支付，则从旅客那儿取得银行卡，并按 Ctrl + 4 键弹出支付界面，如图 2.3.13 所示。

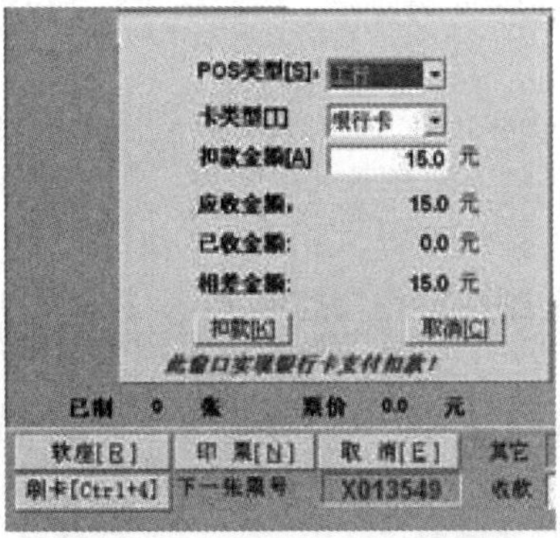

图 2.3.13　银行卡支付界面

① 选择 POS 机类型、卡类型后，按“扣款”按钮，向 POS 机发送扣款指令，POS 机界面上提示“刷卡”，等待刷卡操作（扣款金额由售票系统自动读取所取车票金额，无须人工输入）。

② 在 POS 机上刷卡操作后，POS 屏幕会显示银行卡号，核对卡号后按 POS 机上“确认”键，POS 机的小键盘会显示支付金额，请旅客输入密码确认后，POS 机向银行发出扣款请求，并等待接收数据。

③ 银行扣款成功后，POS 机打印两联“消费单”，第一联为商户存根交由旅客签字，售票员收回并核对旅客签字，以备车站进行留存，第二联为客户存根（持卡人存根），为旅客持有。

④ 单据打印完成后售票系统会弹出提示界面，点击“确定”按钮，返回支付界面。

⑤ 在支付界面中按“返回”按钮，售票系统自动开始制票，制票完成后售票员将车票、银行卡及客户存根交给旅客，代表刷卡购票交易完成。

3. 售动车组票

售动车组票的基本流程为：通过快捷键“Alt + D”或菜单进入售动车组车票界面（见图 2.3.14 所示）→选择用途→选择乘车日期→输入车次→输入发站→输入到站→输入票种票额→选择席别→取票→录入证件信息→收款→印票。

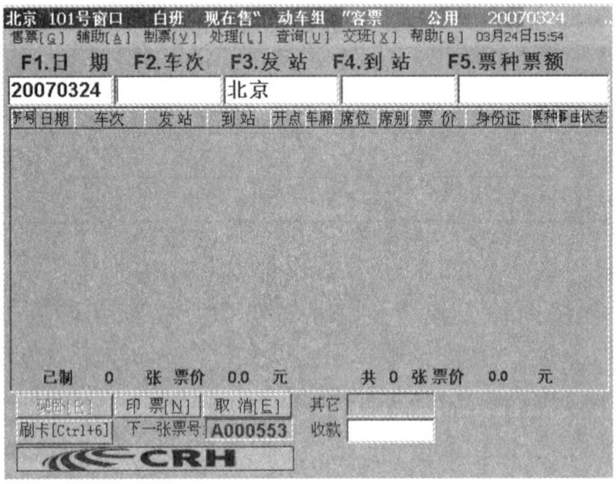

图 2.3.14 售票计算机售动车组车票界面

1）快捷取票操作

（1）取票或制票后，按快捷键 Esc，复制最后一批票的所有属性，直接取票。

（2）取票或制票后，按 F1 修改日期后，按快捷键 Esc，其余信息复制最后一批票的属性，直接取票。

（3）输入车次，按快捷键 Esc，按缺省发站、列车终到站、全票、二等车，直接取 1 张票。

（4）输入车次，选择发站，按快捷键 Esc，按终到站、全票、二等车，直接取 1 张票。

（5）输入车次，选择发站、到站，按快捷键 Esc，按全票、二等车，直接取 1 张票。

2）注意事项

（1）售动车组票界面同售普通票界面相似，故界面以鲜明的颜色区分开，并且左下角以 CRH 标志加以区分。

（2）动车组快捷售票在售普通票时不起作用。

4. 始发签证

1）办理条件

（1）售始发签证票窗口有办理始发签证业务权限。

（2）售始发签证票窗口需要拥有发售相应日期、席别、用途车票的权限。

（3）始发签证票须持原票办理，办理完毕将原票收回。

（4）发售始发签证票，须符合客规有关规定。

2）操作方法

始发签证的基本流程为：进入售始发签证票界面→输入票面下方条码前 21 位→核对票面信息→选择用途→选择乘车日期→输入车次→选择席别→取票→录入证件信息→收（退款）→印票。

（1）在售票界面“售票”下拉菜单中选择“售始发签证票”或按快捷键“Alt + Z”进入发售始发签证界面，如图 2.3.15 所示。

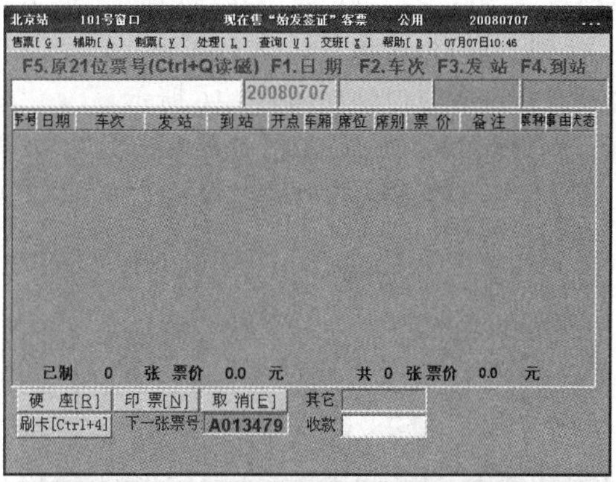

图 2.3.15　售票计算机售始发签证界面

（2）输入原票信息。

输入原票信息的方法有三种：

① 扫描条码，系统自动还原原票票面信息。

② 手工输入票面下方前 21 位条码，系统自动还原原票票面信息。

③ 如果窗口是磁制票机且原票为磁票时可以读磁还原票面信息。

（3）办理签证票。

根据旅客请求的日期、车次、席别等办理始发签证，原票席位根据定义返回到指定用途，如果未定义返回原用途。

（4）打印车票。根据车票形式的不同分为纸票模式和磁票模式。

① 纸票模式——开车前办理新票打印“始发改签”字样；开车后改签的注明“开车后改签不予退票”字样。

② 磁票模式——原票打印“签”字样；开车前办理新票打印“始发改签”字样；开车后改签的注明“开车后改签不予退票”字样。

3）注意事项

售始发签证票基本要求如下。

（1）始发签证只允许改签日期、车次、席别。

（2）始发签证票款遵循多退少补原则，退还差额时，对差额部分核收退票费并执行现行退票费标准。

（3）按“Ctrl + Q”键读磁前，系统会先将磁道内遗留的读磁票排出，然后等待磁票插入进行读磁，读磁完毕后原票遗留在通道内等待打印新票前打印“签”字。

（4）条码扫描、读磁办理方式均需要到票源中心查找原票存根，如果原票存根未及时回传到票源中心时，系统会提示“查无此票”，此时只能通过手工输入 21 位票号进行办理。

（5）进行批量始发改签时，原磁票只能在最后一张票面上打印“签”字，始发改签要求在每张原磁票上打印“签”字，所以办理磁票改签时只能一张一张地办理，不能按批次办理。

（二）计算机退票操作方法

始发签证的基本流程为：登入退票系统后进入退票界面→选择退票理由、更改票额返回用途（可选）→扫描条码信息或读取磁记录信息→核对票面信息→识别证件信息（或录入证件信息）→确认退票→按 F1 或 F2 键继续退票。

（1）打开计算机，进入退票进班窗口，如图 2.3.16 所示。

图 2.3.16　退票计算机进班界面

（2）输入工号、密码，选择班次，进入退票界面，如图 2.3.17 所示。

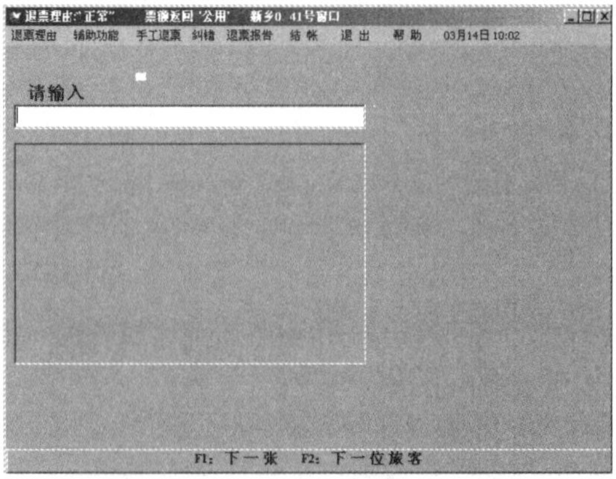

图 2.3.17　退票计算机退票界面

（3）检查退票主窗口标题栏中的退票理由。

选择退票理由，如图 2.3.18 所示。从菜单项下的退票理由列表中，用↑↓键选择正确的理由，并按回车键确认。

①“正常”——旅客原因退票。

②“原退”——铁路原因退票。

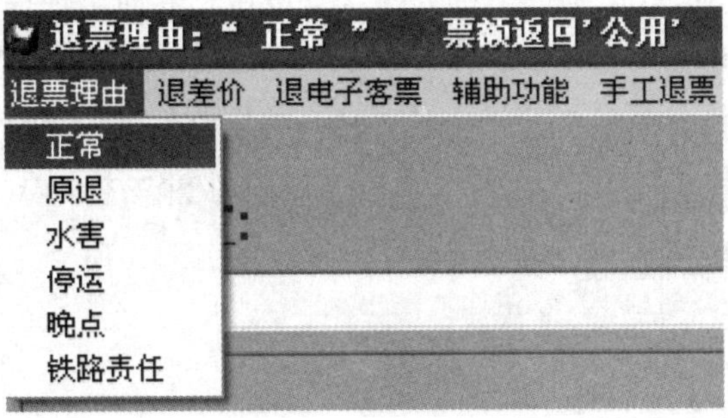

图 2.3.18 选择退票理由

（4）选择票额返回席位库的用途。

（5）条码票扫描条码，磁介质车票读取磁记录信息。

（读磁还原票面的快捷键为 Alt + M），还原票面信息，如图 2.3.19 所示。

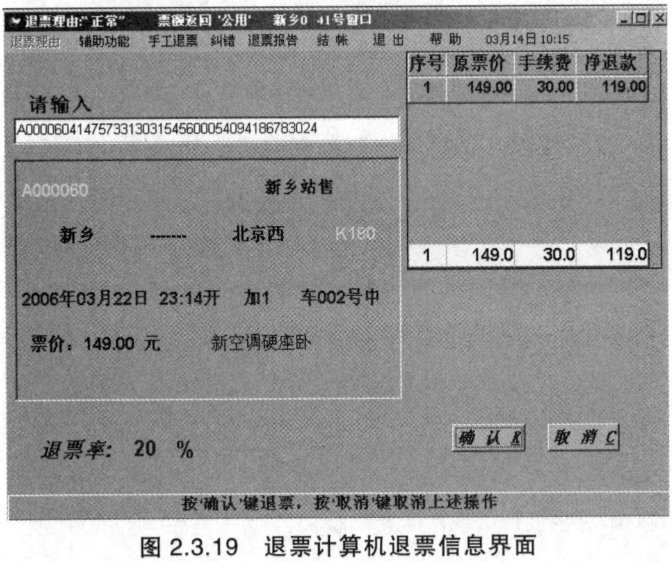

图 2.3.19 退票计算机退票信息界面

扫描条码的方式有以下两种。

方式 1：通过扫描仪扫描车票上的条码。

方式 2：手工输入车票条码下方的前 21 位信息。

读磁卡票有三种方式。

方式 1：通过扫描仪扫描车票上的二维码。

方式 2：通过磁制票机读出车票信息。

方式 3：手工输入车票条码下方的前 21 位信息。

（6）核对票面信息，系统自动弹出“证件信息录入窗口”，将原购票使用的二代身份证放置在识读设备上，按 F7 键读取身份证信息。其他证件则在“核对证件信息窗口”录入证件信息。

（7）“确认”后，系统自动核对原票与录入证件信息的一致性。若一致，继续办理退票；否则，提示“票证不符，不予办理退票！”

（8）确认车票及退票信息正确后，按“确认”按钮，界面出现提示信息“确实要退这张票吗？”如图 2.3.20 所示。确认退票快捷键为 Alt + K，取消退票快捷键为 Alt + C。

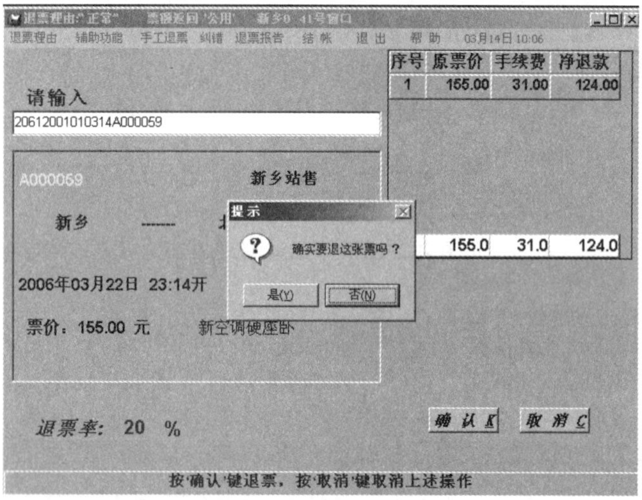

图 2.3.20　退票计算机退票信息确认界面

（9）确认后，按“是”按钮，计算机退票处理完成，如图 2.3.21 所示。

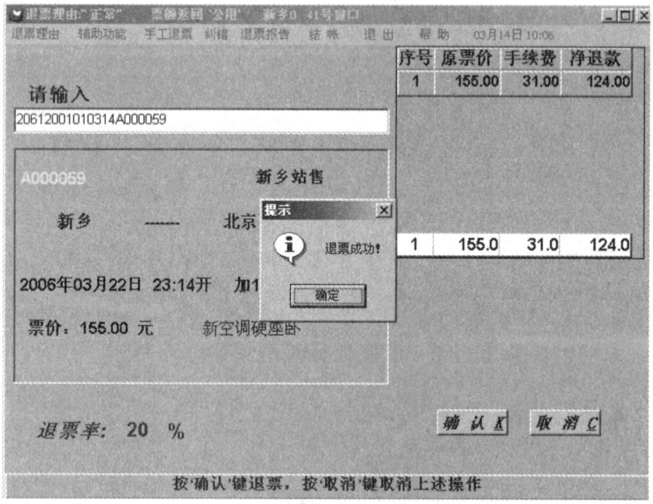

图 2.3.21　退票计算机完成退票界面

（10）按“确认”按钮，返回退票界面，进行下一张退票。

按 F1 键刷新屏幕，开始同一位旅客的下一张车票的操作。

按 F2 键刷新屏幕，为下一位旅客办理退票。

任务练习

一、窗口售票计算机售票练习

根据自有的售票系统情况，确定购买车票的日期、发到站、列车车次后，做此练习。

（1）某购票人使用现金购买当日、本站到某站的动车组列车二等座一张。

（2）某购票人使用现金购买某日、本站到某站的动车组列车一等座两张。

（3）某购票人使用银行卡购买某日、本站到某站的快速某次列车硬卧下铺一张。

（4）某购票人使用银行卡购买某日、某站到某站的快速某次列车硬座、儿童票各一张。

（5）某购票人使用银行卡购买某日、某站到某站的快速某次列车硬卧下铺、免票儿童单独使用卧铺下铺各一张。

二、窗口售票计算机签证练习

根据自有的售票系统情况，确定车票的日期、发到站、列车车次及签证的信息后，做此练习。

（1）某旅客持前一日、本站到某站的快速列车硬座票一张，要求改签当日同次列车（铁路有能力）。

（2）某旅客持现金购买的前一日、本站到某站的快速列车硬座票一张，要求改签当日同次列车硬卧下铺（铁路有能力）。

（3）某旅客持银行卡购买的前一日、本站到某站的快速列车硬座票一张，要求改签当日同次列车硬卧下铺（铁路有能力）。

三、窗口售票计算机退票练习

（1）某旅客持现金购买的前一日、本站到某站的快速列车硬座票一张，由于个人原因无法乘车，要求退票。

（2）某旅客持银行卡购买的前一日、本站到某站的快速列车硬座票一张，由于个人原因无法乘车，要求退票。

（3）某旅客持银行卡购买的前一日、本站到某站的快速列车硬座票一张，由于铁路原因无法乘车，要求退票。

（4）某旅客持银行卡购买的某站到某站的快速列车硬座票一张，由于途中突发急病无法继续乘车，要求退票。

任务四　自助购票

任务描述

自助购票是一种新兴的购票方式，也是现代铁路交通系统正在推广的一种售票方式。它是在普及的互联网及铁路完善的自动售检票系统的基础上形成的售票方式。自助购票包括：

电话订票、互联网购票及自动售票机购票。购票人自助购票，既节省了铁路售票人员人数，又提高了售票效率，方便了旅客购票，节省了购票时间。铁路客运人员应能够熟练使用自助购票设备，并能够熟练指导旅客自助购票，使自助购票充分发挥作用，最大限度地减轻窗口售票的压力，减少旅客购票排队等候时间，提高旅客运输服务质量。为保证自动售票机的正常工作，还要我们适时进行维护。

知识准备

一、电话订票

电话订票，是购票人通过拨打铁路指定订票电话号码（95105105），按语音提示，将乘车人的身份信息及所需车票的信息传入系统，进行订票。订票成功后，系统播报订票单号，购票人必须记住订票单号，并在指定时间内（12 时前预订的订单，为次日 12 时前；12 时后预订的订单，为次日 24 时前）到售票窗口或自动售票机付款、取票。否则，所订车票将被系统取消。

实名制电话订票仅受理居民身份证、港澳居民来往内地通行证、台湾居民来往大陆通行证、按规定可使用的有效护照。

购票人使用电话订票的流程为：

（1）拨打电话 95105105。

（2）输入信息。根据语音提示输入身份信息和车次信息。

（3）记录信息。订票成功后，电话语音会播报一个 9 位数字的订票单号，购票人必须准确记录订单号。

（4）付款、取票。在规定时间内到车站或市内售票所办理付款及取票。

二、互联网售票

互联网售票，是指铁路通过中国铁路客户服务中心网（www.12306.cn）办理铁路电子客票的销售、改签、退票等业务，购票人使用联网的计算机自主选择所购车票条件的售票方式。但购票人在购票前，必须在中国铁路客户服务中心网实名注册，并登陆。

电子客票是以电子数据形式体现的铁路旅客运输合同，与纸质车票具有同等法律效力。目前，电子客票只依附于居民身份证内。

旅客或购票人应当妥善保管电子客票信息及购票时所使用的有效身份证件。

电子客票的生效时间为：购买铁路电子客票以确认交易成功的时间作为铁路旅客运输合同生效的时间；退票以网站确认交易成功的时间作为铁路旅客运输合同终止的时间；改签所涉及的原车票退票、换（购）新票分别按照退票、购票处理。

（一）身份核验

为了进一步完善铁路实名制购票工作，自 2014 年 3 月 1 日起，中国铁路客户服务中心网站对互联网注册用户和常用联系人（乘车人）进行身份信息核验。

1. 居民身份证注册用户和常用联系人（乘车人）

1）身份信息核验

注册用户可在“我的 12306”→“查看个人信息”“常用联系人”中分别查看注册用户、常用联系人（乘车人）的身份信息核验状态（以下简称状态）。

状态种类及含义：

（1）“已通过”：指注册用户、常用联系人（乘车人）的身份信息已经通过核验，其中姓名、证件类型和证件号码三项身份信息不可修改。

（2）“待核验”：指注册用户、常用联系人（乘车人）的身份信息未经核验，需持居民身份证原件到车站售票窗口办理核验。

（3）“未通过”：指注册用户、常用联系人（乘车人）的身份信息经过核验但未通过，需修改中国铁路客户服务中心网站所填写的身份信息内容与居民身份证原件完全一致，保存后状态显示“待核验”时，需持居民身份证原件到车站售票窗口办理核验。

处于“待核验”、“未通过”状态时，遇有姓名超长、生僻字、繁体字等情形的，仅可在车站售票窗口办理，注册用户还要提供手机号后 4 位或注册邮箱前 3 位，常用联系人（乘车人）还要提供注册用户注册时填写的身份证件号码。

2）添加常用联系人（乘车人）

“已通过”的注册用户均可在中国铁路客户服务中心网站正常添加持居民身份证的常用联系人（乘车人），也可添加持护照、港澳居民来往内地通行证、台湾居民来往大陆通行证的常用联系人（乘车人），有关事项参见“2）护照、港澳居民来往内地通行证、台湾居民来往大陆通行证的注册用户和常用联系人（乘车人）”。

“待核验”“未通过”的注册用户不能添加常用联系人（乘车人）。

“已通过”的常用联系人（乘车人）在 180 天内不能删除。

2. 护照、港澳居民来往内地通行证、台湾居民来往大陆通行证的注册用户和常用联系人（乘车人）

1）身份信息核验

注册用户可在“我的 12306”→“查看个人信息”“常用联系人”中分别查看注册用户、常用联系人（乘车人）的身份信息核验状态（以下简称状态）。

状态种类及含义：

（1）“已通过”：指注册用户、常用联系人（乘车人）的身份信息已经通过国家身份认证权威部门核验，其中姓名、国籍、证件类型和证件号码四项身份信息不可修改。

（2）“请报验”：指注册用户、常用联系人（乘车人）的身份信息未经核验，需持在中国铁路客户服务中心网站填写的有效身份证件原件到车站售票窗口办理预核验。

（3）“预通过”：指注册用户、常用联系人（乘车人）的身份信息已经通过车站售票窗口预核验，其中姓名、国籍、证件类型和证件号码四项身份信息不可修改。

（4）“未通过”：指注册用户、常用联系人（乘车人）的身份信息经过核验但未通过。

2）添加常用联系人（乘车人）

“已通过”“预通过”“请报验”注册用户均可在中国铁路客户服务中心网站正常添加护照、港澳居民来往内地通行证、台湾居民来往大陆通行证的常用联系人（乘车人）。“未通过”注册用户不能添加常用联系人（乘车人）。

注册用户（包括居民身份证注册用户）添加“请报验”的常用联系人（乘车人）时，不能超过 5 人。“请报验”常用联系人（乘车人）购票后身份信息（包括国籍、姓名、证件类型和证件号码）不可修改和删除。

“已通过”“预通过”“请报验”的常用联系人（乘车人）180 天内不能删除。注册用户名下原有的居民身份证常用联系人（乘车人）可以删除。

3）网上购票、退票、改签

（1）网上购票。

①“已通过”“预通过”和“请报验”注册用户仅可为“已通过”“预通过”和“请报验”的持护照、港澳居民来往内地通行证、台湾居民来往大陆通行证常用联系人（乘车人）购票；但“请报验”注册用户的购票总数不超过 20 张（含已改、已退车票）。

② 注册用户（包括居民身份证注册用户）为“请报验”常用联系人（乘车人）购票时，每个“请报验”常用联系人（乘车人）不超过 4 张（含已改、已退车票）。

③“未通过”注册用户和常用联系人（乘车人）不可购票。

（2）网上退票：注册用户（包括居民身份证注册用户）均可为已购车票正常办理网上退票。

（3）网上改签：注册用户（包括居民身份证注册用户）可为“已通过”“预通过”和“请报验”的常用联系人（乘车人）办理网上改签；不可为“未通过”的常用联系人（乘车人）办理网上改签。

（4）车站换票、退票、改签。

①“已通过”“预通过”常用联系人（乘车人）的所购车票，可在车站售票窗口正常办理换票、改签、退票等业务，在铁路运输企业授权的铁路代售点换票。

②“请报验”常用联系人（乘车人），需到车站售票窗口办理身份信息预核验，核验通过的，所购车票可正常办理换票、改签、退票等业务；核验未通过的，仅能办理退票，不可办理换票、改签。

3. 其他相关事项

1）常用联系人（乘车人）数量

注册用户名下的“已通过”“请报验”“预通过”常用联系人（乘车人）累计不超过 15 人（上限人数会根据春运、暑运等具体情况进行调整），每名乘车人最多可作为 5 个注册用户（含本人注册账户）的常用联系人。

遇常用联系人（乘车人）姓名有超长、生僻字、繁体字等情形的，仅可在车站售票窗口办理。

2）委托办理核验

“待核验”“请报验”“未通过”的注册用户或常用联系人（乘车人）可委托他人到车站售票窗口办理身份信息核验。办理时，需同时携带代办人和委托人的有效身份证件原件。

3）儿童票

购买儿童票时，儿童有有效身份证件的，可将其添加为常用联系人（乘车人），并办理身份信息核验；没有有效身份证件的，应填写同行成人身份信息（姓名、证件类型、证件号码均须为成人）进行购票。

4）网上用户姓名输入

在中国铁路客户服务中心网站上输入用户姓名时，请按其有效身份证件原件上的姓名准确填写，遇有下列情况时，按以下规则填写:

（1）确认姓名中生僻字无法输入时，可用生僻字拼音或同音字替代；

（2）输入姓名保存后，遇有系统无法正确显示的汉字，可用该汉字的拼音或同音字重新修改后保存；

（3）姓名中有繁体字无法输入时，可用简体字替代；

（4）姓名较长，汉字与英文字符合计超过 30 个（1 个汉字算 2 个字符）的，需按姓名中第一个汉字或英文字符开始按顺序连续输入 30 个字符（空格字符不输入），其中英文字符输入时不区别大小写。

（5）姓名中有“.”或“·”时，请仔细辨析身份证件原件上的“.”或“·”，准确输入。

5）居民身份证无法自动识读

持居民身份证用户在车站售票窗口办理身份信息核验时，居民身份证不能通过自动识读设备自动读取的，不予办理，需到发证机关换证后再予办理。

6）一代居民身份证

中国铁路客户服务中心网站不支持一代居民身份证，持一代居民身份证的用户（含注册用户和常用联系人）需在更改为居民身份证类型、号码后，方可办理身份信息核验。

7）注册用户被抢注

中国铁路客户服务中心网站提示“身份信息重复”的注册用户，须注册用户本人（不可代办）持在网站注册时填写的有效身份证件原件到车站售票窗口办理。

（二）售　票

（1）购票人购买铁路电子客票时，应当注册、登陆并准确提供乘车人的有效身份证件信息。

购票可使用的有效身份证件包括：中华人民共和国居民身份证、港澳居民来往内地通行证、台湾居民来往大陆通行证、按规定可使用的有效护照。

（2）购买儿童票的乘车儿童没有办理有效身份证件的，应当使用同行成年人的有效身份证件信息。

（3）一张有效身份证件同一乘车日期同一车次只能购买一张车票，但符合上一条规定的除外。

（4）购买学生票、伤残军人（警察）优待票时，应符合规定的减价优惠（待）条件。

（三）网上支付票款

（1）购票应当在车票预售期内且不晚于开车前 30 分钟，并在规定的支付时间内完成网上支付。

（2）网上支付应使用具备网上银行功能的银行卡（或银联快捷支付、支付宝、微信支付），并由中国铁路客户服务中心网站跳转（链接）至购票人选择的支付网站进行。同一订单只能使用一个在线支付工具一次性支付。

（3）中国铁路客户服务中心网站收到支付网站支付成功的信息后，方确认购票交易；收到银行网站支付失败的信息或超过规定的支付时间未收到支付网站支付成功信息的，取消购票交易。

（4）中国铁路客户服务中心网站确认购票交易成功后，根据购票人提供的手机、电子邮箱将所购车票信息以短信、电子邮件的方式通知购票人。购票人应及时通知乘车人，并妥善保管有关信息。

（四）换取纸质车票

1. 应当换取纸质车票的情形

购票后，遇以下情形，应当在购票后、开车前换取纸质车票后进站乘车：

（1）使用二代居民身份证以外的其他有效身份证件购票的；

（2）使用同行成年人有效身份证件信息购买儿童票的；

（3）购买学生票、伤残军人（警察）优待票的；

（4）乘车站或下车站不具备二代居民身份证检票条件的；

（5）二代居民身份证无法在自动检票机上识读的；

（6）需车票报销凭证的；

（7）乘车人按所购车票的乘车日期、车次在中途站进站乘车的。

2. 换取纸质车票的办理规定

换取纸质车票时，按如下规定办理：

（1）使用二代居民身份证购买的铁路电子客票，可凭购票时所使用的乘车人有效二代居民身份证原件到车站售票窗口、铁路客票代售点或车站自动售票机上办理换票手续。

（2）购买学生票时所使用的有效身份证件和附有学生火车票优惠卡的学生证（均为原件）到安装有学生火车票优惠卡识别器的车站售票窗口或铁路客票代售点办理。

（3）伤残军人（警察）优待票凭购票时所使用的有效身份证件和“中华人民共和国残疾军人证”“中华人民共和国伤残人民警察证”（均为原件）到车站售票窗口办理。

（4）二代居民身份证无法自动识读或者使用二代居民身份证以外的其他有效身份证件购买的铁路电子客票，需出示购票时所使用的乘车人有效身份证件原件和订单号码，到车站售票窗口或所属铁路局授权的铁路客票代售点，由售票员录入证件号码和订单号码并核实后办理换票手续。

（5）购票后、换票前乘车人有效身份证件丢失的，须乘车人本人或代办人持本人有效身份证件原件，到乘车站铁路公安制证口，办理载明原购票时使用的乘车人有效身份证件信息的临时身份证明，并按第（4）条办理。

（6）有效身份证件信息、订单号码等经核实一致的，予以换票；不一致的，不予换票。学生票、伤残军人（警察）优待票同时核对减价优惠（待）凭证。换学生票时，应核减优惠乘车次数。

3. 学生票换票

购买学生票后，换票时，应按学生票售票有关规定办理。遇所购车票乘车区间与学生证优惠乘车区间不符时，按如下规定办理：

（1）所购车票乘车区间在学生证优惠乘车区间之内时，如其他条件均符合规定，予以换票。前一段已经核减优惠乘车次数的，凭前一段车票不再核减次数；不能出示前一段车票的，按规定核减一次优惠乘车次数。

（2）所购车票乘车区间超过学生证优惠乘车区间的（含发站在前、到站在后、发到站均超出等情形），如其他条件均符合规定，也予以换票；同时，对超出优惠的乘车区间部分，使用代用票补收票价差额。

（3）所购车票乘车区间与学生证优惠乘车区间不属同一径路，或不符合学生票发售条件的，不予换票，但应告知购票人要按规定办理退票手续。

4. 儿童票换票

购买儿童票后，换票时，使用同行成年人或儿童本人有效身份证件信息购买儿童票的，须提供该同行成年人或儿童本人的有效身份证件原件和订单号码；如儿童未办理居民身份证，而使用居民户口簿所载儿童的身份证号码购买儿童票的，可将居民户口簿原件或车站铁路公安制证口开具的临时身份证明作为有效身份证件，凭以换票。

成年人持儿童票进站、乘车的，车站发现时，应当拒绝其进站、乘车；列车发现时，按无票处理。

5. 换票后的车票规定

（1）纸质车票票面载明购票时所使用的乘车人有效身份证件号码和姓名，并标记“网”字。

（2）旅客换取纸质车票后，铁路电子客票失效，不能再在中国铁路客户服务中心网网站办理改签、退票手续，应凭纸质车票在车站办理检票、验票、改签、退票等手续。

旅客应当妥善保管车票，保持票面信息清晰、可识读，并妥善保护票面身份信息。

（五）铁路电子客票检验票

1. 车站检票

（1）铁路电子客票载明的乘车站和下车站都具备二代居民身份证检票条件的，可凭购票时所使用的乘车人有效二代居民身份证原件，直接通过车站自动检票机办理进、出站检票手续。

自动检票机在识读二代居民身份证时所做的进站、出站记录分别为铁路旅客运输合同运送期间的起、止证明。

（2）旅客在所购车票乘车区间中途站出站的，自动检票机验证后予以放行。

（3）到站检票时，检票闸机和车站到补系统均无法查到旅客铁路电子客票信息的，应当按规定补票。

2. 列车验票

列车验票时，通过旅客所持的二代居民身份证原件，核对铁路电子客票及证件等信息；经确认没有旅客铁路电子客票信息的，应当先行补票。旅客因二代居民身份证丢失，补票后又找到二代居民身份证的，列车长确认后开具客运记录交旅客，旅客持客运记录和二代居民身份证原件到下车站退票窗口，车站通过售票系统核实后退还后补车票，不收退票费。

客运记录应填写旅客二代居民身份证号码、姓名、所乘车次、席别、票种等有关内容。

（六）使用二代居民身份证乘车的意外伤害处理

使用二代居民身份证作为乘车凭证的旅客，在车站、列车发生意外伤害事故的，站车工作人员应当在客运记录中记录其居民身份证号码等身份信息，事故案卷中应附有居民身份证复印件。

（七）改签和退票

（1）铁路电子客票可以在中国铁路客户服务中心网站或车站售票窗口办理改签、退票手续。

（2）旅客在中国铁路客户服务中心网站购票后，尚未换取纸质车票的，可以在中国铁路客户服务中心网网站办理铁路电子客票改签、退票手续，但不晚于开车前 30 分钟；已经换取纸质车票或者在开车前 30 分钟之内的，请携带购票时所使用的乘车人有效身份证件原件到车站售票窗口办理。

（3）旅客在车站办理铁路电子客票改签、退票手续，应当到安装有银行 POS 机的车站售票窗口办理。以下情形，按下列规定办理：已经换取纸质车票的，在车站售票窗口办理；在具备二代居民身份证检票条件的乘车站，持二代居民身份证已经办理进站检票手续但未乘车的，经车站确认后办理；乘车站和下车站均具备二代居民身份证检票条件，持二代居民身份证乘车，因伤、病或者承运人责任中途下车的，凭列车长出具的客运记录在下车站办理未乘区间退票手续。

（4）在有运输能力的前提下，开车前 48 小时（不含）以上，可改签预售期内的其他列车；开车前 48 小时以内，可改签开车前的其他列车，也可改签开车后至票面日期当日 24:00 之间的其他列车，不办理票面日期次日及以后的改签；开车之后，旅客仍可改签当日其他列车，但只能在票面发站办理改签。已经办理“变更到站”的车票，不再办理改签。开车前 48 小时～15 天期间内，改签至距开车 15 天以上的其他列车，又在距开车 15 天前退票的，仍核收 5% 的退票费。改签后的车票乘车日期在春运期间的，退票时一律按开车时间前不足 24 小时标准核收退票费。

（5）在原车票开车前 48 小时以上，且没有换取纸质车票的，在有运输能力的前提下，可以办理“变更到站”；已经取得纸质车票的，只能在车站指定售票窗口办理。对已改签车票、团体票及通票暂不提供“变更到站”服务。

（6）在中国铁路客户服务中心网网站办理改签退票的规定：

① 改签或变更到站后新票票价高于原票、需补收票价差额时，应当使用购票时所使用的银行卡或具备网上银行功能的其他银行卡支付新票全额票款，原票款按发卡银行规定退回原银行卡内。

② 改签或变更到站后新票票价低于原票的，应退票款按发卡银行规定退回购票时所使用的银行卡内。

③ 退票时，应退款按发卡银行规定退回购票时所使用的银行卡内。

（7）在中国铁路客户服务中心网站办理退票手续后、需退票费报销凭证的，应当凭购票时所使用的有效身份证件原件在办理退票之日起 10 日内（含当日）到车站退票窗口索取。

（8）在车站办理铁路电子客票改签、退票，需将电子票换为纸制车票后办理，车站在条件允许情况下，应尽量避免让旅客重复排队。

三、自动售票机售票

自动售票机是车站自动售检票系统的一个主要设备，主要用于发售磁性纸质车票，能够提供现金、银行卡、支付宝、微信等支付手段，通过人机界面操作，售出车票和找零。

自动售票机能够出售各等级旅客列车车票。

互联网自助换票机仅受理使用二代居民身份证的换票请求。

自动售票机受理使用二代居民身份证、港澳居民来往内地通行证、台湾居民来往大陆通行证购票和换票。

（一）自动售票机面板组成

如图 2.4.1 所示，自动售票机面板由运营状态显示器、车票信息显示器、票款现金插入口、银行卡插入口、银行卡密码输入器、第二代身份证识别器、车票输出口、纸币找零口、硬币找零口等部分组成。旅客通过自动售票机面板部件的操作，完成自助购票。

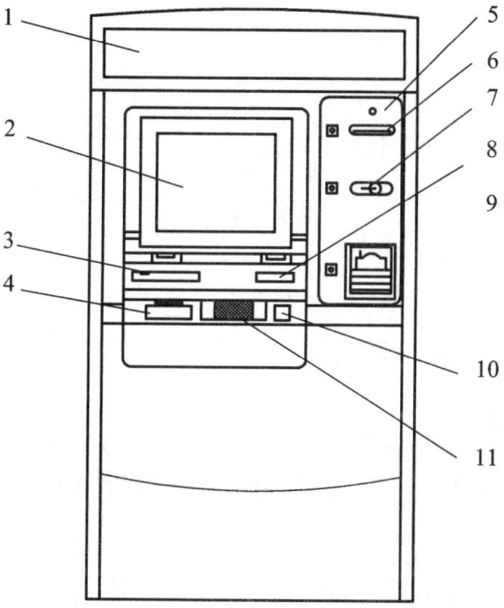

图 2.4.1　自动售票机（正面）

1—运营状态显示器；2—车票信息显示器；3—纸币找零口；4—硬币找零口；
5—召唤按钮；6—凭条口；7—银行卡插入口；8—车票出口；
9—票款现金插入口；10—身份证识别器；11—密码键盘

1. 运营状态显示器

运营状态显示器以汉字显示为旅客购票提供提示信息，显示当前自动售票机的运行模式和操作模式。当显示器显示绿色“本机正常服务”“××站欢迎您”等字样，表示自动售票机正常运行，旅客可以用来购买车票；当显示器显示红色“本机暂停服务”“本机系统维护”等字样，表示自动售票机出现故障、需要维护或正在维护，旅客不能用来购买车票。

2. 车票信息显示器

车票信息显示器以汉字或英文显示轨道交通线路、车站分布图和有关购票操作提示信息。在车票信息显示器的前面覆有防爆触摸屏，旅客可通过触摸屏对自动售票机进行操作。触摸屏可自动识别灰尘和障碍物，具有防水、防尘、抗刮擦等特性。

3. 票款现金插入口

当旅客确认购票信息后，用现金支付票款时，可用第四版或第五版人民币面额为 5 元、10 元、20 元、50 元、100 元纸币单张足额插入票款现金插入口。自动售票机接收了足额票款，并确认为真币后开始制票。若自动售票机在接收票款过程中，无法识别票款时，将票款退还旅客，且车票信息显示器界面显示“现金不可识别，请重新插入”字样。

4. 银行卡插入口

当旅客确认购票信息后，用银行卡支付票款时，将银行卡插入银行卡插入口，根据提示输入银行卡密码。

5. 密码输入键盘

用于输入银行卡密码。

6. 第二代身份证识别器

在实名制购票的线路和车站购票时，通过第二代身份证识别器输入购票人身份信息，从而实现购票目的。

7. 车票输出口

自动售票机制票后，车票从车票输出口输出，封盖自动打开，供旅客取票。旅客取票后，封盖自动关闭。

8. 纸币找零口、硬币找零口

自动售票机制票后，车票从车票输出口输出。若有找零时，纸币找零从纸币找零口输出，10 元内的找零从硬币找零口以硬币形式输出。

（二）自动售票机内部模块组成

自动售票机内部模块组成如图 2.4.2 所示。通过操作内部模块可完成自动售票机的维护工作。现对部分模块进行简单介绍。

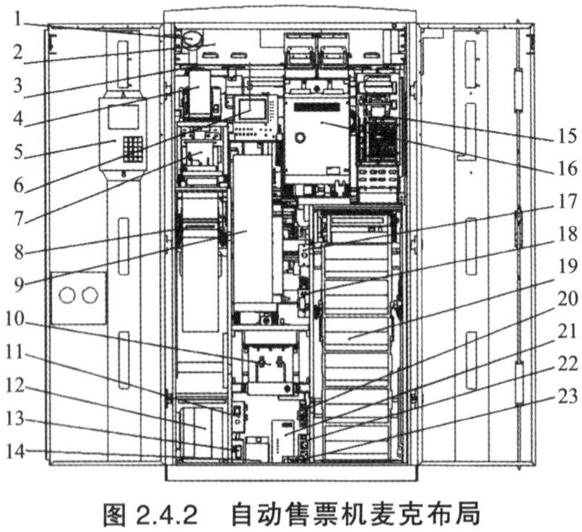

图 2.4.2 自动售票机麦克布局

1—报警器；2—运营状态显示器；3—喇叭；4—凭条打印机；5—后台维护终端；6—DVR；7—读卡器；8—纸币机芯；9—磁票模块；10—硬币回收箱；11—开关盒；12—UPS；13—漏电开关；14—线排；15—工程机；16—硬币模块；17—功放；18—温控开关；19—纸币找零机芯；20—光纤盒；21—电源箱；22—维护插座；23—微动开关

1. 主控单元

主控单元内安装设备控制软件，负责对各模块的运行控制，完成车票处理、现金处理显示、数据通信及状态监控等。

2. 车票处理单元

实现对票卷储存、自动上纸和定位、剪切、热敏打印、写磁、校验、传动、废票回收、车票遗忘回收等功能。

3. 银行卡读卡器

完成银行卡的用户身份识别、信息交易等功能。

4. 纸币处理单元

完成纸币接收、识别、暂存、堆叠和存放功能。

5. 纸币找零模块

按要求从指定的钱箱吸出指定张数并准确无误地将纸币送给购票人，同时具有回收购票人遗忘的纸币的功能。

6. 硬币处理单元

实现硬币找零、清币等功能。

7. 后台维护终端模块

是操作及维护人员完成对自动售票机操作、维修、故障诊断和模式设置的工具。

（三）自动售票机使用方法

自动售票机购票流程为：选择发站→选择到站→选择日期→选择车次→选择席别及张数→确认购票信息→扫描二代身份证→现金、银行卡、闪付、支付宝或微信进行支付→打印车票→出票口拿好车票，出币口拿好找零→完成购票。在待机服务界面时，购票人点击左下角的中英文切换按钮，界面语言将在中文和英文之间切换。自动售票机待机服务界面如图 2.4.3 所示。

图 2.4.3　自动售票机待机服务界面

1. 购买车票步骤

自动售票机待机服务时，车票信息显示器默认显示的车票信息为：

发站——自动售票机所在的车站；

到站——本次列车的终点站；

日期——购买车票当天日期；

车次——距购买车票最近时间的有票列车的车次；

张数——二等座席，一张。

（1）如果自动售票机默认信息均符合购票人要求，购票人购买车票的操作为：

① 购票人点击车票信息显示器右下角“确认购票”按钮。

② 屏幕出现提示身份证信息扫描的图示画面和文字。

③ 购票人扫描二代身份证信息后，屏幕自动转到票款支付界面，购票人可以选择“现金支付”或“银行卡支付”进行付款购票。同时信息显示器显示所购车票的所有信息，供购票人再次确认。接下来的步骤分两种情形：

情形 1：购票人点击界面右下角“现金支付”按钮，进入现金支付界面，界面显示所购车票信息、应付金额等。

④ 购票人将足额纸币票款单张插入纸币插入口，自动售票机确认为足额真币后，开始制票。界面提示“正在交易，请稍候”。

⑤ 购票人取票。自动售票机制票成功，交易完成后，将车票送到车票输出口。界面提示“交易完成，请取车票”。

⑥ 购票人取找零。自动售票机制票成功，交易完成后，将找零款送到找零口。界面提示“请取找零，欢迎下次使用”。

情形 2：购票人选择银行卡支付，进入银行卡支付界面。

④ 购票人插入银行卡，输入密码，若卡内余额足够支付票款，则开始制票。界面提示“正在交易，请稍候”。

⑤ 购票人取票。自动售票机制票成功，交易完成后，将车票送到车票输出口。界面提示“交易完成，请取车票”。

⑥ 界面提示是否打印银行卡交易单，购票人若选择是，则凭条打印机打印出交易单。

至此，此次交易完成。

（2）如果自动售票机默认信息不符合购票人要求，购票人购买车票的操作为：

① 购票人点击车票信息显示器右侧到站栏“更改”按钮——更改到站。

界面在中区显示线路及目的地站点更改选项，购票人点击线路上的目的地车站按钮。

② 购票人点击车票信息显示器右侧日期栏“更改”按钮——更改乘车日期。

界面在中区显示车票预售期内所有日期更改选项，购票人点击所要购买车票的乘车日期按钮。

③ 购票人点击车票信息显示器右侧车次栏“更改”按钮——更改乘车车次。

界面在中区列出所有可选的列车车次列表选项，购票人点击所要购买车次的按钮。

④ 购票人点击车票信息显示器右侧张数栏“更改”按钮——更改乘车席别及车票张数。

界面在中区显示当前选中车次的席位配置列表，旅客可以通过点击对应席别的“+”或“-”按钮更改购买车票的席别和车票数量。

注意：购买儿童票时，应首先选择购买成人票。否则，单独购买儿童票，自动售票机不予办理。

⑤ 旅客点击车票信息显示器右下角“确认购票”按钮。

⑥ 屏幕出现提示身份证信息扫描的图示画面和文字。

⑦ 购票人扫描二代身份证信息后，屏幕自动转到票款支付界面，购票人可以选择“现金支付”或“银行卡支付”进行付款购票。同时信息显示器显示所购车票的所有信息，供购票人再次确认。接下来的步骤和第（1）点中介绍的相同，此处不再赘述。

（3）几种情况的提示：

① 若旅客所选车票已售完，自动售票机界面提示“未取到车票，请选择其他车次!”，然后返回车次选择界面。

② 自动售票机在接收购票款过程中，若无法识别旅客插入的购票款时，将购票款退还旅客，且界面提示“无法识别纸币，请重新插入!”字样，提醒旅客换边再次插入或换币再次插入。

③ 操作自动售票机过程中旅客取消操作，若旅客未投入现金，屏幕将直接返回待机服务界面；若旅客已投入现金，界面提示“交易取消，请取回退给您的现金!”字样后，返回待机服务界面。

④ 旅客在购票过程中，在设定时间内无任何操作时，屏幕提示“操作超时”，返回待机服务界面。

⑤ 旅客在购票过程中，若已投入现金，在设定时间内无任何操作时，自动售票机将自动退款，屏幕提示“操作超时，请取退款”，然后返回待机服务界面。

2. 取订车票

自助售票机取票流程为：点击“取订票”→点击选择“取互联网订票”或“取电话订票”→扫描购票时所用二代身份证→确认订单信息→电话订票付款（互联网订票忽略此步骤）→打印车票→出票口拿好车票，出币口拿好找零→完成取票。

1）取互联网车票操作步骤

（1）购票人点击车票信息显示器右下侧“取订票”按钮，界面在中区出现复选框，有三个选项，即“取互联网订票”“取电话订票”和“取消”。

（2）购票人点击“取互联网订票”按钮，屏幕在中区出现提示身份证信息扫描的图示画面和文字提示“请将二代身份证放置识读区”。

（3）购票人扫描二代身份证，若此身份证信息与系统中已购车票的身份证信息相符，自动售票机制票，制票成功后，将车票送到车票输出口。

（4）购票人取票。

至此，此次取票完成。

2）取电话订票操作步骤

（1）购票人点击车票信息显示器右下侧“取订票”按钮，界面在中区出现复选框，有三个选项，即“取互联网订票”“取电话订票”和“取消”。

（2）购票人点击“取电话订票”按钮，屏幕在中区出现提示身份证信息扫描的图示画面和文字提示“请将二代身份证放置识读区”。

（3）购票人扫描二代身份证，若此身份证信息与系统中已订车票的身份证信息相符，屏幕自动转到票款支付界面，购票人可以选择“现金支付”或“银行卡支付”进行付款购票。同时信息显示器显示所订车票的所有信息，供购票人确认。接下来的步骤和之前介绍的相同，故不再赘述。

（四）自动售票机维护

1. 自动售票机维护内容

自动售票机维护工作分为日作业、周作业和月作业。

1）日作业

（1）检查自动售票机的耗材是否充足。

（2）检查触摸屏是否工作正常。

（3）检查机器面板上各操作口是否有异物遮挡或堵塞，如硬币找零兜、纸币出入口、银行卡插入口等。

（4）按要求补充打印机色带、车票、找零款等易耗品，这些作业的频率取决于自动售票机的使用情况。

2）周作业

周作业指清洁面板和触摸屏。

自动售票机在使用过程中外面难免会被弄脏，因此定期对自动售票机的外面板进行清洁是必需的。

触摸屏在使用的过程中难免会有灰尘、油污、水渍等粘在表面，因此需定期对触摸屏进行清洁。

在清洁过程中禁止使用腐蚀性、酸性、碱性或氯化清洁剂，禁止使用擦洗钢丝、刀片或类似工具擦伤表面，禁止使用以下清洁剂：苯、汽油、丙酮、四氯化碳、任何类型的脱漆剂。

3）月作业

月作业指清洁机械的内部。

自动售票机在使用过程中难免会有灰尘或风沙进入机柜内部，因此定期对自动售票机进行内部清洁是必需的。

在清洁过程中，不能使用腐蚀性、酸性、碱性或氯化清洁剂。清洁时要谨慎，避免水滴入模块的电路板上。

2. 自动售票机日常维护方法

1）打开自动售票机机柜门

（1）向机柜门钥匙孔内插入钥匙，并旋转钥匙。

（2）向下按压把手下方开关，直到把手自动弹出。

（3）握住把手，并向右拧动把手，打开机柜门。

2）关闭自动售票机机柜门

（1）握住把手关门，向左拧动把手，并将把手向下按压归位。

（2）向机柜门钥匙孔内插入钥匙，并旋转钥匙锁好机柜门。

3）补充票卡

（1）进入后台维护模式（按后台维护终端的菜单路径操作）。

（2）将钥匙插入磁票模块钥匙孔内，旋转钥匙开锁。

（3）一手向下按压磁票模块锁扣，另一手将磁票模块取出。

（4）将钥匙插入磁票模块侧门钥匙孔内，旋转钥匙打开侧门。

（5）打开票仓 1 挡板，向票仓 1 添加票卷，保证票头方向向上。

（6）将票头插入下通道入口。

（7）按下下通道的蓝色按钮，进行下通道自检。

（8）盖上票仓 1 挡板，防止票卷掉出，完成票仓 1 的补充票卡。

（9）打开票仓 2 挡板，向票仓 2 添加票卷，保证票头方向向右下。

（10）将票头从下绕过票卷 1 向上，插入上通道入口。

（11）按下上通道的红色按钮，进行上通道自检。

（12）盖上票仓 2 挡板，防止票卷掉出，完成票仓 2 的补充票卡。

（13）关闭并锁好磁票模块侧门。

（14）将磁票模块向里推至原位。

（15）磁票模块复位上锁，取出钥匙，完成补充票卡任务。

4）补充找零硬币

（1）进入后台维护模式（按后台维护终端的菜单路径操作）。

（2）将硬币加币箱对准硬币加币孔位插入，直到听到“咔”的一声响，表示到位（注意：加币箱一旦插入，在加币过程中禁止拉出）。

（3）将加币箱与硬币找零箱间挡片抽出，听到“嘀嘀嘀”响三声，表示加币完成。

（4）将挡片插入复位，听到“嘀嘀”响两声，表示复位成功，取出加币箱，找零硬币加币完成。

注意：在加币过程中，务必加完一个钱箱，取下后，再进行第二个钱箱的加币操作。

5）取出纸币箱里的纸币

（1）进入后台维护模式（按后台维护终端的菜单路径操作）。

（2）一手向上推动纸币机芯锁杆，另一手拉住纸币机芯托盘把手，将纸币机芯轻轻向外拖出。

（3）将钥匙插入纸币钱箱保险锁的钥匙孔内，向右旋转，打开纸币钱箱保险锁，取出钱箱。

（4）用钥匙打开钱箱锁盖，拉开压板，取出纸币。

（5）关闭纸币钱箱锁盖，用钥匙锁好。

（6）将纸币钱箱放回纸币机芯原位置复位。

（7）用钥匙锁好纸币机芯保险锁。

（8）一手向上推动纸币机芯锁杆，另一手拉住纸币机芯托盘把手，将币机芯轻轻往里推。直至听到“咔”的一声响，托盘复位。取出纸币任务完成。

注意：打开纸币钱箱时，钱箱的显示窗会显示红色，锁闭钱箱后，钱箱的显示窗会显示绿色，只有钱箱的显示窗显示绿色时，才能把钱箱放回机芯复位。

6）清洁面板和触摸屏

使用普通表面清洁剂或者稀释的清洗剂溶液（清洗液和温水）按照如下说明清洁外面板表面：

（1）使用湿润的无棉绒布清洁外面板的表面。

（2）使用干的无棉绒布擦干净外面板的表面。

（3）油漆、油脂或尘埃可以用棉布蘸取少量普通酒精来清除。

7）清洁触摸屏

按照如下说明清洁触摸屏：

（1）用柔软的毛巾和水性的玻璃清洁剂清洁触摸屏表面，尤其注意清洁触摸屏四边的声波反射条纹的区域。

（2）触摸屏表面有水滴或其他软的东西粘在表面，用一块干的软布进行擦拭，将其清除即可。

8）清洁售票机的内部

按照如下说明清洁售票机的内部：

（1）停止设备售票并退出相关程序，切断电源。

（2）使用干的无棉绒布清洁机柜内部表面的风沙与灰尘。

（3）如果机柜内部喷粉件表面带有油漆或油脂等污垢，可使用湿润的带有清洁剂的无棉绒布来清除。

（4）如果机柜内部电镀件表面有油漆或油脂等污垢，可使用蘸有普通酒精的湿润无棉绒布来清除。

任务练习

一、电话订票练习

（1）某购票人订购×年×月×日××次列车××站至××站硬座车票1张。

（2）某购票人订购×年×月×日××次列车××站至××站软座车票1张。

（3）某购票人订购×年×月×日××次列车××站至××站硬卧车票1张。

二、互联网购票练习

（1）在中国铁路客户服务中心网站注册、登陆。

（2）订购×年×月×日××次列车××站至××站硬座车票1张。

（3）订购×年×月×日××次列车××站至××站硬座车票2张。

三、自动售票机的购票练习

根据自有的售票系统情况，确定购买车票的日期、发到站、列车车次后，做此练习。

（1）某购票人使用现金购买当日、本站到某站的高速动车组列车二等座1张。
（2）某购票人使用现金购买某日、本站到某站的动车组列车一等座2张。
（3）某购票人使用银行卡购买某日、某站到某站的快速某次列车硬座1张。
（4）某购票人使用银行卡购买某日、某站到某站的快速某次列车硬座、儿童票各1张。

四、自动售票机取订票练习

根据自有的售票系统情况，在预先设置好的情况下，做此练习。
（1）某购票人取网络订票1张。
（2）某购票人使用现金付款方式，取电话订票1张。
（3）某购票人使用银行卡付款方式，取电话订票1张。

五、自动售票机日常维护练习

（1）某票务员对某编号的自动售票机补充票卡作业。
（2）某票务员对某编号的自动售票机补充找硬币作业。
（3）某票务员对某编号的自动售票机补充找纸币作业。
（4）某票务员对某编号的自动售票机取出纸币箱纸币作业。

思考题

1. 旅客票价构成要素有哪些？
2. 旅客票价是怎样制定的？
3. 什么是特定运价？包括哪些内容？
4. 包车及包车有关费用有哪些？
5. 租车及租用、自备车辆的挂运和行驶有哪些费用？
6. 什么是过轨运输？其费用如何计算？
7. 客运杂费包括哪些项？
8. 在什么情况下，用手工发售车票？
9. 手工发售车票的作业程序是什么？
10. 代用票填写的一般规定是什么？
11. 窗口售票计算机有哪些功能？
12. 自动售票机的售票分为哪几步？
13. 用自动售票机购票时的注意事项有哪些？
14. 自动售票机日常维护分为哪几种？

【拓展知识】

通票知多少

一、什么是通票？

通票是指从发站至到站需中转换乘的车票。

因铁路普通旅客列车票价价率执行递远递减政策，因此，旅客购买车票里程越长，享受的票价优惠幅度越大。旅客如要求购买某次列车车票至目的站，但该目的站不是本次列车经停站时，旅客需要在本次列车的某经停站或终点站下车后换乘其他列车继续旅行至目的站，这样的车票为通票。如图 2.4.4 所示，旅客全部行程为 A 站至 E 站，要求购买的车票列车运行区间为 A 站至 C 站，则旅客最远至本次列车终点站 E 站下车后需换乘其他列车继续旅行至目的站 E 站，本车票为通票。

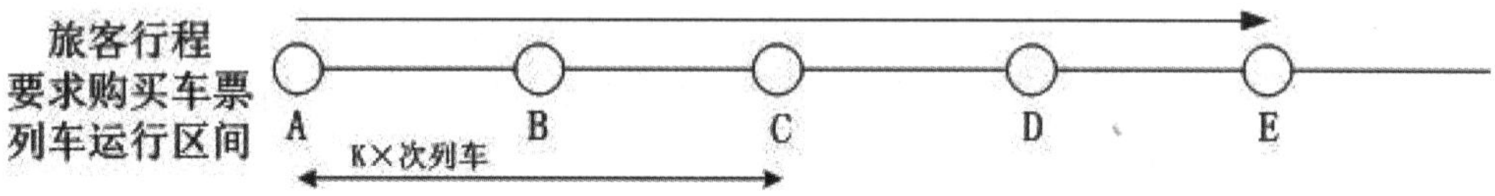

图 2.4.4　通票示意图

二、通票票价的计算

通票中可按全程票价发售的车票有：非空调硬座票，加快票（符合条件时）。其他车票均不能全程发售，最远发售至本次列车的终点站或旅客的换乘站。

1. 全程涉及软座票时

发售软座客票时最远至本次列车终点站。以图 2.4.4 为例，如旅客要求购买的是 K×次列车软座，则客票票价的核收如下：

K×次：A—E　x km

硬座票价：a 元

A—C y km

空调软座客票票价：b 元

硬座客票票价：c 元

票价差额：$b-c=d$ 元

客票票价小计：$a+d=e$ 元

2. 全程涉及加快票时

旅客购买加快票必须有软座或硬座客票。发售加快票的到站，必须是所乘快车或特别快车的停车站。发售需要中转换车的加快票的中转站还必须是有同等级快车始发的车站。以图 2.4.4 为例，K×次列车为快速列车，如旅客换车站 C 站有始发开往 E 站（该站停车）的快速列车，则可发售全程非空调快速加快票。如有始发开往 E 站（该站停车）的特快列车、直达特快列车，也可发售全程非空调快速加快票

3. 全程涉及卧铺票时

旅客购买卧铺票时，卧铺票的到站、座别必须与客票的到站、座别相同，但对持通票的旅客，卧铺票只发售到中转站。

4. 全程涉及空调票时

旅客乘坐提供空调的列车时，应购买相应等级的车票或空调票。旅客在全部旅途中分别乘坐空调车和普通车时，可发售全程普通硬座车票，对乘坐空调车区段另行核收空调车与普通车的票价差额。以图 2.4.4 为例，设定 K × 次列车为空调列车，旅客要求乘坐硬座车，C 站没有始发开往 E 站（该站停车）的快速列车，则票价核收如下：

K × 次：A—E　x km

硬座票价：a 元

A—C y km

空调硬座客票票价：b 元

硬座客票票价：c 元

票价差额：$b-c=d$ 元

新空调票价：e 元

新快速票价：f 元

客票票价小计：$a+d+e+f=g$ 元

三、通票的计算机发售、签证

（一）通票的发售

1. 售普客到底通票

售普客到底通票的基本流程为：进入售普客到底通票界面→选择用途→选择乘车日期→输入车次→输入乘车站→输入换乘站→输入终到站→选择经由→输入票种票额→选择席别→取票→录入证件信息→收款→印票。

（1）在售票界面“售票”下拉菜单中选择“售普客到底票”或按快捷键“Alt + P”进入发售普客到底车票界面，如图 2.4.5 所示。

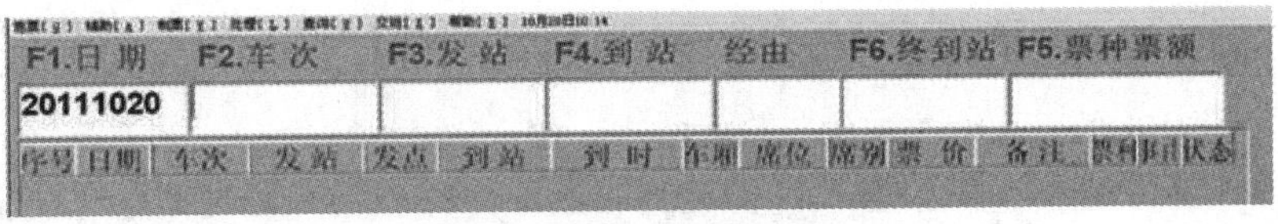

图 2.4.5　普客到底通票界面

（2）输入用途（F11）。参见本项目任务三中“售普通票”。

（3）按购票人要求输入日期（F1）、车次（F2）、发站（F3）、到站（中转站 F4）、终到站（F6）、经由。

① 日期、车次、发站、到站的输入参见本项目任务三中“售普通票”。

② 两种方式输入终到站（F6）。

方式 1：按 F6 键将光标移到终到站输入框；输入终到站拼音码，按回车键确认。

方式 2：按 F6 键将光标移到终到站输入框；输入终到站电报码，按回车键确认。

③ 输入经由。输入终到站后，系统会自动取出所有符合条件的经由，然后用上下键将光标移至要选的经由，按回车确认，如图 2.4.6 所示。

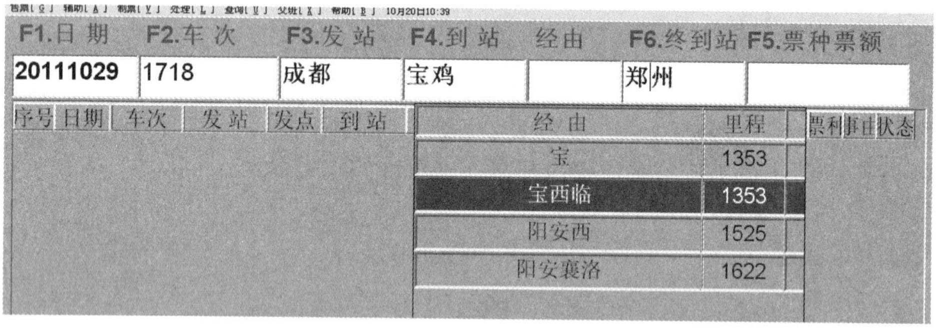

图 2.4.6 选择通票经由

（4）票种票额、席别、取票、制票的操作方法参见本项目任务三中“售普通票”操作方法。

2. 发售普快到底通票

在售票界面“售票”下拉菜单中选择“售普快到底票”或按快捷键“Alt + K”进入发售普客到底车票界面，其他操作方法同普客到底通票。

3. 发售特快到底通票

在售票界面“售票”下拉菜单中选择“售普快到底票”或按快捷键“Alt + T”进入发售普客到底车票界面，其他操作方法同普客到底通票。

（二）通票的签证

1. 普客到底签证

1）办理条件

（1）窗口有办理中转加快业务权限。

（2）购票旅客必须持有一张有效且具有相同经由路径的通票。

（3）窗口需要有发售相应票种、用途、日期车票的权限。

2）操作方法

售普客到底签证基本流程：进入售普客到底签证界面→输入原通票信息→输入改签票信息（用途、乘车日期、车次、发站、到站、票种票额、席别）→取票→录入证件信息→收款→印票。

（1）在售票界面“售票”下拉菜单中选择“售普客到底票签证”或按快捷键“Ctrl + P”进入发售普客到底票签证界面，如图 2.4.7 所示。

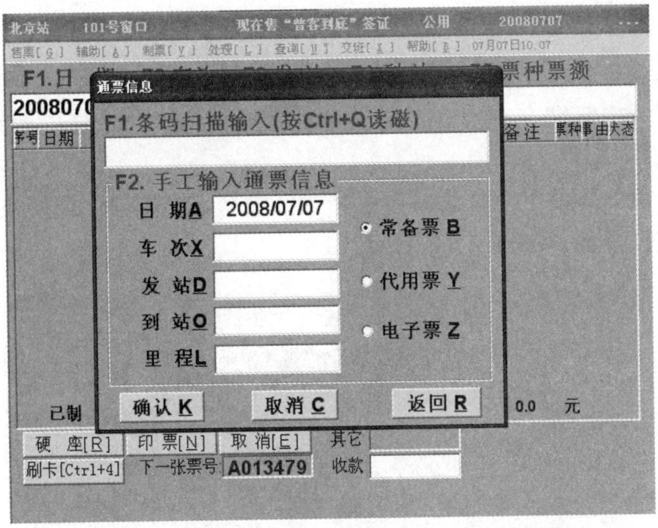

图 2.4.7 售票计算机售普客到底通票签证界面

（2）输入原通票信息。

输入通票信息有三种方法：

① 扫描条码，系统自动填写日期、车次、发站、到站、票类别、里程。

② 手工输入条码，系统自动填写日期、车次、发站、到站、票类别、里程。

③ 手工输入日期、车次、发站、到站、票类别、里程。

④ 如果窗口用的是磁制票机且原票是磁票时可以通过读磁还原票面信息。

（3）办理中转票。

根据旅客要求中转换乘的日期、车次、票种、席别等办理中转票。

3）注意事项

（1）售普客到底票签证的基本要求是，签证票随原通票使用。

（2）按"Ctrl + Q"读磁前，系统会先将磁道内遗留的读磁票排出，然后等待插入磁票进行读磁，读磁完毕后原票自动被排出。

（3）只有窗口安装磁制票机时才会显示"按 Ctrl + Q 读磁"。

2. 售普快到底签证

在售票界面"售票"下拉菜单中选择"售普快到底票签证"或按快捷键"Ctrl + K"进入发售普客到底票签证界面。其他操作方法同前。

3. 售特快到底签证

在售票界面"售票"下拉菜单中选择"售特快到底票签证"或按快捷键"Ctrl + T"进入发售普客到底票签证界面。其他操作方法同前。

4. 中途下车签证

1）办理条件

（1）窗口有办理中途下车签证业务的权限。

（2）购票旅客必须持有一张有效且具有相同经由路径的客票。

（3）窗口需要有发售相应票种、用途、日期车票的权限。

2）操作方法

发售中途下车签证的基本流程：进入中途下车签证界面→输入原客票票面信息→输入改签票信息（用途、乘车日期、车次、发站、到站、票种张数、席别）→取票→录入证件信息→收款→印票。

（1）在售票界面“售票”下拉菜单中选择“售中途下车签证”或按快捷键“Ctrl + H”进入发售中途下车签证界面，如图 2.4.8 所示。

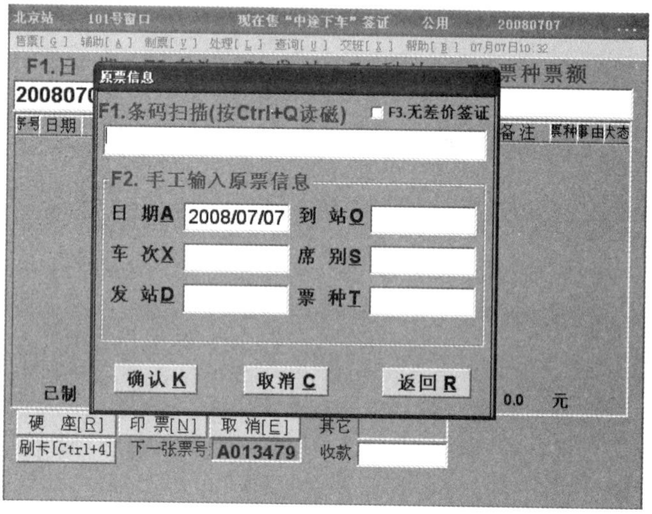

图 2.4.8　售票计算机售中途下车签证界面

（2）输入原票信息。

输入原票信息的三种方法同前。

（3）办理中途下车签证。

根据旅客中途下车所需换乘的日期、车次、票种、席别等办理中途下车签证票。

3）注意事项

（1）中途下车签证票随原票使用。

（2）票面价钱为应收差价。

（3）计价原则实行多不退少补。

（4）只有窗口安装磁制票机时才会显示“按 Ctrl + Q 读磁”。

（5）按“Ctrl + Q”读磁前，系统会先将磁道内遗留的读磁票排出，然后等待插入磁票进行读磁，读磁完毕后原票自动被排出。

（6）条码扫描、读磁或手工输入 21 位票号的办理方式均需要到票源中心查找原票存根，如果原票存根未及时回传到票源中心时，系统会提示“查无此票”，此时只能通过手工输入票面信息的方式进行办理。

四、中转签证的作业标准

“七字”中转签证法如下。

一接：接过车票、审核原票票种、发到站、经由、有效期、有无涂改。

二问：问清旅客改签乘车日期、车次、到站、席别，确认是否符合改签条件。

三输：扫描原票，还原票面信息，确认原票信息无误后输入改乘的日期、车次、席别。

四做：按系统提示核收票价差额，正确办理银行卡支付业务，打印软纸票。

五核：一是核对新票票面信息，发现废票时及时作废，并加盖“废”字章；二是复核找零款与新票票价之和是否与旅客购票款相符。

六交：将旅客原票、余款（银行卡、持卡人存根联消费凭条）及新票交给旅客，并唱收唱付，将购票款及商户存根联放入售票抽屉归类存放。

七嘱：告诉旅客新票随同原票乘车有效，请其妥善保存。

项目三　行包运输作业

【教学目标】

行包运输作业是车站客运服务的一个重要环节，也是整个旅客运输的一个辅助作业，是铁路对外展示企业文明形象的窗口，是一项烦琐复杂的工作。行包运输作业包括发送作业、途中运送、到达作业，是铁路行李员、行李值班员等相应岗位的工作人员必须具备的技能。因此，本项目教学目标如下。

一、知识目标

（1）行包运输合同；
（2）行包的范围；
（3）行包的托运条件；
（4）行包运送作业程序；
（5）行包的运送原则；
（6）行包运到逾期的处理规定；
（7）无法交付物品的处理规定；
（8）行包运输变更的条件；
（9）行包运输变更的处理办法；
（10）行包违章运输的处理办法。

二、技能目标

（1）能够熟练审核行包的托运手续；
（2）能够准确计算运费，正确办理承运手续；
（3）能够办理行包的中转作业；
（4）能够妥善处理有异状的行包；
（5）能够熟练办理行包到达作业；
（6）能够正确处理行包运输变更手续；
（7）能够对品名、重量不符及无票运输等违章运输的行包按章处理。

任务一　行包发送作业

任务描述

行包发送作业是铁路行包运送作业的第一个作业，也是搞好铁路旅客运输服务，为旅客展示铁路企业形象的重要窗口。行包发送作业包括托运、受理、进货验收称重、制票承运、保管、装车等环节。作为铁路车站行李员（行李值班员），应当掌握行包的发送作业方法，能够正确完成行包发送作业中各个环节的工作，使旅客或托运人满意。

知识准备

一、行包运输合同

办理行李及包裹运输，托运人与承运人之间必须签署运输合同。铁路行包运输合同是指承运人与托运人、收货人之间明确行包运输权利、义务关系的协议。

行包运输合同自承运人接收行李、包裹并填写行李票、包裹票时起成立，至行李、包裹运至到站、到达地或托运人指定地点交付收货人止为履行完毕。

行包运输合同的基本凭证是行李票、包裹票。

行李票、包裹票主要应当载明下列内容：

（1）发站和到站，发送地和到达地。

（2）托运人及收货人的姓名、地址、联系电话、邮政编码。

（3）行李和包裹的品名、包装、件数、重量。

（4）运费、杂费。

（5）声明价格。

（6）承运日期、运到期限、承运站站名戳及经办人员名章。

1. 托运人基本权利和义务

托运人是指委托承运人运输行李或小件货物并与其签有行包运输合同的人。

1）权　利

（1）要求承运人将行李、包裹按期、完好地运至目的地。

（2）行李、包裹灭失、损坏、变质、污染时要求赔偿。

2）义　务

（1）缴纳运输费用，完整、准确填写托运单，遵守国家有关法令及铁路规章制度，维护铁路运输安全。

（2）因自身过错给承运人或其他托运人、收货人造成损失时应负赔偿责任。

2. 承运人的基本权利和义务

1）权　利

（1）按规定收取运输费用，要求托运的物品符合国家政策法令和铁路规章制度。对托运的物品进行安全检查，对不符合运输条件的物品拒绝承运。

（2）因托运人，收货人的责任给他人或承运人造成损失时向责任人要求赔偿。

2）义　务

（1）为托运人提供方便、快捷的运输条件，将行李与包裹安全、及时、准确地运送到目的地。

（2）行李、包裹从承运后至交付前，发生灭失、损失、变质、污染时，负赔偿责任。

二、行包的范围

（一）行　李

1. 行李的范围

行李是指旅客由于旅行而导致的生活上一定限度的必需品，并且凭客票办理托运。

行李运输随同旅客运输而产生，与旅客运输是不可分割的，旅客不购票乘车，就不可能产生行李运输。

行李包括以下物品：

（1）旅客自用被褥、衣服、个人阅读的书籍。

（2）残疾人用车（每张客票限 1 辆并不带汽油）。

（3）其他旅行必需品。

（4）凭地、市级以上文化行政部门证明和“营业演出许可证”办理托运的文艺团体演出器材。

2. 行李中不得夹带的物品

行李中不得夹带货币、证券、珍贵文物、金银珠宝、档案材料等贵重物品和国家禁止、限制运输的物品、危险品。

其中，货币含各种纸币和金属辅币；证券含股票、彩券、国库券及具有支付、清偿功能的票据等；珍贵文物是指具有一定年代的有收藏、研究或观赏价值的物品；档案材料是指人事、技术档案，组织关系，户口簿或户籍关系，各种证件、证书、合同、契约等；危险品是指国务院铁路主管部门公布的“危险货物品名表”内的品名，对其性质有怀疑的物品也按危险品处理。

（二）包　裹

1. 包裹的范围

包裹是指适合在旅客列车的行李车内运输的与工农业生产和人民生活有关的小件急运货物。由于其运输速度较快，故俗称“快件”。

作为包裹运输的物品，其性质、形状、体积和重量，必须适合旅客列车运输，并在优先保证行李运输的条件下，才可办理包裹运输。

根据党的方针政策和国家的政治经济任务、物品本身的价值、物品的性质和使用目的以及运输条件和能力，包裹共分为四类，如表 3.1.1 所示。

表 3.1.1　包裹分类表

类　别	具　体　内　容
一类	报纸类——自发刊日起 5 天以内的报纸 政宣品——中央、省级政府（含国务院各部委和解放军大军区）宣传用非卖品以及新闻图片 课本类——中、小学生的教学课本，不含各种教学参考书及辅导读物等（但全国政协工作用书可按一类包裹）
二类	抢险救灾物资——凭政府机关证明办理托运 书刊——应有国家规定的统一书刊号的各种刊物、著作、工具书册以及内部发行的规章等 鲜冻的食用品——鲜或冻鱼介类、肉、蛋、奶类、果蔬类
三类	不属于一、二、四类包裹的物品
四类	特殊运输物品——运输等级一级的放射性同位素、油样箱、摩托车以及国务院铁路主管部门指定的需要特殊运输的物品 轻泡物品——泡沫塑料及其制品

对于鲜冻的食用品，因品名繁多，有的应按二类包裹办理，有的则应按三类包裹办理。为了正确判明包裹类别，现对不易判明的二类包裹列表说明，如表 3.1.2 所示。

表 3.1.2　不易判明的二类包裹品名表

品　名	可按二类包裹办理	不按二类包裹办理
鲜和冻的鱼介类	螺丝、蛤蜊、海参，包括为防腐而煮过的和加少量盐的虾蟹	咸的、卤的、干的鱼、虾、海蜇、海参
鲜和冻的肉类	包括食用动物的五脏、头蹄和未经炼制的脂油	咸的、腌制、熏的、熟的肉类
肠　衣	包括为防腐加少量盐的牛、羊、猪的小肠、肠衣、胎盘	
蔬菜类	藕、荸荠、芋头、土豆、豆芽、红薯、豆腐干、豆腐、姜、葱、蒜、洋葱、鲜笋	干辣椒、花椒、粉条、粉皮、海带或腌、干菜
瓜果类	鲜的枣、荔枝、木瓜、桂圆（龙眼）、橄榄、佛手、百合、鲜菱、甘蔗	干果、蜜饯，如松子、核桃、椰子、白果、瓜子、花生、栗子、果脯等
乳　类	鲜、冻牛、马、羊乳、酸牛乳、奶酪	炼乳、奶粉、奶油、黄油
蛋　类	家禽、野禽的鲜蛋	咸、熟蛋，松花蛋（变蛋），糟蛋

2. 不能按包裹托运的物品

（1）尸体、尸骨、骨灰、灵柩及易于污染、损坏车辆的物品。

（2）蛇、猛兽、猛禽、蝎子、蜈蚣、蜂和每头超过 20 kg 的活动物（警犬和运输命令指定运输的动物除外）。

（3）国务院及国务院铁路主管部门颁发的有关危险品管理规定中规定的危险品、弹药以及承运人不能判明性质的化工产品。

（4）国家禁止运输的物品和不适于装入行李车的物品。

三、行包运价

（一）行包运价的制定原理

铁路行包运价，是根据运输条件，并参照铁路零散货物运价和民航等其他运输工具的行包运价而制定的。行包使用行李车运送，送达速度快，并由行李员全程负责运送，运输质量高。由于行包的特点和装载方法等因素，行李车的载重利用率低，而行李车的容量有限，因此，根据行包的运输条件和与其他运输工具合理分工的原则，行包运价应高于铁路零散货物运价，但低于民航行包运价。

行李运价率，根据惯例及各交通部门通用的计价办法为：每 100 kg · km 行李运价等于 1 人 · km 的硬座基本票价，即行李运价率按硬座票价率的 1% 计算。

$$行李运价率 = 硬座票价率 \times 1\% = 0.058\ 61 \times 1\% = 0.000\ 586\ 1\ \ [元/(kg \cdot km)]$$

包裹运价率，以三类包裹运价率为基数，其他各类包裹运价率则按其加成或减成比例计算。现行各类包裹运价率的比例关系如表 3.1.3 所示。

表 3.1.3 包裹运价率

包裹类别	运价比例（%）	运价率 [元/（kg · km）]	包裹类别	运价比例（%）	运价率 [元/（kg · km）]
三类	100	0.001 518	二类	70	0.001 062 6
一类	20	0.000 303 6	四类	130	0.001 973 4

行包运价的制定方法与旅客票价制定方法相同，采用运价区段和递远递减的办法，以减轻长途旅客和托运人的经济负担。

行李运输属于旅客运输组成部分，所以行李的运价里程区段、递远递减率与旅客票价区段、递远递减率相同，如表 3.1.4、表 3.1.5 所示。

表 3.1.4 行李运价里程区段

里程区段（km）	每区段里程（km）	区段数	里程区段（km）	每区段里程（km）	区段数
1 ~ 200	10	20	1 601 ~ 2 200	60	10
201 ~ 400	20	10	2 201 ~ 2 900	70	10
401 ~ 700	30	10	2 901 ~ 3 700	80	10
701 ~ 1 100	40	10	3 701 ~ 4 600	90	10
1 101 ~ 1 600	50	10	4 601 以上	100	

表 3.1.5　行李递远递减率和递减运价率

区段（km）	递减率（%）	运价率 [元/（kg·km）]	各区段全程运价（元）	区段累计运价（元）
1～200	0	0.000 586 1	0.117 22	
201～500	10	0.000 527 49	0.158 247	0.275 467
501～1 000	20	0.000 468 88	0.234 44	0.509 907
1 001～1 500	30	0.000 410 27	0.205 135	0.715 042
1 501～2 500	40	0.000 351 66	0.351 66	1.066 702
2 501 以上	50	0.000 293 05		

包裹运输属于物资运输的范畴，所以包裹运价里程区段与递远递减率另有规定，如表 3.1.6、表 3.1.7 所示。

表 3.1.6　包裹运价里程区段

里程区段（km）	每区段里程（km）	区段数	里程区段（km）	每区段里程（km）	区段数
1～100	100	1	601～1 000	40	10
101～300	20	10	1 001～1 500	50	10
301～600	30	10	1 500 以上	100	

表 3.1.7　包裹递远递减率和递减运价率（以三类包裹运价为例）

区　段（km）	递减率（%）	运价率 [元/（kg·km）]	各区段全程运价（元）	区段累计运价（元）
1～200	0	0.001 518	0.303 6	
201～500	10	0.001 366 2	0.409 86	0.713 46
501～1 000	20	0.001 214 4	0.607 2	1.320 66
1 001～1 500	30	0.001 062 6	0.531 3	1.851 96
1 501～2 000	40	0.000 910 8	0.455 4	2.307 36
2 001 以上	30	0.001 062 6		

行包运价，是以基本运价率乘以不递减的区段里程（初始区段不足起码里程按起码里程计算，行李起码里程为 20 km，包裹起码里程为 100 km），加上递减运价率乘以相应的区段里程（最后一个区段里程采用中间里程），得出基本运价，即得出 1 kg 的行李、包裹运价基数。在运算过程中，保留小数 3 位，第 4 位四舍五入。其他质量的运价，则以 1 kg 的运价基数进行推算，尾数保留至角，角以下四舍五入。最后汇总编制 1 kg 的行李、包裹运价表，由铁路总公司公布实行。

其具体计算公式如下：

（1）先求算以 1 kg 为单位的运价基数。

$$E = C_0L_0 + C_1L_1 + C_2L_2 + \cdots + C_nL_n$$

或

$$E = C_0L_{计价} = C_0[L_0 + L_1(1 - D_1) + L_2(1 - D_2) + \cdots + L_n(1 - D_n)]$$

式中　E——以 1 kg 为单位的运价基数；

C_0——基本运价率；

L_0——不递减区段的里程数；

C_1，C_2，…，C_n——各区段的递减运价率；

L_1，L_2，…，L_n——递减运价率相应区段的里程数；

$L_{计价}$——计价里程；

D_1，D_2，…，D_n——各区段的递减率。

（2）按 1 kg 的运价基数求算其他质量的运价。

$$F = G_{计费} \cdot E$$

式中　F——运价；

$G_{计费}$——计费重量。

【例 3.1】　计算信阳—北京 23 kg 行李及 25 kg 三类包裹运价。

（1）确定区段中间里程。

信阳—北京客运运价里程为 997 km。

① 计算行李区段中间里程。

$$n = \frac{997-700}{40} = 7.425 \approx 7$$

$$L_{中间} = 700 + (7+0.5) \times 40 = 1\,000\ (\text{km})$$

② 计算包裹区段中间里程。

$$n = \frac{997-600}{40} = 9.925 \approx 10$$

$$L_{中间} = 600 + (10-0.5) \times 40 = 980\ (\text{km})$$

（2）计算行李、包裹运价。

① 1 kg 行李运价：

$$\begin{aligned} E &= 0.000\,586\,1 \times 200 + 0.000\,527\,49 \times 300 + 0.000\,468\,88 \times 500 \\ &= 0.509\,907 \approx 0.510\ (元) \end{aligned}$$

或

$$\begin{aligned} E &= 0.000\,586\,1 \times [200 + 300 \times (1-10\%) + 500 \times (1-20\%)] \\ &= 0.509\,907 \approx 0.510\ (元) \end{aligned}$$

② 23 kg 行李运价：

$$F = 23 \times 0.510 = 11.73 \approx 11.7\ (元)$$

③ 1 kg 三类包裹运价：

$$\begin{aligned} E &= 0.001\,518 \times 200 + 0.001\,366\,2 \times 300 + 0.001\,214\,4 \times 480 \\ &= 1.296\,372 \approx 1.296\ (元) \end{aligned}$$

或

$$\begin{aligned} E &= 0.001\,518 \times [200 + 300 \times (1-10\%) + 480 \times (1-20\%)] \\ &= 1.296\,372 \approx 1.296\ (元) \end{aligned}$$

④ 25 kg 三类包裹运价：

$$F = 25 \times 1.296 = 32.4\ (元)$$

（二）行包运费的核收规定

1. 运价里程

行包的运价里程，以“铁路客运运价里程表”为计算依据。行李运价里程，按实际运送径路计算，即按旅客旅行的客票指定的运输径路计算。但旅客持远径路的客票，要求行李由近径路运送时，如近径路有直达列车，也可以按近径路计算。包裹运价里程，按最短径路计算，有指定径路时，按指定径路计算。押运包裹的运价里程，按实际运送径路计算。

2. 计费重量

行包均按重量计算运价，但有规定计价重量的物品（见表 3.1.8），按规定重量计价，并规定起码计费重量为 5 kg；超过 5 kg 时，不足 1 kg 的尾数进为 1 kg。

表 3.1.8　行李、包裹规定计价重量

物品名称	计价单位	规定计价重量（kg）	备　　注
残疾人用车	辆	25	以包裹托运时，按实际重量计算
自行车	辆	25	
助力自行车	辆	40	
两轮轻便摩托车	辆	50	① 含轻骑；② 气缸容量 50 cm^3 以下时
两轮重型摩托车	辆	按气缸容量每 1 cm^3 折合 1 kg 计算	气缸容量超过 50 cm^3 时
警犬、猎犬	头	20	超重时，按实际重量计算

在运能不能满足运量要求的情况下，为了保证旅客必需的行李运输，对按行包托运的物品，除在品名上做了规定以外，在重量上也做了一定的限制。旅客托运的行李重量在 50 kg 以内，按行李运价计算，超过 50 kg 时（行李中有残疾人用车时为 75 kg），对超过部分按行李运价加倍计算。

3. 运费计算

行包的运费按“行包运价表”计算。如旅客凭一张客票第二次托运行李时，不论第一次托运重量多少，都按包裹运价计算。但因残疾人用车是残疾人以车代步的工具，是残疾人行动中必不可少的，为照顾残疾人的旅行，不限托运次数，也不受第二次托运按包裹运价计算的限制，都按行李运价计费。

旅客托运行李至客票到站以远的车站时，应分别按行李和包裹运价计算，加总核收。不足起码里程时，分别按起码里程计算，不足起码运费时，还应核收起码运费。

类别不同的包裹混装为一件时，按其中运价高的计算。

行包运费按每张票据计算，起码运费为 1 元。运费除另有规定外，都按现付办理。

四、托　运

旅客或托运人向车站要求运输行李或包裹称为托运。

旅客托运行李时，必须出示有效的客票和托运单，如图 3.1.1 所示。旅客凭客票，在乘车区间内，可从任何营业站托运至另一营业站，每张客票只能托运一次（残疾人用车不限次数）。

托 运 单　（甲联）

（黑框内由托运人填写）　　年　月　日

到站：				经由：		承运人确认事项			
持票旅客请填写	客票票号：			人数：		票号：			
	车次			客票到站：					
货物名称	包装种类	件数	重量（kg）	体积（长×宽×高）	声明价格（保价）	件数	重量（kg）	行李	包裹
								□	□
								□	□
								□	□
合计								□	□

选择填写			
付款方式	现金□ 支票□ 协议□ 到付□	包装费	元
取货方式	凭原件提取□ 凭传真件提取□	取货费	元
服务要求	送货上门□货需包装□仓储保管□代发传真□	代收送货费	元

发送地	
到达地	

托运人	名称：	
	地址：	
	邮编：	电话：
	传真电话：	电子邮件：
收货人	名称：	
	地址：	
	邮编：	电话：
	电子邮件：	传真电话：

托运人记事：	承运人记事：
取货员（章）：	安检员（章）：

托运人注意：在填写托运单前，请详细阅读乙联背面“客户须知”，并在下面签字。

托运人：________　　　营业部（章）

图 3.1.1　行李、包裹托运单

托运人托运包裹时，应出示托运单。为加强运输和物资管理，保障社会治安，保护人民健康，贯彻运输政策，对某些物品的运输需实行必要的限制。

托运下列包裹时，托运人必须出示有关单位的运输证明：

（1）托运宣传非卖品，应出示省级以上政府机关（含国务院各部委和解放军大军区）的书面证明。

（2）托运金银珠宝、货币、证券应提供中国人民银行的正式文件或当地铁路公安局或公安处的免检证明。

（3）托运枪支应出示运往地市（县）公安局的运输证明。

（4）托运警犬应出示公安部门或武警部队的书面证明，托运国家法律保护的野生动物应出示国家林业主管部门的运输证明。

（5）托运免检物品应出示当地铁路公安局、公安处的免检证明。

（6）托运国家限制运输的物品应提供主管部门的运输证明。如托运精神和麻醉药品应出示国家卫生主管部门的运输证明。

（7）托运动、植物时应出示动、植物检疫证明。办理时，将检疫证明的二联附在运输报单上以便运输过程中查验。

（8）托运运输等级Ⅰ级的放射性同位素时，应出示经铁路卫生防疫部门核查签发的“铁路运输放射性物质包装件表面污染及辐射水平检查证明书”，一式两份，一份随运输报单至到站交收货人，一份发站留存。

（9）托运油样箱时，必须使用铁路规定的专用油样箱并提出国务院铁路主管部门签发的油样箱使用证。到站后由收货人直接到行李车提取。

（10）其他承运人认为应提供证明的物品。

旅客或托运人托运的行包分为保价运输和不保价运输两种形式。按哪种运输方式运输由旅客或托运人自行选择，并在托运单上注明。保价运输必须声明价格，可分件声明价格，也可按一批全部件数声明总价格。但按一批办理的不能只声明其中一部分。如分件声明价格时，应将每件的声明价格和重量分别写明，在每件货签和包装上必须写明总件数之几的字样。车站承运保价运输的行包时，应检查声明价格，并核实是否与实际价格相符。如拒绝检查时，承运人可以拒绝按保价运输承运。

按保价运输的行包，铁路除核收正当运杂费外，另按声明价格的百分比（行李按 0.5%，包裹按 1%）核收保价费。一段按行李，一段按包裹托运时，全程按行李核收保价费。按保价运输的行包，发生运输变更时，保价费不补不退。因承运人责任造成的取消托运时，保价费全部退还。

五、验　货

旅客或托运人托运行包时，应主动提供便于检查的条件，准确填写托运单，并对托运单上所填写事项的真实性负完全责任。

车站在受理时，必须对下列项目认真检查核对：

（1）物品名称、件数是否与托运单记载相符，物品状态是否完好，有否夹带危险品及国家禁止或限制运输的物品。

（2）包装是否符合运输要求。

（3）货签、安全标志是否齐全，填写是否正确。

（4）行包每件最大重量不超过 50 kg，长度和体积以适于装入行李车为限，但最小体积不能小于 0.01 m^3。遇特殊情况超过 50 kg 时，由客调批准。跨局运输时，与有关铁路局协商后办理。

旅客或托运人托运的行包的包装必须完整、牢固，要适合运输，不能有开口、破裂、短缺等现象。其包装的材料和方法应符合国家或运输行业规定的包装标准。包装不符合要求时，应动员其改善包装。托运人拒绝改善包装的，车站可以拒绝承运。

每件物品应在两端各拴挂一个符合国务院铁路主管部门规定的技术标准货签，如图 3.1.2 所示，不符合标准的货签不得使用。货签中填注的内容与行包托运单及行李、包裹票有关内容相符，不得省略和使用代码、代号。货签上的行李、包裹票号栏应用号码机或号码戳打印，其他各栏填写时应整洁、清晰，使用规范的文字。如分件保价的物品还应在件数栏注明“总件数之几”字样。

包裹货签
到站：
收货人：
发站：
托运人：
承运日期：
品名 件数： 之
票号：
服务项目标志

图 3.1.2 包裹货签

托运易碎品、流质物品或一级运输包装的放射性同位素时，应在包装表面明处贴上“小心轻放”“向上”“一级放射性物品”等相应的安全标志。

六、承 运

车站对托运的行包检查完毕，认为符合运输条件时即可办理承运手续。

办理承运行包时，应确认品名、件数、包装并进行检查核对，正确检斤。承运加水、加冰的物品或途中喂养动物的饲料应单独检斤，作为到站因此产生减量或重量消失的依据。

行包运到期限是指在铁路现有技术设备条件和运输组织水平下，将行包运送一定距离所需要的时间。行包运到期限的长短以及能否按规定的运到期限运到目的地，在一定程度上反映了整个铁路运输组织的管理水平和工作质量。因此，铁路自承运后，应迅速组织装运，站、车之间应严格执行运到期限。

承运运输等级 I 级的放射性同位素时，应审核“铁路运输放射性物质包装件表面污染及辐射水平检查证明书”，其包装件外表面最大辐射水平不超过 0.005 mSv/h。一批或一辆行李车内装载的件数不得超过 20 件，每件重量不得超过 50 kg，并不得与感光材料、油样箱以及活动物配装，与饮食品、药品等的配装需要隔开 2 m 以上的距离。

车站在办理承运手续时应正确填写行李票、包裹票，如图 3.1.3 ~ 3.1.4 所示。

行李票、包裹票一式五联。甲联为上报联（红色），上报用。乙联为运输报单（黑色），随车走，到站交收货人，叫报单联。凭印签领取或不能提出领货凭证丙联时，乙联上报，不交收货人。丙联为旅客页（绿色），交托运人作为领货凭证，交付时收回上报。丁联为报销联（红色，快运运单丁联为黄纸黑色），交托运人作为报销凭证。戊联为存查联（褐色），发站作为存根，按日整理，存查保管。

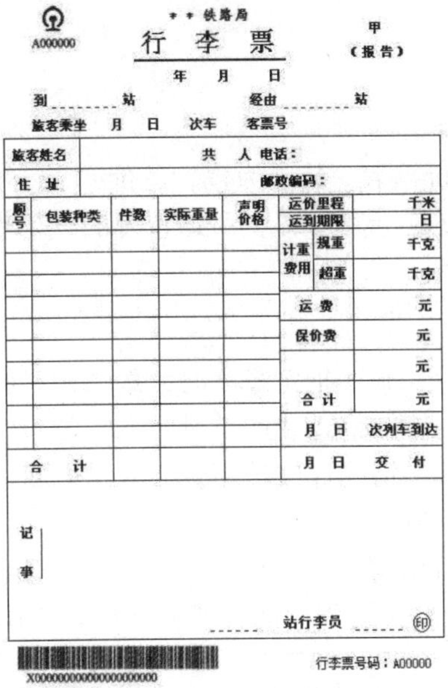

＊＊铁路局
行李票
甲（报告）
A000000
年 月 日
到______站 经由______站
旅客乘坐 月 日 次车 客票号
旅客姓名 共 人 电话：
住址 邮政编码：
顺号 包装种类 件数 实际重量 声明价格
运价里程 千米
运到期限 日
计重费用 规重 千克
超重 千克
运费 元
保价费 元
元
合计 元
月 日 次列车到达
合计
月 日 交付
记事
站行李员 印
X000000000000000000000
行李票号码：A00000

图 3.1.3 行李票

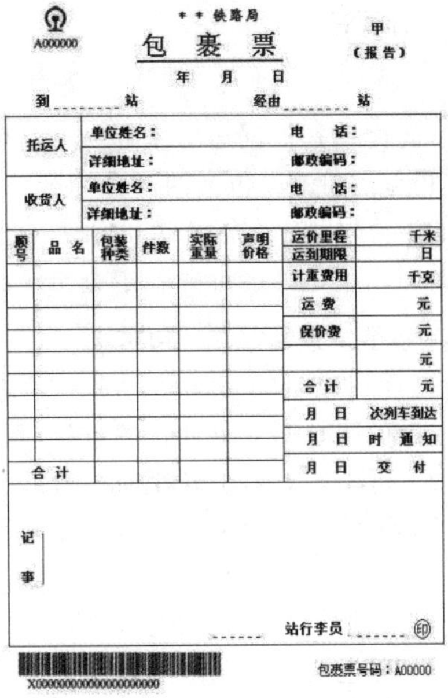

＊＊铁路局
包裹票
甲（报告）
A000000
年 月 日
到______站 经由______站
托运人 单位姓名： 电话：
详细地址： 邮政编码：
收货人 单位姓名： 电话：
详细地址： 邮政编码：
顺号 品名 包装种类 件数 实际重量 声明价格
运价里程 千米
运到期限 日
计重费用 千克
运费 元
保价费 元
元
合计 元
月 日 次列车到达
月 日 时 通知
合计
月 日 交付
记事
站行李员 印
X000000000000000000000
包裹票号码：A00000

图 3.1.4 包裹票

1. 计算机核算运费、制票

计算机控制的行包检斤制票系统，由数字显示秤、微型机和打印机组成，具有下列功能：

（1）将行包秤上检斤的重量通过电缆和接口自动输入计算机；

（2）自动查找全路各营业站里程及判断经由站名；

（3）根据行包到站判别一切办理限制；

（4）根据品名自动判别包裹类别；

（5）自动计算运杂费；

（6）自动打印行包票据；

（7）分项目结算行包日、旬、月报。

2. 手工计算收费、制票

在车站计算机故障而不能计算运费、制票时，为保证车站正常办理行包发送作业，使用手工计算运费、手工填制行李票（或包裹票）的方式。手工计算运费、制票的步骤如下：

1）确定运价里程

行李运价里程，按实际运送径路计算，即按旅客旅行的客票指定的运输径路计算。但旅客持远径路的客票，要求行李由近径路运送时，如近径路有直达列车，也可以按近径路计算。

包裹运价里程，按最短径路计算，有指定径路时，按指定径路计算。

押运包裹的运价里程，按实际运送径路计算。

2）确定计费重量

行李、包裹均按重量计算运价，但有规定计价重量的物品，按规定重量计价，并规定起码计费重量为 5 kg；超过 5 kg 时，不足 1 kg 的尾数进为 1 kg。

旅客托运的行李重量在 50 kg 以内，按行李运价计算，超过 50 kg 时（行李中有残疾人用车时为 75 kg），对超过部分按行李运价加倍计算。

3）计算运费

$$F_{运费}=运价率\times计费重量$$

其中，运价率是根据运价里程从“行包运价表”中查出的。

“行包运价表”包括两部分内容，其一为行李运价率表，其二为包裹运价率表。根据所运行李的运价里程，在行李运价率表中查出 1 kg 行李的运价率；根据所运包裹的运价里程及包裹的类别，在包裹运价率表中查出 1 kg 包裹的运价率。

4）按要求填写行李、包裹票

（1）行李票的车次和经由栏按客票实际径路填写；旅客指定径路时，按指定径路填写。计费重量栏按行李运价计费的重量写在“规重”栏内，加倍计费的重量写在“超重”栏内。

（2）行李、包裹票各栏应按行李、包裹托运单填记情况详细填写。

（3）分件声明价格时，按顺序号逐栏填写声明价格。

（4）行李、包裹票“保价费”栏下面空格栏内可填写“杂费计”。“杂费计”含装（卸）车费、包装费、货签费、搬运费等项，同时在记事栏内将上述发生的收费项目及金额分项注明。

（5）行包的运到期限的计算：

行包的运到期限，按运价里程计算。从承运日起，对于行李，在 600 km 以内运到期限为 3 天，在 601 km 以上每增加 600 km 增加 1 天，不足 600 km 的尾数也按 1 天计算；对于包裹，在 400 km 以内运到期限为 3 天，在 401 km 以上每增加 400 km 增加 1 天，不足 400 km 的尾数也按 1 天计算。一段按行李、一段按包裹计价时，全程按行李计算运到期限。

（6）记事栏应注明的内容有：

① 旅客指定径路时，注明“旅客指定经由××站”。

② 承运超过客票到站的行李时，注明“客票到站××站”。

③ 对加冰、加水或附饲料的包裹，应注明“加冰”“加水”或“附饲料”字样，以此作为到站产生减量的依据。

④ 承运需要提出证明文件的物品时，应注明文件的名称、号码、填发日期和填发单位等有关事项，并将运输证明文件附在包裹票运输报单上，以便途中、到站查验。

⑤ 承运自行押运的包裹时，应注明“自押”字样，并注明“押运人名”。

⑥ 承运自行车、助力机动车、摩托车时，应注明牌名、车牌号码、车型、新或旧等车况，并分别注明有无铃、锁和灯等零件。

⑦ 承运经客调或总公司令批准的超重、超大物品时，应注明“×月×日经总公司令×号（客调×号命令）批准”。

⑧ 承运凭书面证明免费托运的铁路砝码和衡器配件时，应注明“衡器检修、免费”字样，收回书面证明报铁路局。

⑨ 其他应记载的事项，如凭传真提货。

总之，行李票、包裹票必须认真逐项填写，使用规范文字，不得潦草，加盖规定名章，不准签字代替。在承运行李时，应在客票背面加盖“行”字戳记。

承运后、交付前发现包装破损、松散时，承运人应负责及时整修并承担整修费用。修整后编制客运记录，详细记载破损原因、状况和整修后状态，并在行李、包裹运输报单的记事栏内注明“××站整修”，加盖站名戳。整修费用列入车站运营成本。

【例 3.2】 ××××年 9 月 1 日，在乌鲁木齐站行李房，旅客张小伟持当日 T176 次（乌鲁木齐—郑州，空调列车）乌鲁木齐到西安空调硬座客特快车票（票号：F0301428），托运纸箱 2 件（内装衣服、书籍），总重 68 kg，声明价格 1 800 元，要求托运到郑州，如何办理？

办理：托运的物品属行李范围，在乌鲁木齐至西安间有有效车票，按行李办理；在西安至郑州间无车票，根据物品品名（衣服、书籍），按三类包裹办理。

（1）计算运费。

乌鲁木齐——西安运价里程为 2 568 km。

行李运费计算如下：

规重 50 kg，$1.092 \times 50 = 54.6$（元）。

超重 18 kg，$1.092 \times 18 \times 2 = 39.312$（元）。

行李运费合计，$54.60 + 39.312 = 93.912$（元）≈ 93.9（元）。

西安——郑州运价里程为 511 km。

三类包裹运费为：总重 68 kg，$0.744 \times 68 = 50.592$（元）≈ 50.6（元）。

运费总计：$93.9 + 50.6 = 144.5$（元）。

（2）计算运到期限。

乌鲁木齐——郑州为 3 079 km，全程按行李确定运到期限为 8 天。

（3）保价费全程按行李的声明价格核收保价费。

$$1\,800.00 \times 0.5\% = 9.0\text{（元）}$$

（4）计算装卸车费。

每件次 2.0 元，共计 8.0 元。

（5）共计收费：

$$144.5 + 9.0 + 8.0 = 161.5\text{（元）}$$

（6）填写行李票，如图 3.1.5 所示。

A000000　　乌鲁木齐铁路局

行　李　票

甲
（报告）

**** 年 9 月 1 日

到 郑州 站　　经由 宝鸡 站

旅客乘坐 9月 1日 T176 次车 客票号 P0301428

旅客姓名	张小伟　　共 1 人 电话：3437811						
住　址	乌鲁木齐中央大街148号 邮政编码：830000						
顺号	包装种类	件数	实际重量	声明价格	运价里程		3079 千米
					运到期限		8 日
	纸箱	1	38	1000.00	计重费用	规重	50 千克
	纸箱	1	30	800.00		超重	18 千克
					运费		144.5 元
					保价费		9.0 元
					杂项计		8.0 元
					合计		161.5元
					月 日		次列车到达
合计		2	68	1800.00	月 日		交付

记事
1. 身份证号：********************
2. 客票到站西安站
3. 杂项：装车费4.0元，卸车费4.0元

乌鲁木齐 站行李员 印 ㊞

X000000000000000000000　　行李票号码：A00000

图 3.1.5　行李票填写样式

七、行包的保管与装车

（1）承运后的行包按方向、区段（到站）或车次分别堆放在发送仓库的货位上。货位的划分应以保证容易清点、便于装车及行包不受损为原则。一般对行李运量不大的车站，可按区段堆放，包裹按到站堆放。对大批的行李或包裹应按票堆放，便于做装车计划。运输报单必须与行李、包裹同行，以免发生票货分离。

（2）车站行李员应掌握各次列车行李车的编挂位置、车型容积、载重及车站计划装车的件数，做好计划运输、均衡运输，并严格按铁路总公司制定的"行包运输方案"做装车计划，消灭不合理中转，提高行李车的利用效率及行包的运输速度。

行包计划装运数量于前一日上报铁路局客调。客调平衡后，按车次编制与下达各客运站、各区段有关站的行包装运计划，届时各站按计划和列车预报组织装车。

（3）装车作业过程：

① 编制行李、包裹装卸交接证（见表 3.1.9）。计划行李员根据行包运输方案，按车次配好待装的行李、包裹票（运输报单），装车行李员按票逐项核对现货，无误后按到站顺序编制行李、包裹装卸交接证，一式两份（一份站存，一份交给列车）。

表 3.1.9 行李、包裹装卸交接证

行李、包裹装卸交接证

20　　年　　月　　日

自________车站　　　　　　　　　　　　自第________次列车

交第________次列车　　　　　　　　　　________车站

站行李员________　　　　　　　　　　　列车行李员________

发　站	到　站	行或包	票据号码	包装	件　数	重　量	记　事
预报事项				合计			

以上件数已经收讫。　　　　　　　　　　　　车站行李员________印

② 编制行包装车站顺单（见表 3.1.10）。为便于站、车行李员装车点件，提高装车速度，车站行李员装车前再次进行票货核对，确认无误后顺序装车（先远后近），编制行包装车站顺单，统计装车件数。

③ 装车。站、车行李员先交换票据，先卸后装，票货核对无误后，双方分别在装卸交接证上盖章签收。车站行李员根据列车行李员的预报，及时正确地将卸车件数、剩余容积向前方站转报，必要时向铁路局客调汇报。同时，将装、卸车的行李、包裹交接证交计划行李员，以便统计发送、中转、到达的行包件数及流量、流向。

多装、巧装是提高行李车装载能力的有效措施，因此必须按轻重配装的原则做好装车计划，实行中转、始发同装，沿站分装，大小套装，分别隔离。装卸员要根据列车行李员指定的货位，分方向、按站顺装车，并做到大不压小、重不压轻、大件打底、小件放高、堆码整齐、巧装满载、便于清点。

表 3.1.10 行李、包裹装车站顺单

第　　次　　　　　　　　　　　　20　　年　　月　　日

顺序	其中自行车	站名	件数	顺序	其中自行车	站名	件数
1				16			
2				17			
3				18			
4				19			
5				20			
6				21			
7				22			
8				23			
9				24			
10				25			
11				26			
12				27			
13				28			
14				29			
15				合计			

八、包裹的押运

车站承运金银珠宝、货币、证券、文物、枪支、鱼苗、蚕种和途中需饲养的动物等，要求托运人派人押运。对运输距离在 200 km 以内、不需要饲养的家禽、家畜，托运人提出不派人押运时，也可以办理托运。车站应向托运人说明并要求其在托运单上注明“不派人押运，途中逃逸、死亡，责任由托运人自负”。

押运的包裹应装行李车，由押运人自行看管，车站负责装车和卸车。押运人应购买车票并对所押物品的安全负责。一批包裹原则上限派一名押运人，押运人凭“铁路包裹运输押运证”和旅客列车全价硬座车票登乘行李车押运，押运证由托运人向承运行包房申请办理。

列车行李员对登乘行李车押运人应指定押运位置，保管好押运人随身携带的火种（下车时归还），查验押运人车票及押运证，在乘务日志记事栏内登记押运人姓名、性别、身份证号码、联系电话、包裹票编号、押运证编号、包裹装卸车站等信息，并向押运人告知安全注意事项和押运管理要求。

（1）严格遵守铁路规定，服从铁路工作人员指挥，负责所押货物安全。

（2）凭证押运，不得饮酒，不得擅离职守。

（3）严禁携带易燃易爆等危险品进站上车，严禁在仓库和列车内吸烟、弄火、使用电器，随身携带的火种交列车行李员保管。

（4）不得移动、翻动仓库和行李车内的物品，不得靠近放射性物品，不准打开车门乘凉，不准在货垛高处坐卧、停留，杜绝人身意外伤害事故。

（5）密切关注行包动态，对危及货物和列车安全的情况，要立即报告铁路工作人员。

九、国际联运行包的发送

（一）准许和禁止按行李运送的物品

国际联运行李是旅客凭客票向铁路托运的个人物品，其发、到站必须是国际旅客联运站，并且必须位于客票所载径路内。行李可以一次托运至客票所载的到站，也可分几次从途中向到站方向托运。

旅客用加锁的皮箱、木箱、胶合板匣和用金属带或绳索捆扎的篮子、袋子、包或捆包装的普通物品，可按行李运送。一件行李的重量不应少于 5 kg 且不得超过 75 kg，其体积和形状应便于装车和卸车。

下列物品禁止按行李运送：

（1）一切易燃品、易发火品、自燃品、爆炸品、放射性物质、腐蚀性和毒害性物品、枪炮、弹药和能使其他旅客的行李或运送过程参加者受到损害的物品。

（2）能引起感染或具有恶臭气味的物品。

（3）动物（狗、猫和禽鸟除外）。

（4）属于参加运送承运人的任何一国邮政部门专运的物品。此类物品的一览表载于《国际旅客联运协定》（简称《国际客协》）附件第 1 号。

（5）易腐产品。

承运人如怀疑发送人有违反以上规定的情况时，有权检查行李的内容。检查行李时，发送人应当在场。

（二）准许和禁止按包裹运送的物品

凡准许按行李运送的物品，均可按包裹运送。此外，在行李车中有空闲地方且对行李和包裹的运送不至于有损害的情况下，能迅速容易地装入并放置在行李车中的物品，准许按包裹承运。

以下物品不准按包裹运送：

（1）一切易燃品、易发火品、自燃品、爆炸品、放射性物质、腐蚀性和毒害性物品、枪炮、弹药和能使其他旅客的行李或运送过程参加者受到损害的物品。

（2）能引起感染或具有恶臭气味的物品。

（3）动物。

（4）属于参加运送承运人的任何一国邮政部门专运的物品。此类物品的一览表载于本协定附件第 1 号。

（5）易腐产品。

必要时，承运人有权检查包裹的内容。在发站检查包裹时，发送人应当在场。在到站检查时，领收人应在场。在途中或者发送人或领收人不到场时，可以在没有他们参加的情况下进行检查。

如在包裹发送人或领收人不在场的情况下进行检查，必须要有承运人的代表在场。

（三）行包的运送条件

1. 行李的托运和承运

（1）行李根据提出的客票承运，其发到站必须是适用的运价规程所载的车站，并且必须位于客票票面所载旅客乘车径路以内。

（2）行李应预先托运。承运的行李应随旅客所乘的列车发送。如无此可能，则行李应随办理行李运送的最近一次列车发送。

（3）旅客托运行李，为确保其利益不受损失，可以声明价格。是否声明价格由旅客本人决定。旅客可以分件声明价格，也可以声明总价格。

声明价格时，由旅客用发送国货币提出，承运的车站应按适用的运价规程的规定核收杂费。

（4）承运行李时，应发给旅客行李票。行李票上应载有下列主要事项：

① 发站和到站名称；

② 车次和发车日期；

③ 运行经路。

在收到行李票时，旅客应检查票面记载内容的正确性。

行李的承运日，以发站在行李票上加盖的日期戳为准。

（5）空白行李票用发送国文字以及中文、德文或俄文中的一种共两种文字印制。

行李票的填写用发送国文字。

（6）装有尸体的棺材和骨灰盒的运送经承运人之间商定后用行李车办理。

（7）办理室内动物（狗、猫和禽鸟）的行李运送时，如不违反卫生规定并且由旅客保证进行喂养，应装在笼内或装在其他相应的容器之内。

（8）行李的运到期限根据时刻表所规定的列车运行情况，并考虑办理行李交付手续所必需的时间，按运送全程确定。

2. 包裹的托运和承运

（1）在保证旅客行李运送的前提下，如行李车中有空闲货位，发站可以承运包裹。包裹的承运可按适用的运价规程所载的各站为发到站，不需提出客票，但这些发到站必须位于不同的国家内。

（2）物品所有者如希望将准许按包裹运送的物品按包裹托运，应向承运人的代表提出书面申请书，在申请书上应记载：

① 发站和到站名称。

② 发送人和领收人名称及其住址。

③ 运送经路（包裹应经由哪些国境站）。

④ 包裹名称、件数、每件的重量和包装种类。

⑤ 包裹出口许可证的号码和填发日期，并注明许可证已在何时寄往哪一国境海关。如出口许可证在发送人手中，发送人应将该证附在申请书上。

⑥ 声明价格的款额。

发送人在托运包裹时必须声明包裹价格。如发送人未声明包裹价格，发站应拒绝承运。

承运人认为能够运送时，在申请书内注明包裹从发送人处承运的时间。

每件包裹的重量应不少于 5 kg 且不得超过 165 kg。

（3）发送人除附出口许可证外，还应将履行海关和其他规定手续所必需的其他添附文件附在申请书上提交发站。这些文件只能与发送人按该票作为包裹托运的物品相关。

如发送人未提出包裹出口许可证，或未指明该许可证已寄往哪一海关，发站应拒绝承运该包裹。

发站应要求发送人在申请书中填写与出口许可证中记载相同的国境站。

（4）承运人无义务检查发送人提交的随同包裹的各项添附文件是否正确和完备。

（5）为证明包裹的承运，应发给发送人包裹票。包裹票上应载有下列主要事项：

① 发站和到站名称；

② 车次和发送日期；

③ 运送经路；

④ 发送人、领收人的名称及其地址；

⑤ 声明价格；

⑥ 一批的件数、包装种类和重量；

⑦ 运送费用。

发送人在收到包裹票时，应检查票面记载事项的正确性。

包裹的承运日，以发站在包裹票上加盖的日期戳为准。包裹票中应注明添附文件。

（6）空白包裹票用发送国文字以及中文、德文和俄文中的两种文字印制。包裹票的填写使用发送国的文字。

3. 行包的运送

1）行李的运送

行李一般随旅客乘坐的列车发送。如途中需要中转，则应由旅客所乘的接续列车进行下一程运送。如接续列车不办理行李运送或来不及换装，则应将行李装到办理行李的最近一趟列车运送。发送国和过境国铁路都应按照运送票据所载的经由的国境站运送行李。行李在国境站需换装时，换装工作由铁路进行，不向旅客加收费用。

如果行李在途中（主要是在国境站）由于无人报关、违反海关规定、被查出违禁物品以及由于其他原因被有关部门截留，则截留所在的车站应立即在行李运行报单背面注明被截留的时间、原因以及截留部门，由车站工作人员签字，加盖车站戳记，然后编制商务记录，同时将截留的情况，包括截留部门和原因等，用电报通知行李的到站。如到站不在本国铁路，则应报告上级机关，同时通知本国出境国境站。出境国境站应立即通过对方国境站将有关情况通知到站。

行李的运到期限规定为：图定列车运行时间、海关查验及办理其他手续（卸车、交接等）时间以及延长因素。

2）包裹的运送

包裹应随承运时指定的车次发送。发送国铁路和过境国铁路都应按照运送票据所记载的经由国境站运送包裹。包裹在国境站需换装时，换装工作由铁路进行，不向发送人或领收人加收费用。

包裹的运到期限自包裹承运的次日 0:00 起算，包括发送时间、运送时间以及延长因素。其中发送时间为 1 天。运送时间按发站至到站的运价里程计算，每 300 km 运价里程为 1 天。行李、包裹运送延长因素及延长时间包括：

① 途中每换装一次延长 1 天。

② 履行海关及其他规定手续发生意外滞留时，延长所滞留的时间。

③ 非铁路责任造成停运或停装时，延长停运或停装的时间。

④ 行李、包裹扣留检查，被检查出违禁物品时，延长因检查造成的滞留时间。

⑤ 因铁路责任造成运到逾期，旅客要求将行李返回发站或转运至他站、发送人或领收人要求将包裹返回发站时，运到期限从提出申请的次日起相应延长。

⑥ 由于包裹发送人或领收人的其他原因造成包裹滞留时，延长滞留时间。

行李、包裹在运送过程中发生滞留或出现延长运到期限的因素时，车站应立即在行李、包裹运行报单背面“其他记载”栏注明滞留和延长运到期限的原因和时间。

遇有行李延长运到期限的情况，以及由于领收人和发送人的过失造成滞留时，包裹运到期限相应延长。

如包裹于运到期限结束前运至到站，并向领收人发出通知，而且此时即可将包裹交由领收人支配，则认为按期运达。

（四）行包运费

国际联运旅客、行李和包裹的运送费用（客票票价、卧铺费、行李和包裹的运费），应按适用的运价规程中规定的费率计算。

除运送费用外，可向旅客或发送人核收承运人所在国国内规章规定的手续费及其他费用。

在适用的运价规程中所载的每一车站和国际联运客票发售地点，均应使旅客能够了解运价规程的内容。

旅客运送费用，按照购买乘车票据当日的费率计算；行李、包裹的运送费用，按照其承运当日的费率计算。

在发售乘车票据或填发行李票或包裹票时，应核收由发站至到站的全程运送费用。

承运人在适用运价规程时，对所有旅客、包裹发送人（领收人）应一视同仁。

如确定运送费用过程中运价适用不当、确定行李（包裹）重量出错、计算有误，多收的款额应退还原付款人，少收的款额按下列办法补收：

（1）少收旅客的费用——由造成少收的合同承运人向旅客补收，不必向接续承运人提出核收少收款额的要求。

（2）少收包裹发送人的费用——由合同承运人向包裹发送人补收。

（3）少收包裹领收人的费用——接续承运人只向包裹领收人补收运行途中和到站发生的费用。

多收的款额，由多收这项款额的承运人退还。

（五）运送费用的退还

退还运送费用的要求，应有运送过程任一参加者在运送票据、行李票或包裹票上做出相应记载证明。

记载须有记载日期、时间及发售点名称等内容。没有记载时，运送费用不予退还。

在对运输合同条件进行任何变更时，旅客或发送人有权要求做出记载。

关于退还费用的赔偿请求，由承运人在九个月的期限内受理。

如果运输合同条件的变更是因承运人的过失所致，则退还按适用的运价规程计算的下列费用：

（1）如果旅客没有开始乘车，退还单人客票和卧铺票票价、手续费及其他费用。

（2）如果团体旅客出发时人数没有到齐，退还团体中没有开始乘车旅客的团体客票和卧铺票票价、手续费及其他费用。

（3）如果旅客在某一中途站不再继续乘车，退还未乘车里程的客票（单人或团体）和卧铺票票价。

（4）旅客乘坐了比乘车票据票面上所载等级和种类低的车厢，退还已乘坐里程的较低等级和种类车厢与乘车票据票面上所载等级和种类的客票票价（单人或团体）和卧铺票票价的差额。

（5）未运送里程的行李和包裹运费。

如果由于旅客、发送人迫不得已的原因（疾病、不幸事故等）变更运输合同条件，根据规定退还按适用的运价规程计算的乘车和运送票价，但手续费除外。有不得已原因的举证由旅客、发送人负责。如果旅客、发送人无法证明有不得已的原因，承运人根据规定退还运送费用。

在下列情况下，对单人或团体客票票价，在扣除已使用客票的全部票款后退还：

（1）旅客享受往返乘车减成的客票单程未使用。

（2）凭团体票实际乘车的成年旅客人数少于适用的运价规程中规定的减成标准人数。

如旅客或发送人因个人原因变更运输合同条件，则应退还按适用的运价规程计算的下列费用：

（1）如果旅客没有开始乘车并在列车出发 6 小时前（团体票为 5 天前，对立陶宛和爱沙尼亚共和国承运人团体票为 1 天前）提出乘车票据以便加以记载，退还客票（个人或团体）

和卧铺票票价。未遵守上述期限时，在客票有效期内并做有记载的情况下，退还客票（个人或团体）票价，卧铺费不予退还。

（2）如果旅客在某一中途站不再继续乘车并在其所乘列车到达后 3 小时内提出自己的客票以便加以记载，退还未乘车里程的客票票价。

（3）如果发送人在行李或包裹装车前提出不托运行李或包裹，则退还行李或包裹运费。

（4）如果已退还了未乘车里程的客票票价，则应退还该里程的行李运费。

对遗失的乘车票据，不退还已付的款额。

退还旅客票价或行李包裹运费时，可以向旅客或发送人扣除同退款有关的费用。

如果旅客没有乘车，并在列车出发 6 小时前提出，或旅客在中途站不再继续乘车，并在其所乘列车到达后 3 小时内提出不乘车或不托运行李、包裹，应立即办理已付款额的退还。

在其他情况下，根据旅客或发送人的书面申请按赔偿请求办法办理退还。

运送费用的退还，只由合同承运人办理。

任务练习

（1）××××年 5 月 2 日，王毅（住河北省石家庄市桥东区建设北大街 32 号）持 K1361 次石家庄站至郑州站车票一张，票号为 A02365，在石家庄站托运木箱（内装衣物、书籍）一件，重 30 kg，声明价格 300 元；行李卷一件，重 39 kg，声明价格 500 元。练习（条件不足的，自拟）：

① 作为王毅，填写托运单。

② 作为行李员，确定王毅托运的物品按哪种方式办理。

③ 作为行李员，用计算机、手工分别计算运费、制票、办理承运手续。

④ 作为行李员，将承运的物品入库。

（2）××××年 5 月 2 日，张仲持（住河北省石家庄市桥东区建设北大街 22 号）持 T89 次石家庄站至广州站车票一张（车票背面盖有“行”字戳记），票号为 A01657，在石家庄站托运行李卷一件，重 35 kg。练习（条件不足的，自拟）：

① 作为张仲，填写托运单。

② 作为行李员，确定张仲托运的物品按哪种方式办理。

③ 作为行李员，用计算机、手工分别计算运费、制票、办理承运手续。

④ 作为行李员，将承运的物品入库。

（3）××××年 5 月 2 日，李明（住河北省石家庄市桥东区建设北大街 12 号）持 6421 次石家庄站至邯郸站车票一张，票号为 A02203，在石家庄站要求将行李卷一件，重 30 kg，托运到郑州站。练习（条件不足的，自拟）：

① 作为李明，填写托运单。

② 作为行李员，确定李明托运的物品按哪种方式办理。

③ 作为行李员，用计算机、手工分别计算运费、制票、办理承运手续。

④ 作为行李员，将承运的物品入库。

（4）××××年 5 月 2 日，吴悠（住西安市华西路 20 号）在西安站托运木箱一件（内装苹果和板栗），重 60 kg，声明价格 400 元，要求运到成都站，交给王刚（住成都市站前街 25 号）。练习（条件不足的，自拟）：

① 作为吴悠，填写托运单。

② 作为行李员，确定吴悠托运的物品按哪种方式办理。

③ 作为行李员，用计算机、手工分别计算运费、制票、办理承运手续。

④ 作为行李员，将承运的物品入库。

（5）××××年 5 月 2 日，王南（住株洲市南马路 25 号）在株洲站托运自行车一辆（普利司通牌，新车，铃、锁、灯齐全），声明价格 1 000 元，要求运到永州站，交给李丽（住永州市兴宁路 25 号）。练习（条件不足的，自拟）：

① 作为王南，填写托运单。

② 作为行李员，确定王南托运的物品按哪种方式办理。

③ 作为行李员，用计算机、手工分别计算运费、制票、办理承运手续。

④ 作为行李员，将承运的物品入库。

任务二　行包中转及到达作业

任务描述

行包中转及到达作业是铁路行包运送作业的主要内容，关系到行包的运送安全和是否能够准确、按时交到旅客或收货人手里。行包的中转作业是指行包在中转站卸下后，再装入其他旅客列车中的行李车内继续运送的作业，其作业内容前半部分与到达行包的卸车作业相似，后半部分与始发行包的装车作业相似。行包到达作业包括到达通知、仓库保管、行包交付等环节。作为铁路车站行李员、行李值班员，应当掌握行包交接方法、到达通知规定、行包交付方法、行包到达逾期的处理方法等相关知识和技能，能够正确完成行包中转及到达作业中各个环节的工作，令旅客或收货人满意。

知识准备

一、行包运输方案

（一）行包运输方案概述

1. 行包运输方案的作用

行包运输方案是根据中转行李与包裹的装运原则、列车运行图的安排、列车区段行包密度以及车站中转能力等方面的情况，所规定的行包装运组织实施办法。按方案组织行包装运，一方面能避免不合理中转造成的人力、物力浪费，更合理地利用行李车运能，均衡地组织运输；另一方面可以减少行包中转环节，避免在运输途中可能造成货物损失，提高运输效率。除铁路局同意组织的不合理中转外，各站行装人员、列车行李员以及主管行包有关干部对行包运输方案必须认真贯彻执行。

行包运输方案应于新列车运行图实行前编制并与新图同时实行。

2. 编制行包运输方案应遵循的原则

1）长途直达原则

即直通列车优先装运至终到局及其以远的行包，优先满足长途中转和长途始发的需要。

2）长短途分工原则

即长途行包优先利用长途列车装运，短途行包利用短途列车装运。

3）中转组织原则

（1）有直达列车的必须以直达列车装运，减少行包中转次数，减少对枢纽中转站压力。

（2）没有直达列车的，选择在中转次数最少、有始发列车接运的车站中转。

（3）途中几个中转站中转次数相同时，应优先选择在能力充裕的车站中转。

（4）除方案规定的中转范围外，不得改变中转车站和增加中转次数。

4）区域集散原则

（1）在局管内，对直通能力紧张的二等及以下车站，准将始发行包向有直通能力的中转站集结，增加一次中转。直通能力紧张的一等站的始发行包需进行区域集结时，由铁路局确定。

（2）对直达运能紧张的中转站，准该站将行包装至到达局管内有始发能力的车站，增加一次中转。

5）适量装卸原则

行包装车站必须按照保证列车安全正点、先卸后装的原则，根据列车行李员提供的卸车站待卸行包件数和重量适量安排装车件数。

（1）装运至列车途中到站的行包件数，按卸车站站停时间每分钟不超过 15 件掌握。装运至列车终到站的行包件数不受限制。

（2）对体积小、重量轻的行包，单件重量在 16 ~ 20 kg 的，最大按卸车站站停时间每分钟卸行包总重不超过 300 kg 掌握；单件重量均在 15 kg 以下的，最大按卸车站站停时间每分钟卸行包总重不超过 450 kg 掌握。

（3）对超大包裹要相应核减装卸车件数。对超重包裹，重量每超过 15 kg 核减一件。站停时间不足 4 分钟的停车站和直达特快旅客列车禁止装运超重包裹。

（4）特快旅客列车在停车时间不足 4 分钟的车站只卸不装，在停车时间 4 分钟以上的车站可装运至列车终到站的行包。

6）优先运输原则

（1）行包办理站应按照“先行李，后包裹；先中转，后始发；先快运，后普包”的原则组织运输。

（2）快运包裹不受装运区段和限装区段的限制，但到站必须是快运办理站，车站和列车行李员不得拒绝装卸和交接。

7）限定原则

（1）鲜活（鲜花除外）包裹不准中转。

（2）同一城市有两个以上到站时，应选择有终到或经停的列车装运，严禁同城中转。

3. 编制行包运输方案的依据

（1）指定月份的直通、管内行包流向流量图。

（2）直通列车行包密度表等资料（按局别、中转站、终到站统计）。

（3）主要站分车次、区段装车件数和卸车件数。

（4）指定时间主要站行包承运件数（按局别或线别分区段资料）。

（5）特、一等站两年以内的行包流调查报告。其内容有：区内政治、经济、文化发展状况；产品销售运输渠道；集市贸易状况及交通工具发展状况；各种交通工具运价水平以及铁路运能和适应状况等。

（二）行包运输方案的内容

行包运输方案包括全路编挂行李车的全部旅客列车，包括跨局旅客列车行包运输方案和管内行包运输方案，并以表格的形式公布。其主要内容有：顺号、车次、运行区段、担当局、担当段、经由、行包办理站及停时、装运区段、限装、准装、始发时刻、终到时刻、旅行时间、运行距离、备注。

【例 3.3】 T16 次，广州—北京西，广州铁路集团公司担当列车乘务，广州客运段担当行李车运输，经由西良线、京广线。

（1）沿途行包办理站：长沙（4 分）、武昌（6 分）、郑州（4 分）。

（2）装运区段：武昌及以远。

（3）限装：沈局、哈局各站，京包线。

（4）准装：广州去沈大线在北京西中转每日限 100 件。

始发时刻为 17:25，终到时刻为 13:50，旅行时间为 20:25，运行距离为 2 294 km。

【例 3.4】 K527 次，南京西—广州，上海铁路局担当列车乘务，南京客运段担当行李车运输，经由宁铜线、京沪线、沪昆线、京广线。

（1）沿途行包办理站：南京（15 分）、镇江（5 分）、常州（3 分）、无锡（2 分）、苏州（2 分）、上海（8 分）、海宁（6 分）、杭州东（8 分）、金华西（8 分）、衢州（4 分）、鹰潭（12 分）、进贤（2 分）、新余（6 分）、宜春（5 分）、株洲（22 分）、衡阳（35 分）、郴州（7 分）、韶关（3 分）。

（2）装运区段：鹰潭以远。

（3）限装：湘桂线、京广线株洲以北、沪昆线株洲以西。

（4）准装：南京西去长沙终到行包在株洲中转每日限 100 件。

【例 3.5】 4327 次，锦州—沈阳北，沈阳铁路局担当列车乘务，沈阳客运段担当行李车运输，经由沈山线。

（1）沿途行包办理站：沟帮子（4分）、大虎山（5分）、新民（12分）。

（2）装运区段：各停车站。

（三）行包运输方案的执行

执行行包运输方案时，应注意以下有关事项：

（1）“某站以远、以东、以西、以北”不包括某站，“某站及其以远”包括某站。

（2）“装运区段”栏内，某站以远是指快、慢车停车站；“限装区段”栏内某线，某站以远、以东、以西、以南、以北及某站至某站间均指限装去有快车站的行包，快车不停车站的行包不限。

（3）行李、包裹的装车站或到站无直达列车时，可不受限装区段的限制。

（4）始发行李、电影胶片、急救药品以及规章规定旅客自押物品，可不受装运区段限制，但必须符合管规第45条规定装运。

（5）包裹和中转行李应以直达列车装运，不受计费经由的限制。

（6）行包中转站，在同一线路上产生往返运输超过 100 km 时，视为不合理中转；行包中转站停办业务时，由铁路总公司重新指定行包中转站。

行包运输方案在下列情况下可以进行调整：

（1）运能运量有较大变化时；

（2）较大行包中转站的行包房施工受影响时；

（3）产生其他影响行包均衡运输的原因。

方案的调整应由方案编制部门负责。

二、行包的运送原则

行包的运送，应根据流量和流向，按照先行李后包裹、先中转后始发、先重点后一般和长短途列车分工的原则，及时、安全、准确、合理、均衡地组织运输。为此，行李应随旅客所乘列车装运或提前装运，做到行李随人走、人到行李到；包裹应按其类别、顺序及性质统筹安排运输，并尽量以直达列车或中转次数少的列车装运。

三、行包的中转作业

行包的中转作业是指行包在中转站卸下后，再装入其他旅客列车中的行李车内继续运送的作业。作业内容前半部分与到达行包的卸车作业相似，后半部分与始发行包的装车作业相似。

为加速行包的运送，在装车时应注意将包裹和中转的行李以直达列车装运。没有直达列车时，应以中转次数少的列车装运。途中有几个中转站次数相同时，应首先在有始发列车接运的车站中转。如途中有几个站都有始发列车接运，原则上应在最后一个中转站中转，但其他站应适量分担。途中都没有始发列车时，应在最后一个中转站中转。

为缩短中转时间，站车应加强预报。中转站应按铁路总公司制定的“行包运输方案”做好中转计划，并采用“快速中转”的作业方法，即指定对各站较熟悉的装卸人员根据中转计划对中转的行包按标签上的到站边卸边分中转方向，分别卸在搬运车上。对能立即中转的，逐票进行核对，核对无误后送往列车停靠的站台装车。对不能立即装车中转的，核对票、货相符后，按方向别送中转或始发仓库加以保管。过往列车的行包中转作业应先卸后装，特别注意点件和交接，防止误装误卸。装车后应按中转方向、件数及时向前方站预报。

在中转过程中如发现行李、包裹有破损、减量、无货签或有其他异状时，应会同有关人员采取措施进行处理，不给到站或另一中转站造成困难。

四、行包的到达作业

到达作业是行包运输过程中最后一道工序，为此，到站应做好到达作业各项工作。

1. 卸　车

（1）车站行李员于列车到达前与行包计划员联系，预报情况，确认卸车站台，预先准备好人力和搬运车辆。

（2）列车到达后，车站行李员接收并清点运输报单总数，确认与交接证相符后，按票点件卸车。一般采用边卸、边点、边装搬运车、货不落地的方法，以缩短行包进库和搬运时间。在中转量大的车站应根据预报件数组织专人负责分拣行包，根据标签上的到站，分别中转和本站到达，边卸边分方向，分行李、包裹，以免发生卸后再挑货件的重复作业。卸车后要对所卸行包清点件数，检查包装，无误后在交接证上盖章签收。严禁信用交接。发现件数不符、行包破损或有其他异状时，经确认后应在交接证上注明现状，由站、车行李员按规定手续处理，并对行包随即按到达、中转分别送入库内，对立即中转的行包应送至装车站台。

2. 仓库保管

为保证到达行包的安全和完整，应及时将卸下的行包送到仓库保管。为便于查找对照，应根据作业量的大小和车站设备条件采用不同形式的分区堆放的方法。

（1）按件分区：以票据尾号（0～9）为标准，再按每一尾号分为一件区、二件区、三件区……十件区，十一件以上的为多件区。这种方法适于仓库面积较大的车站。

（2）按线分区：按线别划分为上行线区、下行线区，有三条线路以上时，分为某线区或某方向区，并分别以票据尾号（0～9）再划分货位。

（3）按票据尾号分区：不分件数、线别和到达日期，只按票据尾号（0～9）划分货位。

各站应根据具体情况进行堆放，不宜强求一致，对于容易破损的货件应单放，零星小件应放在明显处。

行包进入仓库后，接车行李员与仓库行李员应办理交接，并将到达日期、车次填记在运输报单相应栏内，再按运输报单填写行包到达登记簿，注明堆放货位。运输报单的整理和保管也应按上述堆放区域划分，分别整理，并在专用格子里保管以便查找。仓库行李员交接班时，凭交接簿进行票货核对，并严格执行“货动有交接、交接有手续”的安全工作制度。

为避免行包长期占用行包库房，保证铁路行包正常运输，铁路规定了行包免费保管期限。行李从运到日起，包裹从发出到达通知日起免费保管 3 天。超过免费保管期限领取时，按超过日数核收保管费。

对于因铁路责任或不可抗力等原因而办理了延长客票有效期手续的旅客，对其托运的行李也应按客票的延期日数延长免费保管的天数。

行李、包裹逾期未到，旅客或收货人前来领取时，除车站应向有关站进行查询外，并应在行李、包裹票背面加盖行包逾期戳注明时间。同时还应记录旅客、收货人姓名、住址、邮政编码、电话号码等，以便行李、包裹到达后及时发出通知，并从通知日起免费保管 10 天。

3. 到达通知

行李随旅客所乘坐的列车运至到站，旅客即可提取，包裹由托运人在发站办理托运后，应立即告知收货人按时提取。同时，车站为确保正常运输及加速仓库的周转，包裹到达后，还应及时（最迟不得超过次日 12:00）用电话、明信片等方式通知收货人迅速提取。

4. 交付规定

旅客或收货人凭行李、包裹票的领取凭证领取行李、包裹。铁路向收货人办理交付时，应认真核对票货，确认票据号码、发站、到站、托运人、收货人、品名、件数、重量、包装无误后在运输报单上加盖“交付讫”戳予以交付，同时收回领取凭证。如将领取凭证丢失，必须提出本人身份证、物品清单和担保人的担保书，承运人对上述单、证和担保人的担保资格认可后，由旅客或收货人签收办理交付。如收货人提不出担保人的担保书，可以出具押金自行担保。押金数额应与行李、包裹的价值相当，抵押时间由车站与旅客或收货人协商确定。车站收取押金时应向旅客或收货人出具书面证明。

旅客或收货人在声明领取凭证丢失前，若行李、包裹已被冒领，承运人不承担责任。

经当事人双方约定，包裹也可使用领取凭证的传真件领取，凭传真领取包裹按下列规定办理：

① 凡要求使用包裹传真件提取包裹的发货人，应向发站提出申请。发货人为个人的，应在托运单上注明，由车站确认后受理；发货人为单位的，必须与车站签订协议。

② 发站在办理承运时，必须在包裹票记事栏各联中注明“凭传真件提货”字样，凡计算机打印的包裹票，该字样也必须由计算机打印。

③ 到站在办理交付时，应首先确认包裹票上有“凭传真件提货”字样，对于收货人为个人的，凭传真件、收货人身份证、身份证复印件领取；对于收货人为单位的，凭收货人单位介绍信、提货人身份证、身份证复印件领取，传真件、介绍信和身份证复印件留存。

收货人要求凭印鉴领取包裹时，应与车站签订协议并将印鉴式样备案，而且不得再凭包裹票的领取凭证领取。车站应建立凭书面证明和印鉴领取包裹的登记簿。交付时，收货人应在登记簿上签字并加盖印鉴。对凭印鉴和传真领取的均不再给运输报单。

旅客或收货人领取行李、包裹时，如发现短少或有异状，车站必须复查重量，必要时可开包检查，如构成行包事故，车站应编制事故记录交旅客或收货人作为要求赔偿的依据。

5. 行包运到逾期的处理

行包应在规定的运到期限内运至到站。如实际运到日数超过规定的运到期限时，到站应按所收运费的百分比（最高额不得超过运费的 30%），向旅客或收货人支付运到逾期违约金。

由于不可抗力（如自然灾害）或非铁路责任（如疫情、战争、执法机关扣留等）所发生的停留时间，应加算在运到期限内。

其计算公式如下：

$$C = F\psi$$

式中 C——运到逾期违约金额（尾数以角为单位，分值采取四舍五入处理）；

F——运费；

ψ——违约金比率，以 5% 为计算单位，尾数按 2 舍 3 入、7 退 8 进处理，其计算公式为：

$$\psi = d_{逾期}/d_{运期} \times 30\%$$

其中 $d_{逾期}$——逾期日数；

$d_{运期}$——运到期限。

一批中的行李、包裹部分逾期时，按逾期部分的运费比例支付运到逾期违约金。旅客或收货人要求支付运到逾期违约金时，应自到达次日起 10 天内提出，并提出行李、包裹票（行李、包裹票丢失或包裹票未到时，应提出保证单位书面证明和所有权证明）。支付运到逾期违约金时，应填写退款证明书，以站进款支付。

行李未到，当时又未超过运到期限，旅客需继续旅行并凭新购客票办理转运至新到站的手续，交付运费后行李逾期到达原到站，车站应编制客运记录，随同运输报单一并送交新到站，作为退还已收转运区段运费的凭证，但保价费不退。

旅客要求将逾期的行李运到新到站时，铁路可凭新客票运送，但不再支付运到逾期违约金。铁路在办理时，新行李票按原行李票转记，运费栏划斜线抹消，记事栏注明“逾期到达，免费转运”。如旅客换乘其他交通工具时，车站一般不代办行李的转运手续，但特殊情况代为办理时，费用由旅客预先支付。

包裹逾期到达，仅支付运到逾期违约金，不办理免费转运。

行包运输变更（包括因误售、误购车票以致误运而造成的行李运输变更），致使行包逾期到达，铁路不支付运到逾期违约金。

【例 3.6】 ××××年 4 月 9 日，在北京西站行李房，收货人李敏接到到达通知后，持包裹领货凭证领取包裹。包裹票记载：5 件纺织品总重 150 kg，4 月 1 日承运，运到期限 4 天，运费 159.0 元，于 4 月 8 日运到。收货人要求提取包裹并支付逾期违约金，如何办理？

办理：按规定办理包裹领取手续，领取包裹。本批包裹运到期限 4 天，逾期 4 天，应向收货人支付逾期违约金。

（1）逾期违约金比例：$\psi = d_{逾期}/d_{运期} \times 30\% = 4/4 \times 30\% = 30\%$。

（2）逾期违约金：$C = F\psi = 159.0 \times 30\% = 47.7$（元）。

（3）填写“退款证明书”，包裹票和退款证明书丙联一并随当日票据上报。

五、无法交付物品

无法交付物品的产生，往往是由铁路运输企业管理不善、运输质量不高以及旅客或托运人自身过失等原因所造成。为此，必须加强理货、保管、装卸、运输等各个环节的工作，把无法交付物品减少到最低限度，以致消灭。

对已发生的无法交付物品，应想方设法寻找线索，千方百计使其物归原主。车站对自站发现的或列车移交的无法交付物品，必须妥善保管，任何单位或个人都不得自行动用，并按下列几个环节处置。

1. 无法交付物品的确定

（1）无法交付的行包是指由于铁路或托运人、收货人的原因，造成不能交付给正当收货人的物品。

（2）无法归还的旅客遗失物品是经查找未能归还原主而由车站保管的物品。

（3）无人领取的暂存物品是旅客在车站携带物品暂存处存放，长期无人领取的物品。

2. 无法交付物品的管理

车站对无法交付的物品，应按无法交付物品的开始日期、来源、品名、件数、重量、规格、特征等登入无法交付物品登记簿内。登记簿内的编号、移交收据的编号及物品上的编号应一致，以便查找。有条件的车站，账和物应由专人分管，做到账物相符。无法交付物品在保管期间发生丢失、损坏时，由保管人负责。回送过程中发生丢失、损坏时，比照行包事故处理。

3. 无法交付物品的处理

车站、经营人对无法交付物品，行李从运到日起，包裹从发出到达通知日起，遗失物品和暂存物品从收到日起，满 90 天无人领取时（易变质物品应及时处理），车站、经营人进行公告。公告满 90 天仍无人领取时，开列清单，报请铁路局批准，按下列规定处理：

（1）行李、包裹、旅客遗失物品、暂存品等，送交拍卖行拍卖（如当地无拍卖行时，应向铁路局指定设立的无法交付物品集中处理站转送）。

（2）枪支、弹药、机要文件及国家法令规定不能买卖的物品等，移交有关部门处理。

无法交付的物品，除移交有关部门处理的以外，其他物品均应作价移交（即拍卖收入）。在扣除发生的一切费用后，属于旅客遗失物品、无人领取的暂存物品、行李、包裹作价剩余款额，自变卖日起 180 天内旅客或托运人、收货人来领取时，车站、经营人应将旅客或托运人、收货人出具的物品所有权的书面证明报铁路局审核拨款。无人领取时，上缴国库。属于事故行包作价剩余款额拨归铁路收入（按保价办理的行包冲抵保价费）。

车站所建立的“无法交付物品登记簿”，应记载无法交付物品内容及处理情况，逐季报铁路局。

六、国际联运行包的交付

1. 行李的交付

旅客凭行李票领取行李。行李一般在行李票所记载的到站交付。特殊情况下，旅客可以要求在发站或中途站领取行李，但必须提前征得铁路和海关等部门的许可。在中途站交付行李后，行李员应在旅客所持的客票背面“行李”戳记下面记载“行李已在××站交付”字样。行李到达后，到站应在行李运行报单背面“关于行李到达的记载”栏填写到达日期和车次，在“行李到达簿顺序号码”栏记录行李到达簿顺号，然后在方框内加盖车站日期戳。

铁路交付行李时，应将行李票同行李运行报单进行核对，无误后收回行李票。交付行李后，在行李票和行李运行报单背面“关于交付行李的记载”栏填写“已交付”字样，并在方框内加盖车站日期戳。铁路没有义务核查提出行李票的旅客是否确是行李的所有者。

车站交付行李后，将收回的行李票和行李运行报单造表上报上级主管部门。

旅客要求领取行李，但行李未到时，车站应在旅客提出的行李票背面记载“行李未到”并加盖车站日期戳。交付行李时，如发现重量多出，应编制商务记录，但不向旅客补收多出重量部分运费。这项费用将通过本国铁路中央机关向过磅错误的国家铁路核收。

行李自到达或被海关截留之日起 3 个月无人领取，或者虽未满 3 个月，但因长期存放造成行李本身价值降低或保管费超过行李本身价值，则车站可以予以变卖。变卖按照国内规章办理。变卖后如能查明旅客地址，车站应将变卖情况通知旅客。铁路变卖后应从所得款额中扣除未支付的保管费及关税等费用，然后将剩余费用退还旅客。

如果由于铁路责任造成行李运到逾期，待行李到达后旅客可以向车站提出赔偿请求。如果旅客不能等待行李到达，可以向车站要求做如下处理：

（1）免费将行李返回发站；

（2）按到达国铁路国内规章规定的办法，将行李转发送至该国的另一到站；

（3）将行李转发送至其他国家的国际旅客联运站。

2. 包裹的交付

包裹应在包裹票上记载的到站交付。

包裹到达后，到站应在包裹运行报单背面“关于包裹到达的记载”栏填写到达日期和车次，在“包裹到达簿顺序号码”栏记录包裹到达簿顺号，然后在方框内加盖车站日期戳。到站应在包裹到达的 16 小时内，按到达国铁路国内规章规定的办法通知领收人。

包裹应交付包裹运行报单所载的领收人，也可以交付给持有领收人委托书的其他人，但其所持的委托书必须符合到达路现行国内规章的规定。领收人或其委托人不必提出包裹票，但须出示本人有效身份证件，如身份证、护照。

到达交付包裹时，应向领收人核收途中和到站发生的一切费用，由领收人在包裹运行报单背面签字。车站将领收人身份证件的号码等有关事项记入包裹运行报单背面相应栏内。凭委托书领取包裹时，车站还应填写委托书号码等有关事项。然后在包裹运行报单背面“关于包裹交付的记载”栏填写“已交付”字样，并在方框内加盖车站日期戳。

车站交付包裹后，将包裹票和包裹运行报单造表上报上级主管部门。对一次有效的委托书，到站应当收回并连同包裹运行报单一并上报。

如已将包裹的到达事项通知领收人，而领收人在 5 天以内未来领取，包裹即认为无人领取，并按到达路国内规章予以变卖。但按包裹托运的家庭用品，如领收人不在或未来领取，应自到达之日起 30 天后方可予以变卖。车站应将包裹变卖情况通知发送人。包裹在运到期限结束后经过 20 天因铁路过失还不能交付时，即认为已经灭失，领收人有权要求铁路赔偿。

如果由于铁路责任造成包裹运到逾期，待包裹到达后领收人可以向车站提出赔偿请求。如果包裹发送人同时也是其领收人，则当因铁路责任造成运到逾期的情况下，发送人有权要求凭包裹票将包裹返回发站。到站应将发送人的意见记入包裹票。

任务练习

一、行包到达作业练习

××××年 5 月 2 日，某次旅客列车到达石家庄站，行李车内装有本站到达行李两批、包裹两批，包括：旅客王毅（住河北省石家庄市桥东区建设北大街 32 号）的木箱一件，行李卷一件；旅客张仲（住河北省石家庄市桥西区红旗大街 22 号）的皮箱一件；收货人李明（住河北省石家庄市桥东区建设北大街 12 号，电话号码××××××××）的纸箱一件；收货人王刚（住河北省石家庄市桥西区红旗大街 2 号，电话号码××××××××）的自行车一辆。按到达作业程序练习（条件不足的，自拟）。

二、行包运到逾期的处理练习

（1）××××年 5 月 2 日，在北京西站行李房，旅客王彤持行李领货凭证领取行李，行李票记载：4 月 22 日承运，运到期限 6 天，运费 330.4 元，三件行李总重 140 kg，其中一件 36 kg 于 4 月 27 日运到，其余两件 104 kg 于 5 月 1 日运到，要求提取行李，支付逾期违约金，练习到达站处理程序。

（2）××××年 1 月 5 日，旅客穆珊（住址：河北省廊坊市光复街 1 号），凭客票由廊坊北站托运至山海关保价运输行李 1 件（手提箱），重 20 kg，声明价格 500 元，票号为 C90045，6 日旅客凭新购山海关至沈阳站 T271 次（北京——吉林）车票（票号为 A03242）及原行李票，在山海关站办理转运手续（当时行李未到）。转运手续办理后，该件行李 10 日到达山海关站，12 日运到沈阳站，旅客次日提取。练习相关车站办理程序。

三、无法交付物品的处理练习

某站，×××× 年 3 月 2 日到达一批包裹（内衣，收货人王功权，地址×市××区××大街 2 号，电话××××），当日发出领货通知，后经多次联系未果，包裹一直无人认领。按规定练习处理此批包裹。

任务三　行包变更及违章处理

任务描述

行包变更及违章运输处理作业是铁路行包运送作业中的特殊情况作业。行包变更是指旅客或托运人在办理完行包发送手续后，遇特殊情况后变更原来的运输合同，主要包括装车前取消托运、装运后变更到站等内容；行包违章运输包括行包实际品名与申报品名不符、行包实际重量与收费的重量不符、行包无票运送等情况。作为铁路行李员、行李值班员，应当掌握行包变更及违章运输处理作业方法，能够正确完成行包变更及违章运输处理作业中各个环节的工作，达到既令旅客或托、收货人满意，又保证铁路行包的正常运送秩序及铁路对行包运送的正常收益不受损失。

知识准备

一、行包的运输变更

旅客或托运人交由铁路运输的行包，由于某种原因要求取消托运和变更到站的情况时有发生。运输变更有一定条件限制，如行李应随人走，凭客票托运，在变更到站时，仅限办理运回原发站和中止旅行站。再如鲜活物品因本身易于变质、死亡及受运输条件的限制，除装运前取消托运外，不办理其他变更。

行包的运输变更，根据装运前后的情况分别办理。

1. 装运前取消托运

行李、包裹在发站办完托运手续至装车前，旅客或托运人要求取消托运时，车站应收回行李、包裹票注销，注明“取消托运”字样。办理时，以车站退款证明书办理退款，收回的行李、包裹票报销联随车站退款证明书上报。核收因取消托运发生的各项杂费（如保管费、变更手续费等），另填发客运运价杂费收据（简称为“客杂”，见图 3.3.1），并将“客杂”号码及核收的费用名称、金额填注在取消托运的行李、包裹票上。

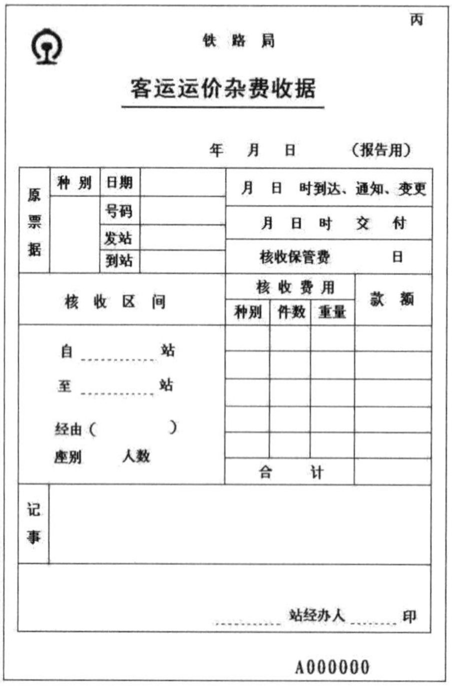
丙

铁路局

客运运价杂费收据

年 月 日 （报告用）

原票据	种别	日期		月 日 时到达、通知、变更			
		号码		月 日 时 交 付			
		发站		核收保管费 日			
		到站					
核收区间				核收费用			款额
				种别	件数	重量	
自……站 至……站 经由（ ） 座别 人数							
				合计			
记事							

……站经办人……印

A000000

图 3.3.1　客运运价杂费收据

取消托运的行李、包裹，已收运费低于变更手续费和保管费时，运费不退也不再补收，收回原行李、包裹票，在报单页、旅客页和报销页注明“取消托运，运费不退”字样。旅客页贴在存根页上。

2. 装运后变更到站

行李、包裹装运后，旅客、托运人或收货人要求变更运输时，只能在发站、行李或包裹所在中转站、装运列车和中止旅行站提出。如要求取消托运或变更到站时（鲜活物品除外），按下列规定办理：

（1）发站对要求运回发站的行包，应收回行李、包裹票，编制客运记录，注明原票内容，交旅客或托运人作为领取行包的凭证；对要求变更到站的行包，应在行李、包裹票旅客页和报销页上注明“变更到××站”，更正到站站名及收货人单位、姓名，加盖站名戳，注明日期，交给旅客或托运人，作为在新到站领取行包和办理变更运输后产生运费差额的核算凭证。对于要求运回发站或变更到站，在办理时，都应发电报通知有关车站和列车。

（2）列车接到电报，找到行包时，应编制客运记录，连同行包和运输报单，交前方营业站或运至新到站（旅客在列车上要求变更时，可按此办理）。

（3）行包所在站接到电报后，应编制客运记录注明应收保管费日数及款额，改正货签上的发、到站，连同行包运回发站或运至新到站（对列车移交的也同样办理）。

（4）发站或新到站收到行包后，通知旅客或收货人（托运人）领取，补收或退还已收运费和实际运送区段里程通算运费的差额，核收变更手续费。如超过规定免费保管期限时，核收保管费（包括所在站发生的保管费）。补收时填写“客杂”，退款时填写退款证明书，并将收回的原票贴在“客杂”或退款证明书报告页上报。

旅客在发站或中途站停止旅行，要求把行李运至原到站时，应补收停止旅行站至原到站的行李与包裹的运费差额，核收变更手续费。但货件可凭原行李票继续运送，收货人凭原行李票在原到站提取。

因误售、误购客票而误运行李时，补收或退还已收运费与发站至正当到站运费的差额，不收变更手续费。同时应编制客运记录或发电报通知行李所在站，将误办的行李运至正当到站。到站需要补收行李运费差额时，使用“客杂”核收，并在原行李运输报单页、报销页和旅客页的记事栏注明“误运”，报单页加盖“交付讫”戳记，交旅客报销；需要退款时，使用退款证明书退还，原行李票收回附在退款证明书上一并上报。

行李、包裹运输变更处理程序如图 3.3.2 所示。

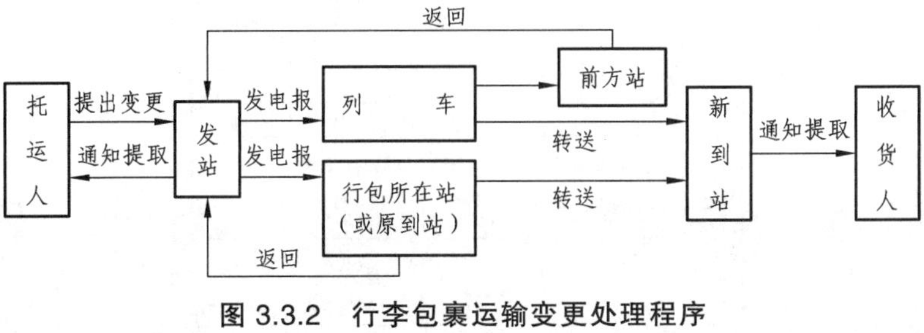

图 3.3.2　行李包裹运输变更处理程序

【例 3.7】 ××××年 10 月 25 日，石家庄合金厂由石家庄站托运西安站合金 2 箱 30 kg，运费 36.0 元，票号为 E23112，收货人为西安市合金厂周旭。该批货物装当日车并于 26 日到达西安站。10 月 27 日，西安站接石家庄站第 57 号该批包裹变更到站电报（变更至郑州），收货人为郑州合金厂赵楠。29 日该批包裹运至郑州站，当日通知收货人，30 日领取。各相关车站如何处理？

处理：符合变更条件，允许变更。产生了装车后变更费、保管费、装卸费。

（1）托运人要求变更到站时，石家庄站更改领取凭证的到站及收货人姓名、地址，作为新到站领取包裹的凭证。

（2）石家庄站向西安站拍发变更到站电报，并抄送郑州站。

（3）西安站接到变更电报后，编制客运记录，更改运输报单的到站、收货人姓名、地址，连同包裹运至郑州站。

（4）郑州站计算运杂费。

① 补收运费。

石家庄—西安—郑州运价里程为 1 434 km。

应收 30 kg 三类包裹运费：$1.772 \times 30 = 53.2$（元）。

发站已收运费 36.0 元。

补收：$53.2 - 36.0 = 17.2$（元）。

② 核收变更手续费：10.0 元。

③ 核收保管费：西安站 $3.0 \times 2 \times 2 = 12.0$（元）。

④ 核收装卸费：西安站 $2.0 \times 2 \times 2 = 8.0$（元）。

⑤ 共计收费：$17.2 + 10.0 + 12.0 + 8.0 = 47.2$（元）。

（5）填写“客杂”，如图 3.3.3 所示。

丙

郑州铁路局

客运运价杂费收据

XXXX 年10月30日　　(报告用)

原票据	种别	日期	xxxx.10.25	月　日　时到达、通知、变更			
	包裹票	号码	E23112	月　日　时　交　付			
		发站	石家庄	核收保管费　　日			
		到站	西安				
核收区间				核收费用 种别	件数	重量	款额
自 石家庄 站				运费差	2	30	17.2
至 郑州 站				变更手续费			10.0
经由（ 西安 ）				保管费			12.0
座别　人数				杂项计			8.0
				合计			47.2

记事：
1. 装车后变更到站，西安站2天保管费。
2. 杂项：装车费4.0元，卸车费4.0元。

郑州 站经办人 印　印

A000000

图 3.3.3　客运运价杂费收据填写样式

二、行包的违章运输

行包的违章运输，包括品名、重量不符及无票运输等情况。

1. 对品名不符的处理

品名不符是指运送物品与申报品名不同，影响运价计算，甚至把危险品、国家禁止或限制运输的物品，伪报成其他可运输的品名，进行隐瞒运输。

对品名不符的处理，关系着维护政府法令，保证运输安全，保障运输收入，贯彻运输政策等多方面的问题，因此，发现品名不符时，应采取认真负责和实事求是的态度，区别不同性质，正确处理。

对伪报一般品名的，在发站，应补收已收运费与正当运费的差额；在到站，补收应收运费与已收运费差额两倍的运费。

如将国家禁止、限制运输的物品或危险品伪报其他品名托运或在货件中夹带时，按下列规定处理：

（1）在发站发现时，停止装运，通知托运人领取，运费不退，并将原票收回，在记事栏内注明“伪报品名，停止装运，运费不退”。将报销页交托运人做报销凭证，保管费另以“客杂”核收。

（2）在中途站发现时，停止运送，发电报通知发站转告托运人领取，运费不退，并对品名不符的货件，按实际运送区段补收四类包裹运费。另根据保管日数，核收保管费。

（3）在列车上发现时，编制客运记录交到站处理，属危险品交前方停车站处理。

（4）在到站发现时（包括列车移交的），对品名不符的货件补收全程四类包裹的运费及保管费。

车站除按上述规定办理外，认为有必要时，可交有关部门按国家有关规定处理。

因托运人伪报品名给铁路和其他旅客（收货人）造成的损失，由托运人负完全责任。车站列车发现伪报品名的行李、包裹，损坏其他旅客、托运人的行李、包裹时，应编制客运记录，分别附在伪报品名的行李、包裹票上，交有关到站处理，并由责任者的到站负责追索赔偿。

2. 对重量不符的处理

重量不符是指行包的实际重量与票据记载的重量有出入。这种情况的产生，往往是因为检斤不认真以及为图省事采取估计重量或盲目信任托运人用有关单据记载的重量来代替承运时重量。重量不符，直接影响运费计算的正确性。为此，我们要本着实事求是的精神进行处理，应补收时，则补收超重部分正当运费，应退还时退还多收部分的运费。在办理过程中应遵循下列规定：

（1）到站发现行包重量不符，应退还时，开具退款证明书将多收款退还收货人。

（2）应补收时，开具“客杂”，补收正当运费，同时编制客运记录附收回的行李、包裹票报局收入部门，由局收入部门列应收账款向检斤错误的车站再核收与应补运费等额的罚款。

3. 对无票运输的处理

无票运输是指行李、包裹应办托运手续而未办理的一种违章运输。为严肃运输纪律、严格按章办事、杜绝不良风气，车站和列车应拒绝装运无票的行包。如发现已装运的，列车长、列车行李员应编制客运记录交到站处理。到站对移交和自站发现的无票运输的行包，按照实际运送区段，加倍补收四类包裹运费。

以上补收运费、运费差额或保管费均用“客杂”核收，并在记事栏内注明核收事由。

【例 3.8】 ×××× 年 12 月 1 日，石家庄站交付 11 月 30 日由锦州站运至石家庄站行李 1 件，重 40 kg，运费 18.2 元，票号为 G03710（K128 次列车装运），发现内装 2 包 10 kg 文具，石家庄站如何处理？

处理：到站发现伪报一般品名货物，补收应收运费与已收运费差额两倍的运费。

（1）补收运费。

锦州—石家庄运价里程为 867 km。

应收 40 kg 三类包裹运费：$1.151 \times 40 = 46.0$（元）。

已收运费 18.2 元。

补收运费：$(46.0 - 18.2) \times 2 = 55.6$（元）。

（2）填写客杂，在记事栏中注明：交付时发现行李中夹有文具 10 kg。

任务练习

一、行包取消托运练习

（1）××××年 4 月 1 日，托运人张强，在济南站托运配件 4 箱 120 kg 到商丘站，票号为 A66666，运费为 64.8 元，收货人为商丘市机械厂，2 日托运人到济南站办理取消托运手续（尚未装车），济南站如何办理？

（2）××××年 4 月 1 日，旅客袁立持 2463 次列车大同至太原的车票，在大同站托运保价运输的行李 1 件，重 20 kg，声明价格 100 元，运费为 4.0 元，票号为 E613144。袁立在发站停止旅行，当日办理行李取消托运手续（尚未装车），大同站如何办理？

（3）××××年 4 月 1 日，旅客王欣在北京西站托运 1 件行李到石家庄站，票号为 A23579，重 20 kg，4 月 2 日旅客要求取消托运，此时，行李已运至石家庄站，北京西站、石家庄站如何处理？

二、行包变更到站练习

（1）×××× 年 4 月 1 日，发货人王利民在北京站托运至枣庄西站文具 2 件，重 100 kg，票号为 A28064。当日，发货人要求变更到商丘站（未装车），车站应如何处理？

（2）×××× 年 4 月 1 日，发货人王利民在北京站托运至枣庄西站文具 2 件，重 100 kg，票号为 A28064。装运后，发货人要求变更到商丘站，包裹装在当日北京开往徐州的 2565 次列车上，相关站、车应如何处理？

三、行包违章运输处理练习

（1）××××年4月1日，旅客王凯悦（民族大街9号），在北京站托运皮带3箱38 kg，到东光站，票号为A099880。2日装车前发现伪报品名全部是香烟，车站如何处理？

（2）××××年4月1日，郑州信达化工厂托运郑州站至黄石站包裹一批3件，票号为B05340。2日在武昌站中转时发现其中1件为危险品，重40 kg，武昌站如何处理？

（3）××××年4月3日，收货人郭雯，持领货凭证（票号为C03211，4月1日由天津站发山海关站服装5件，重100 kg），到山海关站领取包裹，交付时经复磅发现，其实际重量为200 kg，山海关站如何处理？

（4）××××年12月4日，宣化站装4442次列车时，发现一件未办托运手续的自行车1辆，要求到石家庄站（声称时间仓促未及时办理托运手续），站、车如何处理？

思考题

1. 行李的范围和包裹的分类是怎样规定的？
2. 哪些物品不准在行李中夹带？
3. 哪些物品不能按包裹运输？
4. 行包运输方案包括哪些内容？
5. 行包的运送原则是什么？
6. 行包交付应注意什么问题？
7. 行包要求运输变更的条件有哪些？
8. 行包违章运输有哪些？

【拓展知识】

铁路行包快运

铁路行包快运是指由中铁快运股份有限公司办理的铁路行包“门到门运输”，分为普通快运和高铁快运两种。

普通快运是指以铁路客车行李车为主要运输工具辅以公路、航空和市内配送资源，向客户提供的小批量货物门到门运输服务。

高铁快运是指以高铁动车组列车为主要运输工具辅以公路和市内配送资源，向客户提供的小批量货物门到门运输服务，具有时效快、品质优、标准高的特点。主要运输批量小、价值高、时效强的商务文件、电商包裹、生物医药、冷链食品、应急物品等物品。

一、普通快运

1. 产品种类

普通快运包括：时限快运和标准快运两种产品。

时限快运是指根据客户需求，将当日承运的包裹，按照向客户承诺的交付日期（时间）交付。根据客户不同需求，时限快运可分为次日达、三日达、四日达。超出所承诺的运到时限，经确认不属于免责条款范围内的，退还全部运费。

标准快递是指根据客户需求，将承运的包裹，采用标准定价、标准操作流程，各环节均以最快速度进行承运、中转和配送，对客户提供承诺时限的快运产品。承诺时限是指为客户提供国内主要大中城市间，从承运当日起 4 日内送达；运输距离 3 500 km 以上或无法直达的城市间，从承运当日起 4 ~ 6 日送达的门到门快运服务。

2. 承运要求

快运包裹除与普通包裹要求相同外，外部尺寸长宽高之和不得小于 0.6 m，货物外部的最大尺寸应不超过长 3 m、宽 1.5 m、高 1.8 m，超过时应先与中转机构或到达机构协商，同意后方能办理，并根据快运包裹的外部尺寸及重量选择合适的运输工具。每件最大重量一般不得超过 50 kg，超过时按超重快运包裹办理。

车站在办理承运手续时应正确填写中国铁路小件货物快运运单，按公布的包干费收取费用。中国铁路小件货物快运运单与普通包裹票主要不同栏的填写要求：

（1）发送地、到达地应当填写货物实际接收和交付的地点。

（2）对每立方米重量不足 167 kg 的轻泡货物需要填写体积。

（3）快运包干费和超重附加费按规定费率计费或按协议价格（低于标准）填写。

3. 交　付

（1）收货人是单位时，凭收货单位介绍信和经办人有效证件领取。收货人是个人时，凭收货人有效证件领取；须代领时，凭收货人有效证件（或复印件）及代领人的有效证件领取。交付人员验证后在快运单丁联上填写有效证件号码和交付时间，并由领货人签字。

（2）送货上门时，收货人是单位，可在快运运单丁联上加盖公章并由经办人签字后交付；收货人是个人，送货地点是私人住宅时，可凭收货人或其家属有效证件并签字后交付；送货地点为单位时，凭收货人有效证件并签字或加盖公章并由代领人签字后交付。办理交付手续时由领货人在快运单丁联上填写交付时间。

（3）收货人栏同时记载单位名称和个人姓名时，符合以上任何一种手续均可交付。

（4）收货人要求凭印鉴领取快运包裹时，可与经营人签订协议并将印鉴式样备案。交付时加盖印鉴即可。

4. 逾期处理

快运包裹超过规定的运到期限运到时，经营人应按逾期天数每日向收货人支付包干费

（包括超重附加费、转运费、到付运费）3%的违约金，但违约金最高不超过包干费 30%。违约金不足 1 角的尾数按四舍五入处理。快运包裹超过运到期限 20 天以上仍未到达时，收货人可以认为快运包裹已灭失而向经营人提出赔偿。

5. 批量运输费用优惠

（1）批量是指在同一批货物中，每件货物的重量均不超过 50 kg（非铁路行李车运输方式的除外），每批货物的总重量达到 200 kg 及以上时，即为批量。

（2）批量包裹运价为：每批重量在 200 ~ 400 kg 的，快运包干费最高下浮 30%；每批重量达到 401 ~ 1 000 kg 的，快运包干费最高下浮 40%；每批重量达到 1 001 kg 及以上的，快运包干费最高下浮 50%。发送至无轨办理城市（含周边送货城市）的批量快运包裹的转运费（从转运站至无轨城市及周边送货城市间）不下浮。

6. 合同客户费用优惠

合同客户主要针对发货量长期稳定，合作信誉较好，无任何拖欠运费和呆坏账现象，运费定期结算，并给予一定运价优惠的、具有一定规模的客户。各承运机构根据客户的发货频率、一定时间内的总发货量、单位信誉、客户的需求和以往的合作情况等综合因素来确定其是否为合同客户。

合同客户还包括无运费优惠需求，但要求定期结算（月结）、汇总开票的客户。

（1）价格标准：合同客户快运包裹的运输价格是依据现行快运包干费费率的标准，根据客户在结算期内的总发货量进行优惠，最高优惠比例不超过包干费费率的 30%。

（2）全程公路运输时，每批包裹重量达到 200 kg 及以上时，最高下浮不得超过快运包干费费率的 50%。

（3）送货费：在快运包裹免费送货区域内，每批货物的起码送货费为 70 元；一批货物的总重量超过 500 kg 时，每增加 100 kg（不足 100 kg 按 100 kg 计算）增加 10 元。超出免费送货区域时（经到达机构同意后），在上述标准基础上，每 10 km（从配送点起至收货地点止，不足 10 km 的按 10 km 计算）另增加送货费 20 元；送货中产生的过路（桥）费另行核收。

二、高铁快运

1. 产品种类

高铁快运产品包括：当日达、次晨达、次日达、隔日达、经济快递、同城快递及高铁极速达七种。

（1）当日达。

为满足客户对快件高时效的需求，提供的城市之间当日收取当日送达的高铁快运服务。当日达业务包含“省内当日达”和“省际当日达”。

高铁快运服务时效：当日截单时间（10:00）前所承接的快件，承诺当日 22:00 前送达收件人。

（2）次晨达。

城市间当日收取次日上午送达的门到门高铁快运服务。次晨达业务包含“省内次晨达”和“省际次晨达”。

高铁快运服务时效：当日截单时间（13:30）前所承接的快件，承诺次日 11:00 前送达收件人。

（3）次日达。

城市间当日收取次日送达的“门到门”高铁快运服务。次日达业务包含“省内次日达”和“省际次日达”。

高铁快运服务时效：当日截单时间（17:00）前所承接的快件，承诺次日 18:00 前送达收件人。

（4）隔日达。

城市间当日收取第三日送达的门到门高铁快运服务。

高铁快运服务时效：当日截单时间前所承接的快件，承诺第三日 18:00 前送达收件人。

（5）经济快递。

为满足客户一般性时效需求，所提供的高铁快运服务时效根据距离远近在 3 至 5 日送达（含寄送当天）的高铁快运产品。

高铁快运服务时效：所辖省的省会城市间距离 1 600 km 以内的城市间 3 日送达，距离超过 1 600 km 的城市间 4 日送达，距离超过 2 400 km 的城市间或者交通不便的地区（偏远地区）5 日送达。

（6）同城快递。

为客户提供的取派件均在同一城市的高铁快运服务。

高铁快运服务时效：收取快件后 24 小时内送达。

（7）高铁极速达。

充分发挥“复兴号”动车组的优势，远距离城市间 10 小时的门到门高铁极速达快运服务。

2. 运输费用

高铁快运产品定价贴近市场，按照“一口价”原则实行“首重＋续重”的计费，首重和续重计费重量均为 1 kg，不足 1 kg 按 1 kg 计费。具体收费标准见表 3.4.1。

表 3.4.1　收费标准

省际产品	首重运费（元）	续重运费（元/千克）	
		16 00 km 以内	超过 1 600 km
当日达	130 元	25	—
次晨达	30 元	15	—
次日达	17 元	10	14
隔日达	15 元	6	10

项目四　车站客运作业

【教学目标】

车站客运作业是车站客运服务的一个重要环节，也是贯穿整个旅客运输过程的作业，更是铁路对外展示企业文明形象的窗口，是一项烦琐复杂的工作。车站客运作业包括旅客进站组织、旅客站台乘降组织、旅客出站组织等内容，是铁路客运员、客运值班员等岗位必须具备的技能。因此，本项目教学目标如下。

一、知识目标

（1）车站站房、站场的客运设备；
（2）自动检票机的结构、组成及操作方法；
（3）旅客的乘车条件、旅客携带品及携带导盲犬的规定；
（4）铁路乘车证的有关规定；
（5）国际联运旅客乘车票据及运送条件；
（6）接发列车及站车交接相关规定及作业标准；
（7）组织旅客乘降的原则；
（8）不符合乘车条件的处理规定；
（9）旅客违章携带物品的处理规定；
（10）误售误购车票、误乘列车、丢失车票等特殊情况处理规定。

二、技能目标

（1）能够熟练使用车站客运服务设备；
（2）能够准确识别各种车票及乘车证的有效性；
（3）能够熟练掌握旅客的乘车条件；
（4）能够使用人工和自动检票机两种方法组织旅客进、出站；
（5）能够识别国际联运旅客乘车票据，掌握运送条件；
（6）能够按规定接发列车，组织旅客站台乘降，办理站车交接作业；
（7）能够组织旅客安全有序乘降，对重点旅客给予帮助；
（8）能够按规定对不符合乘车条件的旅客及人员按章处理；
（9）能够按规定对旅客违章携带物品按章处理；
（10）能够正确处理误售误购车票、误乘列车、丢失车票等特殊情况。

任务一　旅客进站组织

任务描述

旅客进站组织是铁路车站开展旅客运输的一项作业，也是搞好铁路旅客运输服务，向旅客展示铁路企业形象的重要窗口。旅客进站组织包括验证检票、安全检查、进站候车、进站检票等环节。完成此作业需要掌握车站客运设备使用方法，辨识各种车票、乘车证的有效性，掌握旅客乘车条件等相关知识和技能。作为铁路车站客运员、客运值班员，应当掌握旅客进站组织方法，能够正确完成旅客进站组织中各个环节的工作，做到既维护了铁路旅客运输正常秩序，又令旅客满意。

知识准备

一、客运站主要设备及布置要求

客运站指专门办理大量客运业务的车站。它是铁路旅客运输的基本生产单位，一般设在具有特殊意义的大城市，如首都、革命圣地、省会、旅游城市和中等城市的枢纽地区。

客运站的主要任务是：安全、迅速、有秩序地组织旅客上下车；便利旅客办理一切旅行手续；为旅客提供舒适的候车环境；保证铁路与市内交通联系便捷，使旅客迅速集散。

为完成上述任务，客运站必须有完善的设备及正确的工作组织方法。

（一）客运站的分类

1. 按照客运量的大小分

按照客运量的大小分，客运站可分为特、一、二等站，具体划分依据见表 4.1.1。

表 4.1.1　客运站等级划分依据

车站等级 依据条件	特等站	一等站	二等站
日均上下车及换乘旅客人数，办理到发、中转行包件数	旅客 6 万人以上，行包 2 万件以上	旅客 1.5 万人以上，行包 1 500 件以上	旅客 0.5 万人以上，行包 500 件以上

2. 按照车站站场线路布置图形分

按照车站站场线路布置图形分，客运站分为以下三种。

1）通过式客运站

通过式客运站是指有一个方向的正线贯穿车站且股道为贯通线的客运站，其旅客站房布置在线路一侧或两侧。

2）尽端式客运站

尽端式客运站是指设在正线终端的客运站，布置形式分为两种：

（1）股道的一端连接正线，另一端为尽头线并设有尽端站台；

（2）股道一端连接正线，另一端连接段管线（如客车整备所、机务段等），旅客站房布置在线路一侧或两侧。

例如北京站、上海站就是典型的尽端式客运站布局，列车的到达和出发均在一端。

3）混合式客运站

混合式客运站型结构特点是旅客列车到发线有贯通线和尽头线两种。由于其到发线使用不灵活，影响使用效率，所以只有改建客运站时，因受地形限制或为利用原有设备、节省投资等情况下，方采用该站型。如长沙站、信阳站是典型的混合式客运站布局。

3. 按照车站客运服务标准等级分

按照车站客运服务标准等级分，办理客运业务的车站分为：小站（四、五等站）、中等站（二、三等站）、大站（特、一等站）三个等级。

（二）客运站的作业及主要设备

1. 客运站的作业

（1）客运服务作业，包括旅客上下车、候车、问询、小件行李寄存，以及对旅客文化生活、饮食、卫生方面的服务等。

（2）客运业务，包括客票发售，行包的承运、装卸、保管和交付，邮件装卸等。

（3）技术作业，包括列车接发、机车摘挂、车列技术检查、车底取送、客车上水、餐料供应及上燃料等。

2. 客运站的主要设备

客运站由站房、站场及站前广场组成。

（1）站房。站房是客运站的主体，包括为旅客服务的各种用房，运营管理工作所需的各种技术办公用房及办理行包、邮件用房。

（2）站场。站场是办理客运技术作业的场所，包括线路（到发线、机车走行线、机待线、车辆停留线等）、站台、雨棚、跨线设备等。

（3）站前广场。站前广场是客运站与城市联系的“纽带”，包括车行道、停车场和旅客活动地带等。

（三）旅客站房的布置要求

站房是直接为旅客服务的房舍，它的布置是否合理，对提高服务质量、保证车站有良好秩序、提高车站运输能力是十分重要的。因此，站房必须满足下列要求：

（1）旅客站房的位置要和城市规划及市内交通网密切配合。通过式客运站，旅客站房一般设在线路靠居民区一侧。尽头式客运站，旅客站房一般设于站台线尽端。站房与站前广场及城市交通工具停车点之间，应有便捷、安全的通路。

（2）各种流线应保证畅通无阻、行程便捷，避免交叉干扰，使旅客、行包和各种车辆在站安全、迅速地集散和通行。

（3）站房建筑的平面应按旅客的需要设置，便于旅客办理各种旅行手续，便于车站工作人员组织旅客上下车。

（4）根据客流量的大小，尽可能使到达与始发客流、短途与长途客流分开。在站房内站台上应将行包、邮件的搬运与旅客上下车的通路分开。

（5）站房应力求适用、经济、美观，并显示出城市的建筑风格和地理环境的特点，还要求有良好的通风和采光条件，且有良好的取暖设备和可靠的空调设备。

（6）要考虑未来客流发展，留有发展余地，使站房扩建后仍然是一个协调的整体。

（四）旅客站房内各种用房的设置

旅客站房所具有的房舍及其布置，应根据站房等级、类型，所服务旅客的种类，车站工作量及工作性质等因素确定。大、中型站房一般具有三类房屋：

客运用房——由候车部分（各种候车室），营业部分（售票厅、行包房、小件物品寄存处、问事处、服务处等），交通联系部分（广厅、通廊、过厅等）组成。

技术办公用房——运转室、站长室、办公室、会议室、公安室、信号楼等。

职工生活用房——为职工生活服务的各种用房。

现将客运用房的各种房室及其设置条件分述如下。

1. 广　厅

广厅分进站广厅和出站广厅两种。进站广厅又可分为营业广厅和分配广厅。广厅起着通过和分配人流的作用，也称为交通大厅。

1）营业广厅

中、小型客运站在进站广厅内设有售票处，有时将行包房、问事处也设在里面。它是客运站的通道，也是旅客办理旅行手续的地点。

2）分配广厅

在大型客运站为了同时分配各旅客列车的旅客上车，在去往站台前即行分开，可在站台线上空设置分配广厅（即高架候车室），通往各站台都有出入口，分配客流极为方便。

3）出站广厅

一般设在大型客运站，是旅客出站的必经之地。在出站广厅内设有问事处、补票处、旅客服务处，为出站旅客服务。中、小型客运站可不设出站广厅，而由站房旁边的检票口直接出站。也有的大型客运站只设一个中央厅，供进出站旅客共用。广厅的一侧设置城市至站房及广厅到站台的入口。广厅的另一侧设置由站台至广厅及站房至城市的出口。广厅的中央部分办理旅客业务，供到达和出发旅客共用。

2. 候车室

候车室是旅客候车、休息、排队进站的场所。候车室要为旅客候车创造舒适的环境，有良好的通风、采光、采暖、防暑、休息等设备，与其他站房的主要出入口有密切的联系，并尽可能靠近站台，减少旅客检票上车的行程。候车室的面积除特殊规定者外，一般根据一昼夜内在候车室旅客最高集结量，按每一旅客占用 1.1 ~ 1.2 m^2 计算。

候车室根据候车、营业、交通联系三部分的不同组合分成三种。

1）综合候车室

将与旅客关系最密切的候车、营业、交通联系三部分组织在一个空间中，形成具有综合功能的候车室。其优点是使用机动灵活，利用率高。但当客流较大时，候车秩序乱，影响服务质量。

2）候车、营业、交通联系三部分分开

以交通联系部分为枢纽，将候车、营业部分联通，按旅客方向、性质或列车种类分别设置，如普通候车室、母婴候车室、贵宾候车室、软席候车室等。这种候车室，候车条件好，便于组织客流，服务质量高。

3）候车、营业、交通联系三部分既分又联的布置形式

将候车部分与交通联系部分集中设置，将旅客活动较频繁的营业部分单独设置，并设于进站通路的两侧。这种候车室安静、方便，但候车旅客多时各种旅客互相干扰、秩序紊乱。

3. 行包房

行包房包括行包的托运、提取处和行包仓库两部分。行包房的位置应与旅客托运、提取行包的流线密切结合，尽量减少与客流、车流的交叉干扰，并与客运用房、站台、广场取得有机联系，与跨线设备及运输方式取得密切配合。行包房的布置形式有下列两种。

1）设一个行包房兼办行包的托运和提取业务

这种布置的优点是对行包仓库的利用、管理人员的安排和行包的搬运等方便灵活；缺点是托运、提取流线易发生干扰，行包业务容易产生差错。

2）分别设置发送和到达行包房，分设于站房的左侧和右侧

这种布置能方便进出站旅客托运和领取行包，又可避免行包流线与旅客流线彼此影响，但与设置一个行包房相比对行包仓库的利用及管理人员的安排均不够灵活。

4. 售票处（厅）

售票处的位置及布置方式应根据客运站的性质、规模及旅客进站办理作业的程序等因素决定。中、小型客运站的售票处设在广厅内进站口一侧，这样可使进、出站旅客不发生交叉。大型客运站的售票处应设在进站流线的前端，直通站前广场和广厅，与候车室要联系方便。在站房之外另设售票处时必须通过走廊与站房连接，减少旅客的露天行程。在中转旅客多的车站，可在站台内或出口附近设中转签字处。售票处应根据旅客发送量开设售票窗口。其计算公式如下：

$$C=\frac{K\cdot A\cdot(1+\gamma)^{n}+m}{P\cdot\mu\cdot T}$$

式中 C——售票窗口需要量；

K——始发客流的波动系数；

A——计算期内到达售票大厅的旅客总人数；

P——售票员的平均服务强度；

μ——售票员的售票速度，张/h；

T——计算期，h；

γ——客流的平均增长率，%；

n——设计年限；

m——根据客流特殊需要设置的额外窗口。

为方便旅客售票，减轻车站售票处负担，大城市根据市内人口及交通情况设置市内售票所和车票代理发售处。

5. 检票口

检票口是旅客进出站的必经之路，车站应根据客流情况设置足够数量的检票口，旅客进出站检票口的最小设置数量应符合表 4.1.2 的规定。

表 4.1.2　检票口数量

最高聚集人数/人	进站检票口/个	出站检票口/个
8 000	18	14
4 000 ~ 8 000	14	10
2 000 ~ 4 000	12	10
1 000 ~ 2 000	8	6
600 ~ 1 000	6	6
300 ~ 600	4	4
50 ~ 300	2	2

对于车站设置有自动检票闸机的动车组列车检票口，闸机的数量和布局应当与车站设施设备相协调，有利于划分动车组旅客专用区域和通道并满足旅客快速进出站的需要。使用自动检票闸机的车站应同时留有人工通道。

6. 问事处

问事处是解答旅客问询的处所，如旅客列车发到时刻，购票，托运、提取行包手续等问题。三等以上车站应设置专门的问事处。其位置应在站内较明显的地方，并靠近售票处。在客流比较集中的大站可设几个问事处或设电视、电话问询设备及电子信息显示系统。

7. 小件物品寄存处

小件物品寄存处是旅客暂时存放携带品和小件行李的场所。小型客运站可将小件寄存处附设在问事处或行包房内。大、中型客运站应单独设置，其位置最好能供进出站旅客共用，如客流量大的车站可在进站大厅、出站口附近分设几处，方便旅客就近存取。

（五）站前广场

站前广场是客流、货流、车流的集散地点，是车站组织旅客室外候车和休息的场所，站前广场还可作为临时迎宾和集会的地方。

为保证旅客和车辆能安全、迅速、便利地通行，站前广场的修建应与城市规划密切配合，使城市道路与站前广场、旅客站房的进出口取得有机联系，尽量缩短进出站旅客的步行距离，减少车流、人流、行包流的交叉和干扰。

站前广场由三部分组成：

（1）各种车辆停车场，包括公共车辆停留场、小汽车及非机动车辆停留场、行包邮件专用车停留场。

（2）旅客活动地带，包括人行通道、交通安全岛、乘降岛和旅客活动平台。

（3）旅客服务设施，包括旅馆、食堂、商店、邮局、汽车站、厕所等。

二、客运站流线组织

（一）各种流线分析

在客运站内，旅客、行包、交通车辆的流动路线简称流线。流线组织是否合理，不但影响客运站的作业效率和能力，同时也直接关系到客运设备的运用及旅客服务质量。

流线按流动方向不同，可分为进站和出站两大流线；按性质不同，可分为旅客流线、行包流线、车辆流线。

1. 进站流线

1）旅客流线

车站的进站人流在检票前比较分散，不同旅客在不同时间内进站办理各种旅行手续，并在不同地点候车。进站旅客流线按旅客类型不同又可分为不同流线。

（1）普通旅客流线。

这是进站客流中的主要流线，人数最多，候车时间较长。多数客流进站的流程是；广场→问讯→购票→托运行李→候车→检票→站台（跨线设备）→上车。部分已预购客票的旅客和不托运行李的旅客，可简化相应流程。如随着计算机联网售票业务的发展及人们出行行装的简化，部分旅客省略了到站乘车前购票、托运行李的过程。而随着动车组的大量开行，越来越多的旅客还将省略候车的过程，即进站乘车过程将由“等候式”模式变为“通过式”模式。

（2）特殊旅客流线。

特殊旅客包括母婴及老、弱、病、残、孕旅客，其流程顺序与普通旅客相同，考虑其特殊性，在中型以上站房均另设母婴候车室和专门检票口，保证他们优先、就近进站上车。此外，对团体旅客，大的客运站也应另设候车室，最好与普遍旅客流线分开以免延长进站时间。

（3）贵宾流线。

在贵宾旅客来往频繁的客运站，为保证贵宾旅客的安全和便利，应设贵宾室。除设专用通道连通基本站台外，还应设置汽车直接驶入基本站台上车的通道。他们的出、入流线应与普通旅客流线分开。在个别情况下，为举行仪式，贵宾室要连通站房大厅。

（4）中转旅客流线。

中转旅客根据换乘时间的长短，有的办理签票后即在候车室休息，随普通旅客检票进站，有的不出站，在相应的站台上便能等候换乘列车。

在进站旅客流线中，如旅客事先买好了预售票或事先托运好行李，就可在临开车前进人候车室或直接进站上车。这样则可简化旅客进站手续，减少客流交叉，减少站内旅客最高聚集人数。因此扩大预售车票和办理行包接取、送达业务，将有利于客运站的客运组织工作。

2）行包流线

发送行包流程：托运→过磅→保管→搬运→装车。这条流线应与到达行包流线分开。

中转行包流线，根据中转车次衔接情况、中转作业量的大小和有无中转行包库房等情况的不同，有时行包到达后暂存放在站台上并在相应的站台上直接换装，在某些情况下则需预先搬运至发送仓库或中转行包仓库，再按发送行包处理。

行包托运处要接近售票厅和候车室，与停车场要有方便的通道联系。大型客运站应设专门的行包地道，将客流与行包流完全分开。

2. 出站流线

1）旅客流线

出站旅客流线的特点是客流集中、密度大、走行速度快。在平面布置上应考虑通畅便利，使出站旅客迅速出站，并在车站广场迅速疏散。

客流出站的流程是：下车→站台（跨线设备）→验票出站。对于没托运行李的旅客也就不存在提取行李流程。出站旅客流线比进站旅客流线简单，旅客办理手续少，使用站房时间短。一般情况下，普通、中转旅客均在一个出站口出站。

2）行包流线

到达行包的作业流程是：卸车→搬运→保管→提取。这条流线应尽量与发送行包流线分开。行包提取处应靠近旅客出口，大型客运站应设置专用行包地道。

3. 车辆流线

车辆流线是指站前广场上的公共交通车辆（包有轨交通车辆）流线，出租汽车、小汽车流线，邮政、行包专用车辆流线及非机动车辆等流线。在站前广场上应合理组织各种车辆的交通流线，妥善规划各种车辆停靠位置和场所，使各种车辆流线交叉干扰最少，使旅客、行包、邮件安全、迅速地疏散。

（二）流线组织原则和流线疏解的基本方式

1. 流线组织原则

（1）各种流线避免互相交叉干扰。即尽量将到、发客流分开，将长途与短途客流分开，将客流与行包、邮政流分开，将到达行包与发送行包流线分开。在职工较多的车站还应考虑将职工出入口与旅客出入口分开。

（2）最大限度地缩短旅客走行距离，避免流线迂回。首先应缩短多数旅客的进站流线，尽量把站房入口与检票入口之间的距离缩短；其次，也要给其他活动程序不同的旅客，创造灵活条件，以便他们都可能按照自己的程序以较短的路线进站。

2. 流线疏解的基本方式

（1）在平面上错开流线，即在同一平面上，站房及各种客运设备的布局使各种流线在同一平面左右错开自成系统，达到疏解的目的。为配合站前广场的车流组织通常将进站客流安排在站房的右侧，出站客流安排在站房的左侧。这种方式适用于中、小型或单层的客运站。

（2）在空间上错开流线，即进出站流线在空间上错开，进站客流走上层，出站客流走下层，达到疏解目的。这种方式适用于大型双层客运站。

（3）在平面和空间上同时错开流线，即流线既在平面上错开又在空间上错开。进站客流由站房右侧下层入站，经扶梯上层候车，然后经天桥或高架交通厅（检票厅）检票上车。出站客流经地道由站房左侧下层出站。这种方式不但流线明显分开，而且流线距离也缩短，适合于大型双层客运站。特大客运站北京、天津站、上海等站则采用这种方式达到疏解流线的目的。

三、旅客乘车条件

1. 基本条件

（1）旅客乘什么车买什么票，并须按票面载明的乘车日期、车次、径路、席别乘车，在票面规定的有效期间内抵达到站。

（2）持通票的旅客在乘车途中有效期终了，要求继续乘车时，应自有效期终了站或是最近前方停车站起，另行补票，核收手续费。

（3）旅客也可按车票指定的乘车日期、车次在中途停车站上车，但未乘区段的车票票价不退。旅客在 12306 网站购票的，在中途站上车时，均需于开车前按规定换取纸质车票，方可进站乘车。

（4）持直达票旅客可在列车中途停车站下车，但未乘区段车票作废（特殊情况除外）。旅客在 12306 网站使用二代居民身份证购票，并且在二代居民身份证检票条件车站使用二代居民身份证直接检票乘车的，可以在具有二代居民身份证检票条件的中途站下车并使用二代居民身份证直接检票出站，均按直达票处理。

（5）乘坐卧铺的旅客，列车可以收取车票并集中保管。收取车票时，应当换发卧铺证；旅客下车前，凭卧铺证换回车票。为了维护卧铺车的正常秩序，卧铺只能由持票本人使用，成人带儿童或两个儿童可共用一个卧铺。

（6）为了确保广大旅客的人身健康和安全，对烈性传染病患者、精神病患者或健康状况危及他人安全的旅客，站、车可以不予运送。车站发现时应告之铁路规定并对已购的车票按旅客退票的有关规定处理；列车上发现时，列车长编制客运记录交车站处理，必要时，应通知铁路防疫部门处理污染现场。车站应退还已收车票票价与已乘区间车票票价的差额，已乘区间不足起码里程时，按起码里程计算，并核收退票费。

（7）对违反国家法律、法规，在站内、列车内寻衅滋事、扰乱公共秩序的旅客，站、车均可拒绝其上车或责令其下车，车站工作人员应将站内发现的和列车移交的上述旅客带出站外，情节严重的送交公安部门处理；对未使用至到站的票价不予退还，并在车票背面作相应的记载，运输合同即行终止。

（8）持实名制车票的旅客，同时须持与票面所载身份信息相符的本人有效身份证件原件方可进站、乘车。但免费乘车的儿童及持儿童票的儿童除外。票、证、人不一致或无法出示有效身份证件原件的旅客，不得进站乘车。成年人持儿童票的，视为票、证、人不一致。

2. 车票签证

（1）旅客购票后如不能按票面指定的日期和车次乘车时，应当在规定时间内办理签证手续，按签证后的票面指定的日期和车次乘车。

（2）持通票的旅客中转换乘时，应当办理中转签证手续。签证不需补差价或是签证的车次票价低于原票价时，票价差额部分不予退还，计算机只打印签证号，随原票使用，如图 4.1.1 所示；需补差价时，车站发售有价签证票。

图 4.1.1　中转签证车票票样

四、进站检票

为了维护站车秩序，保证旅客安全，防止旅客乘错车，车站对进站旅客和人员应实行检票。对持有必须持证购买的减价票和各种乘车证的旅客应当核对相应的证件，验票应打查验标记。检票过程代表铁路旅客运输合同履行的开始。

（一）车票检验方式

1. 人工检票

人工检票所持检票设备是剪票钳（如图 4.1.2 所示），工作人员利用剪票剪子为旅客剪票。红色软纸票及相关乘车证件主要采用人工检票方式检票进站，而在客流较大或是自动检票设备故障时，蓝色磁介质车票也可采用人工检票。检票时要确认车票的日期、车次、发到站、乘车人及身份证件、签证是否正确，认真执行“一看（看日期、车次）、二唱（唱到站）、三剪（加剪）”制。代用票、软质票在右上方空白处加剪，定期票、卧铺票不加剪。

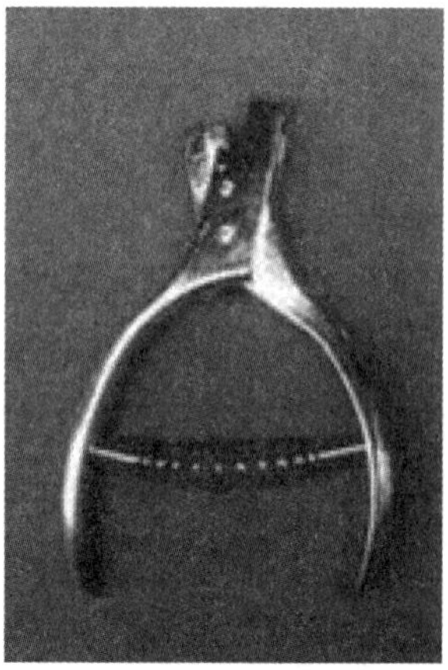

图 4.1.2　剪票钳

2. 自动检票

1）检票设备

自动检票设备为自动检票机，将蓝色磁介质车票的乘客主要通过自动检票机检票方式检票进站，自动检票机将车站分为付费区和非付费区。旅客在进入和离开付费区时，自动检票机对车票的有效性进行检查，给持有效车票的旅客放行，阻挡持无效车票的旅客。

自动检票机由闸机外壳、主控单元、闸门控制单元、读写器、旅客显示器、方向指示器、警示灯与通过指示灯、通道传感器、扇门、维修面板、电源等部件组成。如图 4.1.3 所示。

图 4.1.3　自动检票机

1—方向指示器；2—车票入口或身份证、中铁银通卡入口；3—旅客显示器；4—闸门；
5—车票出口或身份证、中铁银通卡出口；6—警示灯与通过指示灯

（1）方向指示器，用绿色箭头或红色叉分别表示自动检票机能够正常使用和不能使用，并表示能够使用时的通道方向。

（2）车票入口或身份证、中铁银通卡入口，车票、身份证、中铁银通卡等插入自动检票机的入口，供自动检票机检验车票是否有效。

（3）旅客显示器，置于闸机的上端表面，通过文字显示的引导信息，向旅客及客运员提供运行状态和车票处理结果。

（4）闸门，开通或关闭通道，允许或阻止旅客进入站台乘车。

（5）车票出口或身份证、中铁银通卡出口，车票、身份证、中铁银通卡等经自动检票机检验为有效票后，送出出口。

（6）警示灯与通过指示灯，红色、绿色、黄色的警示灯， 安装在闸机的顶部。红色灯亮表示车票无效或旅客侵入自动检票机自测范围内；绿色灯亮表示车票有效，准许旅客通过自动检票机，黄色灯亮表示车票有效，但车票为减价票。

（7）主控单元，运行闸机的控制软件，完成车票处理、数据通信、下载处理、状态监控等功能，采用模块化设计。协调控制设备各外围模块实现读卡、检票、车票回收、保存车票交易记录和审计数据等功能，采用以太网接口与 SC 进行通信，可以执行 SC 下发的命令、保存 SC 下发的设备参数和运行参数、向 SC 上传各种交易、审计数据、故障日志及其他信息。

（8）闸门控制单元，设计为一独立的单元，用来控制各种类型的闸机，利用此独立的控制单元可以使闸机主控单元（MCU）不需拥有管理操作闸机和感应乘客是否通过等功能，从而使得闸机能够以最快的速度处理车票，大大提高了系统的性能。

检票前应熟悉自动检票设备，熟知闸门开关状态、提示灯、提示音及处理措施。认真监控自动检票机运行状态，确保检票机检票与广播、引导系统的作业内容一致。

2）自动检票机的检票操作方法

（1）右手持票，票面向上。

（2）站在自动检票机前方，将车票插入车票入口。

（3）（车票被检验为有效票后）在车票出口处取回车票。

（4）（闸门打开后）通过自动检票机，进入站台，准备上车。

3）车票有效性判定

利用自动检票机检票时，车票经车票入口进入自动检票机，当被检验的车票为有效票时，车票被送到车票出口，供旅客收回，同时警示灯与通过指示灯亮绿灯（当旅客持减价票时，亮黄灯），旅客收回车票后，闸门打开，通道开启，允许旅客通过。

车票经车票入口进入自动检票机，当被检验的车票为无效票（包括车票的日期、时间、车次、检票口地点不符合本自动检票机所检的列车车票）时，车票被退回车票入口，供旅客收回，同时警示灯与通过指示灯亮红灯，闸门关闭，阻止旅客通过。

4）减价票证明的检查

当警示灯与通过指示灯亮黄灯时，客运员需检查持票旅客的减价证明，若旅客持有有效减价证明，放行旅客，否则补足票款全款再放行。

5）无效票问题的处理

（1）若是检票时间未到的车票，请旅客等候。

（2）若是不在本检票口检票的车票，请旅客到指定检票口检票，并指示旅客方向。

（3）若是过期票，请旅客重新购票。

（二）纸质车票检验

检票前组织旅客排队，宣传车次、到开点、停车站、进站安全注意事项并要挑出重点旅客（老、弱、病、残、孕、带婴儿的旅客和携带大件物品的旅客）提前放行，遵循先重点、后团体、再一般的原则。

检验车票时应保证进站乘车旅客票、证、人保持一致。还应同时注意检查旅客所持携带品及精神状态是否符合要求。旅客提前或错后乘车，特别是动车组列车，必须在改签后方能乘车，车站要加强检票，日期、车次不符不放，票、证、人不一致不放，儿童单独旅行不放，精神病无人护送不放。对于持磁介质车票的旅客，车站要尽量引导其通过自动检票机检票，进站通过闸机后票面会打印“▲”标识，出站过闸机后票面会打印“■”标识。人工检票时，应确认日期、车次无误后对车票进行加剪。

车站应在开车前提前停止检票，按照车站规定的停止检票时间，显示停检标识及停检作业，车开后及时清扫检票口卫生。

（三）电子客票检验

旅客在 12306 网站购票后，应当或已经换取纸质车票的，应凭纸质车票办理进、出站检票手续。使用居民身份证购票，并且乘车站或下车站都具备居民身份证检票条件的，可以直接通过车站自动检票机识读居民身份证办理进、出站检票手续，无须换取纸质车票。旅客在所购车票乘车区间中途站出站的，自动检票机验证后予以放行。

在 12306 网站使用居民身份证购票且乘车站和下车站都具备居民身份证检票条件的，可凭购票时所使用的乘车人有效居民身份证原件，直接通过车站自动检票机办理进、出站检票手续。

（四）中铁银通卡乘车检验

旅客使用中铁银通卡在取号机上提前取号，在进站时经闸机写卡确认办理进站检票手续。

1. 旅客刷卡进站时闸机确认该卡有前次进站记录但无出站记录的处理规定

旅客刷卡进站时，进站闸机确认该卡有前次进站记录但无出站记录的，不予放行，旅客应到车站售票处中铁银通卡业务窗口处理：

（1）系统提示有出站记录的，按系统所示区间补记出站记录并扣款；

（2）系统无提示但旅客能说明情况及所乘列车下车站的，补记出站记录并扣款；

（3）旅客不能说明的，以列车终到站作为下车站进行处理；

（4）系统提示进站记录中有多趟列车的，须与旅客核实，不能核实时按票价最高的补扣。

2. 旅客刷卡进站后仍在同一车站刷卡出站的处理规定

旅客刷卡进站后仍在同一车站刷卡出站时，进出站刷卡时间间隔小于等于 30 分钟的，由闸机自动扣减 2 元钱款；超过 30 分钟的，闸机不予放行，旅客需到到补窗口进行人工处理：

（1）进出站时间间隔在 30 分钟至 2 小时的，按本站至最远到站扣减一次往返票款；

（2）超过 2 小时的，按本车次全程扣减一次往返票款；

（3）因铁路或其他特殊原因出现该情况的，免收相关费用。

3. 旅客进（出）站遇闸机提示重复刷卡时的处理规定

旅客进站时若闸机提示重复刷卡的，安排通过人工检票通道进（出）站。

五、旅客携带品

（一）旅客携带品定义

为了照顾旅客旅行生活的便利，旅客携带品是指旅客未向铁路办理托运，将旅行中所需要的物品如提包、背包、行李袋等带入乘坐的客车内，旅客随身带入客车并自行负责看管的零星物品。

（二）旅客携带品免费携带范围

为了维护站车的良好秩序，确保运输安全，方便旅客进出站、上下车，必须对旅客携带品的范围有所限制。同时，铁路运输企业要在售票厅，候车室和列车内加强对旅客携带品的宣传，让广大旅客知道携带品的范围及超过免费范围的处理，以免旅客把违章物品带进站，带上车。旅客携带品的允许范围如下。

1. 在重量方面

旅客携带品免费重量成人 20 kg，儿童（包括免费儿童）10 kg，外交人员（持有外交护照者）35 kg，新老兵 35 kg。

对于免费重量的规定，首先是经过广泛的调查，了解到我国一般旅客正常旅行时，随身携带的生活用品往往不超过 20 kg，此限量是充分满足了广大旅客需要的；其次，考虑客车车厢的正常负载和旅客乘降的方便，保证旅客列车的安全正点运行；最后，还在参照了国际上的有关规定等因素之后制定的。

2. 在体积方面

旅客携带品的外部尺寸，每件长、宽、高相加之和不得超过 160 cm，对杆状物品（如扁担、标杆、塔尺等）不得超过 200 cm，但乘坐动车组列车不超过 130 cm。

外部尺寸所规定的数值，是根据客车摆放携带品的行李架和座位下所有空间的总容积，按照客车定员数，求算出每一旅客平均占有的容积，然后分解为长、宽、高的尺寸加总而得出的体积限制。

应注意，残疾人旅行时代步的折叠式轮椅可免费携带并不计入免费重量与体积的范围。

3. 在物品品类方面

为了贯彻国家法令，保证旅客生命财产安全和车内的公共卫生，下列物品不准带进车站和列车内：

国家禁止或限制运输的物品。

法律、法规、规章中规定的危险品、弹药和承运人不能判明其性质的化工产品。

动物（导盲犬除外）及妨碍公共卫生（包括有恶臭等异味）的物品。

能够损坏或污染车辆的物品。

超重、超大物品。

禁带物品具体规定范围主要如下。

1. 严禁携带以下枪支、子弹类（含主要零部件）

手枪、步枪、冲锋枪、机枪、防暴枪等军用枪以及各类配用子弹（含空包弹、战斗弹、检验弹、教练弹）；气枪、猎枪、运动枪、麻醉注射枪等民用枪以及各类配用子弹；道具枪、仿真枪、发令枪、钢珠枪、消防灭火枪等其他枪支；上述物品的样品、仿制品。

军人、武警、公安人员、民兵、射击运动员等人员需携带枪支子弹的，按照国家法律法规有关规定办理，并严格执行枪弹分离等有关的枪支管理规定。

2. 严禁携带以下爆炸物品类

炸弹、照明弹、燃烧弹、烟幕弹、信号弹、催泪弹、毒气弹、手雷、手榴弹等弹药；炸药、雷管、导火索、导爆索、爆破剂、发爆器等爆破器材；礼花弹、烟花、鞭炮、摔炮、拉炮、砸炮、发令纸等各类烟花爆竹以及黑火药、烟火药、引火线等烟火制品；上述物品的仿制品。

3. 严禁携带以下器具

匕首、三棱刀（包括机械加工用的三棱刮刀）、带有自锁装置的弹簧刀以及其他类似的单刃、双刃刀等管制刀具；管制刀具以外的，可能危及旅客人身安全的菜刀、餐刀、屠宰刀、斧子等利器、钝器；警棍、催泪器、催泪枪、电击器、电击枪、射钉枪、防卫器、弓、弩等其他器具。

4. 严禁携带以下易燃易爆物品

氢气、甲烷、乙烷、丁烷、天然气、乙烯、丙烯、乙炔（溶于介质的）、一氧化碳、液化石油气、氟利昂、氧气（供病人吸氧的袋装医用氧气除外）、水煤气等压缩气体和液化气体；汽油、煤油、柴油、苯、乙醇（酒精）、丙酮、乙醚、油漆、稀料、松香油及含易燃溶剂的制品等易燃液体；红磷、闪光粉、固体酒精、赛璐珞、发泡剂 H 等易燃固体；黄磷、白磷、硝化纤维（含胶片）、油纸及其制品等自燃物品；金属钾、钠、锂、碳化钙（电石）、镁铝粉等遇湿易燃物品；高锰酸钾、氯酸钾、过氧化钠、过氧化钾、过氧化铅、过氧乙酸等氧化剂和有机过氧化物。

5. 严禁携带以下有剧毒性、腐蚀性、放射性、传染性、危险性的物品

氰化物、砒霜、硒粉、苯酚等剧毒化学品以及毒鼠强等剧毒农药（含灭鼠药、杀虫药）；硫酸、盐酸、硝酸、氢氧化钠、氢氧化钾、蓄电池（含氢氧化钾固体、注有酸液或碱液的）、汞（水银）等腐蚀性物品；放射性同位素等放射性物品；乙肝病毒、炭疽杆菌、结核杆菌、艾滋病病毒等传染病病原体；《铁路危险货物品名表》所列除上述物品以外的其他危险物品以及不能判明性质可能具有危险性的物品。

6. 严禁携带以下危害列车运行安全或公共卫生的物品

可能干扰列车信号的强磁化物，有强烈刺激性气味的物品，有恶臭等异味的物品，活动物（导盲犬除外），自行车（含折叠自行车）；可能妨碍公共卫生的物品，能够损坏或者污染车站、列车服务设施、设备、备品的物品。

为了方便旅客的旅行，并在保证安全和卫生的条件下，可限量携带下列物品：

（1）普通打火机 2 个，安全火柴 2 小盒。

（2）不超过 20 mL 的指甲油、去光剂、染发剂；不超过 120 mL 的冷烫精、摩丝、发胶、杀虫剂、空气清新剂等自喷压力容器。

（3）军人、武警、公安人员、民兵、猎人凭法规规定的持枪证明佩带的枪支子弹。

（4）初生雏 20 只。

（5）其他限制旅客携带物品。

（三）旅客携带品的管理

（1）旅客携带品由自己负责看管。

（2）在发站，发现旅客违章携带物品（包括几人同时携带一件超重或超大物品）时，应拒绝其进站上车或动员旅客办理托运手续。

六、视力残疾旅客携带导盲犬规定

自 2015 年 5 月 1 日起，铁路规定视力残疾旅客可携带导盲犬进站乘车。

（一）导盲犬定义

导盲犬是指经过特殊训练并取得导盲犬工作证（载有导盲犬使用者信息，盖有公安部门或残疾人联合会公章，或带有国际导盲犬联盟标识“IGDF”），用于辅助视力残疾人工作、生活的服务犬。

（二）需要具备照看导盲犬能力的成年人同行的规定

为保障旅客出行安全，有下列情形之一的，需要有具备照看导盲犬能力成年人同行：

（1）乘坐同一趟列车时间超过 12 小时的。

（2）购买联程票时，每段接续时间在 2 小时以内且全程时间超过 12 小时的。

（三）车站照看导盲犬的规定

在车站旅客或同行成年人负责照看导盲犬及照顾导盲犬吃、喝、排泄，不能影响车站环节卫生，在不阻塞通道的前提下，导盲犬宜在旅客座席附近陪伴，不能占用旅客席位或任意跑动。

（四）旅客携带导盲犬进站检查的规定

为维护良好的站车秩序，旅客应主动配合铁路工作人员做好以下工作。

（1）在进站时，主动出示购票时使用的有效身份证件、残疾人证、导盲犬工作证、动物健康免疫证明。

（2）进站时，与其他旅客一样携带导盲犬接受安全检查。

（3）进入车站前，为导盲犬系上牵引链，佩带导盲鞍。

（五）对携带导盲犬旅客服务与管理规定

（1）在发生危及旅客人身安全和铁路运营秩序的特殊情况下，携带导盲犬的旅客与其他旅客一样，需共同遵守铁路和公安部门的有关规定，接受铁路工作人员的组织和引导。

（2）各地残联应协调有关部门核发导盲犬工作证，并协助铁路部门做好旅客携带导盲犬进站乘车的管理及宣传引导工作。

七、铁路乘车证

（一）铁路乘车证的种类和颜色

乘车证共分为九个票种、三种颜色。

（1）软席全年定期乘车证，浅粉色，横版，如图 4.1.4 所示。

（2）软席乘车证（含单程，往返，临时定期），浅粉色，竖版，如图 4.1.5 所示。

（3）硬席全年定期乘车证，浅蓝色，横版，如图 4.1.6 所示。

（4）硬席临时定期乘车证，浅蓝色，竖版，如图 4.1.7 所示。

（5）硬席乘车证（含单程，往返），浅蓝色，竖版，如图 4.1.8 所示。

（6）便乘证，浅蓝色，竖版，如图 4.1.9 所示。

（7）通勤乘车证（含通学、定期），浅黄色，横版，如图 4.1.10 所示。

（8）就医乘车证（含往返，临时定期，全年定期），浅黄色，竖版，如图 4.1.11 所示。

（9）探亲乘车证（含单程，往返），浅黄色，竖版，如图 4.1.12 所示。

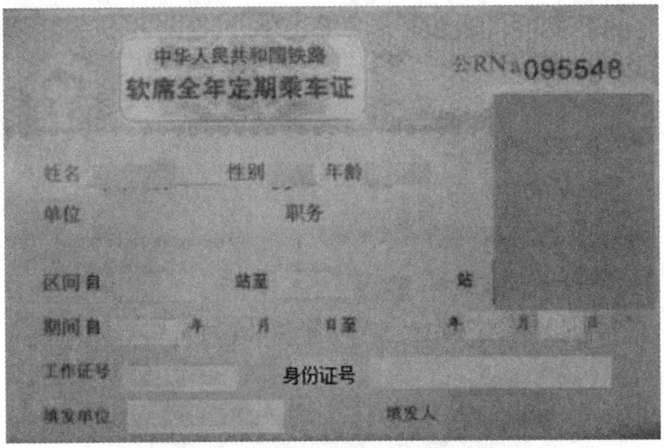

图 4.1.4 软席全年定期乘车证

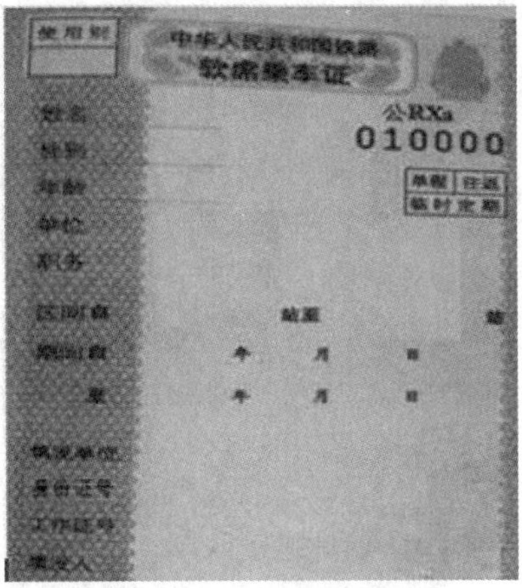

图 4.1.5 软席乘车证

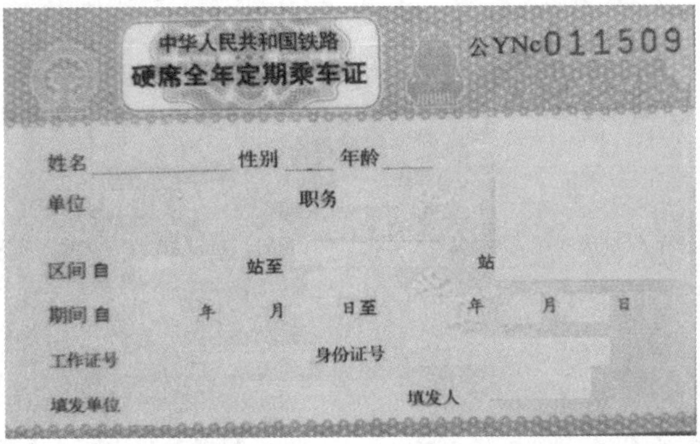

图 4.1.6 硬席全年定期乘车证

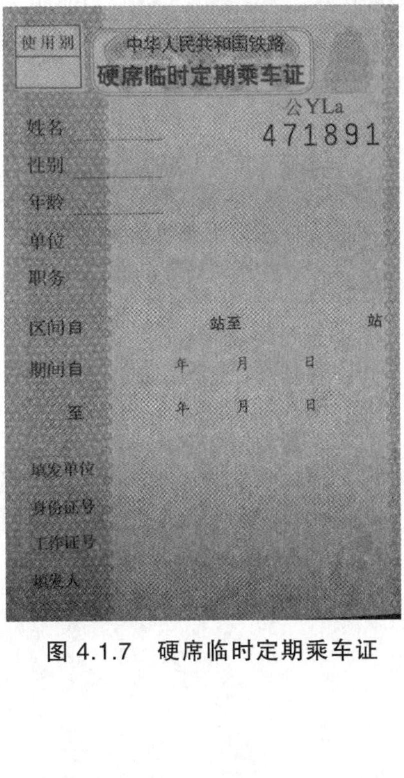

图 4.1.7 硬席临时定期乘车证

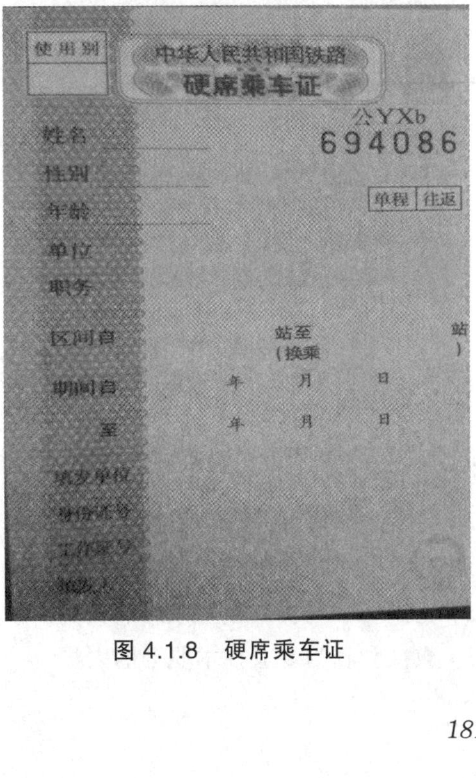

图 4.1.8 硬席乘车证

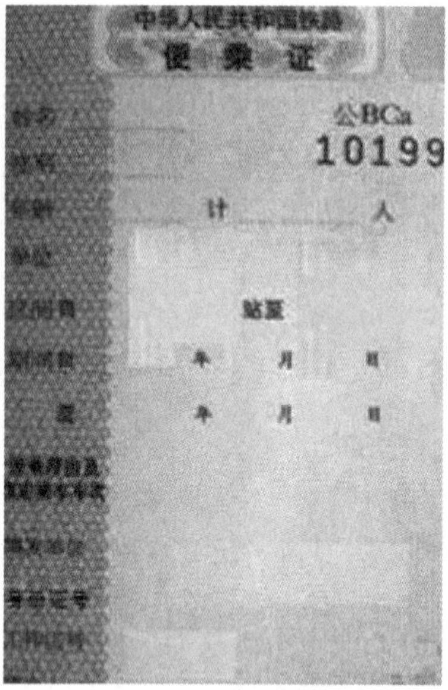

图 4.1.9 便乘证

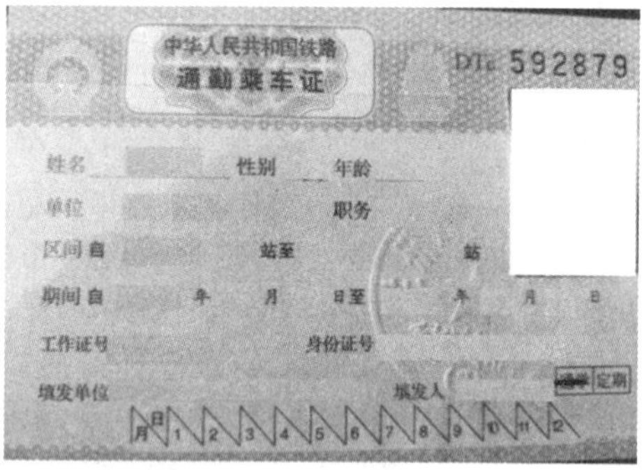

图 4.1.10 通勤乘车证

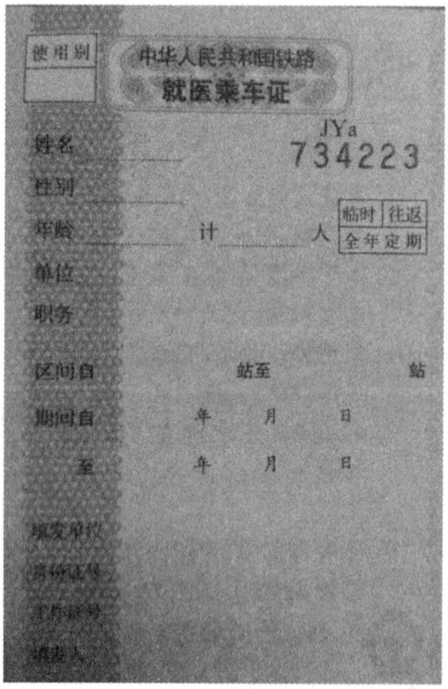

图 4.1.11 就医乘车证

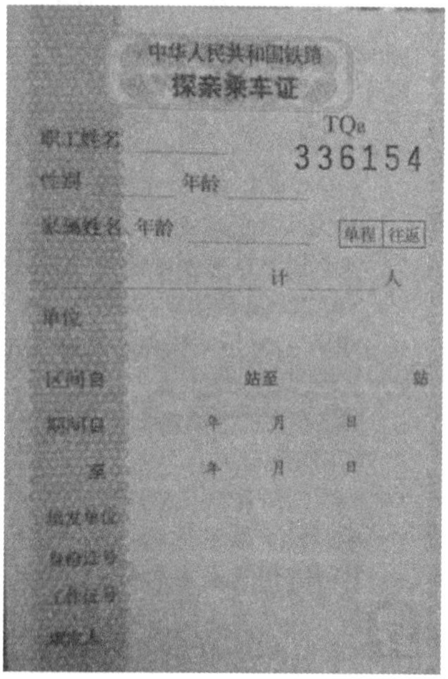

图 4.1.12 探亲乘车证

（二）乘车证使用人员范围

铁路职工和《铁路乘车证管理办法》中规定可以使用的其他人员。具体使用人员范围如下：

1. 准乘软席的人员范围

（1）铁路总公司正、副总经理和相当职级的人员。

（2）正副司、局长和相当职级的人员。

（3）教授和相当专业技术职务的人员。

（4）经国家和部（现铁路总公司）批准的“有突出贡献的专家”。

（5）年满50周岁的正、副处长和相当职级的人员。

（6）年满50周岁的副教授和相当专业技术职务的人员。

（7）年满50周岁的高级技师。

（8）1937年7月6日前参加革命工作的干部。

（9）铁路总公司副总经理和相当职级以上人员，因工作需要准许随行一人填发软席乘车证。

（10）受处分降低职务、工资级别的人员，应按降低后的职务、工资级别确定其能否享受乘坐软席。

另外，机要人员在执行取送密码任务时可使用软席乘车证，但只允许填发单程或往返软席乘车证。铁路总公司专运处的专职专运人员，执行专运任务时，经领导批准，由运输局填发全年定期软席乘车证。铁路局从事专职专运、警卫工作的人员，经铁路局领导批准，填发局管内及所属列车终到站的全年定期软席乘车证。专职专运、警卫人员使用软席乘车证只限于执行专运、警卫任务时使用。

2. 准乘硬席的人员范围

除上述规定以外的其他铁路职工和符合规定的其他人员准乘硬席。

（三）准乘列车的规定

（1）持用全年定期、临时定期、软席、硬席乘车证和便乘证，在正式或临时营业铁路上准乘各种旅客列车（国际列车除外）。

（2）持用探亲乘车证，准乘除国际、旅游列车以外的各种旅客列车。

（3）持用通勤、定期通勤乘车证，准乘各种旅客列车（国际列车除外）。

（4）持用通学、就医乘车证，准乘快车和普通旅客列车。

（5）持用铁路全年定期、临时定期、软席、硬席乘车证，均可乘坐空调可躺式客车。

（6）铁路职工可持铁路乘车证乘坐动车组列车，持软席乘车证可乘坐动车组列车一等座和动车卧铺。持其他铁路乘车证的人员可以乘坐动车组列车二等座。

（7）不得使用铁路免费乘车证乘坐旅游列车，铁路各级检查人员凭有效证件上车检查的除外。

（四）乘车证明的规定

持用铁路各种乘车证的职工出入车站及在列车内须与旅客同样经过检验票证及有关证件。

（1）持用铁路乘车证乘车，应同时交验身份证、工作证、离休证、退休证、学生证、家属证或家属医疗证。任何证明均不能代替上述证件。

（2）职工持铁路乘车证出差、驻勤、开会、入学、调转、出校、赴任、搬家时，还必须交验相应的出差证明、人事调转命令、户口迁移证；职工持用探亲乘车证时，需同时持贴有本人照片的工作证和探亲证明；职工配偶或父母、子女持贴有本人照片的家属证（医疗证）和探亲证明，四证齐全方为有效。

（3）机车乘务员便乘时，必须携带机务段填发的司机报单。

（4）机械保温车乘务员去外地换班乘坐旅客列车时，应交验保温段填发的交、接班证明。

（5）机要人员使用软席乘车证时，除按规定持有工作证、出差证明外，还应持有铁路总公司办公厅制发的《机要人员证》方为有效。

（6）铁路公检法人员或是合资铁路公司职工乘车，必须持本系统、本公司职工工作证作为铁路乘车证的有效身份证明。

（五）乘车证的签证与查验

1. 乘车证的签证

（1）持用临时定期、软席、硬席乘车证、探亲乘车证乘车时，须由车站签证，其他乘车证免于签证。

（2）持各种铁路乘车证的铁路职工乘动车组列车时，必须先签证，后乘车。

（3）持用全年定期、定期通勤、通勤、通学、定期就医乘车证乘坐普速旅客列车可免于签证。如需座位号、卧铺时，可按规定办理签证。

（4）持用通勤、探亲、就医乘车证，除换乘外，中途下车无效，签票应以乘车证票面的发到站为准。

2. 乘车证的查验

（1）持用铁路乘车证的人员进站乘车时，须同时交验身份证、工作证及与铁路乘车证使用类别相匹配的相关证明，即检验“四证”。

（2）站、车客运人员必须熟知乘车证使用的有关规定，认真检验乘车证填载项目和必须携带的有关证明和证件，并打上查验标记。如有不符，视为无效，并有权扣留所持乘车证，按有关规定处理。

（3）对持用的全年、临时定期、通勤、定期通勤、通学、全年定期就医和临时定期就医乘车证免打查验标记；其他乘车证均须于始乘站和返乘站予以剪口。

（4）铁路各部门特定的在列车上工作的各种证件（如铁路运输收入稽查证、客运监察证、铁路乘车证监察证等），只能作为工作证，不能作为乘车的凭证。

（六）免费使用卧铺的规定

（1）职工（含路外符合使用乘车证要求的人员）出差、驻勤、开会、调转、赴任、护送等，以本人开始乘坐本次列车开车时刻计算，从 20:00 至次日 7:00，在车上过夜 6 h（含 6 h）或连续乘车超过 12 h（含 12 h）起的，准予免费使用卧铺的权利。

（2）使用卧铺中途不应下车，若必须下车时，不足夜间乘车 6 h 或连续乘车不足 12 h 的，列车长应按章核收已乘区间的卧铺票价。

（3）持乘车证在列车上使用卧铺时，应将出差证明、卡片连同乘车证交列车员保管（下车前交还），并办理签证。列车员应在出差证上加盖图章或签字，以作为职工单位不再发给卧铺票价补贴的凭证。持用全年定期乘车证可不交给列车员保管。

（4）机车乘务员应按预留铺位便乘，旅客列车（挂有国际联运车厢的列车除外）应预留3个（上、中、下各一个）机车便乘铺。机务段开便乘证时，如超过3人，应自第4人起，加盖无铺戳记，卧铺车厢的列车员对便乘证应及时登记并保管，下车前交还。凡不符合便乘规定者，列车长应收回便乘证，编制客运记录，上报所属铁路局收入部门，追补票价。

（七）其他有关规定

（1）乘车证限乘车证上所填写的持用人，在有效期间和区间使用。乘车证（全年定期乘车证除外）的有效期间和出差证明、探亲证明时间要一致。

（2）乘车证实行一人一票制，除探亲、便乘、就医乘车证外，以及除职工集中培训等人员使用的硬席乘车证每张填发的人数不得超过10人且仅限乘坐本局管内列车外，其他各种乘车证每张仅限填发一人使用。

（3）各种乘车证（全年、临时定期乘车证除外）每张只限填发一个到站。由始发站至到达站有直达列车的，一般应乘直达列车；因签证原因不能乘直达列车的，可在同一方向换乘站中转换乘（限换乘一次），经换乘站签证后，可继续乘车至到达站。

（4）持用定期通勤、通勤、通学、定期就医、就医、软席、硬席乘车证的，除换乘外，中途下车无效。

（5）定期通勤乘车证，一个月只限使用一次，不能提前或移作下月使用。如节假日适逢月初或月末，乘车证的往返日期可跨及上月末或下月初，但起止时间不超过一周。

（6）全年定期、定期通勤、通勤、就医（全年定期）乘车证有效期为一年，可延期使用到次年的1月15日。

（7）持用铁路乘车证的，均不能免费托运行李、搬家物品等。

八、客运员候车引导作业内容

（1）有序分流引导进站旅客，客流高峰时组织旅客依次排队乘梯，发现老幼病残孕等重点旅客引导至直升电梯处，为重点旅客提供服务。

（2）开启扶梯前要认真检查，外观不得有破损和异常现象，不得有木棍、石子等杂物嵌在梯节内。如发现梳齿发出不正常声响等异常现象，不得开梯运行，并立即汇报有关部门。扶梯运行中，遇有旅客摔倒或物品破碎等情况，立即停机，处理后再开机使用。

（3）加强候车区巡视、宣传，组织引导旅客到指定候车区候车，及时清理闲杂人员，保持秩序良好，通道畅通。随时检查车次显示是否正确，遇有问题应及时通知广播监控室。

（4）认真做好候车区服务工作，主动向旅客介绍服务项目和安全、旅行常识；及时了解旅客需求，解答旅客问询，热情帮助旅客解决旅行中的各种困难；对晚点列车要及时通告旅客，并耐心做好解释工作。

（5）熟知候车区内重点旅客乘车情况，做到“三知、三有”，即“知座席、知到站、知困难，有登记、有服务、有交接”，为重点旅客提供热情周到的服务。每次列车检票，提前组织放行，对于有特殊困难的旅客要负责送至直升梯。

九、国际旅客联运

铁路国际旅客联运是指发、到站不在同一国内的旅客、行李和包裹铁路运输，包括海铁联运。参加国际旅客联运的铁路间具有连带责任。

（一）参加国际联运的国家

在两个或两个以上国家铁路全程运送中，使用一份票据并以连带责任办理的运送，称为国际铁路联运。国际铁路联运分为旅客运输和货物运输两大类。

目前，《国际旅客联运协定》（简称《国际客协》）参加国及承运人代号为：

（1）阿塞拜疆共和国（AZ）；

（2）阿尔巴尼亚共和国（HSH）；

（3）白俄罗斯共和国（BC）；

（4）保加利亚共和国（BDZ）；

（5）越南社会主义共和国（VZD）；

（6）格鲁吉亚（GR）；

（7）哈萨克斯坦共和国（KZH）；

（8）中华人民共和国（KZD）；

（9）朝鲜民主主义人民共和国（ZC）；

（10）吉尔吉斯共和国（KRG）；

（11）拉脱维亚共和国（LDZ）；

（12）立陶宛共和国（LG）；

（13）摩尔多瓦共和国（CFM）；

（14）蒙古（MTZ）；

（15）波兰共和国（PKP）；

（16）俄罗斯联邦（RZD）；

（17）斯洛伐克共和国（ZSR）；

（18）塔吉克斯坦共和国（TDZ）；

（19）土库曼斯坦（TRK）；

（20）乌兹别克斯坦共和国（UTI）；

（21）乌克兰（UZ）；

（22）捷克共和国（CD）；

（23）爱沙尼亚共和国（EVR）。

（二）我国铁路的旅客联运站

《国际客运运价规程》（简称《国际客价》）中规定的办理旅客联运的车站称之为联运站。我国铁路现有 30 个旅客联运站：北京、北京西、大同、天津、衡阳、长沙、汉口、郑州、呼和浩特、集宁、二连、沈阳、长春、丹东、哈尔滨、牡丹江、满洲里、绥芬河、桂林、南宁、崇左、凭祥、乌鲁木齐、阿拉山口、昆明北、河口、山海关、开远、宜良、昂昂溪。

（三）国境站

国与国之间邻接的车站被称为国境站，我国现有国际旅客联运的国境站如表 4.1.3 所示。

表 4.1.3 我国通往邻国铁路干线及国境站

我国与邻国	我国铁路干线	我国国境站	邻国国境站
中俄	滨州线	满洲里	后贝加尔
	滨绥线	绥芬河	格罗迭科沃
	珲马线	珲春	卡梅绍娃亚
中哈	北疆铁路	阿拉山口	德鲁日巴
中蒙	集二线	二连	扎门乌德
中朝	沈丹线	丹东	新义州
	长图线	图们	南阳
	梅集线	集安	满浦
中越	湘桂线	凭祥	同登
	昆河线	河口	老街

（四）国际联运旅客乘车票据

《国际客协》所规定的旅客车票，是国际联运中凭以乘车的票据，有客票、卧铺票和补加费收据。

乘车票据使用发送国文字及中文、德文、俄文中的一种办理。客票和卧铺票可用一张乘车票据办理。乘车票据可按旅客不换乘运行的各区间发售。

若技术条件允许，承运人可向旅客提供网上购买乘车票据的服务，旅客用银行卡在网上支付乘车费用并缔结运输合同。之后，按规定样式的相应格式纸办理乘车票据，或通过电子注册，使旅客有权占用车厢内席位，凭能证明其身份并在电子乘车票据中表明的证件乘坐列车。获取电子乘车票据以下列证据证明：

（1）打印的乘车票据订购证明，其中包含乘车要项和旅客信息；

（2）电子信息载体保存的订购证明，其中包含乘车要项和旅客信息。

网上购买乘车票据的办法和规定由国内规章规定。

乘车票据、电子乘车票据和电子注册的使用要求由参加运输的承运人商定，并在门户网站上公布必要信息。

国际直通联运册页票本视为一份乘车票据。册页票本含票皮和票页，票页由客票、卧铺票（乘坐卧车时）和补加费收据（发生补费时）组成。册页票本限于按客票上记载的径路，从客票上所记载的一国铁路发站乘车到另一国铁路到站时有效。没有客票的册页票本应视为无效，并且无权凭以乘车。但个别铁路间如有协议，可采用卡片客票和无票皮的册页票本凭以乘车。

1. 客票和补加费收据

客票是证明缔结国际联运旅客运输合同的运送票据。补加费收据是运输合同条件变更的证明。

客票和补加费收据上应记载下列主要事项：

（1）“MC”字母（手工填写在客票上）；

（2）发站和到站名称；

（3）印制的客票号码；

（4）经路；

（5）车厢等级；

（6）人数；

（7）客票票价；

（8）客票有效期；

（9）客票发售日期和地点、补加费收据填发日期和地点；

（10）合同承运人（填发补加费收据的承运人）的规定代号；

对于团体旅客乘车，可以发售一张客票、一张补加费收据或多张客票、多张补加费收据。

如果旅客已支付了所适用运价规程规定的最少成人旅客人数的乘车票价，且在同一经路同一列车上（含不同等级的车厢）旅行，则该旅客出行属团体出行。

2. 卧铺票

旅客乘坐卧车或座卧车时，除客票外，还应有占用相应铺位的卧铺票。旅客凭卧铺票，不论夜间或白天，均有权使用卧铺；但乘坐座卧车时仅限在 21:00 至次日 7:00 允许使用卧铺，并免费使用卧具。每套卧具的使用时间为 5 d，超过时铁路应免费更换。

卧铺票的种类与客票相同。此外，卧铺票按照办理方式还可分为签认和未签认票（即“OPEN”票）。卧铺票任何情况下均没有减成。

卧铺票上应记载下列主要事项：

（1）承运人的规定代号；

（2）发站和到站名称；

（3）运行经路；

（4）发车日期和时分，车次，车厢号和铺位号；

（5）车厢等级和铺位种类；

（6）人数；

（7）卧铺票票价；

（8）卧铺票发售日期及发售地点；

（9）客车经营人的规定代号。

在有空闲铺位的条件下，旅客（团体旅客）有权在客票有效期内将已办理的卧铺票更换成同一经路上的新卧铺票。乘车票据应不迟于卧铺票所记载列车开车前 6 个小时向售票点提出，团体乘车票据应不迟于卧铺票所记载列车开车前 5 天前向售票点提出（立陶宛、爱沙尼亚的承运人为 1 天）。

更换卧铺票不得超过1次（承运人未履行运输合同的情形除外）。

全套卧具使用费包含在卧铺票价中。对旅行期间乘坐卧车和座卧车的旅客提供卧具，每套卧具的使用时间为5天。

（五）国际联运旅客运送条件

1. 乘车票据的有效期

往程票——2个月；

返程票或是往返票——4个月。

客票有效期的开始日期规定如下：

（1）无卧铺票或针孔（戳记）时——自旅客说出并由售票处在客票上注明的日期开始。办理客票日期与客票有效期开始日期之间的间隔天数不能超出承运人规定的乘车票据预售期限；

（2）当册页票本中订有卧铺票或客票有针孔（戳记）时——自发送旅客当日起。

如旅客由于不得已的原因，不能在规定的客票有效期内结束乘车，在客票有效期终了以前并提出有关证明文件的条件下，有权请承运人延长客票的有效期。

客票有效期延长不得超过2次，同时，每次延长不得超过2个月。

接到旅客延长客票有效期请求的承运人，在认可必须延长的理由正当后，应予延长客票有效期。

如由于运送过程参加者的原因导致延误的，客票有效期应延长运送延误的时间。

2. 改签和退票

1）改　签

旅客购票后至列车发车后3 h内，可以变更乘车日期或同一经路上的车次。铁路如有空闲席位应办理改签手续。具体条件和办法如下：

（1）团体旅客。

发车5 d前可变更乘车日期和同一经路上的车次，不扣除任何费用；发车前5 d内不得改签。

（2）对持散客票的旅客。

发车3 d前，可变更发车日期和车次，不扣除任何费用；发车前3 d内6 h前，可变更发车日期和车次，扣除卧铺费的80%作为退票费；发车前6 h至发车后3 h内，只可改签相同车次的下趟列车。此时，原卧铺票作废。旅客须重新购买卧铺票。

改签时，将原在客票背面加盖的乘车日期和车次戳划销，重新盖戳；而卧铺票则须将原票收回，再重新开具一张新卧铺票。

2）退　票

（1）如果退票是因承运人的过失所致，则退还按适用的运价规程计算的下列费用：

① 如果旅客没有开始乘车，退还单人客票和卧铺票票价、手续费及其他费用；

② 如果团体旅客出发时人数没有到齐，退还团体中没有开始乘车旅客的团体客票和卧铺票票价、手续费及其他费用；

③ 如果旅客在某一中途站不再继续乘车，退还未乘车里程的客票（单人或团体）和卧铺票票价；

④ 旅客乘坐了比乘车票据票面上所载等级和种类低的车厢，退还已乘坐里程的较低等级和种类车厢与乘车票据票面上所载等级和种类的客票票价（单人或团体）和卧铺票票价的差额；

（2）在下列情况下，对单人或团体客票票价，在扣除已使用客票的全部票款后退还：

① 旅客享受往返乘车减成的客票单程未使用；

② 凭团体票实际乘车的成年旅客人数少于适用的运价规程中规定的减成标准人数。

（3）如果因旅客个人原因退票，则应退还按适用的运价规程计算的下列费用：

① 如果旅客没有开始乘车并在列车出发 6 小时前（团体票为 5 天前，对立陶宛和爱沙尼亚共和国承运人团体票为 1 天前）提出乘车票据以便加以记载，退还客票（个人或团体）和卧铺票票价。未遵守上述期限时，在客票有效期内并做有记载的情况下，退还客票（个人或团体）票价，卧铺费不予退还。

② 如果旅客在某一中途站不再继续乘车并在其所乘列车到达后 3 小时内提出自己的客票以便加以记载，退还未乘车里程的客票票价.

以上各种情况下，手续费均不予退还。

3. 变更席别和径路

1）变更席别

由于铁路责任（如发售重号等）不能给旅客提供符合票面等级的席位时，可将旅客安排在较高等级车厢，不再补收客票和卧铺票差额。持较低等级车厢乘车票据的旅客要求改乘较高等级车厢时，补收相应的票价差额，开具补加费收据。

2）变更径路

旅客在乘车前要求变更乘车径路时按退票办理。乘新径路车时应重新买票。

如果旅客在运行途中某一站要求变更径路时：

（1）新径路票价低于原径路票价时，车站在客票背面记载实际乘车径路。如变更径路后经由的国家也随之发生变化，开具一张补加费收据，注明新的径路和经由的国家铁路名称；

（2）新径路票价高于原径路票价时，向旅客核收票价差额，开具补加费收据；

（3）新径路只涉及接受变更申请的国家铁路时，按该国铁路国内规章办理。

4. 儿童乘车条件和各种减成的规定

1）儿童乘车条件

（1）未满 4 周岁的儿童不单独占用席位时，每名成人旅客可免费携带 1 名；超过 1 名时，其他儿童应购买儿童客票。单独占用席位时，每名儿童均应购买儿童客票；单独占用卧铺时，还应购买卧铺票。

（2）年满 4 周岁但不超过 12 周岁的儿童不论是否单独占用席位，每名儿童均应购买儿童客票；单独占用卧铺时，还应购买卧铺票。

（3）12 周岁以上儿童乘车条件与成人相同。

儿童年龄以乘车开始之日护照所载为准。

2）各种减成的规定

为照顾儿童和残疾人乘车，国际旅客联运中对儿童、盲人陪同、旅行团体和往返乘车旅客，在购买客票时给予一定的优惠（卧铺票一律不予减成），具体规定如下：

（1）儿童减成：儿童客票的票价为成人票价的 50%。

（2）对于团体，单程乘车时，客票减成 25%；往返乘车时，减成 40%。团体旅客中，不计算持各种免费乘车证的旅客。

（3）对往返乘车，非团体旅客往返乘车时，客票减成 20%。

（4）对盲人的一名陪同（可以是人或经过训练的狗）在陪同盲人乘车时，免付客票费。

以上各种减成，旅客只能享受其中最高的一种。

5. 中途下车

如护照和行政当局的规定许可，旅客可在客票有效期内在中途站下车，不限次数和时间，但中途下车不延长客票的有效期，并应在列车到达时起 3 h 内，向车站提出乘车票据，以便作关于中途下车的记载。

旅客在客票有效期内，无论从中途下车的车站，或从客票所载乘车径路上前方的其他车站，均可继续乘车。乘车前，旅客应到售票处办理签票手续。

旅客在中途下车时，卧铺票即失去效力，对未乘坐里程的费用也不予退还。卧铺票由卧车列车员留下。如果旅客从非国际联运站继续乘坐卧车，则应首先按国内票价，购买至最近的联运站的卧铺票。

6. 携带品

在不违反国境联检部门规定的前提下，旅客可以携带随身物品乘坐国际旅客列车和直通客车。免费携带品的总重量，成人旅客每人不得超过 36 kg，未满 12 周岁的儿童每人不得超过 15 kg。折叠式儿童手推车或残疾人轮椅如属于乘车的儿童或残疾人，则允许超过规定的标准作为携带品运送。在外交信使单独占用的包房内，允许携带 200 kg 以内的外交邮件和行李。这种情况下，超过免费携带品标准的外交邮件和行李应按手提行李办理，并按《国际客价》规定的行李费率核收运费。

国际联运车厢内，允许旅客随身携带宠物，如猫、狗、禽鸟等。这些动物只准带入 2 等车厢，旅客必须将其安置在单独的包房内，每个包房不得超过 2 只，并需支付包房内全部铺位的客票票价和卧铺费。如果铁路不能提供单独包房，则禁止旅客携带上述动物。

旅客应照管好自己的随身携带品和动物。携带动物时，旅客应随时清扫车厢，并对因所携带动物造成的破坏和污染承担全部责任。

为确保国际旅客列车的安全，下列物品禁止携带上车：

（1）可能损坏车厢或其他旅客携带品、污染车厢的物品；

（2）易燃品、自燃品、爆炸品、放射性物质、腐蚀性和毒害性物品；

（3）装有弹药的武器；

（4）能引起感染或具有强烈刺激性异味的物品；

（5）海关和其他规定禁止运送的物品；

（6）长、宽、高相加超过 200 cm 的物品。

7. 乘车票据的查验及收回

旅客应依照列车员或有关检查机构代表的要求出示乘车票据。

在国际联运卧车和座卧车内，旅客的所有乘车票据在乘车开始时都交给列车员，在旅客乘车期间由列车员保管。

不能出示所乘列车和车厢乘车票据的旅客，应交付罚款和发现该乘车的检查人员所在国境内已乘车里程的客票票价。这些费用应根据国内规章计算并核收。旅客如继续乘车，应购买乘车票据。

列车员应在乘车结束前30分钟内将乘车票据退还给旅客（卧铺票除外）。

任务练习

一、人工检票练习

（1）××××年5月20日16:30，在天津站K257次列车（天津—成都，16:42开）检票口，旅客张翔持当日本人实名制车票（K257次天津至成都）及本人有效身份证，进站乘车，客运员进站检票如何处理？

（2）××××年5月20日16:30，在天津站K213次列车（天津—西安，16:52开）检票口，旅客张翔持当日本人实名制车票（K857次天津至成都，16:42开）及本人有效身份证，进站乘车，客运员进站检票如何处理？

（3）××××年5月20日19:38，在天津站K332次列车（天津—洛阳，19:46开）检票口，旅客张翔持当日本人实名制车票（K257次天津至衡水，16:42开）及本人有效身份证，进站乘车，客运员进站检票如何处理？

（4）××××年5月20日16:30，在天津站K257次列车（天津—成都，16:42开）检票口，旅客张翔持5月19日本人实名制车票（K257次天津至成都）及本人有效身份证，进站乘车，客运员进站检票如何处理？

（5）××××年5月20日16:30，在天津站K257次列车（天津—成都，16:42开）检票口，旅客张翔持5月21日本人实名制车票（K257次天津至成都）及本人有效身份证，进站乘车，客运员进站检票如何处理？

（6）××××年5月20日16:30，在天津站K257次列车（天津—成都，16:42开）检票口，旅客张翔持当日本人实名制车票（K257次天津至成都）及本人有效身份证，带身高1.1 m儿童一名，进站乘车，客运员进站检票如何处理？

（7）××××年5月20日16:30，在天津站K257次列车（天津—成都，16:42开）检票口，旅客张翔持当日本人实名制车票（K257次天津至成都）及本人有效身份证，带身高1.3 m儿童一名，进站乘车，客运员进站检票如何处理？

（8）××××年5月20日16:30，在天津站K257次列车（天津—成都，16:42开）检票口，旅客张翔持当日本人实名制车票（K257次天津至成都）及本人有效身份证，带身高1.1 m儿童一名，提包1个，纸箱1个（长宽高0.6 m、0.6 m、0.5 m）进站乘车，客运员进站检票如何处理？

（9）××××年5月20日，在秦皇岛站K257次列车（佳木斯—成都）检票口，一旅客所持铁路硬席临时定期乘车证（乘车证区间为秦皇岛至太原）、身份证、铁路职工工作证进行排队检票，客运员进站检票如何处理？

二、自动检票练习

（1）××××年5月20日14:00，在天津站C2046次列车（天津—北京南，14:10开）检票口，旅客张翔持当日本人实名制车票（C2046次天津至北京南）及本人有效身份证，进站乘车，自动检票机亮绿灯，客运员如何处理？

（2）××××年5月20日14:00，在天津站C2046次列车（天津—北京南，14:10开）检票口，旅客张翔持当日本人实名制车票（C2048次天津至北京南，15:10开）及本人有效身份证，进站乘车，自动检票机亮红灯，客运员如何处理？

（3）××××年5月20日14:00，在天津站C2046次列车（天津—北京南，14:10开）检票口，旅客张翔持当日本人实名制车票（C2046次天津至北京南）及本人有效身份证，进站乘车，自动检票机亮黄灯，客运员如何处理？

（4）××××年5月20日15:00，在天津站C2056次列车（天津—北京南，15:10开）检票口，旅客王林因时间紧迫没来得及取票，持本人有效身份证件是否可以进站上车？客运员如何处理？

（5）××××年5月20日15:00，在天津站C2056次列车（天津—北京南，15:10开）检票口，旅客张新持中铁银通卡银卡进站检票，经闸机写卡时界面显示此卡有未完成的旅行记录，即刷卡记录显示只有一周前北京南站进站记录，无对应时间的出站记录，客运员如何处理？

任务二　旅客站台乘降组织

任务描述

旅客站台乘降组织是旅客发送作业的最后一个环节（乘车），也是旅客到达作业的第一个环节（下车）。搞好铁路旅客站台乘降组织，关系到旅客的生命安全。为保证旅客安全，客运员指导旅客站在站台白色安全线内侧，等待列车进站停稳后，先下后上；当旅客下车时，客运员指导旅客下车出站，杜绝旅客横越线路、钻车等危害生命安全的行为；正确及时办理列车移交的重点旅客和物品等，做好服务工作，确保列车安全正点。作为铁路车站客运员、客运值班员，应当掌握旅客站台乘降组织方法，能够正确完成旅客站台乘降组织中各个环节的工作，做到既维护了铁路车站站台正常秩序，保证旅客安全，又令旅客满意。

知识准备

一、车站站场设备

客运站站场内应设有各种用途的线路、站台和跨越设备（天桥、地道、平过道）、雨棚及客车给水等设备。

（一）旅客列车到发线

旅客列车到发线应设置在站台两侧，并在相邻两个旅客站台之间布置两股旅客列车到发线。旅客列车到发线有效长应以能满足该区段旅客列车最大编组辆数长度及发展的需要，一般应不少于 650 m。

中间站旅客列车到发线，一般应按方向别固定使用。客车始发、终点站的列车到发线，应按列车固定使用。这样的安排，既便利旅客的乘降，也便于客运（站、车）作业。

客运站除旅客列车到发线外，还应设有货物列车运行线、机车走行线、客车停留线等。

（二）旅客站台及雨棚

为保证旅客安全，便利上、下车，提高旅客乘降速度，缩短行包、邮件的装卸时间，提高客运站的通过能力，在办理旅客乘降的车站均应设置旅客站台。旅客站台的数量与位置应与旅客列车到发线的数量相适应，随着客运站类型不同而有所不同。当客运站为通过式时，应设基本站台和中间站台；当客运站为尽端式时，应设分配站台和中间站台。

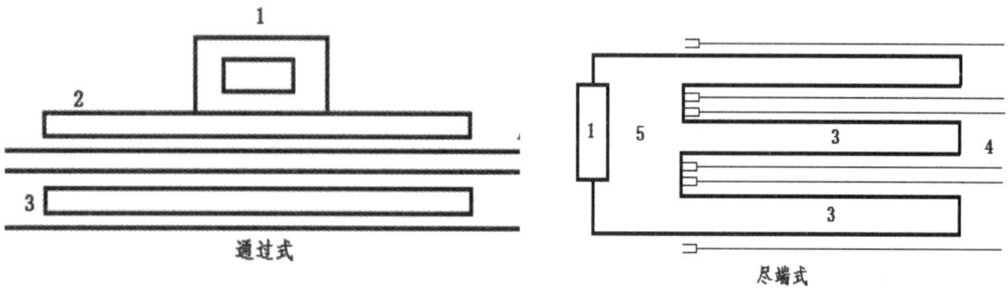

图 4.2.1　站台的布置

1—站房；2—基本站台；3—中间站台；4—到发线；5—分配站台

旅客站台应硬面化，以保证雨季也能正常使用。按站台与线路钢轨顶面的高差值，可分为三种：低站台高差为 300 mm，设在邻靠正线及通过超限货物列车到发线的旅客站台；高站台高差为 1 100 mm（高速铁路站台高差为 1 250 mm），站台平面和旅客车厢车底平面相同，便于旅客乘降和行包装卸，但不能通过超限货物列车，也不能通过高速列车，这种站台设在特等站停靠旅客列车到发线的旅客站台；一般站台高差为 500 mm，站台平面和客车车厢最低的阶梯踏板大致等高，这种站台也较便于旅客乘降和行包装卸，但邻靠这种站台的线路不能通过超限货物列车。列车通过速度不超过 120 km/h 时，站台安全白线距站台边 800 mm，白线宽 100 mm；列车通过速度超过 120 km/h 时，站台安全白线与站台边缘距离为 1 000 mm。

在客车的始发、终点站和其他客流量、行包量大的站台上，应设置站台雨棚。雨棚用于遮阳和避风雨，给旅客乘降和行包、邮件装卸带来便利。大型站的雨棚其长度、宽度应分别与站台的长度、宽度相同。站台宽度超过 10 m 或站台上建有天桥地道等，宜采用双柱雨棚，其他站台可采用单柱雨棚。

三等以上车站的站台上根据需要可设售货亭、洗脸池和卫生设施。

（三）跨线设备

跨线设备是站房与站台之间或站台与站台之间来往的道路。它对于保证旅客及工作人员安全、便利地通行，保证行包、邮件安全便利地运送，提高通过能力起着重要的作用。跨线设备按其与站内线路交叉关系可分为平过道及立体跨线设备。

1. 平过道是最简便的跨线设备

在通过式车站，站台端部的坡底一般设置平过道，供运送行包和邮件的车辆跨越线路。在较小的客运站，一般在站房进出口之间和中间站台适中的地方设置平过道。

2. 立体跨线设备中最常见的有人行天桥和地道

中型站一般应设立跨线设备，大型以上的客运站，为避免进出站旅客流线对流阻塞，需设置两个立体跨线设备，这样的车站究竟建造天桥还是地道，应依据站场条件、地形地质、工程造价、站房而定（侧上式和侧平式站房宜造天桥、侧下式站房宜造地道）。一般来说，车站建有两个立体跨线设备，一个天桥（进站）、一个地道（出站）为宜。

（四）给水设备

旅客列车始发站、技术作业站和折返站应设有客车给水设备。客车给水站的分布距离以150 ~ 200 km 为宜。客车给水设备包括水井、水栓和胶管。每两股旅客列车到发线之间应设置一组水井，每组水井的数量同列车编组相同，即主要干线不少于 20 个，其他干线不少于 18 个，一般线路不少于 16 个。水栓应设置为双头的，便于同时给两列车上水。上水胶管的长度一般以 25 m（一辆车厢长度）为宜。并按照“一人三井，一井一车”的需要，配齐上水人员。

二、车站信号的种类及显示

（一）铁路信号及其作用

信号是指示行车或调车的运行条件的命令，所有行车人员都必须严格遵守，以保证安全。

从广义上说，信号包括听觉信号和视觉信号两大类。视觉信号按信号机具是否移动分为手信号、移动信号和固定信号。为防护一定目标，常设于固定地点的信号，叫固定信号。如信号机和信号表示器等，都是固定信号。在机车内设置的信号，叫机车信号，也属于固定信号。

在我国铁路，按照运营要求，采用以下基本信号：

（1）要求停车的信号；

（2）要求注意或减速运行的信号：

（3）准许按规定速度运行的信号。

要求停车的信号叫做禁止信号或停车信号。要求注意或减速运行的信号以及准许按规定速度运行的信号，都叫作进行信号。

我国铁路视觉信号的基本颜色是红色、黄色和绿色。其中红色信号的基本意义是停车，黄色信号是注意或减速运行，绿色信号是按规定速度运行。

（二）信号的种类及显示

1. 进站信号机

进站信号机的作用是防护车站、指示进站列车的运行条件，保证接车进路的正确和安全可靠，完成有关的联锁任务。所以，凡车站的列车入口处都必须装设进站信号机。

2. 出站信号机

出站信号机的作用是防护区间，作为列车占用区间的凭证，指示列车可否进入区间；指示列车在站内的停车位置。

三、使用自动扶梯注意事项

（1）儿童和老弱病残人员应由有行为能力的成年人一手拉紧或搀扶搭乘，婴幼儿应由上述成年人抱住搭乘，成年人也应用手扶握扶手带，以免发生意外事故。依靠拐仗、助行架、轮椅行走的乘客应去搭乘电梯。

（2）切忌将头部、肢体伸出扶手装置以外，以防受到障碍物、天花板、相邻的自动扶梯或倾斜式自动人行道的撞击，并造成人身伤害事故。

（3）禁止将拐仗、雨伞尖端或高跟鞋尖跟等尖利硬物插入梯级边缘的缝隙中或梯级踏板的凹槽中，以免损坏梯级或梳齿板，并造成人身意外事故。

（4）请勿沿扶手带运行的反方向故意用力回拉扶手带企图阻止其运行；请勿让手指、衣物接触两侧扶手带以下的部件；请勿用手翻抠扶手带的下缘。否则，会影响扶手带的正常运行，损坏扶手装置部件，或擦伤、挤伤手指。

（5）禁止儿童攀爬于扶手带或内盖板上搭乘，禁止将扶手带或内、外盖板当作滑梯玩耍，以防发生人员擦伤、夹伤或坠落事故。

（6）禁止在运动的梯级上蹦跳、嬉戏、奔跑。

（7）禁止沿梯级运行的反方向行走与跑动，以免影响他人使用或跌倒。禁止倚靠扶手侧立，以防衣物挂拽或损坏扶手装置。

（8）禁止在梯级上丢弃烟蒂，以防发生火灾；请勿在梯级上丢弃果核、瓶盖、雪糕棒、口香糖、商品包装等杂物，以防损坏梳齿板；乘客请勿脚穿鞋底沾有水、油等易使人滑倒的鞋子搭乘。

（9）自动扶梯或自动人行道运行时梳齿板是较为危险的部位，乘客应尽量避免手、身体、鞋子、衣裙、物品、尖利硬物触及此处，以免发生危险。

（10）禁止用手或其他异物触及扶手带入口处，以防卷入；禁止儿童在扶手带转向端附近玩耍、嬉戏，以防头部、手臂或身体被扶手带和地板之间夹住。

（11）发生意外紧急情况（例如乘客摔倒或手指、鞋跟被夹住）时，应立即呼叫位于梯级出入口处的乘客或值班人员立即按动红色紧急停止按钮，停止自动扶梯或自动人行道运行，以免造成更大伤害。正常情况下请勿按动此按钮，以防突然停止而使其他乘客因惯性而摔倒。

四、旅客乘降组织

（1）熟知列车到发时刻、编组及车厢位置。了解掌握各次列车运行及客流变化情况，及时加强联系以了解列车是否晚点，确认停靠站台，并询问检票口准备工作是否就绪，若得到中控室传达的列车准点信息，立即通知检票口进行检票作业。

（2）列车进站前，站台客运人员及时出务，加强瞭望巡视，提示接站人员、流动售货车和已进入站台的乘车旅客进入安全线内。遇有雨雪天气时，应提前出务，及时清扫积雪、积冰，采取防滑措施，防止旅客摔伤。

（3）列车进站停稳后，立即报告中控室，全力组织旅客安全乘降。对重点列车或客流较大的列车，要加大宣传和疏导力度，主动在上车通道、车厢门口引导旅客有序上下车，并防控电梯安全。上车旅客较多的列车，应提示列车员打开双门。

（4）组织引导下车旅客沿车站出站通道有序出站，防止旅客因拥挤造成伤害，劝阻旅客，不让其做出跨越车辆、线路，不走出站通道等违章的不安全行为。

（5）开车铃响，及时宣传动员送站人员退到安全线后面，劝导站台流动售货车停止售货。密切注视上车通道，遇有赶点旅客，来得及上车时，由就近车厢护送其上车；来不及上车时，坚决制止，防止旅客抓车。

（6）列车开出后，以规定的姿势送车驶离，及时清理闲杂人。将候车旅客请到候车室。

五、迎送列车

列车出发和到达，客运人员应在站台上列队迎送列车。站台客运人员迎送列车的标准为：迎送时间距适当，姿势端正，足踏白线，面向列车，目迎目送，以列车进入站台开始至开出站台为止。列车进站前和开车铃响后，站台客运人员应组织站台上的旅客退到安全白线以内，确保人身安全。

图 4.2.2　站台客运人员迎送列车

六、站车交接

站车交接是指车站与列车发生相互交接旅客或物品时，应履行的手续和办理的作业。在办理站车交接作业时，由交方出具复写式客运记录，记明事件的过程、交办的内容及应证明的情况等。接方应核实情况后，在客运记录上签章（一份返交方，一份自己留用），接收。

按规章规定由列车交给车站的人、物（如弃婴、死亡旅客），车站不得拒绝接收。

【例 4.1】 ××××年 5 月 25 日 11:23，石家庄站，L166 次列车启动开车时，有一位旅客手提 2 袋食物慌忙跑到 5 车厢门口处大声央求列车员开门未果，神情焦急地找到站台值班员，声称自己系本次列车旅客，名叫张光，停车时下车买食物因找零钱问题耽误时间造成漏乘。车票（信阳—北京西）及其他物品都在列车 5 号车厢，没有同行人，如何处理？

处理过程：

（1）站台客运工作人员要及时劝阻、防护旅客，防止旅客继续扒车造成伤害，影响客车安全正点。

（2）认真做好对旅客的安抚工作，及时了解事情真相。

（3）根据旅客叙述，及时联系 L166 次列车的列车长，到旅客所述车厢查找旅客遗失物品，进一步核实概况。

（4）安排旅客继续乘车到北京西，联系车站找回 L166 次交到北京西站的物品。

（5）安排旅客乘后续列车 L18 次（12:35 开）去北京西，并编制客运记录。由于车次、席位票价与原票价相等，旅客凭车站编制的客运记录到北京西站。

注意事项：

（1）积极主动，为旅客排忧解难。

（2）如旅客同意安排高等级列车，要告知旅客由列车补收票价差额和手续费。

（3）处理时和有关站、车密切联系，确保工作的连续性。

【例 4.2】 ××××年 5 月 21 日，石家庄站候车室发现遗留提包 1 件，包内有三星手机 1 部，黑色上衣 1 件及旅客身份证 1 张。身份证信息为：张民、男，身份证号：130412345678912311。次日联系到失主，失主要求铁路转送到保定站。车站如何处理？

相关规定：《客规》规定客流量较大的车站应设失物招领处，失物招领处对旅客遗失物品应妥善保管，正确交付。遗失物品需通过铁路向失主所在站转送时，物品在 5 千克以内的免费转送；超过 5 千克时，到站按品类补收运费；但对《客规》第五十二条中所列物品及食品不予办理转送。

处理过程：

（1）遗失物品需通过铁路向失主所在站转送（车站安排 K50 次转送）时，对需转送物品逐一清点，内附清单，物品需加封。

（2）车站编制客运记录，注明品名件数，连同遗失物品交列车长转旅客所在站处理。办理行包业务的车站应填写行包装卸交接证之后，交列车行李员转送。

注意事项：

（1）联系要到位，确保到站将遗失物品接下来。

（2）物品交接要认真，防止损坏丢失。

【例 4.3】 ××××年 5 月 5 日，L165 次列车到达邯郸站，列车向车站移交在车上发现的一名弃婴，车站如何处理？

相关规定：列车发现弃婴时，应凭客运记录交县、市所在地车站处理，车站客运人员不得拒绝。车站客运人员对列车移交或站内发现的弃婴，应交当地民政部门处理。如果弃婴已死亡，则按无票死亡人员处理。

处理过程：

（1）车站客运值班员和驻站公安人员一同与列车长和乘警办理交接手续，查看客运记录填写内容与实际是否相符，列车收集的旁证材料是否真实可信，在没有异议的情况下，办理签字交接手续。

（2）在处理的过程中，车站客运值班员、公安人员分别及时向车站客运值班干部、公安值班领导汇报。

（3）依据列车编写的客运记录由公安开具证明信，凭公安出具的证明信，由公安人员和客运人员将弃婴及时送当地儿童福利院。

注意事项：

（1）与儿童福利院办理交接要有接收证明，若有人来找寻时，能说明儿童去向。

（2）车站要有办理此事的归口部门，防止各班之间交接不清，来人查找讲不清楚。

【例 4.4】 ××××年 5 月 5 日，L165 次列车到达石家庄站，列车长交下一名精神疾病旅客。客运记录载明该旅客在保定站开车后突发精神疾病，乱摔其他旅客物品，伴有语言混乱，随身携带电脑包和手提袋各一个，无人陪伴，车站如何处理？

相关规定：站车发现单独旅行的突发急病和精神疾病旅客时，列车应积极寻找医生进行救治，同时编制客运记录交到站或换车站处理，不得转交中途站。在下车交站前，列车长应指定专人看护，乘警应配合，防止意外发生。车站对于列车移交或在本站发现的上述人员，及时送当地医疗定点医院救治，危重病人（含弃婴、弃童）应送就近医院救治。当地民政部门或救助管理站接到医院通知后应及时派人前往医院进行后续处理。

列车向车站移交无人护送的无票精神疾病患者，接收站必须是三等以上车站，车站对移交的无人护送无票精神疾病患者，原则上通知其监护人领回，找不到监护人的转交精神病医院处理。

处理过程：

（1）车站客运值班员与列车长办理交接手续，查看客运记录填写内容与实际是否相符，在没有异议的情况下，办理签字交接手续。

（2）在处理过程中，车站客运值班员、公安人员分别及时向车站客运值班干部、公安值班领导汇报。

（3）车站派人及时将旅客送当地医疗定点医院进行救治。

（4）联系其监护人到医院护理。

注意事项：

做好对旅客的防护工作，防止旅客出现自伤或伤人的情况。

七、站台组织工作岗位标准

1. 客运员

（1）熟知列车到发时刻、编组及车厢位置。了解掌握各次列车运行及客流变化情况，对晚点列车及时与广播室加强联系，确认停靠站台。

（2）列车打点及时出务，按指定位置到达岗位。加强瞭望巡视，提示接站人员、流动售货车和提前进站的重点旅客进入安全线内。遇有雨雪天气时，应提前出务，及时清扫积雪、积冰，采取防滑措施，防止旅客摔伤。

（3）全力组织好旅客安全乘降。对重点列车或客流较大的列车，要加大宣传和疏导力度，主动在上车通道、车厢门口引导旅客有序上下车。上车旅客较多的列车，应提示列车员打开双门。

（4）开车铃响，及时宣传动员送站人员退到安全线内，劝导站台流动售货车停止售货。密切注视上车通道，遇有赶点旅客，来得及上车时，就近车厢护送上车；来不及上车时，坚决制止，防止旅客扒车。列车开出后，及时清理闲杂人。

2. 客运值班员

（1）组织职工落实部颁《铁路旅客运输服务质量标准》措施有力，日常达标管理检查认真，班前安全、服务工作预想安排有序，消灭路风责任投诉。

（2）客流变化及列车运行情况了解掌握及时，站台旅客乘降有序。接发列车时，随时注意站台动向，搞好巡视，防止旅客扒车、钻车、跳车和横越线路，确保列车安全、正点。

（3）熟练掌握客运规章制度及业务知识，按规定与列车办理交接手续。对列车移交的意外伤害旅客，认真核对客运记录是否符合《铁路旅客运输规程》（简称《客规》）要求，是否填写齐全。客运记录内容要向旅客复诵，确认无误后办理签字交接手续。

（4）熟练掌握客运非正常情况下应急预案，协助值班站长做好突发事件的处置。

任务练习

一、组织旅客乘降练习

（1）××××年 6 月 25 日，天津站站台，2261 次列车（天津—乌兰浩特）旅客进站上车，客流较大，车站客运人员如何组织？

（2）××××年 6 月 25 日，天津站站台，K370 次列车（汉口—大连）到达天津，旅客上下车，客流较大，车站客运人员如何组织？

（3）××××年 6 月 25 日，天津站站台，K1620 次列车（深圳西—天津）到达天津，旅客下车，客流较大，车站客运人员如何组织？

二、站车交接练习

（1）××××年 5 月 25 日，石家庄站。一重病旅客李华持 L166 次石家庄至北京西的车票，到北京协和医院去看病。L166 次列车到达石家庄车站，石家庄车站如何办理？

（2）××××年 5 月 25 日，石家庄站。L165 次到达石家庄站后，旅客李华持 L165 次北京西至保定硬座普快票 1 张，票号 A008769，携一手提包，神情焦急地找到站台值班员，声称自己因夜间乘车做过了站，正当到站是保定站，如何处理？

（3）××××年 5 月 25 日，常州站组织 K233 次列车（石家庄—上海）旅客出站时，1 名旅客持 1 月 24 日石家庄至常州（经郑州、徐州）的空调硬座快速联合票，票号为 A012345，声称误购车票，实际到站为沧州。如何处理？

（4）××××年5月5日，L165次到达邯郸站，列车长交下1名无票人员，客运记录载明列车运行至邢台查票发现该人员无票，让其补票时，声称没钱补票并推搡补票人员、语言不文明。随身携带手提袋一个，无同行人。车站如何处理？

（5）××××年5月5日，K589次到达十堰车站，列车长交下1名死亡旅客，声称该旅客系本次列车4车厢14号卧铺旅客，列车已编制客运记录。上面记载该旅客年龄70多岁，男性。上车后一直在自己的铺位睡觉，中途未醒，列车员已经作为重点旅客注意了，快到站换票时发现该旅客已经身体变冷，没有呼吸，旁边没有同行人。车站如何处理？

（6）××××年5月5日，L165次到达邯郸站，列车长交下1个小包，内装汽油2瓶，发令纸1包，附客运记录，旅客没有下车。车站如何处理？

（7）××××年5月5日，L615次到达，列车长交下大包1件，声称旅客遗失物品，已编客运记录记载详细信息。车站如何处理？

任务三　旅客出站组织

任务描述

旅客出站组织是旅客运输的最后一项作业，也是搞好铁路旅客运输服务，向旅客展示铁路企业形象的最后一个窗口。旅客出站组织包括出站检验车票，安全有序引导旅客出站，办理无票、超高、携带品超重超限超范围旅客的补票补款和各种违章乘车处理，代收列车交款，严禁无票和站外人员穿行车站等。作为铁路车站客运员、客运值班员，应当掌握旅客出站组织方法，能够正确完成旅客出站组织中各个环节的工作，做到既维护了铁路旅客运输正常秩序，保证铁路客运正常收益，又令旅客满意。

知识准备

一、出站验票

（1）车站对出站的旅客和人员应验票；对持必须持证购买的减价票和各种乘车证的旅客，应当核对相应的证件；对已使用完毕的车票、站台票、团体旅客证应撕角后交给旅客；对出站人员的站台票，应将其副券撕下；误撕车票时，应换发代用票；对不符合乘车条件的，处理后放行出站。

（2）对于使用电子客票的旅客，指导其到指定自动检票机刷本人有效身份证原件验票出站。到站验票时，确认没有车票信息的，应对按规定补票。

（3）持中铁银通卡乘车的旅客到站后，经自动检票机写卡确认办理出站验票手续并扣减全价票款。如若出站刷卡时无进站记录的，应到车站到补窗口进行处理；如若出站前卡片芯片损坏的，应到到补窗口办理坏卡登记，办理换卡时间可持补制车票在中铁银通卡窗口注销进站记录；如若在出站前发现卡丢失的，应及时声明并另行补票，出站时需在到补窗口办理卡丢失登记，找回卡时，可持卡和补制的车票在中铁银通卡窗口注销进站记录，以上等情况在得到处理后方可放行出站。

（4）出站验票过程中不得允许旅客逆向进站，有需要办理进站接人的旅客需去往指定出站口办理接站手续后方可逆向进站接人。

二、对违章乘车的处理

违章乘车包括旅客不符合乘车条件的乘车、旅客车票未按规定办理签证、剪口的乘车以及违章使用乘车证人员的乘车，现将对其处理规定分述如下。

（一）对不符合乘车条件的处理

《铁路法》规定：旅客乘车应持有效车票，对无票乘车或持失效车票乘车的，应当补交票款，并按照规定加收票款；拒不交付的，铁路运输企业可以责令其下车。

依照法律规定，客运规章对于不符合乘车条件的旅客和人员，要求站、车均应了解原因，区别不同情况予以处理，对不履行义务的，应补收票款并加收票款，对主动补票并经站车同意上车的人员或儿童，只补收票价，核收手续费，具体处理规定如下。

1. 属于客观原因，核收应补票价、手续费

有下列不符合乘车条件的，补收车票票价或票价差额，核收手续费：

（1）应买票而未买票的儿童（身高在 1.2 ~ 1.5 m）只补收儿童票价。身高超过 1.5 m 持用儿童票乘车的儿童，应补收儿童票价与全价票价的差额。

（2）持站台票上车送客未下车但及时声明的，按所乘列车等级，补收至前方下车站的票款。

（3）主动补票或经站、车同意上车补票的，只补收车票票价（持旅客乘降所发给的补票证时不收手续费）。

【例 4.5】 ××××年 5 月 5 日，石家庄站组织 K234/235 次（上海—石家庄，空调列车，经由郑州）列车旅客出站时，发现 1 名旅客持当日该次列车徐州至石家庄的新空硬座客快速票 1 张，携带 1.1 m、1.0 m、0.8 m 儿童各一名，石家庄站如何处理？

处理：属于客观原因范围，补收两张儿童票，核收两人次手续费。

（1）徐州—石家庄运价里程 761 km

（2）票价：2 张半价空调硬座客快速票票价：$(31.5 + 12.0 + 7.5) \times 2 = 102.0$（元）

（3）手续费：2 人次手续费：$2.0 \times 2 = 4.0$（元）

（4）共核收费用：$102.0 + 4.0 = 106.0$（元）

填写客杂，如图 4.3.1 所示，或石家庄站打印“到达补”车票，事由：无票；记事：携带免费儿童数量超限。

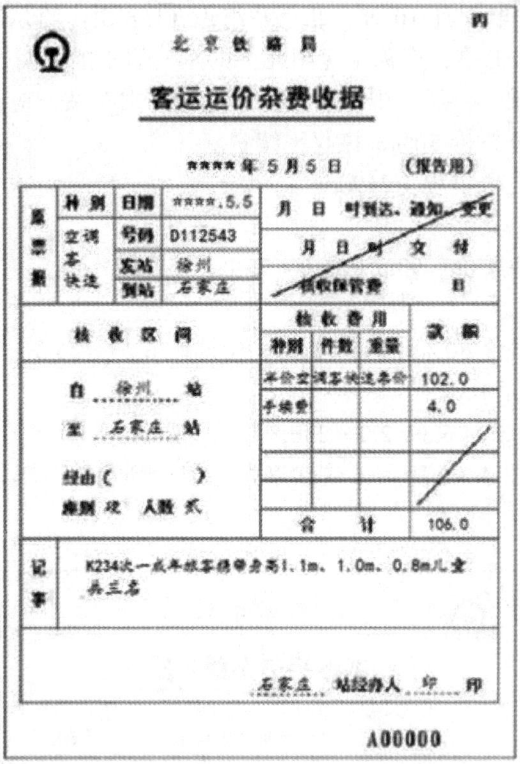
丙

北京铁路局

客运运价杂费收据

****年 5月5日 （报告用）

原票据 | 种别：空调客快速 | 日期：****.5.5 | 号码：D112543 | 发站：徐州 | 到站：石家庄

月 日 时到达、通知、变更

月 日 时 交 付

核收保管费 日

核收区间：自 徐州 站 至 石家庄 站 经由（ ） 席别 硬 人数 贰

核收费用 种别	件数	重量	款额
半价空调客快速票价			102.0
手续费			4.0
合计			106.0

记事：K234次一成年旅客携带身高1.1m、1.0m、0.8m儿童共三名

石家庄 站经办人 印 印

A00000

图 4.3.1 客运运价杂费收据填写样例

2. 属于主观原因，即有意取巧，核收应补票价、手续费、加收票款

有下列不符合乘车条件的，除按规定补收票价（或票价差额）、核收手续费外，还必须加收已乘区间应补票价 50%的票款：

（1）无票乘车时，补收自乘车站（不能判明时自列车始发站）起至到站止的车票票价。持失效车票乘车的按无票处理。

（2）持用伪造或涂改的车票乘车时，除按无票处理外并送交公安部门处理。

（3）持站台票上车并在开车后 20 min 后仍不声明的，按无票处理。

（4）持用低等级的车票乘坐高等级列车、铺位、座席时，补收所乘区段的票价差额。

（5）旅客持减价票没有规定的减价凭证或不符合减价条件时，补收全价票价与减价票价的差额。

（6）持实名制车票票、证、人不一致时，按无票处理，成年人持儿童票的，视为票、证、人不一致。

（7）对持定期客票违章使用，需按往返及天数加收票价时，应按下列公式进行计算核收：

$$加收票价=单程应收票价\times 2\times 天数$$

（8）车站对列车移交或本站发现的无票乘车而又拒绝补票的人员，应追补应收和加收的票款，核收手续费。

注意：儿童随同成人旅行，发生超高时，成人若发生不符合乘车条件需加收 50%票款时，儿童均不加收；成人票价产生分段计算时，儿童票价均应通算。

【例 4.6】 ××××年 5 月 10 日，北京站组织 T158 次（哈尔滨—泰州，空调列车）列车旅客出站时，发现 1 人无票，声称于沈阳北上的车，但不能证明，北京站如何处理？

处理：此人为无票乘车，属主观原因，又不能证明乘车站，应补收列车始发站至下车站票价，加收已乘区间应补票价 50%，核收手续费。

（1）哈尔滨—北京运价里程 1 249 km

（2）补收票价

空调硬座客特快票价：93.5 + 36.0 + 23.0 = 152.5（元）

（3）加收票价

已乘区间应补票价 50%票款：152.5 × 50% = 76.25≈76.3（元）

（4）手续费：2.0（元）

（5）合计应收：152.5 + 76.3 + 2.0 = 230.8（元）

（6）填写客杂，如图 4.3.2 所示，或北京站打印“到达补”车票，事由：无票；记事：未声明。

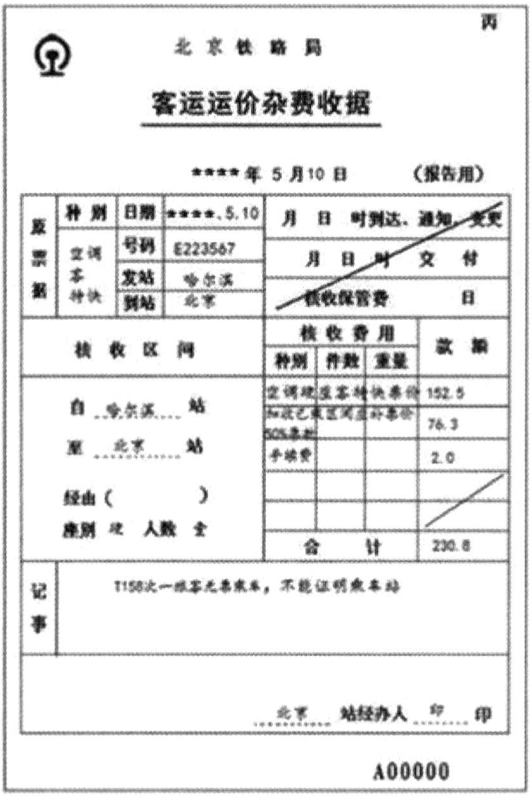

丙

北京铁路局

客运运价杂费收据

****年 5 月10 日　　（报告用）

原票据	种别	日期	****.5.10	月 日 时到达、通知、变更
	空调客特快	号码	E223567	月 日 时 交 付
		发站	哈尔滨	核收保管费 日
		到站	北京	

核收区间	核收费用 种别	件数	重量	款额
自 哈尔滨 站 至 北京 站 经由（ ） 席别 硬 人数 壹	空调硬座客特快票价			152.5
	加收已乘区间应补票价50%票款			76.3
	手续费			2.0
	合计			230.8

记事：T158次一旅客无票乘车，不能证明乘车站

北京 站经办人 印 印

A00000

图 4.3.2　客运运价杂费收据填写样例

（二）车票未签证、未剪口的处理

（1）旅客未按票面指定的日期、车次乘车（即提前乘车，含错后乘车 2 小时以内的），但乘坐票价相同的列车时，应补剪、补签，并核收手续费。已使用至到站的车票不再补签；错后乘车超过 2 小时的，车票按失效处理。

（2）旅客所持车票日期、车次相符但未经车站剪口的应补剪；持通票的旅客中转换乘应签证而未签证的，应补签。补剪、补签，应核收手续费，但已使用至到站的车票不再补剪、补签。

【例 4.7】××××年 6 月 7 日，石家庄北站组织 K520 次列车（太原—天津，空调列车）旅客出站时，发现一名旅客持 K1574 次（太原—南通，空调列车）列车太原—石家庄北的空调硬座快速票 1 张（K1574 次列车在太原站 16:00 始发，K520 在太原站 18:49 始发），石家庄北站如何处理？

处理：旅客未签证错后乘车超过 2 小时，车票失效，应补收所乘区间车票票价，并加收已乘区间应补票票价的 50%票款和手续费。

（1）太原—石家庄北运价里程：225 km

（2）补收票价

空调硬座快速票价：37.5（元）

（3）加收票价

已乘区间应补票价 50%票款：$37.5 \times 50\% = 18.75 \approx 18.8$（元）

（4）手续费：2.0（元）

（5）合计应收：$37.5 + 18.8 + 2.0 = 58.3$（元）

（6）填写客杂，如图 4.3.3 所示，或石家庄北站打印“到达补”车票，事由：无票；记事：错后乘车超时。

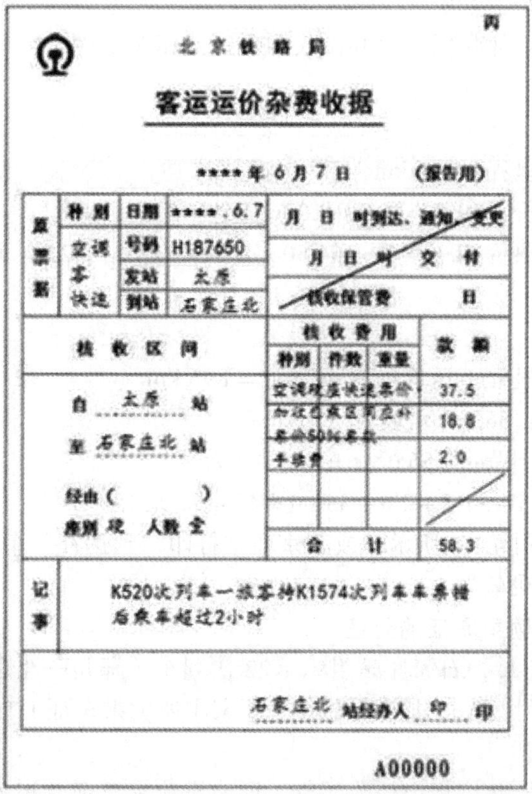
丙

北京铁路局

客运运价杂费收据

****年 6 月 7 日　（报告用）

原票据	种别：空调客快速	日期	****.6.7	月 日 时到达、通知、变更
		号码	H187650	月 日 时 交 付
		发站	太原	核收保管费 日
		到站	石家庄北	

核收区间	核收费用：种别	件数	重量	款额
自 太原 站	空调硬座快速票价			37.5
至 石家庄北 站	加收已乘区间应补票价50%票款			18.8
经由（　）	手续费			2.0
席别 硬 人数 壹				
	合计			58.3

记事：K520次列车一旅客持K1574次列车车票错后乘车超过2小时

石家庄北 站经办人 印 印

A00000

图 4.3.3　客运运价杂费收据填写样例

（三）违章使用乘车证的处理

违章使用乘车证，如：在票面上加添、涂改、转借、超过有效期限或有效区间乘车，未持规定的有关证明、证件或持伪造证明、证件的均按无票处理，要查扣其乘车证及有关证件。此外，单位还应追究其行政责任。对持用伪造乘车证者，一经发现，应立即查扣，并移交公安机关依法处理。超出规定条件使用乘车证者，也按违章使用处理。

违章使用乘车证均要按所乘旅客列车的等级、席别、铺别、区间（单程或往返）及票面填写人数补收和加收票款，下列乘车证还应按票面记载的席别、区间，按照下列计算方法加收罚款：

（1）定期通勤乘车证，按票面填写乘车区间，自有效月份起至发现违章月份止按每月1次往返的里程计算。

（2）全年定期乘车证、临时定期乘车证、通勤（学）乘车证。从有效日期（过期的从有效期终了的次日）至发现违章日期止，票面填写的乘车区间在一个铁路局以内的，按每日乘车 50 km 计算票价；乘车区间跨铁路局的，按每日乘车 100 km 计算票价，计算后低于 50 元的按 50 元核收。

（3）发现其他违章行为的，均按《铁路旅客运输规程》的规定进行相应处理。

【例 4.8】 借用定期通勤乘车证

××××年 6 月 5 日，北京西站组织 K7762 次（邯郸—北京西，空调列车）列车旅客出站时发现，1 名旅客持借用的北京工务段职工刘全本年度北京至邯郸定期通勤乘车证 DTc302381。北京西站如何处理?

处理：按无票处理，加收罚款，并没收乘车证及相关证件，编客运记录上交铁路局收入稽核部。

（1）无票处理：

邯郸—北京西运价里程：442 km

空调硬座客快速票价：39.5 + 16.0 + 9.0 = 64.5（元）

加收已乘区间应补票价 50%票款：64.50 × 50% = 32.25≈32.3（元）

手续费：2.0 元

（2）罚款：

邯郸—北京（往返里程）运价里程 448 × 2 = 896 km

非空硬座客快票价：56.0（元）

2018 年 6 月按 6 次计费： 56.0 × 6 = 336.0（元）

（3）应收合计：64.5 + 32.3 + 2.0 + 336.0 = 434.8（元）

（4）填写客杂，如图 4.3.4 所示，或北京西站打印“到达补”车票，事由：借用；记事：持他人定期通勤乘车证乘车。

【例 4.9】 借用通勤乘车证的处理

××××年 4 月 15 日，石家庄站组织 K22 次列车（郑州—北京西，空调列车）旅客出站，发现 1 名旅客持借用他人的本年度邯郸—石家庄通勤乘车证 DTC245340，石家庄站如何处理?

处理：按无票处理，并按规定核收罚款，同时没收乘车证及相关证件，编制客运记录上报铁路局收入稽核部。

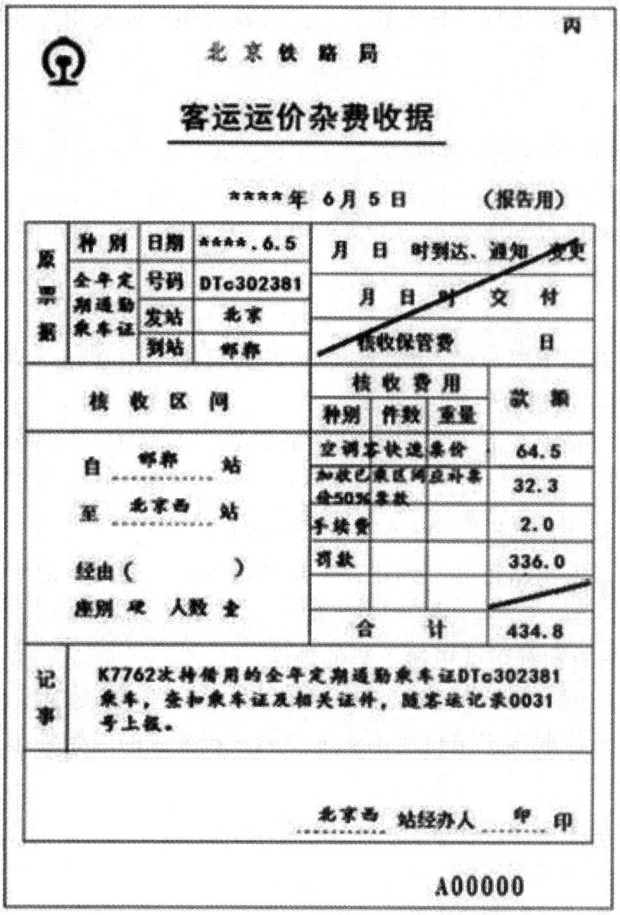

丙

北京铁路局

客运运价杂费收据

****年 6月 5日　　（报告用）

原票据	种别	日期	****.6.5	月 日 时到达、通知 变更	
	全年定期通勤乘车证	号码	DTc302381	月 日 时 交 付	
		发站	北京	核收保管费 日	
		到站	邯郸		
核收区间				核收费用	款额
				种别 件数 重量	
自 邯郸 站				空调客快速票价	64.5
至 北京西 站				加收已乘区间应补票价50%票款	32.3
经由（ ）				手续费	2.0
座别 硬 人数 壹				罚款	336.0
				合 计	434.8
记事	K7762次持借用的全年定期通勤乘车证DTc302381乘车，查扣乘车证及相关证件，随客运记录0031号上报。				

北京西 站经办人 印 印

A00000

图 4.3.4　客运运价杂费收据填写样例

（1）无票处理：

邯郸—石家庄运价里程：161 km

空调硬座快速票价：24.5（元）

加收已乘区间应补票价 50%票款：24.5 × 50% = 12.25 ≈ 12.3（元）

手续费：2.0（元）

（2）罚款：

邯郸和石家庄都在北京局管内，应按每日乘车 50 km 计算票价。

50 km 非空硬座客快票价：4.0（元）

1 月 1 日至 4 月 15 日共计 105 天：4.0 × 105 = 420.0（元）

（3）应收合计：24.5 + 12.3 + 2.0 + 420.0 = 458.8（元）

（4）填写客杂，或石家庄站打印“到达补”车票，事由：借用；记事：持他人通勤乘车证乘车。

【例 4.10】　持用过期通勤乘车证的处理

××××年 3 月 15 日，安阳站组织 K21 次列车（北京西—郑州，空调列车）旅客出站时，发现 1 名旅客持本人上年度石家庄—安阳通勤乘车证 DTC120964，安阳站如何处理？

处理：按无票处理，并按规定核收罚款，同时没收乘车证及相关证件，编制客运记录上报铁路局收入稽核部。

（1）无票处理：

石家庄—安阳运价里程：221 km

空调硬座快速票价：37.5（元）

加收已乘区间应补票价 50%票款：$37.5\times50\%=18.75\approx18.8$（元）

手续费：2.0（元）

（2）罚款：

安阳、石家庄分别属于郑州局、北京局，应按每日乘车 100 km 计算票价。

100 km 非空硬座客快票价：7.5（元）

规章规定上年度通勤乘车证可延期使用至本年度 1 月 15 日，故自本年度 1 月 16 日至 3 月 15 日共计 59 天：$59\times7.5=442.5$（元）

（3）应收合计：$37.5+18.8+2.0+442.5=500.8$（元）

（4）填写客杂，或安阳站打印“到达补”车票，事由：过期；记事：持用过期通勤乘车证乘车。

【例 4.11】 持用通勤乘车证中途下车的处理

××××年 6 月 1 日，邯郸站组织 K234 次列车（上海—石家庄，空调列车）旅客出站时，发现 1 名安阳工务段职工王某持用本年度安阳—石家庄的通勤乘车证 DTc368720，中途下车，邯郸站如何处理？

处理：持用通勤乘车证中途下车无效，按无票处理。

（1）安阳—邯郸运价里程：60 km

（2）空调硬座快速票价：11.5（元）

（3）加收已乘区间应补票价 50%票款：$11.5\times50\%=5.75\approx5.8$（元）

（4）手续费：2.0（元）

（5）应收合计：$11.5+5.8+2.0=19.3$（元）

（6）填写客杂，或邯郸站打印“到达补”车票，事由：无票；记事：持用通勤乘车证中途下车。

【例 4.12】 持用过期的临时定期乘车证的处理

××××年 6 月 5 日，北京西站组织 T8 次列车（成都—北京西，空调列车）旅客出站时，发现 1 名旅客持本人西安—北京西的硬席临时定期乘车证 YLC134783（有效期 3 月 1 日—5 月 31），北京西站如何处理？

处理：按无票处理，并按规定核收罚款，同时没收乘车证及相关证件，编制客运记录上报铁路局收入稽核部。

（1）无票处理：

西安—北京西运价里程：1 283 km

空调硬座客特快票价：156.5（元）

加收已乘区间应补票价 50%票款：$156.5\times50\%=78.25\approx78.3$（元）

手续费：2.0（元）

（2）罚款：

西安、北京西分别属于西安局、北京局，应按每日乘车 100 km 计算票价。

100 km 非空硬座客快票价：7.5（元）

6 月 1 日—6 月 5 日 共计 5 天：$7.5 \times 5 = 37.5$（元），不足 50 元，按照 50 元计算。

（3）应收合计：$156.5 + 78.3 + 2.0 + 50.0 = 286.8$（元）

（4）填写客杂，或北京西站打印“到达补”车票，事由：过期；记事：持用过期临时定期乘车证乘车。

三、旅客违章携带物品的处理

（1）车站发现出站旅客携带品超过免费重量或超过规定的外部尺寸时，对超过免费重量的物品，其超重部分补收四类包裹运费。

（2）旅客携带不可分拆的整件超重、超大物品以及动物（含猫、狗、猴等宠物）都应按该件全部重量补收四类包裹运费。

（3）旅客携带危险品和国家禁止或限制运输的物品以及妨碍公共卫生、污损车辆的物品，均按该件全部重量加倍补收四类包裹运费，必要时移交公安部门处理，对有必要就地销毁的危险品应就地销毁，使之不能危害旅客，同时，承运人不承担任何赔偿责任。

（4）如旅客携带的物品价值较低，应补收运费超过其本身价值时，可按物品本身价值的 50%核收运费。同时，补收运费时，最远不得超过本次列车的始发站和终点站。

（5）残疾人旅行时代步的折叠式轮椅可免费携带，并不计入上述（重量与体积）范围。

（6）旅客旅行中携带的少量水果、点心、文件袋、照相机、半导体收音机及随身穿着的衣服等零星细小物品，根据惯例，可不计算在重量之内，同时考虑到给予车站在处理问题时有一定的灵活性，为此规定：对携带品超重不足 5 kg 时，可免收运费。

【例 4.13】 携带超重物品的处理

××××年 6 月 1 日，德州站组织 1526/1523 次（哈尔滨—石家庄，经由天津、德州）列车旅客出站时，发现 1 名旅客持长春至德州车票 1 张，携带手提包 2 件重 28 kg，德州站如何处理？

处理：携带品超重，按规定补收运费。

（1）长春—德州运价里程：1 228 km

（2）8 kg 四类包裹运费：$2.028 \times 8 = 16.224$（元）≈ 16.2（元）

（3）填写客杂，如图 4.3.5 所示。

【例 4.14】 携带超剂量物品的处理

××××年 5 月 10 日，K170 次列车（兰州—西安，空调列车）到达西安站组织旅客出站时发现 1 名旅客持当日本次列车兰州—西安车票，携带提包 1 件重 17 kg，内装有 8 瓶冷烫精（每瓶 120 mL，0.3 kg），西安站如何处理？

处理：可限量携带冷烫精不得超过 120 mL，携带超剂量，应没收 7 瓶，对没收部分重量加倍补收所乘区间四类包裹运费。

（1）兰州—西安运价里程：676 km

（2）7 瓶冷烫精重 2.1 kg，按 3 kg 计费。

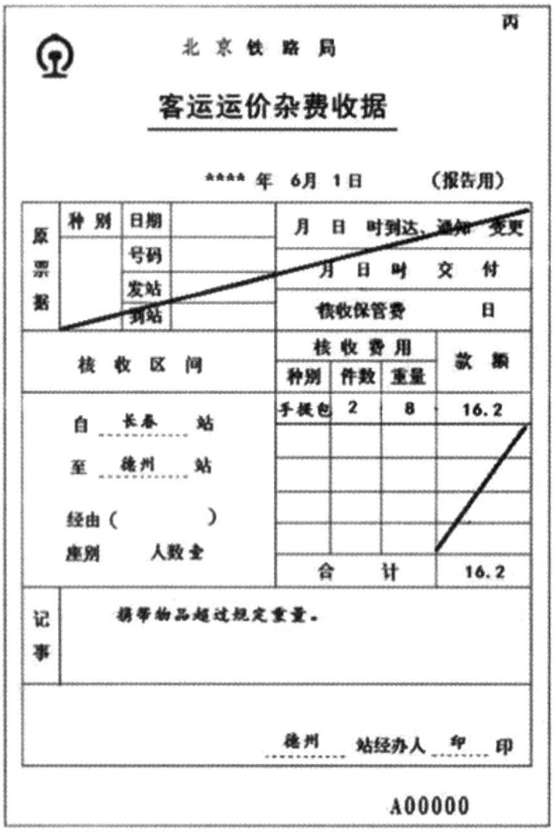

丙

北京铁路局

客运运价杂费收据

**** 年 6月 1日 （报告用）

原票据	种别	日期		月 日 时到达，通知 变更
		号码		月 日 时 交 付
		发站		
		到站		核收保管费 日

核收区间	核收费用			款额
	种别	件数	重量	
自 长春 站 至 德州 站 经由（ ） 座别 人数 壹	手提包	2	8	16.2
	合计			16.2

记事：携带物品超过规定重量。

德州 站经办人 [illegible] 印

A00000

图 4.3.5　客运运价杂费收据填写样例

（3）3 kg 四类包裹运费：$1.180 \times 3 = 3.540 \approx 3.5$（元）

（4）加倍补收四类包裹运费

$3.5 \times 2 = 7.0$（元）

（5）填写客杂。

四、出站组织工作标准

（1）严格落实列车进站出务、列队上岗制度，快速检验车票。查验车票时，要确认票面发到站、经由、日期、车次。列车集中到达客流高峰时，要开齐验票口，做到不挤、不乱，秩序良好。

（2）认真执行客运规章制度，发现违章乘车旅客，要态度和蔼，问清情况，再行补票。对无票旅客要问明车次和乘车站；对车票不符的，要分清证件不符、超高；对携带品不符的，要分清超重、超大、超范围等，根据具体情节按《客规》规定予以补票。对拒绝补票、补款的旅客要不急不躁，耐心解释，以理服人，做到打不还手、骂不还口。

（3）对各次列车运行及正晚点情况了解、掌握清楚，遇有晚点列车要加强组织。随时检查电子时钟、计算机系统、通告显示、衡器是否正确，公告内容是否及时有效，发现问题及时汇报。

（4）下车人数通知单做到一趟车一统计，数字准确无误。

（5）严格执行值岗制度，严禁无票和站外人员穿行车站。对进站接人的旅客，列车打点后方能进站，并通告旅客列车停靠站台。

任务练习

一、对违章乘车的处理练习

（1）××××年 5 月 18 日，石家庄北站组织 K1216 次（烟台—石家庄北，空调列车）列车旅客出站时，发现 1 名旅客持当日该次列车烟台至石家庄北的新空硬座客快速全价票 1 张，儿童票 1 张，携带身高 1.56 m 儿童（全程携带）1 名，请处理。

（2）××××年 5 月 6 日，葫芦岛站组织 K7320 次（沈阳—山海关，空调列车）列车旅客出站时，发现 1 名旅客持 1 月 2 日沈阳至葫芦岛的车票出站，其车票票面的“2”字涂改成“6”字，葫芦岛站如何处理？

（3）××××年 5 月 5 日，鹿道站组织 6008 次（牡丹江—鹿道）列车旅客出站时，发现 1 名持牡丹江站台票的旅客出站，鹿道站如何处理？

（4）××××年 5 月 5 日，T253 次（天津—广州，空调列车）列车到达德州站后，德州站出站验票时发现，1 名旅客持当日 4481 次（天津—涉县）列车，天津至德州的硬座客快车票，德州站如何处理？

（5）××××年 5 月 5 日，1314/1311 次（成都—天津，空调列车）列车到达天津站后，出站验票时发现，1 名旅客持该次列车开封至天津的空调硬座客快学生票 1 张，无学生证，天津站如何处理？

（6）××××年 5 月 15 日，石家庄站组织 2070 次（安阳—石家庄，空调列车）列车旅客出站，发现 1 名旅客持借用他人的本年度邯郸至石家庄通勤乘车证 DTc382383，石家庄站如何处理？

（7）××××年 5 月 8 日，葫芦岛站组织 K 次列车（沈阳—山海关，空调列车）旅客出站时，发现 1 名旅客持沈阳—葫芦岛的一次性硬席往返乘车证 YLc115468（3 月 1 日—3 月 31 日），将 3 月份涂改为 5 月份，葫芦岛站如何处理？

二、对违章携带品的处理练习

（1）××××年 6 月 10 日，衡水站组织 1304 次（郑州—北京西）列车旅客出站时，发现 1 名旅客，持当日郑州至衡水该次列车车票，携带纸箱（日用品）1 件，重 22 kg；手提包 1 件重 8 kg，请处理。

（2）××××年 6 月 10 日，衡水站组织 1304 次（郑州—北京西）列车旅客出站时，发现 2 名旅客，持当日郑州至衡水该次列车车票，携带金属机器零件（整体）1 件，重 32 kg；手提包 1 件重 8 kg，请处理。

（3）××××年 6 月 10 日，天津站组织 T254 次（广州—天津，空调列车，经石家庄、德州）列车旅客出站时，发现 1 名旅客持当日郑州至天津本次列车车票，携带机器零件 1 件，重 8 kg（长 60 cm、宽 54 cm、高 50 cm）；手提包 2 件重 18 kg，天津站如何处理？

（4）××××年 6 月 10 日，新乡站组织 T70 次（乌鲁木齐—北京西，空调列车，经兰州、郑州）列车旅客出站时，发现 1 名旅客持吐鲁番至新乡的本次列车车票，携带葡萄 42 kg（吐鲁番当地葡萄价格 1.20 元/kg），新乡站如何处理？

（5）××××年 6 月 18 日，安康站组织 K1078 次（宁波—重庆北，空调列车，经金华、向塘、武昌、襄阳）列车旅客出站，发现 1 名旅客持武昌至安康车票，携带旅行包 1 个，重 15 kg；纸箱 1 个（内装 2 只宠物狗）重 6 kg，安康站如何处理？

（6）××××年 6 月 1 日，长春站组织 T59 次（北京—长春，空调列车）列车旅客出站时，发现 1 名旅客持当日本次列车车票，携带旅行包 2 件，重 20 kg，其中 1 件重 12 kg，内装鞭炮。长春站如何处理？

（7）××××年 4 月 29 日，K170 次列车（兰州—西安，空调列车）到达西安站组织旅客出站时发现 1 名旅客持当日本次列车兰州—西安车票，携带提包 1 件，从包中调出 1 瓶 600 mL 发胶，西安站如何处理？

三、对旅客违章乘车与违章携带品同时处理练习

××××年 5 月 8 日，石家庄组织 T370 次列车（广州—石家庄，空调列车）旅客出站时发现，1 名旅客携带 1.52 m 和 1.2 m 儿童各一名，持当日本次列车广州—石家庄全价票 1 张，儿童票 1 张，携带提包 2 个，纸箱一件，共重 56.2 kg，内装服装，石家庄站如何处理？

任务四　特殊情况处理

任务描述

特殊情况是旅客运输中的非正常情况，有些情况是在旅客和铁路车站工作人员双方都存在失误的情况下造成的，在铁路旅客运输中较少遇到。旅客运输特殊情况，包括误售、误购车票，旅客误乘列车、旅客车票丢失等。在处理这类情况时，更应该为旅客着想，从而弥补铁路客运工作的过失，减少旅客损失。作为铁路车站客运员、客运值班员，应当掌握旅客特殊情况的处理方法，能够正确完成各种特殊情况的票务处理工作，做到既维护了铁路旅客运输正常秩序，保证铁路客运正常收益，又令旅客满意，让旅客的损失降到最低。

知识准备

一、旅客乘车中发生特殊情况的处理

（一）误售、误购车票的处理

由于站名相似、口音不同等原因，发生误售、误购车票时，车站必须正确处理，使旅客能安全迅速到达旅行目的地。

对误售、误购车票，应按下列规定补收或退还已收票价与正当票价的差额，不收手续费或退票费。

（1）在发站，收回原票，换发新票。

（2）在中途站、原票到站，应补收票价时，收回原票，换发代用票，补收票价差额；应退还票价时，车站应编制客运记录，连同原票交给旅客，作为乘车至正当到站退还票价差额的凭证，并应以最方便的列车将旅客运送至正当到站，车站在处理票价时，均不收手续费或退票费。

【例 4.15】 ××××年 6 月 10 日 8:30，在北京站，旅客张鹏持 6 月 9 日 4412 次列车（石家庄—承德，经北京）定州至艾河硬座普快车票 1 张（普快至北京），票价 28.5 元。要求签乘当日 K265 次（北京—牡丹江，空调列车）列车去到站，经核实，该旅客实际到站为艾河车站，北京站如何办理（K265 次列车硬座有票额）？

办理：车票误售、误购（新票价高于已收票价），应换发代用票，补收票价差额，不收手续费。

（1）原票价：28.5 元

（2）正当到站票价：

① 全程硬座票价。

定州—爱河运价里程 1 823 km（定州—北京 212 km，北京—牡丹江 1 604 km，牡丹江—艾河 7 km）

全程硬座票价：84.0 元

② 已发生的普快票价：

定州—北京 212 km

普快票价：2.0 元

③ 即将乘坐快速列车的票价差：

北京—牡丹江运价里程 1 604 km

硬座票价：78.0 元

空调硬座票价：117.0 元

硬座票价差额：117.0 − 78.0 = 39.0（元）

空调快速票价：46.0 元

空调票价：29.0 元

小计：39.0 + 46.0 + 29.0 = 114.0（元）

④ 正当票价：84.0 + 2.0 + 114.0 = 200.0（元）

（3）应补收正当到站票价与原票票价差额：

200.0 − 28.5 = 171.5（元）

（4）填写代用票，如图 4.4.1 所示。

（二）旅客误乘列车的处理

由于旅客没有确认车次或上、下行方向坐错了车，或乘车中坐过了站，统称为误乘。

旅客发生误乘时，车站和列车应认真妥善处理。列车长应编制客运记录交前方停车站，车站应在车票背面注明“误乘”并加盖站名戳，指定最近列车（不办理一般旅客运输的国际列车除外）免费送回误乘站或正当到站。

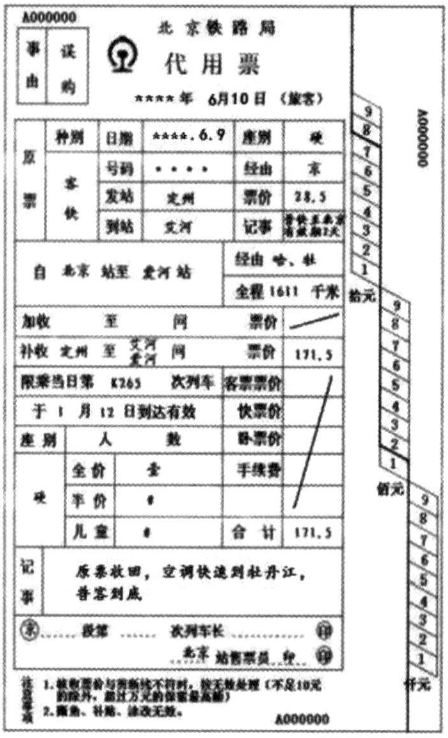

图 4.4.1　代用票填写样例

误售、误购、误乘或坐过了站的旅客，在免费送回的区段，站、车均应告知旅客不得中途下车。如中途下车时，对往返乘车的免费区段，按返程所乘列车等级分别核收往返区段的票价，核收一次手续费。

【例 4.16】 ××××年 6 月 10 日 22:30，南京站组织 1342 次（杭州—齐齐哈尔，空调列车）列车旅客出站。旅客李颖携带身高 1.3 m 儿童 1 名持当日 K374 次（太原—上海，经由石家庄北、德州，空调列车）太原至常州新空硬座车票全价票（票价 163.5 元）和儿童半价票（票价 82.0 元）各 1 张，列车编误购车票客运记录 1 份，其实际到站为沧州车站，声称常州站指定其乘坐当日本次列车免费返回沧州，因列车上没有席位，旅客要求在南京站签乘有席位列车去到站，次日 G162 次列车（上海—北京南）二等座有席位。相关车站如何办理？

办理：误购车票，正当到站退回多收票款，不收退票费；在免费送回区间，旅客中途下车，对往返乘车区间补收票价，核收手续费。

1. 南京站

（1）处理旅客误乘列车中途下车。

① 往程：德州—常州运价里程 921 km

全价空调硬座普快票价：73.0 + 14.0 + 18.0 = 105.0（元）

半价空调硬座普快票价：52.5 元

② 返程：常州—南京运价里程 136 km

全价空调硬座普快票价：12.5 + 3.0 + 3.0 = 18.5（元）

半价空调硬座普快票价：9.5 元

③ 补收票价：105.0 + 52.5 + 18.5 + 9.5 = 185.5（元）
④ 核收手续费：2.0 × 2 = 4.0（元）
⑤ 南京站处理旅客免费回送区段下车，应收费：185.5 + 4.0 = 189.5（元）
（2）比照原票等级补收乘坐高等级列车票价差额。
① 原票价
南京—沧州运价里程 898 km
全价空调硬座快速票价：70.0 + 28.0 + 17.0 = 115.0（元）
半价空调硬座快速票价：57.5 元
② 所签列车票价（G162 次列车）
全价二等座票价：359.0 元
半价二等座票价：179.5 元
③ 南京站签证补收票价差：(359.0 + 179.5) − (115.0 + 57.5) = 366.0（元）

2. 沧州站

办理正当到站退还票价
（1）原票价。
全价票价：163.5 元
半价票价：82.0 元
（2）正当票价。
太原—沧州运价里程（经由石家庄、德州）：524 km
全价空硬座快速票价：46.0 + 18.0 + 11.0 = 75.0（元）
半价空硬座快速票价：37.5 元
（3）沧州站退还票价：(163.5 + 82.0) − (75.0 + 37.5) = 133.0（元）

（三）旅客车票丢失的处理

车票是有价证券，是旅客的乘车凭证，旅客购买实名制票后丢失车票时，应办理挂失补办手续。

1. 进站检票前车票丢失

1）车票挂失补办条件

进站检票前丢失实名制车票时，旅客可到车站售票厅指定窗口办理挂失补办手续，办理手续时，必须符合以下条件：
（1）提供购票时所使用的有效身份证件原件、原车票乘车日期、车次、发到站信息和购票地（取票地）车站名称；
（2）不晚于票面发站停止售票前。
但出现以下情形时，铁路不予办理挂失补办的手续：
① 不能提供购票时所使用的有效身份证件原件的；
② 没有购票记录的；
③ 所购原票已经失效、退票或有出站验票记录的；

④ 证、人、购票记录不一致的；

⑤ 乘车日期、车次不符的；

⑥ 实际乘车区间超过所购车票乘车区间的。

2）车票挂失补办规定

① 车站售票员确认旅客身份、车票等信息无误后，旅客应按原车票车次、席位、票价重新购买一张新车票，新车票票面信息与车票一致，并标记“挂失补”字样。原车票已经改签的按改签后的车票办理挂失补办手续。

② 新车票发售后，原车票失效。“挂失补车票”只能办理一次，且不能改签、变更到站，但可以退票；退票时按规定核收补票的手续费。新车票退票后，原车票效力恢复。

③ 旅客持新车票乘车时，应向列车工作人员声明。到站前，列车长确认该席位使用正常的，开具客运记录交旅客作为到站退票的凭证。如旅客中途下车时，列车长应在下车前开具客运记录交旅客。

④ 旅客到站后 24 小时内，凭客运记录、新车票和购票时所使用的有效身份证件原件，至退票窗口办理新车票退票手续，不收退票费，但按规定核收补票的手续费，并收回“挂失补车票”和客运记录。

2. 出站验票前实名制车票丢失

出站验票前实名制车票丢失，旅客应主动向车站工作人员声明，并配合工作人员进行查验，办理“挂失补车票”。

1）办理“挂失补”条件

① 有购票记录；

② 已购车票有效；

③ 乘车日期、车次相符，票、证、人一致；

④ 实际乘车区间未超过已购车票乘车区间；

⑤ 没有出站查验记录。

2）办理“挂失补”手续

① 收取 2 元手续费；

② 补办“挂失补”车票，票面标注“车票丢失”字样，如图 4.4.2 所示。

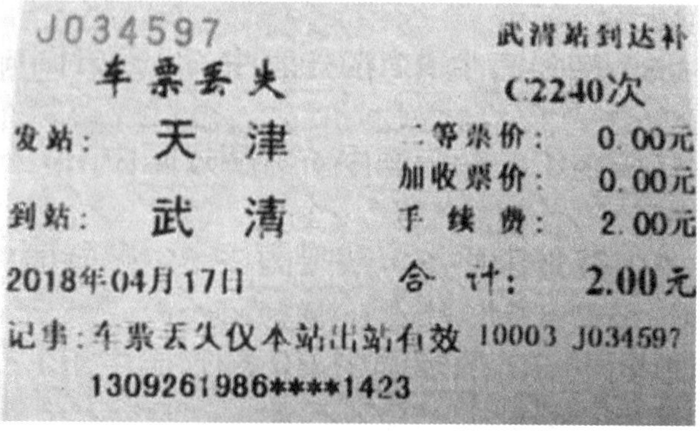

图 4.4.2 出站补“车票丢失”字样车票

3）旅客出站

旅客持“车票丢失”车票和购票时所使用的有效身份证件原件出站。

4）“挂失补”条件不符

经核查不符合“挂失补”条件的，按规定补票后出站。

【例 4.17】 乘车前车票丢失的处理

××××年 5 月 10 日 12:30，北京西站，旅客张某称自己的当日 T41 次（北京—西安，14:22 始发，空调列车）京西至西安硬卧下铺实名制车票连同身份证一同丢失，那么张某和相关车站应如何处理？

处理步骤如下。

（1）张某需在办理挂失补手续前，到北京西站售票厅铁路公安制证窗口办理临时身份证。

（2）张某凭借临时身份证，在车票票面发站停止售票前，到北京西站售票厅制定窗口办理车票挂失补办手续，并提供购票地、车站名称、乘车日期、车次、发到站信息。

（3）西站确认张某身份、车票等信息无误后，按原车票信息张某重新购买一张新车票，新票票面与原票票面信息一致，并加注了“挂失补”字样。

（4）到达西安站后，张某需主动向西安站出站口工作人员声明，配合工作人员进行查验，并于到站后 24 小时内。张某需提供列车长开具的客运记录、挂失补车票和购票时所使用的身份证件原件，而张某身份证原件丢失可用临时补办的临时身份证，三样齐全，至退票窗口办理“挂失补车票”退票手续，不收退票费，但按规定要核收补票的 2 元手续费，并收回“挂失补车票”和客运记录。

【例 4.18】 出站前车票丢失的处理

××××年 5 月 10 日，郑州站组织 T122 次（长春—广州，空调列车，经霸州、石家庄）列车旅客出站时，一名旅客声称下火车后发现将自己天津至郑州的硬座车票丢失，相关车站如何处理？

处理：

（1）郑州站出站口工作人员应对该旅客车票信息进行查验。当场核查该旅客符合有购票记录、已购车票有效、乘车日期、车次相符、票证人一致、实际乘车区间未超过已购车票乘车区间，且没有出站记录这些条件后，郑州站可为其办理“挂失补车票”。

（2）确认无误后，到补窗口核收 2 元手续费，打印票面标注“车票丢失”字样的车票。

（3）旅客可持该车票与购票时使用的有效身份证件原件出站。

（4）经核查不符合“挂失补”条件的，按规定补票后出站。

任务练习

一、误售、误购车票的处理练习

××××年 5 月 10 日 15:30，在石家庄北站，旅客张扬持当日 4466 次（阳泉—石家北）列车阳泉至耒阳硬座普快通票（普快到底），要求签乘当日 K1214 次（石家庄北—烟台，空调列车）列车去到站，经核实其实际到站为莱阳。石家庄北站如何办理（K1214 次列车硬座有票额）？

二、旅客误乘列车的处理练习

××××年5月18日，邯郸站组织K1626次（郑州—银川）列车旅客出站，刘武持K401次列车（北京西—周口，空调列车）北京西至石家庄的空硬座客特快票、列车编误乘客运记录1份，声称坐过了站，安阳站指定其乘坐该次列车免费返回石家庄，因在邯郸有其他事，故下车，邯郸站如何处理？

三、旅客车票丢失的处理练习

（1）××××年5月18日20:00点，在哈尔滨站，陈绍宽称自己当日T18次（哈尔滨—北京，空调列车）列车哈尔滨至北京硬卧下铺实名制车票丢失，想办理挂失补票，经车站核实，情况属实，相关车站如何处理？

（2）××××年5月18日，衡水站组织1526次（哈尔滨—石家庄，空调列车，经天津、霸州、衡水）列车旅客出站，周鹏携带1.4 m儿童一名，持该次列车长春至衡水的空硬座客特快票一张，声称非实名制儿童票丢失，衡水站如何处理？

思考题

1. 客运站有哪些主要设备？
2. 客运站流线分哪几种?流线组织原则是什么？
3. 旅客乘车条件是什么？
4. 旅客携带品的范围是怎么规定的？
5. 持用铁路乘车证乘车时有哪些规定？
6. 进站检票方式有哪些？
7. 旅客站台有哪几种？其特点是什么？
8. 跨线设备有哪几种？
9. 站台客运员的主要工作有哪些？
10. 客运员迎送列车的标准是什么？
11. 属于客观原因，不符合乘车条件的怎样处理？
12. 属于主观原因，不符合乘车条件的怎样处理？
13. 违章携带品分哪几种，怎样处理？
14. 旅客丢失车票分为几种情况？各种情况的处理有哪些规定？
15. 误售误购车票分为哪几种？各种情况的处理有哪些规定？

【知识拓展】

【军事运输组织】

一、军运人员运输

军运人员运输是铁路军事运输的重要组成部分，是客运部门的一项重要任务，客运人员要熟练掌握军运规章制度，加强客运组织工作，不断提高军运业务水平，认真做好军事运输工作。

（一）军运人员运输范围及等级

1. 军运人员运输范围

（1）部（分）队（含预备役）调动、参战民兵（工）、民兵高炮分队打靶。

（2）军队机关、院校、医院、仓库、在编军工厂的搬迁。

（3）兵员补退，伤病员后送，战俘遣送。

（4）军级以上机关批准的执行其他军事任务的人员运输。

2. 军事运输等级

军事运输根据任务性质分为特殊运输、重点运输和一般运输三个等级。

（1）特殊运输：是指重要的或紧急的运输，它是军事运输中最高等级的运输。

（2）重点运输：是指重要的人员运输，其重要程度仅次于特殊运输。

（3）一般运输：是指不属于特殊、重点运输的运输，其重要程度又次于重点运输。

3. 军运号码

1）军运号码定义

军运号码是指核准运输计划和区分运输种类、运输等级和物资品类的标志，也是军队、铁路和有关部门在运输过程中调度指挥和联系工作的代号。军运号码由原总后勤部军交部统一编制，每一批运输由核准计划的军交部门签发一个军运号码。

2）军运号码分类

（1）按运输种类分为：人员军运号码和物资军运号码两类。

（2）按运输等级分为：特殊运输军运号码、重点运输军运号码、一般运输军运号码。

（3）按计划性质分：基本运输军运号码、临时运输军运号码。

3）军运号码的组成

军运号码由阿拉伯数字组成。人员军运号码由六位整数组成。在人员军运号码中，基本计划军运号码的首位数字表示等级；特殊运输军运号码首位数字为“8”，如：820001；重点运输首位数字为“9”，如：920001；临时计划军运号码的首位数字为“0”，第二位数字表示运输等级，“8”代表特殊运输，“9”代表重点运输，第三位表示承办单位，如：082001、091001；新兵运输军运号码首位数字为“4”，铁路水路联运军运号码首位数字为“5”，如：421001、

521001。在新兵运输中，没有临时计划，也没有特殊运输，不论第一位是“4”或“5”，都是重点运输。

（二）军运列车

在铁路上为输送部队和军运物资以及其他军事目的而开行的列车称为军运列车。原铁道部为开行军运列车统一规定车次以“9”字开头，由铁路局按规定使用，上行车次为双数，下行车次为单数，开行空车底时在车次前加“8”。军运列车分人员和物资列车两种。

1. 开行军用列车的条件符合下列条件之一者可开行军用列车

（1）客车或自备客车 10 辆。

（2）代客车 20 辆。

（3）人员、物资混编车 20 辆。

（4）物资车 40 辆，其中特种部（分）队 15 辆。

（5）列车编组换算长度或重量符合通过铁路区段的计长或牵引定数。

（6）作战、紧急战备、抢险救灾或其他重要运输任务，虽不符合上述条件，根据任务需要可开行军运列车。

（7）军用列车车次统一使用原来铁道部使用的军运车次，除上级指定的车次外，具体开行车次由铁路局与驻局军代处确定。

2. 军运列车等级

军运列车等级是根据列车运送的对象和性质确定的，一般低于旅客列车，高于货物列车。

（三）军运人员运输组织

凡属于军运人员运输，无论使用客车、代客车或自备客车，部队均应于起运前的 5 天内派人员携带运输计划和有关资料到所在分局军代处商定乘车计划，安排运输有关事宜。驻分局军代处应将有关事项通知分局客调和军调，以便做好起运前的计划安排。

1. 要车手续的受理

部队根据装载前的计划安排，于起运和乘车前 3 天，到装载站办理要车手续。

人员运输的要车手续由装载站客运部门的值班员、计划员、售票员负责受理。人员、物资一批运输，并使用客车或代客车时，由货运部门统一受理部队提出要车手续。

核对凭证。根据部队提出的要车手续，受理人员应认真检查确认，发现凭证填写错误或内容遗漏时，应要求部队予以更正。

2. 办理请车手续

（1）根据局安排和部队要求，经办人员于前两日 10:00 向局车调报次日请求车，内容为军运号码、付费号码、乘车站、车种、车数、乘车人数和计划登车时间及部队要求等。车种对部队提出的要车手续均应受理，及时上报不得积压，未经驻局军代处许可，车种不得擅自组织装车、乘车或更改。

（2）根据局下达的承认车命令，将每批军运号码、车种、车数、登车时间、地点通知有关部门。

（3）通知部队所乘列车车次和开车时间，与部队商定到达车站时间、候车地点、登车时间、进站顺序、路线等。

（4）军运人员乘车前的准备。客运值班员会同部队验收车辆，分配车辆，明确每批军运号码的车号。客运值班员对乘坐旅客列车和军运列车的零星人员运输，应主动和分局军调、客调联系，加挂留席位置和乘坐车次、时间等。

（5）军运人员运输票据。军运人员运输票据叫作“军运后付代用票”（简称代用客票），它是人员乘车和运费结算的凭证。人员运输票据的即代用客票由车站售票员办理，如始发站不办理客运业务时，由货运部门办理代用票。

3. 军运人员运输的实施

1）乘降工作组织

（1）做好安全服务工作。结合本站实际情况，制定切实可行的安全措施，确保运输安全。列车到达前或部队上下车前，客运值班员要组织客运人员对站内闲杂人员进行清理。禁止无关人员接近或扒乘军用列车。对部队上下车所经由的大门、线路、天桥、道口及列车两头和背面，都要派人进行看守，做到定人员、定岗位、定职责，维护好秩序，保障安全。

（2）对利用旅客列车加挂、留席或军用列车途中待上的军运人员运输，车站客运部门应事先向局客调或列车长了解加挂、留席车辆的位置。站停时间短的应事先了解车厢号码、定员等，以便提前制票，防止列车晚点。对本站换乘的军运人员，应安排好候车、休息地点。根据局客调和军调命令优先组织换乘，提前检票进站上车。

2）人员上车

根据列车梯队拟制的开进序列和列车编组，确定上下车组织工作。按确定的每节车厢人数，落实到排、班、个人，安全迅速地完成乘降任务。人员上车前，按顺序进入上车地点。上车时，先指派战士放妥梯子，1 人在车上扶助，2 人在车下扶稳梯子，其余人员按车厢长的口令依次上车。上车后，清点人数，收回梯子，横挡与车门处，插好门销。

3）接送列车

（1）接送通过列车时。

客运值班员、客运员根据车站值班员的通知，及时组织有关人员出务接车，组织好部队上下车，做好车站以及通道线路、道口、天桥或去厕所的引导和安全防护工作。向部队介绍开车时间和转达上级机关或部队首长的指示要求。于开车前 5 min 通过广播、响铃、预示发车，组织乘车人员上车。

（2）中转换乘时。

客运人员要安排好部队候车地点，介绍换乘车次、时间。临时接到换乘任务时，主动与局客调、军调联系留席位置，组织好安全乘车。

遇有部队乘代客车换乘旅客列车时，应及时从列车长处取回代用客票交部队负责人携带，作为乘车凭证。

（3）终到时。

客运人员根据局下达的日班到达计划，主动联系，掌握到达时间、接车线路，及时通知有关部门和人员，做好接车准备。列车到达后，组织好安全下车和引导出站的工作。对到达车站的代客车，应及时通知货运部门与部队办理军用物品的移交验收。

上报情况：任务完成后应将军运号码、车种、车数、乘车开始和完毕时间及乘车秩序等有关情况及时报局军调或驻局军代处。

4）军人乘车及途中处理

军人团体乘车可直接向车站客运部门提出，也可向驻车站或局军代处提出。车站客运部门根据部队军人团体执行任务的性质、要求及乘车的车次及席位（别）与有关部门共同解决，优先妥善安排。

零星军人乘车遇有列车满员，又确因执行紧急任务必须乘坐该车次列车时，经驻车站或局军代处承认，出具证明，车站应售予车票。售票困难时，凭军代处开具的“军人进站上车补票证”列车应准许乘车，不受限制区段或满员的限制；军人因特殊情况急需搭乘货物列车时，经驻局或车站军代处承认，按规定购买客票，机车乘务员应准予乘车。

现役军人乘坐旅客列车或押运物资运往边境地区，应持有团级以上单位填发的军人通行证，否则车站不售票，不准其乘车。

为了照顾军人购票的方便，有条件的车站，应根据需要增设军人售票窗口。

在军事运输中，乘车或押运人员漏乘时，可由军事代表或车站客运部门开具证明，安排最近客、货列车免费乘车追赶原列车或车辆。军人在乘车或押运途中发生伤病，不能继续乘车时，列车应及时移交给车站，车站客运部门应热情接待，积极联系就近铁路、地方医院治疗，并应及时报告局客调、军调，或直接通知军事代表。对伤病员在医院治疗的费用，由当地武装部门进行垫支。

5）军用物品的携带

军人乘坐旅客列车时，可携带随身佩带的枪支、子弹和手榴弹；军运物品办理包裹托运。

车站对无人认领的具有遗失物品和无法交付的军运物品，应交予驻车站军事代表或驻分局（总公司）军代处处理，并应做详细记录，按规定手续进行交接。

二、新老兵运输

新老兵，是指依照《中华人民共和国兵役法》和国务院、中央军委的命令和指示，被征伍前往解放军和武警警察部队服现役的新兵和服役期满退出现役返乡的老兵。

新老兵运输工作是铁道、公路、水运、民航、民政和军交部门的一项重要任务，是直接关系到军队建设的一件大事，是搞好拥军优属、拥政爱民、密切军民关系、加强军民团结的一项重要内容。中央、国务院和中央军委对此十分重视，铁路职工务必切实做好这项工作。新老兵运输工作应当遵循集中领导，归口管理，分机负责，统筹计划，优先安排，方便部队的原则。民政、铁道、公路、水运、民航和军队有关部门应当加强对新老兵运输工作的组织领导，按照职能分工，各司其职、各负其责、相互协作、迅速准确、安全保密地做好新老兵运输工作。

（一）组织领导

新老兵运输工作涉及部门多、要求高、组织工作比较复杂。各有关部门应根据征兵命令和工作要求，统筹全局、周密计划、合理安排、团结协作、严格按计划组织实施，保证安全及时地完成新老兵运输任务。

民政主管部门复杂组织指导、检查本系统在新老兵运输途中的饮食供应、住宿接待工作。铁道、公路、水运、民航等主管部门按照职能分工，分别负责下达本系统的新老兵运输计划，组织指导、检查本系统完成新老兵运输计划和运输组织管理工作。

新老兵运输期间，各级铁路、港、航和军交部门要会同有关部门组成新老兵运输办公室，在各级新老兵运输领导小组的领导下统一组织指挥新老兵运输工作。领导小组组长由各级领导担当，客运、运输、机务、车辆、公安、房产、卫生部门领导参加。在新老兵运输开始前，领导小组要召开电话会议，全面部署检查各项准备工作。各部门要明确分工，加强岗位责任制，切实做好工作。

运量较大的车站应在当地人民政府的统一领导下，成立临时中转接待机构，负责做好新老兵接待、中转、食宿、医疗卫生和行李托运等工作。

铁道、公路、水运、民航等部门要教育职工关心热爱子弟兵，帮助解决途中遇到的困难，要派出执勤分队负责维持秩序，并热情为新老兵服务，使新老兵顺利到达目的地。

老兵运输期限依照国务院、中央军委的命令和指示确定。通常情况下，全国新老兵运输应当于每年 11 月 25 日开始，12 月 31 日前结束；其中，老兵铁路、水路运输应当于 11 月 25 日开始，新兵铁路、水路运输应当于 12 月 10 日开始。因此，每年 11 月下旬至 12 月下旬为新老兵运输期限。

（二）组织管理

新老兵运输期间，运量较大的车站，应在当地人民政府的领导下，成立新老兵运输办公室，安排好中转换乘和饮食供应工作，热情为新老兵服务，有条件的车站应设立专门的售票窗口和候车室。

新老兵铁路军事运输在途中发生人员漏乘时，漏乘人员凭军事代表开具的证明免费乘车追赶部队。新老兵和接送干部在运输途中发生伤病不能继续乘车的，应当就近救治。对危重伤病员，接送兵部队应当留人护理，做好善后工作。

新老兵运输期间，任务量大，中转换乘较多的车站，应组成安全服务队，做好安全服务工作。要安排专门的候车室或候车地点，并要设置一定数量的保温桶、饮水杯等用具，保证开水供应。对新老兵列车要安排接入基本站台。新老兵上下车、进出站时客运人员要做好引导工作，免得上错车或发生事故。天桥、道口、线路、大门等都要派人进行看守防护。禁止无关人员混在其中，以免发生意外。列车前、后、下面、背面都要派人看守。劝导送行人员不要上车、列车开动后不要和车上人员握手。特别要注意防止有人扒车，如发现有人扒车时，应及时采取措施，以免发生危险。新老兵列车要按旅客列车办理，并配备乘务人员，落实安全措施，确保安全正点。

（三）退伍老兵行李托运

退伍老兵托运的行李、物品等，车站应予以优先受理、优先装车、及时中转，不得积压，力争人行李一同到，到后免费保管。

退伍老兵随身携带的物品、书籍等，铁路、水路准予免费携带 35 kg。公路准许免费携带 25 kg。超过免费携带部分，按整批军运办理的凭部队团以上机关介绍信；购买客票走的凭退伍证，于乘车前 3 到 5 天到车站办理托运手续，50 kg 以内按行李计费。35 kg 以内凭托运费收据由原部队按实报销，超过此重量部分的托运费由老兵自理。在老兵退伍期间，有条件的车站应派人到部队驻地，集中为退伍老兵办理托运，托运手续 1 人 1 票。部队要主动配合，提供方便。

老兵乘车时，不准携带自行车、缝纫机、家具、木料等大件物品。随身携带的物品和托运的行李严禁夹带武器、弹药和其他易燃、易爆危险品。部队要对老兵行李进行点检。托运行李由部队负责检查，团级以上机关盖章施封，车站可凭施封条免检承运。发现携带危险品，军队或公安部门要及时收缴，严肃处理。危及运输安全时，要追究部队和当事者责任。托运的行李除挂铁路货签外，在行李包裹外面还需标明发站、到站、发货人、收货人姓名和详细地址，并注明“老兵行李”字样。行李到后，老兵应尽快取走。

【铁路常旅客服务】

为深入推进铁路供给侧结构性改革，满足铁路客运市场需求，优化铁路常旅客服务，提高旅客满意度，铁路提供了常旅客会员制度。

一、相关定义

1. 常旅客会员

本人申请并通过铁路常旅客身份认证的自然人（以下简称会员）。

2. 乘车积分

购买参与积分累积列车的车票并实际乘车到站后获得的积分。

3. 活动积分

会员通过参与铁路组织的主题活动所获得的积分。

4. 升级积分

用于衡量会员等级的积分，其来源于乘车积分和铁路单独公布的其他可用于衡量会员等级的积分。

5. 受让人

会员设置的可共同享受积分兑换车票或服务的自然人。

二、会员资格和账户管理

（一）会员申请资格

年满 12 周岁的自然人可通过 www.12306.cn 网站（含“铁路 12306”手机 App，以下简称网站）、车站会员服务窗口申请成为会员。

（二）会员申请证件

会员申请可使用的有效身份证件为：

（1）中华人民共和国居民身份证；

（2）港澳居民来往内地通行证；

（3）台湾居民来往大陆通行证；

（4）按规定外国居民可使用的护照。

（三）会员申请方式

1. 在网站申请成为会员

网站注册用户确认同意并遵守铁路常旅客规则与条款，按网站提示填写信息，设置消费密码，并在自动售票机或车站会员服务窗口完成身份认证后成为会员。

2. 在车站会员服务窗口申请成为会员

申请人本人持有效身份证件原件到车站会员服务窗口，确认同意并遵守铁路常旅客规则与条款，提供相关信息，设置消费密码，通过审核后成为会员。

申请人成为会员后，铁路企业将为其建立会员账户。每名会员仅可拥有一个会员账户，铁路企业将以会员申请时所使用的身份证件作为标识，不接受重复申请。

（四）会员账户管理

会员可通过网站、自动售票机、车站会员服务窗口、铁路客户服务中心查询账户信息，通过网站、车站会员服务窗口修改除身份证件类型、号码以及姓名以外的账户信息，通过车站会员服务窗口办理消费密码重置、会员账户注销业务。

会员在车站会员服务窗口办理消费密码重置、会员账户注销时，需本人持申请时所使用的身份证件原件。会员账户注销后，账户内积分全部作废。

三、积分积累

（1）会员累积的积分仅进入本人账户，不能转让至他人账户。

（2）积分以“分”为单位，每次进入账户时按四舍五入取整计算。

（3）积分兑换的车票不参与乘车积分累积。

（4）国际列车、往返香港列车、非控股企业担当列车等铁路指定列车车票暂不参与乘车积分累积。

（5）代用票、列车补票、到站补票、非实名制车票等暂不参与乘车积分累积。

（6）乘车积分在会员本人实际乘车到站后 5 日内自动进入账户。

（7）乘车积分按以下公式进行计算，其中票面价格以元为单位。

$$乘车积分=票面价格\times 5$$

（8）活动积分累积规则随具体活动公布。

（9）积分自进入账户当日起连续 12 个月有效，在有效期内可进行兑换，到期未兑换积分自动作废。

（10）因铁路企业原因造成积分无法及时兑换，致使超过有效期的，积分有效期根据情况顺延。

（11）会员乘车积分漏登，可通过网站、车站会员服务窗口、铁路客户服务中心提交积分补登申请。会员活动积分漏登，可通过铁路客户服务中心提交积分补登申请。

（12）积分补登申请需在车票载明的开车日期后 90 日内（含当日）或活动结束后 30 日内提出，逾期将视为放弃积分。补登积分可在铁路企业接受申请 7 日后查看补登结果。

四、受让人设置规定

（1）会员最多可设置 8 名受让人，受让人在添加成功 60 天（含当日）后生效。

（2）会员可通过网站、自动售票机、车站会员服务窗口设置受让人。

（3）会员在网站添加受让人时，受让人身份信息必须通过核验。

（4）会员在车站会员服务窗口设置受让人时，需持会员身份证件原件，添加受让人时还需提供受让人身份证件的原件或复印件。

（5）会员在自动售票机设置受让人时，必须持会员和受让人的身份证件原件，且设备能够自动识读。

五、积分兑换

（1）会员账户积分首次达到 10 000 分时，方具备兑换资格。

（2）会员进行积分兑换时，按照“先进入积分先消费”的原则消耗积分。

（3）积分兑换时只允许使用单一账户，不可透支，不可与其他支付方式混合支付。

（4）会员可通过网站、车站会员服务窗口为本人或指定的受让人兑换车票。

（5）会员在车站会员服务窗口兑换车票时，需持会员本人身份证件原件。为受让人兑换车票时还需提供受让人身份证件原件或复印件。

（6）兑换车票：

① 允许积分兑换的车票以 12306 网站实际查询结果为准。

② 积分只能兑换直达票。

③ 积分兑换的车票票面不显示票价。

④ 积分用于兑换车票时，100 积分相当于 1 元人民币。

（7）积分兑换的车票可办理挂失业务，办理规则与普通车票相同。

（8）积分兑换的车票可办理改签业务，改签范围仍为允许积分兑换的车票，并有相应的积分。改签新票票价高于原票票价时需使用积分支付差额，新票票价低于原票票价时差额不退。办理时核收 1 000 积分手续费。

（9）积分兑换的车票不办理变更到站和退票业务，但遇不可抗力或铁路企业原因造成兑换车票不能使用时，可办理车票退票手续，退票后兑换所用积分全部返回会员账户，并重新计算有效期。

（10）积分可以兑换的铁路企业提供的其他服务或产品的规则另行公布。

六、会员等级

（1）会员从低到高依次分为二星级、三星级、四星级和五星级。会员申请成功后，初始为二星级。

（2）会员升级评定每日执行一次，在评定日前连续 12 个月内升级积分达到以下标准，即可成为相应等级会员。

会员等级	评定标准
三星级会员	5 万升级积分
四星级会员	15 万升级积分
五星级会员	25 万升级积分

（3）升级后的相应等级会员资格在评定次日生效，有效期为连续 12 个月。

（4）三星级、四星级、五星级会员资格到期前进行保级评定，以评定日前连续 12 个月累积的升级积分计算。

（5）保级评定标准与升级评定标准相同。不能保持原等级的，降级至相应等级会员。

（6）保级评定后仍为三星级、四星级、五星级会员的，相应等级会员资格在评定次日生效，有效期为连续 12 个月。

七、会员失信处理

（1）如会员有呈报虚假或错误信息、向他人出售积分兑换车票、提报不实乘车记录、冒用他人身份信息注册等行为，铁路企业可采取核减积分、冻结账户、注销账户等措施。

（2）如因会员本人行为，导致持兑换车票的乘车人不符合乘车条件，铁路有权拒绝乘车人乘车，兑换车票所使用的积分不予退还。

（3）如会员存在利用系统差错、故障或其他漏洞，造成铁路企业或其他会员权益受损的行为，铁路企业可注销该会员账户并拒绝其再次申请成为会员。

项目五　列车客运作业

【教学目标】

列车客运作业是铁路旅客运输服务的一个重要环节，是在列车上为旅客服务的作业，是铁路对外展示企业文明形象的窗口，是铁路列车员、列车行李员等相应岗位的工作内容。列车客运作业包括列车乘务作业、列车长工作、列车行包运输作业等内容。因此，本项目教学目标如下。

一、知识目标

（1）客车车辆的组成、结构；

（2）旅客列车乘务作业内容；

（3）列车长工作内容；

（4）列车行李、包裹运送。

二、技能目标

（1）熟练使用车内服务及安全设备；

（2）熟练使用移动补票机、站车客运信息无线交互系统终端设备完成相应作业；

（3）准确掌握旅客列车乘务作业内容，熟练按标准作业；

（4）准确掌握列车长工作内容，熟练按标准作业；

（5）能够准确按标准完成行包的装卸、交接及问题行包的处理。

任务一　客运车辆设备认知

任务描述

客运车辆是列车客运作业的环境，客运车辆设备是铁路列车客运作业的基本设备。客运车辆包括直接运送旅客的车辆（硬软坐车、硬软卧车、合造车）、为运送旅客服务的车辆（餐车、行李车、发电车）、特种用途的客车车辆（公务车、卫生车、试验车、维修车）。作为铁路列车员、列车值班员，应当掌握客运车辆的组成及服务、安全设备的使用方法，能够正确使用客车各种服务、安全设备，令旅客满意。

知识准备

一、铁路客车概况

（一）我国铁路客车概况

铁路客车是铁路旅客运输中用以运送旅客的运载工具，铁路必须经常保持数量足够、质量良好的客车才能满足客流不断增长的需要。

1949 年以前，我国没有铁路客车的制造工业，几乎所有的运用客车都从国外购买，数量少、类型杂、技术状态落后。新中国成立后，国家首先成立了独立的车辆部门，改变了过去只检不修或修修配配的局面，装备了一批完整的车辆检修基地，使运用客车开始经常处于良好的技术状态，发展了车辆制造工业。我国铁路客车的数量和质量由此发生了很大的变化。

1. 普通旅客列车

1）21 型客车

21 型客车是中国铁路第一代主型客车。1953 年设计、制造了 21 型客车，其车体为全钢结构，具有完善的采暖、照明、通风、给水和卫生设备；生产的车型主要有 21 型的硬座车（见图 5.1.1）、硬卧车、餐车、行李车和邮政车等。硬座车原设计为二、二人座，定员为 88 名。车内还设置一个敞开式洗面室，两个厕所，一个乘务员室。1955 年改为二、三人座，定员增至 108 名。车窗改为钢窗，内墙板采用胶合板。1956 年又将敞开式通过台改为密封式，加装了折棚门和翻板。1957 年进行了减轻自重改进，自重降至 39 t。21 型硬卧车，车内有 9 个开敞式隔间，每个隔间有两组三层卧铺，定员 54 人，车体长 21.974 5 m，构造速度 80 ~ 100 km/h。1961 年停产。

图 5.1.1　21 型的硬座车外形

2）22 型客车

22 型客车是中国铁路第二代主型客车，1956 年开始设计、试制，1959 年开始制造 22 型客车，22 型有硬座车（见图 5.1.2）、硬卧车、软座车、软卧车、高级包房软卧车、软硬卧合造车、餐车、行李车、邮政车及试验车、维修车。

22 型硬座车经几次内部改造，定员为 118 人。

22 型硬卧车经多次改造，为 10 个敞开式单间，每间三层半软席卧铺两组，定员 60 人。

22 型客车具有自重轻、车内宽敞、定员较多等特点，车体长 23.6 m，车宽 3.105 m，构造速度 120 km/h。1994 年停止生产。

图 5.1.2　22 型的硬座车外形

3）25 型客车

25 型客车是中国铁路第三代主型客车，25 型客车最初于 1967 年开始试制生产，是中国铁路第三代主型客车（见图 5.1.3）。车体长 25.5 m，宽 3.105 m，高 4.433 m，通过最小曲线半径为 145 m。25 型客车系列结构上的特点有：车体为全焊接结构，由底架、侧墙、端墙和车顶组成；车体钢结构采用高强度、耐腐蚀的低合金钢（耐候钢）制成；采用空气弹簧悬挂的转向架和盘形制动装置；车体结构系用无中梁无压筋薄壁筒形整体承载结构，其中底架、侧墙和车顶形成一个封闭筒形结构，承载特点为整体承载结构，底架采用无中梁结构；各系列车型（除部分 25B 型外）设有车顶单元式空调装置，集中供电；安装单元式铝合金车窗，采用低磨耗低噪声的风挡、橡胶风挡以及密封式风挡；构造速度较高，有较好的舒适性和安全性；定员较多。

图 5.1.3　25 型的硬座车外形

25 型客车有多个系列，主要型号有 25A 型（构造速度为 140 km/h，最大允许速度是 120 km/h），25B 型（构造速度为 140 km/h，最大允许速度是 120 km/h），25C 型（设计最高运行时速为 200 km，最大运行速度限制在 140 km/h），25G 型（构造速度为 140 km/h，最大允许速度是 120 km/h），25Z 型（构造速度为 160 km/h，最大允许速度是 140 km/h），25K 型（构造速度为 140 km/h，最大允许速度是 140 km/h），25T 型（构造速度为 160 km/h，最大允许速度是 160 km/h），25DT 型（国产第一代 200 km/h 高速客车，作为动车组中的拖车，“DT”意为“动车组拖车”）。

25 型客车有硬座车、软座车、硬卧车、软卧车、餐车、空调发电车、行李车等种类，以及具有特别用途的试验车、轨道检查车等。20 世纪 90 年代开始逐渐替代 22 型客车系列。

2. 动车组列车

“和谐号”（CRH）动车组是 2007 年中国铁路第六次大提速上线运行的新型列车。它是引进国外先进技术，并消化、吸收及国产化的先进的新型列车，已成为“具有我国自主知识产权”的动车组产品系列。CRH 是 China Railway High-speed（中国铁路高速）的缩写，共有 4 个系列，CRH_1 与庞巴迪（加拿大）合作，CRH_2 与川崎重工（日本）合作，CRH_3 和西门子（德国）合作，CRH_5 与阿尔斯通（法国）合作。

1）CRH_1

CRH_1 型动车组（见图 5.1.4）头车长度 26.95 m，中间车长度 26.6 m，总长 213.5 m；车体宽度 3.328 m，车体高度 4.04 m；编组 4204 t。最高运营速度为 200 km/h；2007 年 2 月 1 日，正式开始在广深线投入服务。

图 5.1.4　CRH_1 动车组外形

CRH_1 型动车组全列编组 8 辆（5 动 3 拖），可两编组连挂运行。首尾车辆设有司机室，可双向驾驶，两头端车为一等车，其余 6 辆为二等车。一等座椅 2 + 2 布置，二等座椅 2 + 3 布置。全列定员 668 人，一等车 144 人，二等车 524 人，定员布置见表 5.1.1。

表 5.1.1　CRH_1 型动车组代码定员表

车号	1	2	3	4	5	6	7	8
车种代码	ZY	ZE	ZE	ZE	ZEC	ZE	ZE	ZY
定员（人）	72	101	101	101	19	101	101	72

2）CRH_2

CRH_2 型动车组（见图 5.1.5）头车长度 25.7 m，中间车长度 25 m，总长 201.4 m；车体宽度 3.38 m，车体高度 3.7 m；编组 345 t。CRH_2 型动车组分别有 A、B、C、E 型，CRH_{2C} 最高营运时速为 350 km；2008 年 8 月开始运行在津京城际铁路。

图 5.1.5　CRH_2 动车组外形

CRH_2 型动车组全列编组 8 辆（4 动 4 拖），首尾车辆设有司机室，可双向驾驶，全列车有 1 辆一等车和 7 辆二等车。一等座椅 2 + 2 布置，二等座椅 2 + 3 布置。座椅全部为旋转式可调靠背式，全列车定员 610 人，一等车 51 人，二等车 504 人，二等座/餐车座椅 55 人，定员布置见表 5.1.2。

表 5.1.2　CRH_2 型动车组代码定员表

车号	1	2	3	4	5	6	7	8
车种代码	ZE	ZE	ZE	ZE	ZEC	ZE	ZY	ZE
定员（人）	55	100	85	100	55	100	51	64

3）CRH_3

CRH_3 型动车组（见图 5.1.6）车体宽度 3.265 m；中间车长度 25 m，车体高度（车顶距轨面高度，新轮，不含受电弓）3.89 m，受电弓落弓时高度 4.50 m，营运时速为 350 km；2008 年 8 月开始运行在津京城际铁路。

图 5.1.6　CRH_3 动车组外形

CRH_3 型动车组全列编组 8 辆（4 动 4 拖），动车组的两端端车上设司机室，列车正常运行时由前段司机室操纵（只需一人操纵），全列车设一等座车 1 辆（第 5 辆），二等座车 6 辆，一等座车与餐车的合造车 1 辆（第 4 辆），定员 600 人，一等车 56 人，二等车 494 人，一等座车与餐车的合造车 50 人，定员布置见表 5.1.3。

表 5.1.3　CRH_3 型动车组代码定员表

车号	1	2	3	4	5	6	7	8
车种代码	ZE	ZE	ZE	ZEC	ZY	ZE	ZE	ZE
定员（人）	73	87	87	50	56	87	87	73

4）CRH_5

CRH_5 型动车组（见图 5.1.7）头车长度 27.6 m，中间车长度 25 m，总长 211.5 m。车体宽度 3.2 m，车体高度 4.27 m，编组总重为 451 t。最高运营速度 250 km/h；2009 年 10 月配往北京、沈阳、哈尔滨、济南、西安、郑州及太原等铁路局投入运营。

图 5.1.7　CRH_5动车组外形

CRH_5型动车组全列编组 8 辆（5 动 3 拖），首尾车辆设有司机室，可双向驾驶，全列车有 1 辆一等车和 7 辆二等车。定员有 586 人和（其中，一等座 112 人，二等座 474 人）和 622 人（其中，一等车 60 人，二等车 562 人）两种情况，定员布置见表 5.1.4。

表 5.1.4　CRH_5型动车组代码定员表

车号	1	2	3	4	5	6	7	8
车种代码	ZY	ZE	ZE	ZE	ZE	ZEC	ZE	ZY
定员（人）	56	90	90	90	90	40	74	56
车种代码	ZE	ZE	ZE	ZE	ZE	ZEC	ZE	ZY
定员（人）	74	93	93	93	93	42	73	60

5）CRH_6

CRH_6型动车组（见图 5.1.8）全列采用 6 辆、8 辆、16 辆、20 辆编组，编组长度 201.4 m。根据运输距离、站点和乘客群的不同，有时速 200 km 的 CRH6A、时速 160 km 的 CRH6F 和时速 140 km 的 CRH6S，均为动力分散、交—直—交传动电动车组，采用轻量化车体、大轴重转向架、变频变压牵引控制、电空复合制动等核心技术，很好地适应大站停及站站停等不同运营模式的需求。时速 200 km 的 CRH6A 型动车组最高运营速度 250 km/h、试验速度 280 km/h，可侧重大站停的模式运营；而时速 160 km 的 CRH6F 型动车组最高运营速度 200 km/h、试验速度 220 km/h，可偏向站站停模式运营。

6）CRH_{380}系列

CRH_{380A}型动车组（见图 5.1.9）全列编组 8 辆（6 动 2 拖），带一等包厢座位的一等座（ZY）2 辆、二等车（ZE）3 辆、带观光座的二等座（ZEG）2 辆和带酒吧的二等座（ZEC）1 辆。一等车座椅 2 + 2 布置，二等车座椅 2 + 3 布置。除了带酒吧的二等车座椅、一等车包厢座椅外，其他车厢所有座位均能旋转。列车定员 480 人，其中观光座 12 人，一等车包厢 6 人，一等车 89 人，二等车 373 人。

图 5.1.8 CRH_6动车组外形

图 5.1.9 CRH_{380A}动车组外形

CRH_{380B}型动车组设有一等座、二等座、观光座、VIP 座等座席等级。二等座车座席采用 2 + 3 布置；一等座车座席采用 2 + 2 方式布置，VIP 座位于商务车车厢（又称 VIP 车），采用 1 + 2 方式布置，设置类似民航客机头等舱的高级可躺座椅。CRH_{380B}型动车组两端头车后方也设有包间，称为观光区，旅客可通过透明的玻璃幕墙看到驾驶室的操作。

CRH_{380C}型动车组是在 CRH3C、CRH380BL 基础上研发的新一代高速动车组，与 CRH3C 相比，持续运营时速为由 300 km 提高至 350 km，最高运营时速由 350 km 提高到 380 km，最高试验时速为 400 km 以上，性能优化以提高牵引功率、降低传动比及动车组气动外形减阻为主，而列车舒适度优化方面主要采取提高列车减震性能、车厢降噪、加强车内气压控制等方式。

CRH_{380D}型动车组是庞巴迪公司利用 ZEFIRO 高速列车平台设计的新一代高速动车组，其被设计为 8 编组或者 16 编组列车，采用铝合金鼓形车体，8 编组列车结构为 4 动 4 拖，有特等座、一等座、二等座及酒吧餐车。列车全长 215.3 m，功率 10 000 kW，运营最高速度 380 km/h，设计最高速度 420 km/h。

7）“复兴号”中国标准动车组

由中国铁路总公司牵头，中车长客股份公司和中车四方股份研制的具有完全自主知识产权，达到世界先进水平的中国标准动车组被命名为“复兴号”。“复兴号”有“CR400AF”和“CR400BF”两种型号，“CR”是中国铁路总公司英文缩写，也是指覆盖不同速度等级的中国标准动车组系列化产品平台。型号中的“400”为速度等级代码，代表该型动车组试验速度可达 400 km/h 及以上，持续运行速度为 350 km/h；“A”和“B”为企业标识代码，代表生产厂家；“F”为技术类型代码，代表动力分散电动车组，其他还有“J”代表动力集中电动车组。“N”代表动力集中内燃动车组。“复兴号”中国标准动车组将批量生产，逐步扩大其在不同速度等级高铁线路上的运用。

CR400AF 型动车组（见图 5.1.10）是由中车青岛四方机车车辆股份有限公司（简称四方）研制的动车组，采用大型中空铝型材料焊接而成的高强度、轻量化车体，统一车体长度为 25 000 mm，车体最大宽度为 3 360 mm，车辆高度为 4 050 mm。全列编组 8 辆（4 动 4 拖），定员 576 人，其中，商务座 10 人，一等座 28 席，二等座 538 人。

图 5.1.10　CR_{400AF} 动车组外形

CR400BF 型动车组（见图 5.1.11）由中车长春轨道客车股份公司（简称长客）和中车唐山公司研制的动车组。全列编组 8 辆（4 动 4 拖），定员 556 人，其中商务座 10 人，一等座 28 席，二等座 518 人。

图 5.1.11　CR_{400BF} 动车组外形

中国标准动车组（简称标动），指中国标准体系占主导地位的动车组（在254项重要标准中，各种中国标准占84%），其功能标准和配套轨道的施工标准都高于欧洲标准和日本标准，具有鲜明而全面的中国特征；也指在面对多样化 CRH 的环境里（四大引进类型和中国自主设计的 CRH6），对中国动车组实行标准化（统一化）设计以互联互通。

中国标准动车组首次实现了动车组牵引、制动、网络控制系统的全面自主化，标志着我国已全面掌握高速铁路核心技术，高速动车组技术实现全面自主化。

（二）客车的分类和标记

1. 客车的分类

铁路客车按用途可以分为三大类，即：

（1）直接运送旅客的车辆，包括硬软坐车、硬软卧车以及合造车；

（2）为运送旅客服务的车辆，如餐车、行李车、发电车；

（3）特种用途的客车车辆，如公务车、卫生车、试验车、维修车等。

此外，还有邮政部门所属的邮政车，专供运送邮件及邮政人员办公使用。

2. 客车标记

为表示客车性能、特征、注意事项以及便于管理等，在客车规定处涂打规定的标记，称为客车标记。

客车标记包括产权标记、制造标记、运用标记、检修标记、使用标记五种。

（1）产权标记：路徽。凡铁道部所属客车，都要涂打路徽标记。

（2）制造标记：用金属制成，上有制造厂名及制造年月。

（3）运用标记：

① 车号。由基本型号、辅助型号和号码组成，涂打在客车车体两侧侧墙的两端，如 YZ_{25K}46566。客车基本型号如表 5.1.1 所示。

表 5.1.1　客车基本型号

车种	基本型号	车种	基本型号
软坐车	RZ	行李车	XL
硬坐车	YZ	邮政车	UZ
双层软坐车	SRZ	餐车	CA
双层硬坐车	SYZ	公务车	GW
软卧车	RW	试验车	SY
硬卧车	YW	维修车	EX

② 自重。客车空车时自身的重量，以 t 为单位。

③ 容积。行李车和邮政车上涂打，表示可供装载货物的最大容积，以 m^3 为单位。

④ 全长。即客车两端车钩处于闭锁位时，两钩舌内侧之间的距离，以 m 为单位。

⑤ 换长。客车全长除以 11 m，保留一位小数，尾数四舍五入。

⑥ 配属。表示客车由有关铁路局所属车辆段负责保养和维修。

⑦ 定员。根据客车的座位或铺位数标明可容纳的额定人数。

⑧ 用途。表示客车的用途，如“硬座车”“软卧车”等。

⑨ 最高运行速度：表示客车的构造速度。

（4）检修标记：客车实行定期检修，其检修日期涂打在客车外部规定处。客车定期检修分为厂修、段修，辅修。

① 厂、段修标记。将客车送到车辆工厂进行定期检修称为厂修，送到车辆段进行定期检修称为段修。段修一般间隔一年半或两年半，厂修一般间隔六年或六年以上。

② 辅修标记。以制动装置和轴箱油润装置为重点，对其他部分做辅助性修理的检修，称为辅修。辅修一般间隔半年左右。

（5）使用标记。为便于乘务人员工作和旅客使用而安装在门上的铝制牌，表明用途，如“厕所”“乘务室”等。

二、客车内部服务设施

为了满足旅客旅行途中生活的需要，为旅客提供舒适的旅行条件，客车内部设有专门的服务设施，包括给水装置、车电装置、通风装置、空气调节装置和取暖装置等。

（一）客车给水装置

列车运行时，需要为旅客和乘务人员提供饮水、盥洗服务，温水锅炉取暖装置也需要补水，故每辆客车上都安装了存放水的设备，称为客车给水装置。

1. 给水装置的种类和构造

根据水箱在客车上安装的位置不同，客车给水装置分为车顶水箱和车底水箱两种，目前绝大多数客车采用车顶水箱给水装置。这种装置是将水箱设在车顶顶棚内，依靠水的自重向各供水处供水。因此，它的结构简单、故障少、使用方便。由于其配管非常靠近采暖系统的管路，冬季不必安装防寒设备。但水箱之间的管路较细，上水速度慢，水箱又在车顶，容积受到限制，且提高了车辆的重心，降低了车辆运行的平稳性。

车顶水箱给水装置种类较多，但结构及作用基本相似，只是水箱的形状、容量大小、安装位置及配管有所不同。现以 YZ_{22} 型客车为例，说明车顶水箱给水装置的组成及作用。

YZ_{22} 型客车在锅炉端车顶棚内设一个方形冷水箱，可容水 400 L；在非锅炉端的车顶棚内设两个方形冷水箱，其上部和下部分别用连通管连接，可容水 550 L。车顶两端的冷水箱用一根连通管连接，使它们能同时注水、同时供水。

在两端的冷水箱附近各设一个温水箱，锅炉端温水箱的容量为 70 L，非锅炉端温水箱的容量为 60 L，都用管路与冷水箱连接，并装有止回阀控制温水逆流。温水箱内设蛇形散热管，当温水取暖系统的温水流入散热管时，可以渐渐加热箱内冷水。温水经管路送到洗脸室，旅客只要打开温水出水阀就能用到热水。

在非锅炉端的两个冷水箱上部设有空气包，注水管、溢水管（兼排气管）引向空气包上部。为了与取暖锅炉注水管区分，一般都将车顶冷水箱注水管设在非锅炉端，并通向车下两侧的注水口，从任意一侧的注水口均可向冷水箱注水。溢水管在注水时能排除水箱内的空气，注满水时，多余的水从此管溢出车外。

在水箱连接管上设有一根通向取暖系统锅炉室辅助水箱（也称补水箱）的支管，支管上设有止阀，运用中此阀常处于关闭位置，当取暖系统需要补水时才开启此阀。此外，从水箱底部或水箱连接管上，连接了通向备用水处的支管，在这些支管上分别安装有止阀及出水阀、冲便阀等。这些止阀供检修各管路或出水阀时使用，也可使局部管路停止供水。运用中这些阀处于开启位置。

2. 给水装置的运用

1）注　水

注水前，先关闭排水管上的止阀、锅炉室内的止阀、各处放水阀和补水箱下的排水阀。按照作业程序还需要关闭水压表止阀，以防止注水时压力过大可能冲坏水压表内的膜片盒。其余各阀可在开启位置。注水前还要确认对侧的注水口是否畅通。注水时，将地面自来水胶管插在一侧的注水口上，打开地面的阀门，则水由注水口→注水管→非锅炉端冷水箱和温水箱→锅炉端冷水箱和温水箱。注水一段时间后，待另一侧的注水管或溢水管开始排水，表示水箱已满，应立即停止注水。

注水完毕，将水压表止阀打开，这时可从表上观察到水已注满的显示。在给非运用客车初次注水时，还应检查管路是否漏水，各出水阀作用是否良好等。

2）排　水

排水作业在北方的冬季尤为重要。客车入段甩车和在途中临时甩车，在无人管理的情况下必须进行彻底排水，防止冻结。排水作业的操作顺序是：打开各水箱的排水阀、锅炉室止阀和补水箱排水阀，水箱和采暖系统同时排水；待水箱及各管路的水排尽后，再开启各给水阀、冲便阀及下作用给水阀，以尽量排除水管内的残余水，防止局部存水冻裂水管。

排水作业最好选在该车运动状态下进行，这样可以借助车辆运行的振动和摇晃，保证局部残余水彻底排尽。

3）给水装置各阀、手轮色别标记

为了正确表示给水、采暖装置各阀的用途，在客车所有止阀手轮上涂上不同的颜色，意义如下：红色——供给暖气；红蓝色——排出暖气；红黄色——向温水箱供给暖气；黄色——供给温水；黄蓝色——排出温水；白色——供给冷水；白蓝色——排出冷水。

（二）客车取暖装置

客车取暖装置是冬季客车运行中为旅客创造车厢内适宜的温度，以满足旅客冬季旅行的需要而设置的。目前主要采用燃煤锅炉独立温水取暖装置，在新型客车上采用电热取暖装置。

1. 燃煤锅炉独立温水取暖装置

1）燃煤锅炉独立温水取暖装置的原理

这种装置利用安装在每一辆客车内的烧煤温水锅炉，将水加热后送入车内散热管，通过温水在锅炉与散热管之间不断地流动循环，达到提高车内温度的目的。由于这种取暖装置的各部件都设在一辆客车内，温水仅在一辆车的循环系统内循环，与机车及其他客车无任何联系，故称独立温水取暖装置。

独立温水取暖装置的温水管路由锅炉、膨胀水箱、上部出水管、下部散热管、强迫循环系统和温水箱加热循环管等几部分组成。在未加热时，锅炉、循环系统和散热管内水的密度都相同，系统处于平衡状态，这时管路内的水不会流动。当锅炉端及循环系统点火加热后，水温升高，体积增大而密度变小，而散热管内的水温较低，管路内的水就不会再保持平衡，于是锅炉内的温水进入膨胀水箱，经过上部出水管、立管流入下部散热管散热，与车内空气热交换后，散热管内的水温下降，又流入锅炉重新加热，只要热源不中断，温水自然循环作用就会不断地进行下去。

2）燃煤锅炉独立温水取暖装置的使用常识

正确使用温水取暖装置，对保证安全、保持车内温度、节约燃料以及延长装置的使用寿命非常重要。

锅炉点火以前，应先确认各阀处于自然循环状态下的正常位置，再由注水口向锅炉及循环系统内注水，当锅炉溢水管开始溢水即可停止注水。

锅炉点火后，便投入正常运用状态，要经常观察锅炉是否缺水，以免空气进入循环系统影响温水循环。打开锅炉验水阀，有水持续流出 3 ~ 5 s 以上，证明锅炉不缺水。当判定锅炉缺水时，可用手动水泵或电动水泵补水。当自然循环满足不了车内温度要求时，也可使用手动水泵或电动水泵加速温水循环，提高散热管散热能力。

当锅炉熄火停止取暖时，必须打开系统中所有的排水阀、塞门等，排除整个系统内的水，以防冻结。

燃煤锅炉独立温水取暖装置在运用中，若发现锅炉水温急剧上升而车内温度反而下降，说明管路循环系统发生故障，及时通知检车乘务员处理。

燃煤锅炉旁，一般贴有使用说明及注意事项。

2. 电热取暖装置

电热取暖是一种新型的、比较先进的取暖方式。这种方式是基于电流热效应原理，利用电热器通电后将电能转变为热能使车内空气温度升高的，因此这种取暖方式热效率高、工作可靠、容易控制和调节发热量，同时使用的取暖装置结构简单，并能按需要分散布置。但这种取暖方式耗电量大，因此，电热取暖装置通常用于电气化铁路接触网供电的列车和由发电车集中供电的整列全空调列车上。

在严寒地区，单靠热风取暖满足不了要求，还必须采用其他地面式的取暖设备，对客室内热损失进行补偿。在由发电车集中供电的新型空调客车上，采用电加热器进行热损失补偿。电加热器分散安装在客室、走廊、洗脸间、厕所等内侧墙下端。为了使用安全，在电加热器上设有安全外罩。操纵交流配电箱的相应开关、按钮，使电流通过电加热器，便将车内空气加热，使车内保持一定的温度。

在使用电加热器取暖时必须注意：电加热器不能淋水，特别是洗脸间、厕所内的电加热器更应注意防水；不得将物品堆放在加热器的外罩上；不能把纸屑、棉丝等易燃物品塞入外罩内，以免引起火灾；更不能用力踩踏外罩，以免引起漏电或其他事故。

（三）客车电气装置

铁路客车的电气装置简称车电装置，是为旅客旅行生活提供必要的照明、空调和其他用电需要而设置的一套电气设备。

车电装置由供电设备（包括电源和控制设备）、用电器、电气附件及车体配线等组成。

1. 供电设备

目前，客车所采用的供电方式有车轴发电机供电和集中式供电两种。

1）车轴式供电

车轴发电机就是客车的底架或转向架上吊挂的发电机。发电机通过皮带与安装在车轴上的皮带轮连接，当列车运行时，车轮滚动，由皮带带动发电机转动而发电，供应车上各种电气负载使用，并向蓄电池充电。当列车停靠时，车轮不动了，发电机就不发电，此时利用蓄电池进行供电。铁路上把安装有发电机和蓄电池的车厢称为“母车”，没有安装的车厢称为“子车”，母车与子车的比例一般为 1∶1。这种靠车轮转动，通过皮带带动发电机发电的供电方式，称为车轴发电机式供电。国内铁路列车广泛采用这种供电方式。这种供电方式的发电装置，运用数量最多的是 J 型三相交流感应子发电机，其发电量只有 5 kW，显然不适于用电量大几百倍的新型空调客车。

采用车轴式供电的列车在停留时，除检修实验外，不得长时间开灯，更不要开全灯，不得通宵使用电扇和广播设备（以防蓄电池过度放电而损坏）。

2）集中式供电

新型空调客车采取的供电方式是集中式供电，就是在列车中的某一节车厢内设置发电站或在列车上设立变电站，向整个列车供电。供电方式主要有两种：

（1）在专门的发电车或行李发电车内，安装柴油发电机组，构成列车发电站。列车发电站的工作由专门的配电盘控制。发电站发出的电，通过贯穿全列车的输电干线和专门的车端联结器，送到列车各节车厢。

（2）在电气化铁路的列车牵引区段，电力机车升起受电弓，将接触网供给的 110 kV，50 Hz 的单相交流电引入列车变电站。然后，经过列车变电站中的变压器、整流器、变流机等电器设备变换后，给整个列车供电。这种供电系统配线经济，不用蓄电池，车辆构造成本较低，发电量不受列车速度的影响。但是，它也有缺点：一旦发电站、变电站出现故障或发电车从列车上摘下来，就会影响列车供电。为了弥补这种缺陷，列车可以同时装备轴驱式供电装置作为备用，以保证列车用电。

2. 用电器、电气附件及车体配线

1）用电器

一般客车上的用电器有白炽灯、荧光灯、电风扇、电冰箱、电茶炉、燃油锅炉附属的各种电气设备，还有列车播音、闭路电视、列车有线电话等。近几年研制的新型快速列车、准高速列车增加了空调装置、车门集中遥控装置、粪便集存密封处理装置、燃油及电热两用取暖装置等电气设备，最大用电量高达 400 kW。

车内电灯分为两组：一组为终夜灯，包括座车半数顶灯、硬卧车走廊灯（地灯）、软卧车床头灯及厕所、通过台顶灯等；一组为半夜灯，包括座车半数顶灯及卧车全部顶灯。夜间行车时终夜灯不熄，后半夜旅客休息时可关闭半夜灯。

2）电气附件

在有空调装置的客车上，除以上用电器之外，还有制冷压缩机、冷凝器排风扇和空调通

风机的电动机、取暖加热用的各种管式电热元件和电磁控制元件等电气附件。

各路负载的用电全部经过装在乘务室内的配电盘上的闸刀，由乘务员统一控制，一把闸刀控制一种负载，其中摇头电扇、软卧车床头灯还设有分开关供旅客自己控制。配电盘上还设有主回路开关和连接器开关，以控制本车厢与列车供电网路的连接与断开。

3）车体配线

车电装置各部分的连接线叫车体配线，分为车内上部配线和车底架下部配线两个部分。其作用是把电源设备、控制设备及用电器连成一个完整的供电网路，上部配线中还配置了一对列车播音线。

每辆客车的两端分别设有电力连接线、播音连接线、插销（连接器）及插座，当列车编组后能将全列车的电力网路连成一体，同时也便于车辆的连挂。

（四）客车通风装置

为使客车车厢内有足够的新鲜空气，客车都装有通风装置。

通风装置有自然通风装置和机械强迫通风装置两种。普通客车一般采用自然通风装置，它具有结构简单，制造、维修方便等优点。新型空调客车则采用机械强迫通风装置，这是一种比较完善的通风设备。

1. 自然通风装置

自然通风装置是指圆柱形立式通风器（又称切式通风器），如图 5.1.12 所示，安装在车体顶部侧板上，由变向器、调节器和连接筒等组成。变向器呈圆柱形，能接受任何方向的风力；调节器又包括调节器体、调节板和调节手柄，通过转动调节手柄可以得到全开、半开、关闭三个位置，以调节通风断面大小，控制通风量。

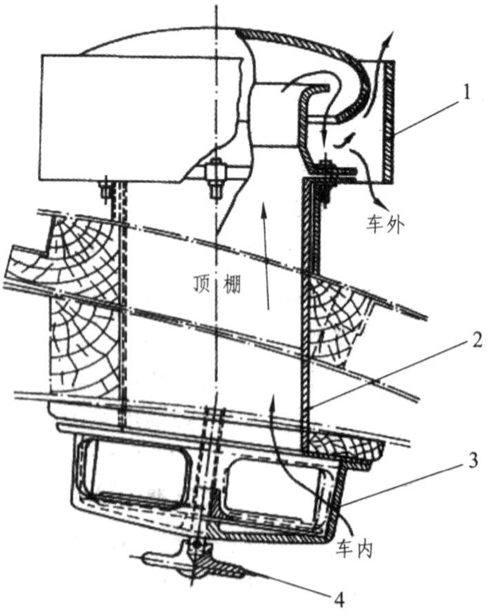

图 5.1.12 立式通风器

1—变向器；2—内连接筒；3—调节器；4—调节手把

列车运行时，车体将受到空气阻力的作用，车体与气流接触的各个面承受着不同的压力。一般情况下，变向器的迎风面承受着比大气压力高的压力，称为正压；背风面则承受着比大气压力低的压力，称为负压。背风面又通过连接筒、调节器与车内相连，车内空气一般为大气压力，因此在压力差的作用下，车内空气沿变向器背风面负压流向车外。随着车内空气的抽出，新鲜空气从门窗缝隙进入车内，达到通风换气的目的。列车停站时，只要外界有风吹过通风器，都将起到通风作用。

自然通风器的通风量取决于它的结构和空气流动的速度。空气流动速度与列车速度、风力有关。因此通风量变动范围大，不能保证车内均匀通风。尤其是在停车时间长、外界风力不够的情况下，自然通风很难满足旅客的需要。

2. 机械强迫通风装置

机械强迫通风装置由通风机组、空气通道、送风口、进风口和滤尘器等组成。这种装置利用通风机造成的空气压力差，借助空气管道输送而达到通风换气的目的。

车厢需要通风时，电动机带动通风机转动，把车外空气经进风口及滤尘器吸入，经过通风机将过滤后的空气强迫送入风道，再经送风口把送进来的空气分配至车内各处。为了配合通风机进行排风，车顶也装设数只圆柱形通风器。如果在风道前加装空气预热器和空气冷却器就构成比较完善的空气调节装置。

（五）客车空气调节装置

《铁路旅客运输服务质量标准》（第二部分 列车）中关于客车空气状态的要求是：有空调设备的室温夏季为 24 °C ~ 28 °C，冬季为 18 °C ~ 20 °C；人体感觉舒适的空气湿度是 30% ~ 70%。这样的列车环境只有客车空气调节装置才能实现。

空气调节，就是把经过处理之后的空气，以一定方式送入室内，将室内空气的温度、相对湿度、气流速度和清洁度等控制在适当范围内。一般来讲，客车空调装置由通风系统、空气冷却系统、空气加热系统、空气加湿系统和自动控制系统组成，如图 5.1.13 所示。我们以 YZ_{25} 型车为例阐述上述各部分。

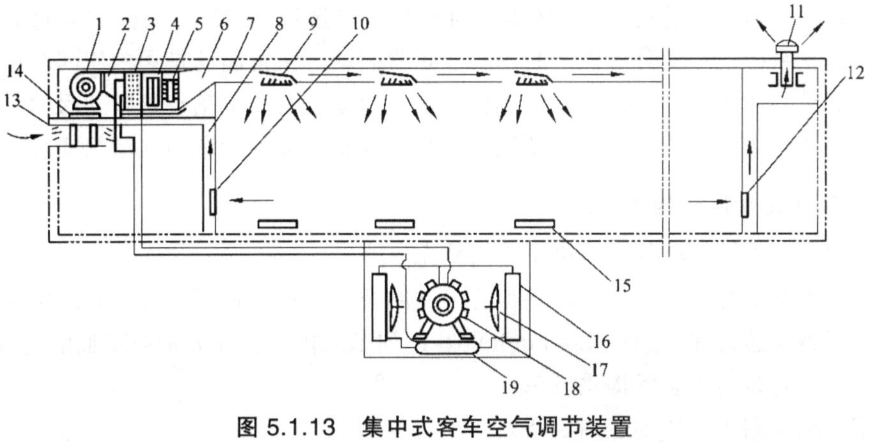

图 5.1.13 集中式客车空气调节装置

1—通风机；2—渐扩风道；3—蒸发器；4—水分离器；5—电预热器；6—渐缩风道；7—主风道；8—回风道；9—送风道；10—回风口；11—排风扇；12—排风口；13—进风口；14—滤尘器；15—补偿电热器；16—冷凝器；17—冷凝风扇；18—压缩机；19—储液器

1）通风系统

通风系统由离心式通风机、滤尘装置、送风道、回风道等组成，它起着空气的滤清、输送及分配等作用。离心式风机将车外新鲜空气由新风口吸入，并与由回风道来的再循环空气混合，经滤尘网滤清灰尘和杂质后，送入蒸发器和预热器，然后送入送风道，经由各送风口均匀送入车内。其中，一部分进入回风道作再循环空气用，另一部分经排风扇排出车外，以保持客车内空气的洁净度和空气的流动速度。

2）空气冷却系统

空气冷却系统由压缩机、冷凝器、节流装置、蒸发器、通风机等许多部件组成。一般采用蒸汽压缩式制冷设备的蒸发器作为空气冷却器。夏季制冷设备工作时，由通风机吸入的空气经冷却器冷却后送入客室，以保证夏季客室的温度达到规定的控制指标。

3）采暖系统

空调客车的采暖方式主要采用电热式采暖，由空气预热器和电加热器两部分组成。前者安装在空调机组里，主要是对进入车内的新鲜空气进行预热；后者分别安装在客车侧墙的下端，对客室内热损失进行补偿。在空气预热器顶部装有过热温度保护器和熔断器两个安全保护装置。一旦通风机停止工作或风量太小，通风温度升至（70 ± 5）°C 时，过热保护器断开，切断加热电路。如果保护器失效，送风温度继续升高到（139 ± 5）°C 时，熔断器熔断，彻底切断加热器电路，起到安全保护、防止火灾事故发生的作用。

4）自动控制系统

自动控制系统能根据车内外温度的变化，自动控制空调机组的工作，以保持车内空气具有一定的温度、相对湿度及流速。系统由自动调整和控制空气参数的各种仪表及设备组成。

三、客车安全设施

（一）客运列车制动设施

列车制动泛指运行中的列车，经操纵或启动制动装置后，致使列车停止运行的一种状态。客运列车的制动系统，一般分为正常制动和非正常制动。正常制动是司机使列车正常减速或停车的列车制动。非正常制动包括司机操作的紧急制动、自动停车装置启动后的紧急停车、有关乘务人员使用紧急制动阀或手制动机迫使列车停车等多种状态的列车制动。

1. 客运列车正常制动相关要求

（1）牵引机车出库前必须达到机车运用状态。

主要部件和设备必须作用良好，并符合《铁路技术管理规程》和《机车运用规程》的有关规定。牵引最高运行速度超过 120 km/h 的客运列车的机车，应分别向车辆的空气制动机、空气弹簧、自动塞拉门等装置提供风源。

（2）车辆编入列车应达到运用状态。

主要部件必须作用良好，并符合《铁路技术管理规程》和《铁路客车运用维修规程》有关要求。车辆必须装有自动制动机、手制动机。最高运行速度超过 120 km/h 的客车应装有电空制动机、盘形制动装置和电子防滑器，其空气制动系统用风应与空气弹簧、自动塞拉门等其他装置用风分离。

（3）客运列车在客车整备所检修作业、出库前以及始发站出发前，应按规定进行列车自动制动机试验。

在列车运行中，遇列车在区间内停车防护、列车分部运行或紧急制动停车后再启动前，司机都要进行制动机试验。

（4）客运列车的运行限速和紧急制动距离符合相关规定。

① 根据不同的运输设备、运行条件及运行方式，列车运行限制速度的有关规定如表 5.1.2 所示。

表 5.1.2 列车运行限制表

项　目	速度（km/h）
四显示自动闭塞区段通过显示绿黄色灯光的信号机	在前方第三架信号机前能停车的速度
通过显示黄色灯光的信号机及位于定位的预告信号机	在次一架信号机前能停车的速度
通过显示一个黄色闪光灯光和一个黄色灯光的信号机	80
通过减速地点标	标明的速度，未标明时为 25
推进	30
退行	15
接入站内尽头线，自进入该线起	30

② 为了提高客运列车的运行安全和列车制动距离的客观需求，《铁路技术管理规程》规定列车在任何线路坡道上的紧急制动距离限值为：列车运行速度不超过 120 km/h 的列车为 800 m；列车运行速度在 120 ~ 140 km/h 的旅客列车为 1 100 m；列车运行速度在 140 ~ 160 km/h 的旅客列车为 1 400 m；列车运行速度在 160 ~ 200 km/h 的旅客列车为 2 000 m。

2. 客运列车非正常制动

列车运行需要采取非正常制动措施，往往是遇到了突发性、临时性事件且对列车运行产生了一定影响，有时甚至还具有严重的危险性，如发生自然灾害、行车设备故障、列车火灾、有人或物体进入股道以及列车违章行驶等。旅客列车非正常制动过程中，司机操作的紧急制动、自动停车装置启动后的紧急停车在这里不再赘述，下面主要介绍列车乘务人员使用紧急制动阀或手制动机迫使列车停车的制动。

1）列车乘务员使用紧急制动阀制动

为确保旅客列车运行安全，每辆客车内均设置了紧急制动阀和风压表（见图 5.1.14），并保持作用良好。车辆部门定期进行检查、校对、施封。

紧急制动阀的安装位置，要求手把距地板高度为（1 800 ± 50）mm。铅封线为红棉线。排风口与墙板平行，且安装铁纱网罩。紧急制动阀及风压表必须安装防护、防盗装置，在其附近的墙上涂印或钉固“危险勿动”标记或标记牌。

图 5.1.14　紧急制动阀及风压表

遇有下列危及行车安全或人身安全的紧急情形时，列车乘务员应使用紧急制动阀停车：

（1）车辆燃轴或重要部件损坏；

（2）列车发生火灾；

（3）有人从列车上坠落或线路上有人死伤（特快旅客列车不危及本列车运行安全时除外）；

（4）能判明司机不顾停车信号，列车继续运行；

（5）列车无任何信号指示，进入不应进入的地段或车站；

（6）其他危及行车和人身安全必须紧急停车时。

使用紧急制动阀时，不必先行破封，应立即将阀的手把向全开位置拉动，直至全开为止，不得中途停顿和关闭。如果是弹簧手把，在列车完全停车以前，不得松手。在长大下坡道上，必须先看压力表，如压力表指针已由定压下降 100 kPa 时，不得再使用紧急制动阀（遇折角塞门关闭除外）。

为使列车停车后便于抢险、救援，在不严重危及列车运行安全的前提下，应尽量避开在长大隧道、大型桥梁上停车。

2）列车乘务员使用手制动机制动

客车手制动机的操作手柄，一般设置在车厢一端，并涂成醒目红色（见图 5.1.15），在其上方墙板上涂印或钉固“危险勿动”标记或警示牌。

当列车运行途中遇自动制动机故障时，司机应通知运转车长（无运转车长则为列车长），运转车长（或列车长）根据机车鸣笛三短声的信号要求，立即组织列车乘务员拧紧（顺时针旋转）全列车的手制动机，保证列车就地制动。如果机车鸣笛两短声，则要求列车乘务员缓解（逆时针旋转）手制动机。

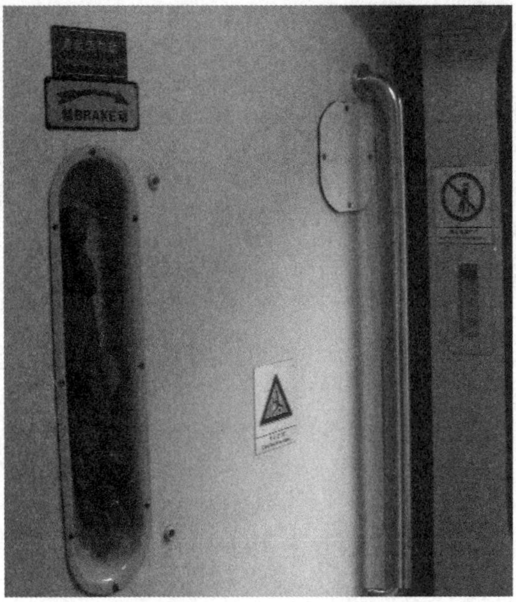

图 5.1.15 客车手制动机

（二）客运列车报警设施

为了保证客运列车运行安全，当列车出现事故隐患或发生危急情况时，列车上装置的警报设施或列车乘务人员利用汽笛、口笛、广播等立即向列车发出警报信号，以便列车工作人员迅速组织，及时妥善处理，防止事故发生或最大限度地降低事故损失。

1. 轴温报警器

轴温报警器是一种以感温探头装置持续监测车辆轮轴外表温度，当其达到规定限度时，传输轮轴高温信息并同时发出音响警报，以提示作业人员防止热切事故的重要设施。

《铁路技术管理规程》规定：编入特快旅客列车、快速旅客列车的客车，必须 100% 地装配轴温报警器，要求保持状态良好，达到 100% 的开机率；普通旅客快车的客车也应装有轴温报警装置。

轴温报警装置，一般有单个式和集中式两种。目前现场使用的大多数是集中式报警器。

客车轴温报警器的报警温度是外温加 40 °C。列车运行途中，车辆乘务员、列车员应注意监视，一旦发生轴温报警器报警时，列车员要立即通知车辆乘务员或列车长。此时，有关工作人员必须跟踪观察、监控运行、正确判断、妥善处理。特快及快速旅客列车的轴温持续上升达到外温加 60 °C 或轴温达到 90 °C 时，应采取果断措施。必要时，立即通过运转车长通知司机停车或减速运行至前方停车站停车检查确认。危及行车安全时，必须摘车处理。同时，运转车长及车辆乘务员应详细记录报警的时间、运行区间、报警车号、轴位、外温、轴温变化情况以及轴箱检查情况。条件允许时，应及时报告列车调度员、车站值班员及有关部门。

客车轴温报警器由客车检车部门负责配置和管理。其控制显示器应随出乘列车备用两台，以备更换。在列车运行途中，轴温报警器应始终保持通电状态。为保证设备良好，非专业人员不得随意操作和拆卸轴温报警器及其相关配件。

2. 烟火报警器

烟火报警器是一种对烟火、温度等物理现象反应极为敏感的信息报警装置。即烟火浓度或温度达到所设定指标限度时，该装置就会发出红色灯光闪烁并同时发出音响报警信号，以提示有关作业人员迅速扑灭火苗及开启火灾的消防安全信息警告设施。

烟火报警器一般设置为六工位火灾报警系统。各工位由烟、温探测器组合提供火警信息，计算机巡回检测，判断火灾的发生，然后进行声、光报警。也有的烟火报警器其火灾显示和音响警报分为预警和火警两级，分别由工位矩阵灯显示和火炬灯显示，控制器发出多次或不同的音响警报。

烟火报警器由直流 48 V 电源供电，接线可以不分极性；一般设置在发电车、客车上，也有根据需要装设在其他车内（如动车组列车车厢）的情况。烟火报警器报警后，有关值班人员应迅速判断火险及火情，立刻切断火源，扑灭初起火灾。

3. 漏电报警器

我国客车相当一部分客车都是采用直流 48 V 电压制，停车由蓄电池供电，开行由发电机供电，电压常在 44 ~ 64 V 浮动。

客车编入列车后，各供电系统一般为全列并联。由于负线漏电起火而烧毁客车的事故时有发生，现在旅客列车上采用的漏电报警器就是为了探测客车电线线路是否漏电而研制的。

漏电报警器主要由采样电路及比较器、报警电路、工作电源等组成，具有长期、稳定、连续的工作特性，兼有正极线或负极线漏电报警功能，无论列车在运行或停留时，编组中的任何一辆车发生漏电立刻报警。

漏电报警器一般安装在 48 V 供电客车配电盘的中间位置，发光二极管（两红两绿）明显凸于盘面。当关上配电盘面门，合上主电源开关后，两只绿色二极管全部点亮，说明漏电报警器工作正常，线路绝缘良好。但由于客车供电线路破损裸露、电器松脱、设备老化等原因，导致发生客车供电线路短路、接地等非正常供电工作时，漏电报警器盘面显示红绿色灯光交替闪烁信号，同时发出音响警报，以提示有关作业人员迅速查处设备故障，消除隐患。

列车运行途中，当客车漏电报警器报警时，列车乘务员应立即向车辆乘务员或列车长报告。车辆乘务员发现或接到漏电报警报告后，应迅速仔细检查、认真判断，确认引起警报的车辆及故障位置，准确处理。

（三）客运列车消防设施

客运列车的消防工作，应该坚持“预防为主，防消结合”的方针。完善消防设施的配备就是其中的重要措施之一。

1. 客运列车消防器具的配备

（1）客运列车上，一般都配备 ABC 干粉灭火器、水基型灭火器或二氧化碳灭火器。餐车、发电车等还应配备（用盐水浸湿过）消防麻袋及消防用砂等。

灭火器的一般配备数量为：客车每节车厢各配置 4 具 2 kg 灭火器（双层客车每层 4 具 2 kg 灭火器），分别挂在客车两端，每端 2 具；行李车、邮政车、餐车各配置 4 具 4 kg 灭火器；发电车配置 10 具 4 kg 灭火器；其他车厢各配置 4 具 2 kg 灭火器；餐车消防麻袋配备 3 ~ 5 条。

（2）灭火器悬挂部位应安装牢固，并采用套筒结构，以便于取放。套筒底部距地板高度不小于 1.4 m。

2. 客运列车消防器具的使用

客运列车常见的消防器具为便携式灭火器，使用方法为：提取灭火器，拔下保险栓，握住喷嘴，用力压下手柄压把，对准燃烧物着火根部直接喷射。

使用灭火器要注意的是：尽量迅速接近燃烧物 5 m 左右喷；若使用干粉灭火器，使用前先上下颠倒数次使筒内干粉松动，最好站在上风方向操作；若使用二氧化碳灭火器，可按住压把反复喷射，以达到最好效果。

客运列车的消防器具，是扑救列车初起火灾的专用设施，除灭火扑救、消防演习、安全检查及维修养护外，任何人不得随意动用，更不得挪作他用，而且应按规定要求，定期检查、维护或更新消防器具，防止破封、过期、失效或丢失，确保客运列车消防器材配备完整、作用良好。列车乘务组要建立健全消防器材的管理制度，落实责任人，加强监督及考核机制。

任务练习

一、列车紧急制动阀的使用练习

（1）××××年×月×日，×次普通旅客快车在区间正常运行，列车员在清扫车厢时，发现一位旅客打开车窗，跳了出去，列车员来不及阻止。此时，能否紧急停车？怎样使用紧急制动阀？

（2）××××年×月×日夜间，×次旅客列车在区间正常运行，旅客向列车员报告车内起火，列车员赶去查看火势较大，很难扑灭。此时，能否紧急停车？怎样使用紧急制动阀？

二、列车手制动阀的使用练习

××××年×月×日，×次旅客列车在区间正常运行，司机发现列车自动制动机故障，随即通知运转车长，运转车长组织列车员，根据机车鸣笛使用手制动机制动、缓解。

三、列车内灭火器使用练习

练习在车内狭小空间使用干粉灭火器、水基型灭火器扑灭火灾。

任务二　旅客列车客运业务设备

任务描述

列车移动补票机与站车无线交互系统手持终端设备是旅客列车上的客运业务设备，是现代旅客列车办理客运业务必用的设备。作为铁路列车员、列车值班员，铁路列车长应当掌握这些设备的作业内容、使用方法，能够正确使用这些设备，在服务中达到作业标准，使旅客满意。

知识准备

一、列车移动补票机

列车移动补票机是旅客列车上配备的补票设备，能够处理各种情况下的票务手续。

（一）准备工作

地面人员操作做好下列准备工作：

（1）车次下载；

（2）发上岗卡；

（3）电池充电；

（4）装好纸卷；

（5）插备份卡。

（二）移动补票机启动及界面

1. 启动及身份认证

长按移动补票机电源开关键，移动补票机将启动，显示屏显示如图 5.2.1 所示。

将上岗卡含芯片面朝上向里插入上岗卡卡槽，插入到卡长一半位置，听到“咔嗒”声即到位。按任意键继续，输入工号，如图 5.2.1（a）所示。如果工号输入不正确，则机器提示重新输入。如果工号输入正确，输入密码，如图 5.2.1（b）所示，按“确认”键确认。若密码正确，则终端显示用户身份信息，如图 5.2.1（c）所示。

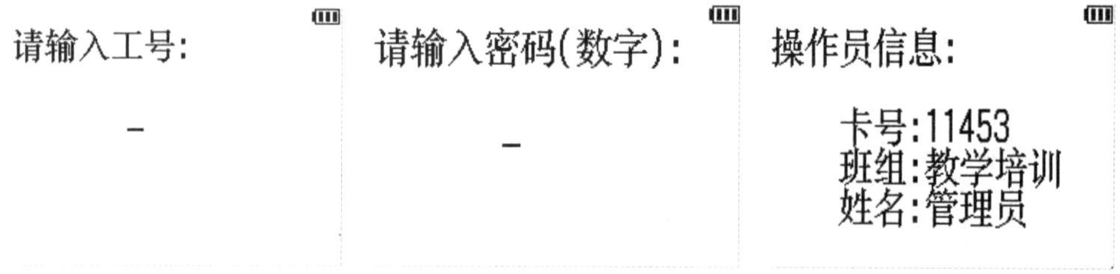

（a）　　（b）　　（c）

图 5.2.1　移动补票机电源开启显示

按确认键后，屏幕右上角显示的是段名称及补票机程序版本号，最下面一行显示的是补票机日期、时间以及存根的数目。

注意：如确认工号、密码输入正确而无法开机时，重新插卡开机。若售票过程中更换操作员，则操作员必须将自己的上岗卡插入卡槽并重新开机认证。同时请确保出乘补票机存根数目为零。如果显示不为零，则将补票机交往地面管理人员进行处理。

2. 系统主菜单

系统主菜单界面如图 5.2.2 所示。

按选项前数字对应的数字键选择，或按“确认”键执行缺省功能项“补票操作”。

提示：补票操作中选择某一功能项时，只需按下此功能项前数字对应的数字键即可，无需按“确认”键；当输入数字或字母时，需按“确认”键来确认，输入有误时，按“◀”键删除光标所在位置的前一个字符。

（三）补票操作

1. 选择车次，设置票号及出乘日期

进入补票操作后，显示如图 5.2.3 所示。

图 5.2.2　系统菜单主界面

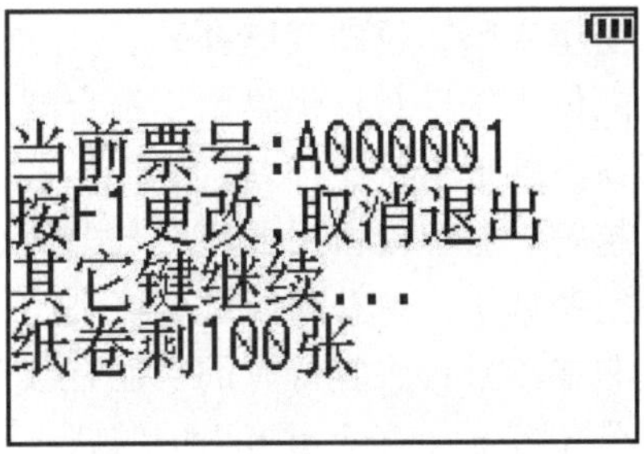

图 5.2.3　系统菜单主界面

票号格式为：第一位为字母，后六位为数字，如 A000001。

字母输入办法：先按字母所在的数字键，然后按一下“*”键为该键的第一个字母，按两下“*”为该键的第二个字母，按三下“*”为该键的第三个字母，依此循环。

注意：系统显示的当前票号应与实际将要打印的票号一致，这是正确使用的前提，当前票号将打印到票面的条码中。每安装一个新的票卷，只允许为第一张票输票号，剩余的票系统将自动往后跳票号，不许人工输入。若中途发现票号不一致，只能让地面管理人员修改。

按“确认”键继续，显示车次信息，如图 5.2.4 所示。选择车次，进入下一步，显示当前出乘日期，如图 5.2.5 所示。

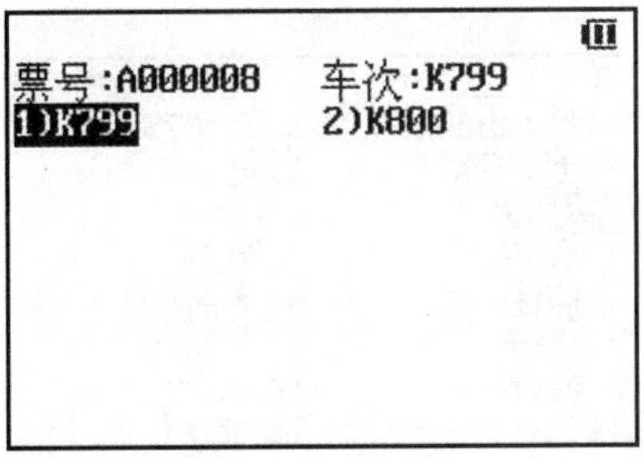

图 5.2.4　车次信息显示

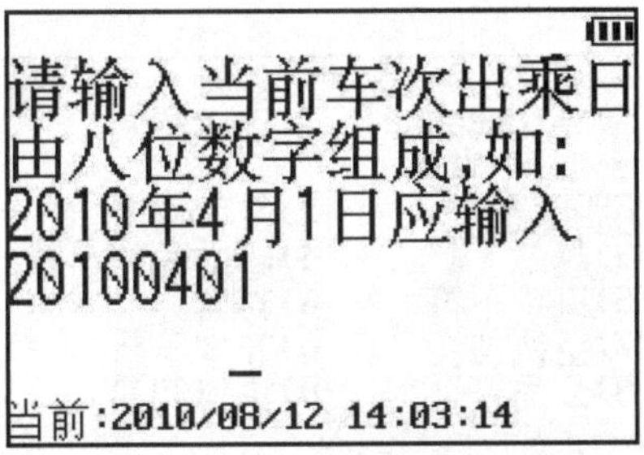

图 5.2.5　当前出乘日期显示

出乘日期为当前车次从始发站发车时的日期，中途不用修改，由 8 位数字组成，比如 2012 年 8 月 28 日要输入：20120828。月和日都是两位数字，不足用 0 补齐。

按“F1”键后可输入新的出乘日。按“确认”键继续，屏幕显示补票类型。

2. 补票类型

系统将列车上的补票情况分为十种类型，如图 5.2.6 所示。选对补票类型，才能进行正确的补票操作。这十种类型为：

（1）正常票：乘客来不及在地面买票直接上车补票。该补票类别包括的补票事由有：客（特快卧）、丢失原票、无票加罚、孩免单卧。价格分为全价、半价（残、学、孩）。座别包括：空调硬座、空调软座、空调硬卧（上、中、下）、空调软卧（上、下）。

（2）变更座席：旅客持有本车次车票，进行低档次座别变更为高档次座别的操作。该补票类别包括的常用补票事由有：补卧、变座、变卧、变铺、变座变卧、变座补卧等。价格可分为全价、半价（残、学、孩）。

（3）越站：旅客希望延长旅途。

（4）越站变席：旅客希望延长旅途并变更座席。该补票类别包括的补票事由有：越站补卧、越站变座变卧、越站变座补卧。

（5）减价不符：对持优惠票不符合减价条件的乘客补售车票。该补票类别包括的补票事由有：超高、减价不符、补差。

（6）越席：旅客现占用的座席与票面显示的座席不符。

（7）空调加快：单补起始站到终到站的空调、加快客票。

（8）非本车票：旅客持有的功能有效客票不能完全顶替所乘列车客票时补收的差价。

（9）公免签证：有恰当事由的铁路工作人员持有效证件免费乘车。

（10）快捷制票：用快捷键打印车票。具体使用方法后面详细介绍。

注意：对于有原票的情况，根据铁道部的有关规定，同时考虑到财务的安全性，不收回原票，随原票同时使用。

3. 补票操作方法

1）补正常票

选择“1）正常票”后，进入补正常票界面，如图 5.2.6 所示。

（1）选择补票的起始站，如图 5.2.7 所示。当屏幕不能完全显示所有站名时，站名分屏显示，可以使用下列功能键帮助选择：“▲”键为“向上翻页”，“▼”键为“向下翻页”。选择补票的起始站后，进入下一步。

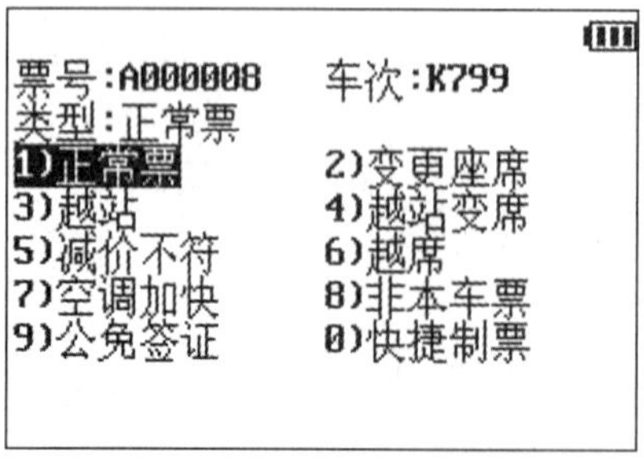

图 5.2.6　补票类型显示

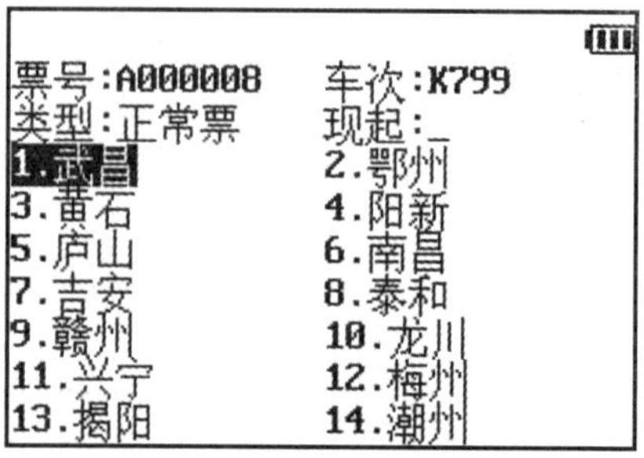

图 5.2.7　补正常票显示

（2）选择补票的终到站，如图 5.2.8 所示。选定后进入下一步。

（3）选择补票事由，如图 5.2.9 所示。选定后进入下一步。

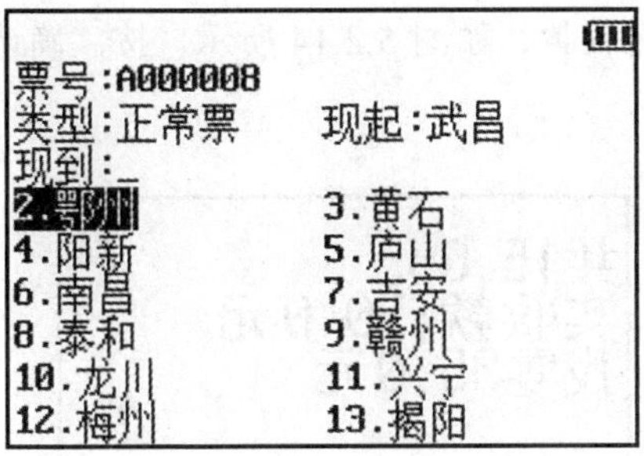

图 5.2.8　选择补票到站

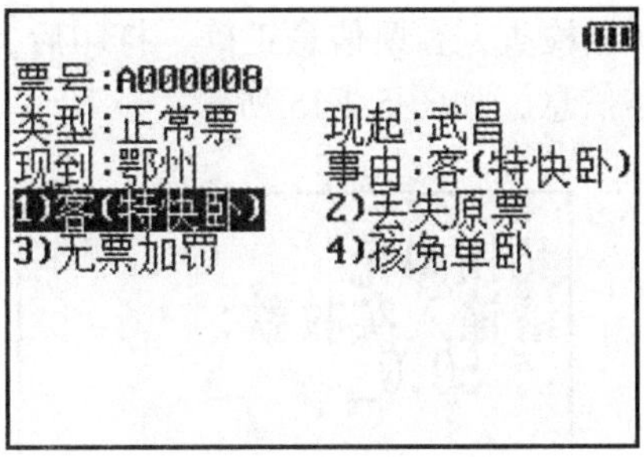

图 5.2.9　选择补票事由

说明：客（客卧）、客快（客快卧）、客特快（客特快卧）均选择 1。

（4）选择票种，如图 5.2.10 所示。选定后进入下一步。

（5）选择座位，如图 5.2.11 所示。选定后进入下一步。

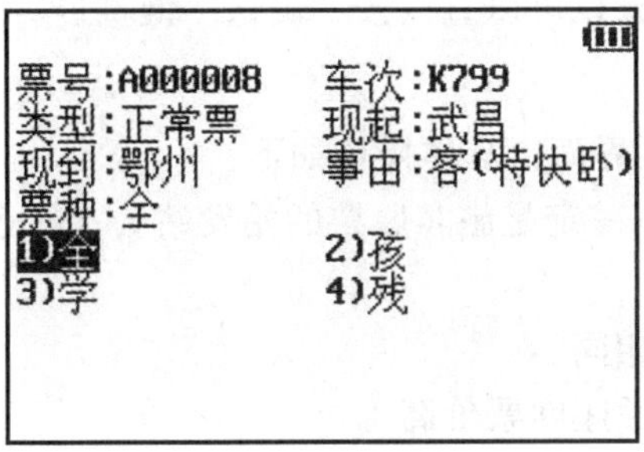

图 5.2.10　选择票种

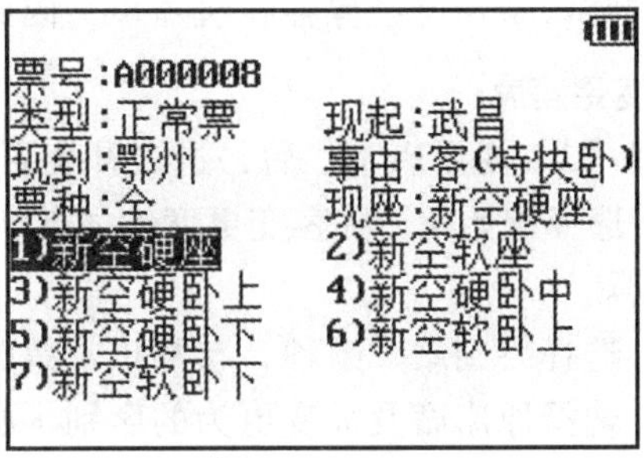

图 5.2.11　选择座位

（6）输入需补票的数目，如图 5.2.12 所示。

注意：如果想将本车票存为快捷车票，可按左下角的“*”键将其保存。此车票信息即可显示在“补票类型/快捷制票”选项中。按“确认”键可将该票暂存。具体使用方法详见“手机设置/补票暂存”。

（7）跟随光标输入具体的车厢号跟座位号。如果是无座票，直接按“确认”键；如果是加车，输入“J + 车厢号”（输入 J 的方法是按 5 再按“*”键）；如果是宿营车，输入“00”。其他情况下，请输入正常的数字。

（8）显示车票信息。

值班员应仔细核对屏幕显示信息是否正确，如图 5.2.13 所示。若车票正确，按“确认”键或“F2”键打印客票。若客票信息不正确，按“取消”键取消打印。

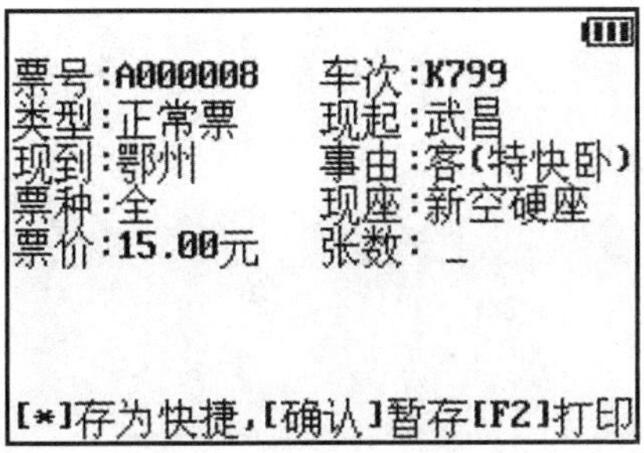

图 5.2.12　输入车票数目

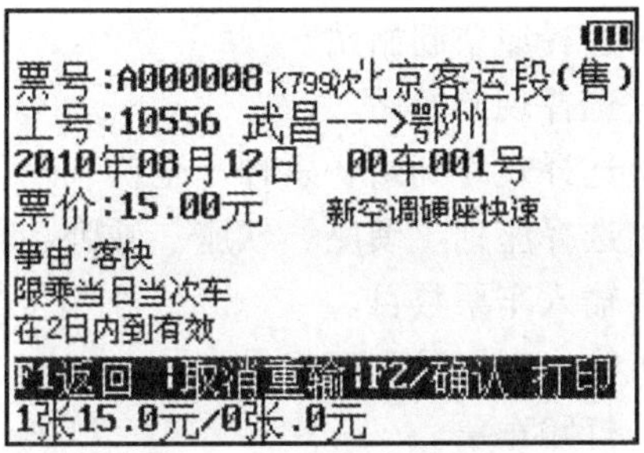

图 5.2.13　车票全部信息显示

（9）经检查，客票信息正确、打印后，输入实收款，如图 5.2.14 所示。按“确认”键后，显示找零信息，如图 5.2.15 所示。

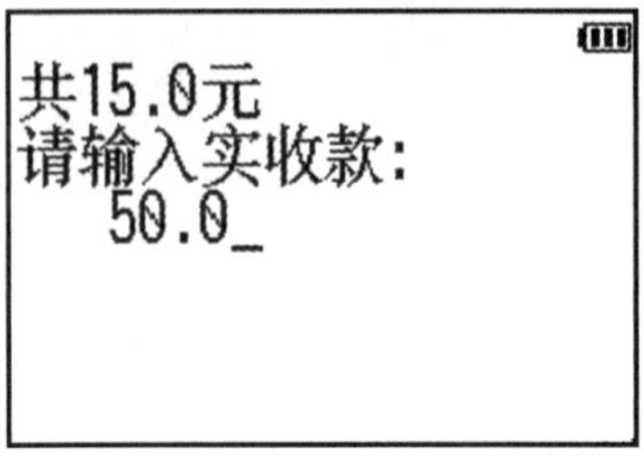

图 5.2.14　输入车票实收款

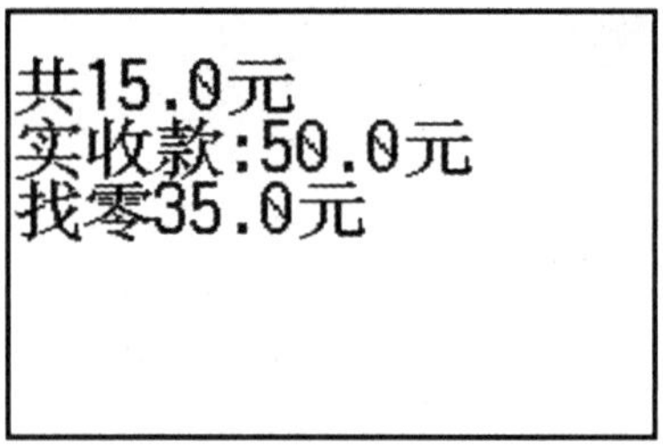

图 5.2.15　显示找零信息

注意：输入实收款数目时需要最后多输入一个零。此功能只提供一个计算找零功能，打印客票的时候费用已经保存在机器里，因此该步骤也可以直接按“确认”键跳过。

2）变更座席

选择“2）变更座席”后，进入补变更座席票界面。具体操作如下：

（1）选择起始站（旅客变更席别的起始站，不一定是旅客原票的始发站），与补正常票的操作相同。

（2）选择终到站、票种，与补正常票的操作相同。

（3）选择原座席及欲变更为的席别（必须比原座席票价高）。

（4）输入车票数目、车厢号、座席号以及原票号。

（5）打印车票。

（6）输入实收款。

提示：在本系统中，考虑到对车票信息的不同需求，在某些输入过程，用户可以根据实际情况来选择是否输入。例如，在上述变更座席的步骤中，用户可以选择是否输入车厢号、席位号以及原票号。如果不需要输入，直接按“确认”键跳过即可。其他补票类型亦相同。原票号的输入方法与票号的修改方法相同。

3）越　站

补越站票指席别不变（原来为硬座现在仍为硬座，原来为硬卧中铺现在仍为硬卧中铺）的越站乘车补票。补票时，现起始站为原票终到站，现终到站为旅客现终到站（旅客要到的最终到站）。

选择“3）越站”后，进入补越站票界面。具体操作如下：

（1）选择原票起始站。

（2）选择现起始站。

（3）选择现终到站、票种（全价、残、学、孩）。

（4）选择座别（硬座、软座、硬卧、软卧）。

（5）输入车票数目。

（6）输入车厢号和席位号。

（7）打印车票。

（8）输入实收款。

最后屏幕显示车票的详细信息，售票员应核对显示信息是否正确。若车票正确，按“确认”键打印车票，否则按“取消”键取消打印。

4）越站变席

补越站变席票指席别变更的越站乘车补票。补票时，现起始站为原票终到站，现终到站为旅客现终到站（旅客要到的最终到站）。

选择“4）越站变席”后，进入补越站变席票界面。具体操作如下：

（1）选择原票起始站。

（2）选择原票终到站。

（3）选择现起始站。

（4）选择现终到站。

（5）选择票种（全价、残、学、孩）。

（6）选择原票座别（硬座、软座、硬卧、软卧）。

（7）选择欲变更为的席别。

（8）输入车票数目、输入车厢号和席位号。

（9）打印车票。

（10）输入实收款。

5）减价不符

选择“5）减价不符”后，进入补减价不符票界面。具体操作如下：

（1）选择起始站。

（2）选择终到站。

（3）选择原票种。

（4）选择座席类别。

（5）输入车票数目。

（6）输入车厢号和席位号。

（7）打印车票。

（8）输入实收款。

注意：当儿童身高不足 1.2 m 时，随成人票，无须另行买票；若超过 1.5 m 持半价票时，在加价票选项中做超高处理；超过 1.5 m 无票时，直接在正常票中补成人全价票即可。

6）越　席

选择“6）越席”后，进入补越席票界面。具体操作如下：

（1）选择起始站。

（2）选择终到站。

（3）选择票种（全价、残、学、孩）。

（4）选择原车票显示座席。

（5）选择旅客现占用座席。

（6）输入车票数目。

（7）输入车厢号和席位号。

（8）打印车票。

（9）输入实收款。

7）非本车票

选择“8）非本车票”后，进入补非本车票界面。具体操作如下：

（1）选择起始站。

（2）选择终到站。

（3）选择票种（全价、残、学、孩）。

（4）选择现座类别。

（5）输入原票价。

（6）选择是否加罚。

（7）输入车票数目。

（8）输入车厢号和席位号。

（9）打印车票。

（10）输入实收款。

8）快捷制票

选择“0）快捷制票”后，进入快捷制票界面。具体操作如下：

（1）选择需要打印的具体车票。

以前所保存的所有快捷车票将都会显示在列表中，如图 5.2.16 所示。按“F2”键清除所有的快捷键。

（2）输入车票数目。

（3）输入车厢号和席位号。

（4）打印车票。

（5）输入实收款。

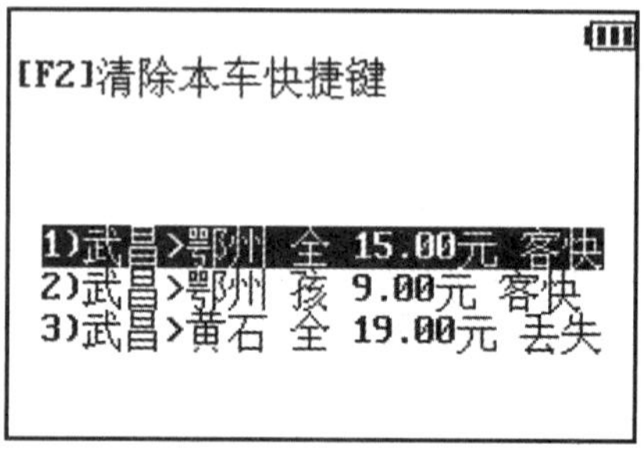

图 5.2.16　已保存的所有快捷票

9）制票注意事项

（1）打印到条码中的票号要与票面出厂时已经印刷好的票号一致。

（2）售票时，当显示票面信息后，做到先唱票再收钱最后制票。

（3）当制出的车票票面有问题（如卡纸或票卷装反等）而不能作为有效票据出售时，无论该票纸空白与否，均应该撕下带回作废，不要安装该票纸后继续打印，因为补票机已经将该票记录，票号自动加到下一张。

（4）若当前票卷只剩最后三张，则系统鸣笛并提示“纸卷剩×张，请注意更换纸卷”。打印完最后一张后，补票机屏蔽除“F2”键以外其他键，正确换票卷后按“F2”可继续售票。

（5）不要让与售票无关人员操作补票机，以免制出票面完好但出售不了的票。

（6）每次出乘前要确认补票机内售票记录已被清空。

4. 补票机设置

设置内容共包含 9 个子选项，如果字体太大，则分两页显示，如图 5.2.17 所示。

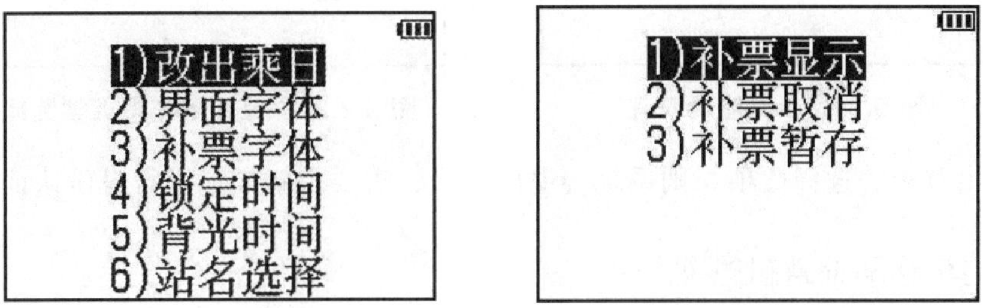

图 5.2.17　选项内容分屏显示

（1）改出乘日。选“改出乘日”后，显示当前出乘日期，如图 5.2.18 所示。按“F1”键更改。

（2）界面字体。选“界面字体”后，界面显示字体的大小选项，如图 5.2.19 所示。

（3）补票字体。更改补票操作过程中显示字体的大小。选项跟界面字体中一致。

（4）锁定时间。更改无按键操作时补票机自动锁键盘的时间。如图 5.2.20 所示，按左右方向键来调整锁定时间，以 60 秒为单位；按“确认”键保存。

（5）背光时间。如图 5.2.21 所示，按左右方向键来调整背光时间，以 20 秒为单位。

（6）补票取消。选择退回事由模式，如图 5.2.22 所示。若补票操作中按“取消”键后会直接退回到票类型选择界面，如图 5.2.23 所示。

图 5.2.18　改出乘日期

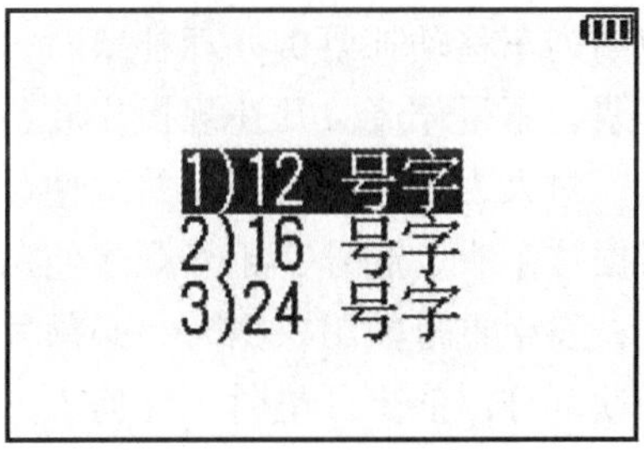

图 5.2.19　改显示的字体大小

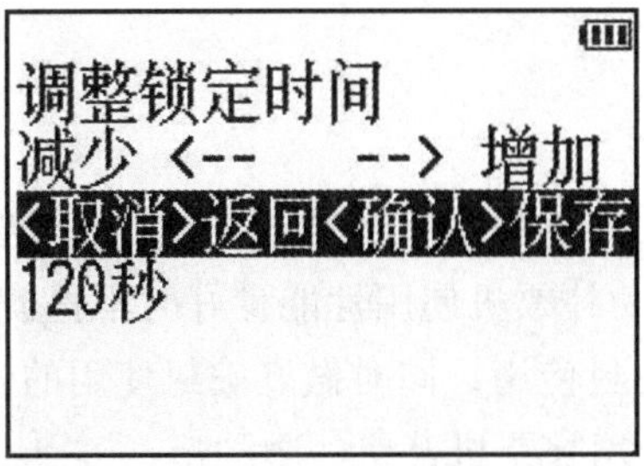

图 5.2.20　改锁定时间

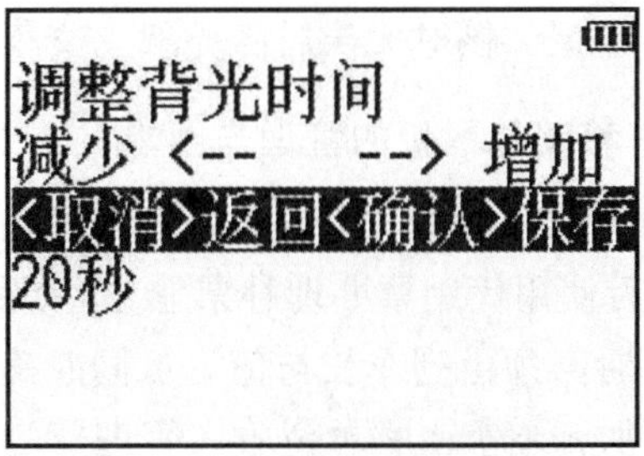

图 5.2.21　改背光时间

图 5.2.22　改补票取消

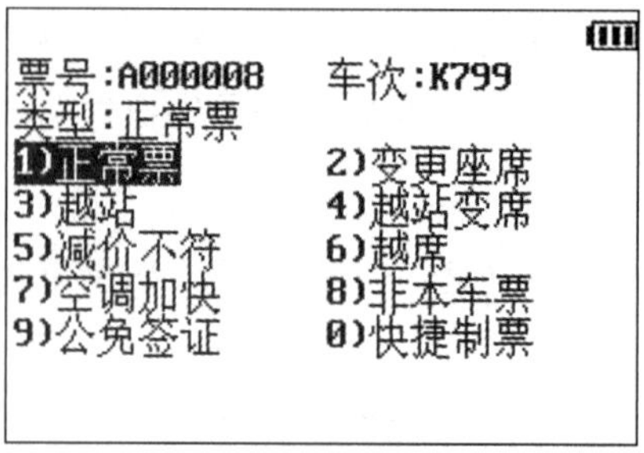

图 5.2.23　退回到车票类型选择

（7）退出登录。选择此项，则系统会退出登录，需要重新插卡进行身份认证才能补票。

（四）列车移动补票机管理

1. 列车移动补票机的请领与使用

（1）列车移动补票机必须由正班列车长请领并建账登记，建账登记后交列车值班员使用并保管。

（2）列车移动补票机属于精密贵重仪器，是车内办理补票业务的专用设备，涉及收入票据、现金及账目管理，发生问题按违反财经纪律论处。在办理补票机的请领、交付使用过程中要严格履行请领手续。非列车值班员不得使用补票机补票，遇到班组正式值班员不能值乘的情况下，由列车长指定一名业务熟练的列车乘务员负责保管使用。保管使用过程中，正式值班员与临时替班乘务员应办理交接使用登记手续，不履行交接使用保管手续，发生问题由列车长负责。

（3）补票机实行凭开机卡及密码使用，各班组值班员的开机卡及密码，应妥善保管，不得转让或借与他人，在不办理补票业务情况下，补票机应关机保管。

（4）使用列车移动补票机办理补票时，必须按执行程序进行操作，不得违规操作；对打印完整的车票，不得作废。凡违规操作或不按使用技术规定导致设备损坏的，将追究直接责任者的责任；对人为损坏造成故障并致使数据、账目丢失的，比照代用票处理。

（5）票据按字头、起号、止号顺序使用，补票机内票号应与票卷票号完全一致，不得跳号使用票据，发生重号使用票据时，必须凭重号的原票回段作废，无原票时所产生的票款差错，对少交款部分由值班员垫付。任何人不得擅自修改补票机原始信息。

（6）对打印不完整的车票（如字迹不全、票面不清、发到站错误、车次不正确等），一律凭原票回本单位作废，对作废车票列车值班员应写出事情经过或情况说明，并在“废票登记本”上如实登记，核对无误后随原票上交稽核部。

2. 列车移动补票机的管理与要求

（1）遇中途补票机发生故障应立即停止使用，并由列车长亲自向本单位收入管理部门汇报，经同意后使用代用票办理补票业务。如列车移动补票机使用性能良好时不得使用代用票，使用代用票时必须由列车长与值班员同时确认并破封使用，同时做好破封使用的记录。

（2）遇加开临客由本单位收入管理部门提供专用补票机补票。遇“五一”“十一”或其他特殊情况，根据需要经本单位收入管理部门同意后，配发使用备用机。

（3）不得随意调整补票机的系统设置，对上级明确规定的封闭列车移动补票机查询功能，任何人不得擅自打开。

（4）本单位收入管理部门值班人员负责班组补票机的补票信息传输工作，无班组交款单时不得传输打印，交款单所记载的票款应于补票机补票记录的票款完全一致，如发生少交款时，由列车值班员垫付补交。本单位收入管理部门值班人员传输信息时不得修改补票机的原始信息，如发生作废票时，按正常操作程序按作废处理。

3. 列车移动补票机操作与保管

（1）列车值班员必须经专业培训，熟练掌握补票机的操作性能后，方可使用移动补票机进行补票。

（2）补票时应先问明旅客补票内容，并按操作步骤进行补票。

（3）补票操作完毕后，对票面所记载的发站、到站、日期、车次、席别确认后方可打印车票。

（4）将车票给旅客时要唱票找零递送，做到一票一清。启用打印后，车票未出或车票出来后票面不完整，按退出键退出，将车票按作废上报，确保补票机内票号与票卷票号顺序一致。

（5）回段后传输完毕的补票机应由本单位收入管理部门值班人员清空记录，由值班员锁入票据柜保管。不得在补票机内存放票卷，不准将补票机带回家中或存放在其他地方。

（6）爱护补票机，并妥善保管，不得磕碰，做到机不离身。补票机的任何部件、配件不得拆卸，确保性能良好，保证使用。

4. 常见问题以及处理

（1）票面有黑方块或空白。字库文件中汉字不全或误操作将补票机中字库删除，重新下载字库即可（方法 1 无效时，可使用方法 2）。

（2）售票时提示“票价率文件不存在”。下载对应的票价率文件即可。

（3）票面日期有误。补票机系统日期打印到票面，系统日期由纽扣电池驱动，会自动更新为正确的日期、时间，当系统日期或时间有误时，应由地面管理人员调整正确，方法如下：

开机，当显示系统日期及时间时，按功能键“F1”，在出现的对话框中根据“1—日期”“2—时间”可修改系统日期、时间（默认密码为“000000”）。

（4）票面字迹太淡。列车移动补票机采用热敏打印机对热敏票纸打印，热敏票纸带粉色底纹面有一层化学物质，该物质遇热后变黑产生票面信息。长时间打印后，粉色底纹会脱落粘到打印头上（像水垢一样），使打印效果变差。解决的方法是用小刀刀背或手指甲轻轻地刮落打印头（打印头位置在票卷槽上部）上的附着物即可。

（5）补票机补票数据已删除，但又需重新上传补票明细。补票机售票时，每张票的信息记录两份，一份记录到补票机的 FLASH 中，另一份备份到数据备份卡（电池下面的黄色 IC 卡，卡型为 45D041）中。删除后 FLASH 中数据不可恢复，但备份卡中数据可恢复后重新上传（该方法只能在下一次出乘之前进行，因为重新售票后备份卡中数据不可再恢复）。

（6）插卡开机时提示密码错误。用布蘸酒精擦开机卡的芯片处；用薄的丝布包开机卡，蘸酒精后来回插几次。

（7）其他：

① 往补票机内装票卷时一定要认真仔细，防止跳号的发生。

② 票据使用过程中，如需调整票号，机内票号一定要与实际票号相符。

③ 补票机出票时如发生突然断电，票据只打印了一半或未打印，应立即停止使用补票机，并报告列车长，请示列车长后启用代用票。

④ 终到后，先交款后结账。

⑤ 发生票据作废，认真填写票据作废登记本以及班组的三检复核登记本。

二、站车无线交互系统手持终端设备

旅客列车站车无线交互系统手持终端设备，是现代旅客列车客运业务必备设备，能够完成接收车站乘车人数通知单、实名制车票挂失数据，查询车厢席位使用情况，查验车票等工作。

（一）站车无线交互系统应用（Mobile 版）

手持终端软件的基本操作流程：点击“程序”→“站车系统”→“登乘”→查看“席位统计”和“席位查询”→到站后“退乘”操作。其他功能是辅助功能。

1. 准备作业

1）系统主界面

系统的主界面（见图 5.2.24）类似于手机系统，分为三个区域：上方的系统显示区、中间的业务功能区和下方的系统功能区。

上方系统显示区域分别为系统日期时间、按百分比显示的系统电量、系统信号强度。

中间业务功能区域按照九宫格的方式显示系统的主要业务功能按钮，按钮上以颜色区分功能可否使用：白色文字表示该功能按钮为静态功能，可以使用，绿色和红色文字按钮为动态功能按钮：绿色文字表示该功能按钮在当前状态下可以使用，红色文字表示该功能按钮在当前状态下不可以使用。按钮上以文字标明业务功能，分别为静态功能的“查验车票”以及动态功能的“登乘”“席位统计”“席位查询”“数据下载”“车次信息”“行程冲突”“实名查询”“退乘”按钮。

下方系统功能区域以图标方式列出四项系统功能按钮，分别为“余票”“返回”“配置”“补签”按钮。

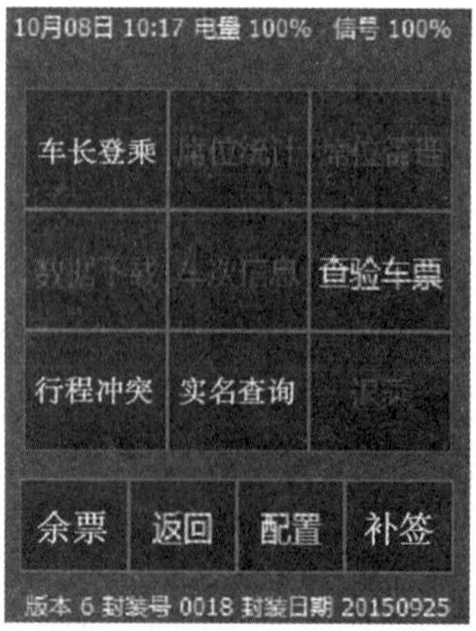

图 5.2.24 站车系统界面

2）系统初始化

初次使用系统时，需要进行时间、日期的核对及相关网络配置调试，确保系统的正确运行。在系统主界面上点击“系统配置”按钮，进入系统配置界面，如图 5.2.25 所示。系统配置界面包括运行信息、网络配置、网络测试三个标签。点击网络测试标签，进入其界面，如图 5.2.26 所示。

图 5.2.25　系统配置界面

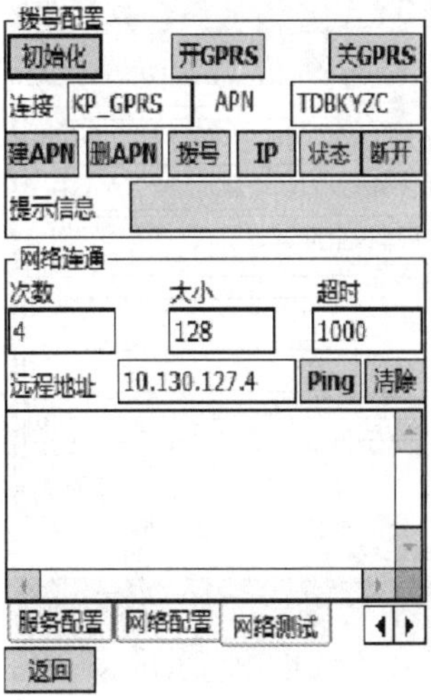

图 5.2.26　网络测试界面

在网络测试界面中，点击“初始化”按钮，在“连接”处输入框输入“KP_GPRS”，之后在“APN”处输入框输入“TDBKYZC”，如图 5.2.25 所示。

如图 5.2.27 所示，点击“建 APN”按钮，出现创建成功提示框，表示系统初始化成功，如图 5.2.28 所示。

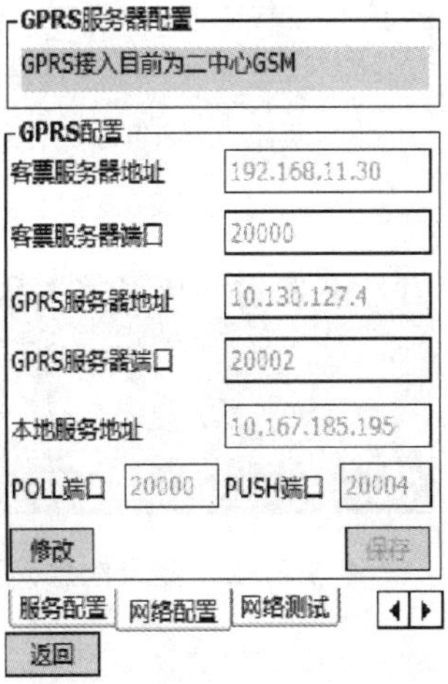

图 5.2.27　点击“建 APN”按钮

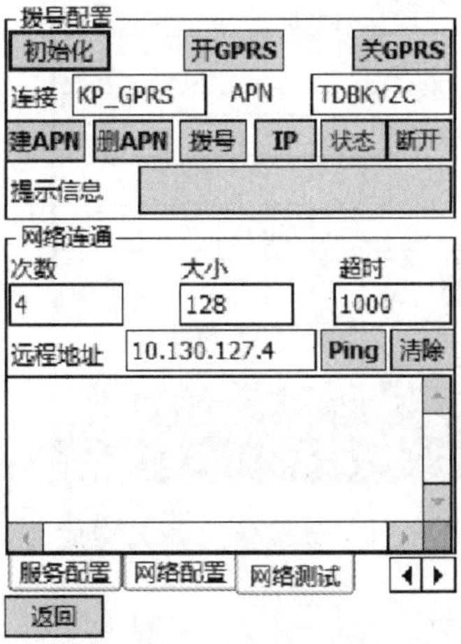

图 5.2.28　系统初始化成功

2. 登　乘

初始状态下，进入系统主界面（图 5.2.24）后，可以看到“登乘”按钮为绿色，代表该功能可以使用，其余动态功能按钮均不可点击。点击“登乘”后，屏幕显示登乘界面（见图 5.2.29）。

登乘界面中，在“始发日期”下拉选择框中选择日期，点击“始发车次”文本输入框，系统会弹出车次输入界面，如图 5.2.30 所示。

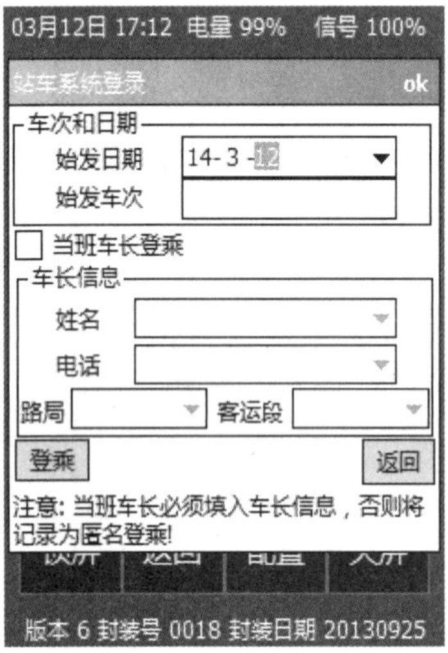

图 5.2.29　登乘界面

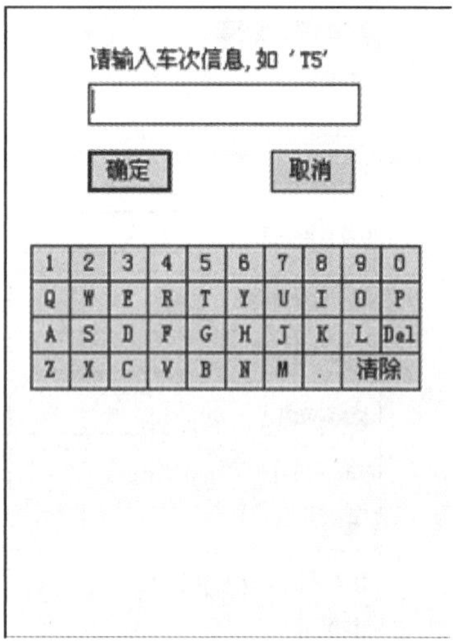

图 5.2.30　车次输入界面

如图 5.2.31 所示，输入车次并确定后，再按“登录”按钮，弹出如图 5.2.32 所示提示信息，点击“是”按钮后登乘成功。

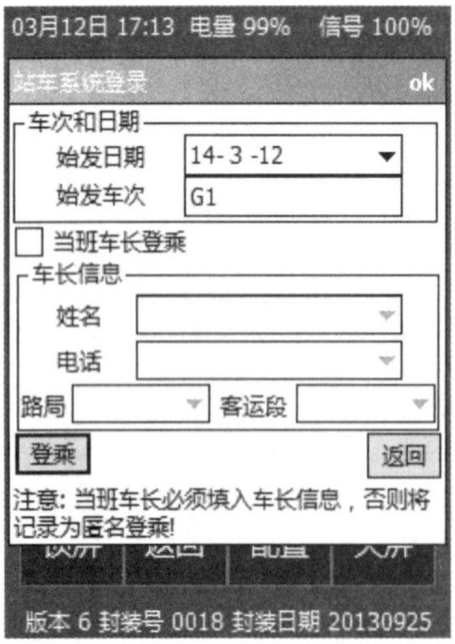

图 5.2.31　登录信息输入完成

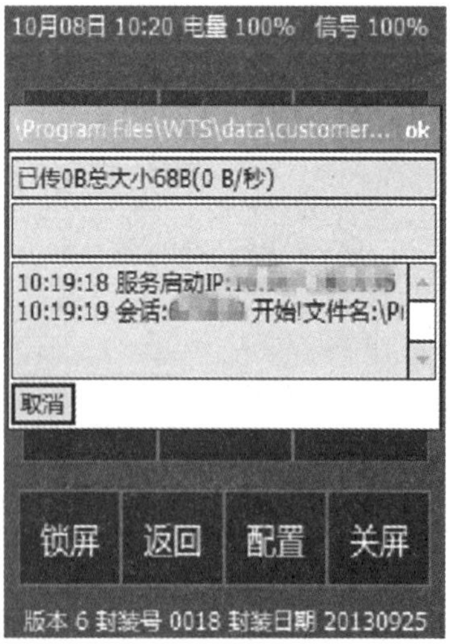

图 5.2.32　登录信息确认

3. 席位统计

登乘成功后，“登乘”按钮自动显示为红色，不可点击，其余动态功能按钮为绿色可点击状态，点击“席位统计”按钮进行席位统计。屏幕上以表格为主要形式显示电子化的“乘车人数通知单”“车内人数”“密度表”，如图 5.2.33 所示。

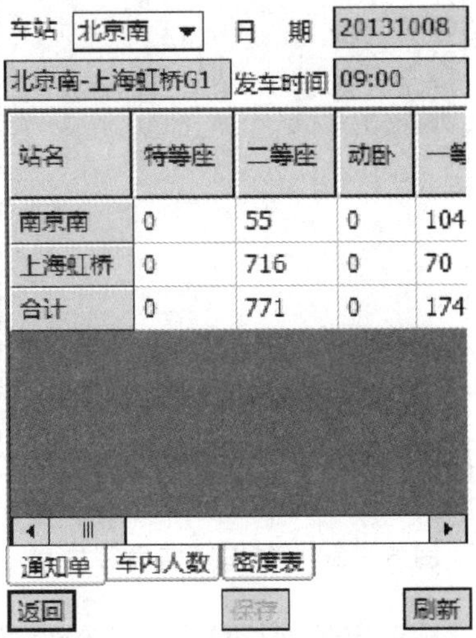

图 5.2.33 乘车人数通知单

屏幕显示分为三部分：上方为固定提示信息区域，中间为表格形式展现的数据区域，下方为包括标签、按钮和下拉选择框在内操作区域。

异常处理：

（1）点击“通知单”按钮查看通知单没有数据，这可能是因为查看时机不对。每个站的通知单数据是在列车到站前 5 分钟从客票系统传送过来的，如果在到站前 5 分钟以前查看，是不会有数据的。

（2）点击“日志查看”按钮，查看没有数据的原因：

① “Nosuchfileordictionary”，说明系统服务正常，信息发布服务器上没有数据文件。

② 检查网络联通情况，无线网络覆盖较差导致终端的无线信号不强；该情况下应将终端移至信号较好的环境中再尝试操作。

（3）点击“重启服务”按钮，将终端系统的后台服务进程以及相关辅助进程重新启动。

注意事项：

（1）系统配置信息不可随意更改。

（2）GPRS 拨号失败时检查电话状态与信号。

（3）手工下载数据与自动下载避免同时操作。

（4）数据下载较慢时操作需要耐心。

4. 席位查询

席位查询所需的席位数据，是终端系统根据登录车次信息按停靠站时间点进行自动下载的，点击系统主界面（图 5.2.24）中的“席位管理”，即可进行席位管理。

（1）“席位查询”功能项中支持列表显示车厢定员及实际各车厢内人数、可补数量、电子票数量及特殊票种数量的统计信息；支持当前基准站选择过滤车厢内席位；初始化时，席位查询显示定员车厢信息，此时由于各停靠站席位信息尚未下载，信息为灰色，如图 5.2.34 所示。

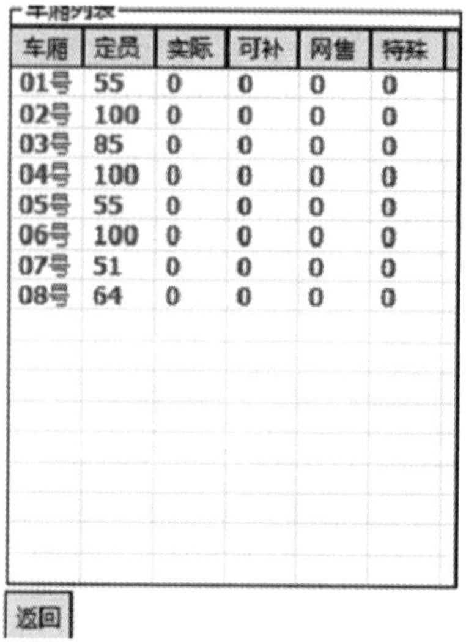

车厢列表

车厢	定员	实际	可补	网售	特殊
01号	55	0	0	0	0
02号	100	0	0	0	0
03号	85	0	0	0	0
04号	100	0	0	0	0
05号	55	0	0	0	0
06号	100	0	0	0	0
07号	51	0	0	0	0
08号	64	0	0	0	0

返回

图 5.2.34　各车厢定员等信息

（2）此时点击各车厢，只能显示定员席位信息。当停靠站席位信息下载成功后，相关车厢其他信息会相应更新，如图 5.2.35 所示。

（3）点击车厢（如 6 车厢）查看席位信息：蓝色表示可补席位；红色表示当前有人座位；灰色表明该座位为空，前方站预留，如图 5.2.36 所示。还可以通过选择“当前站”下拉菜单来变换当前基准站。挂失席位信息会显示后缀为“挂”字。

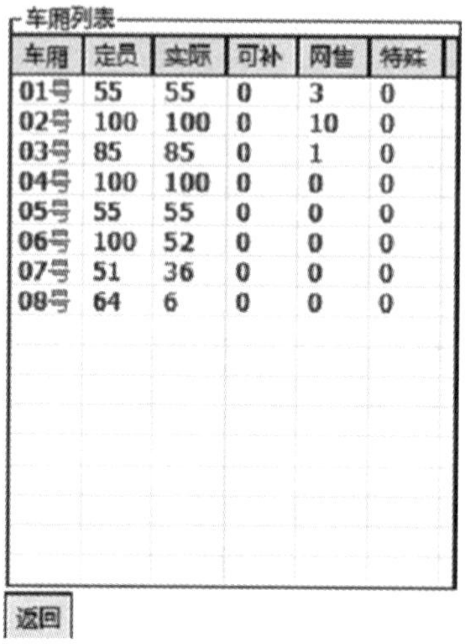

车厢列表

车厢	定员	实际	可补	网售	特殊
01号	55	55	0	3	0
02号	100	100	0	10	0
03号	85	85	0	1	0
04号	100	100	0	0	0
05号	55	55	0	0	0
06号	100	52	0	0	0
07号	51	36	0	0	0
08号	64	6	0	0	0

返回

图 5.2.35　席位信息下载后显示

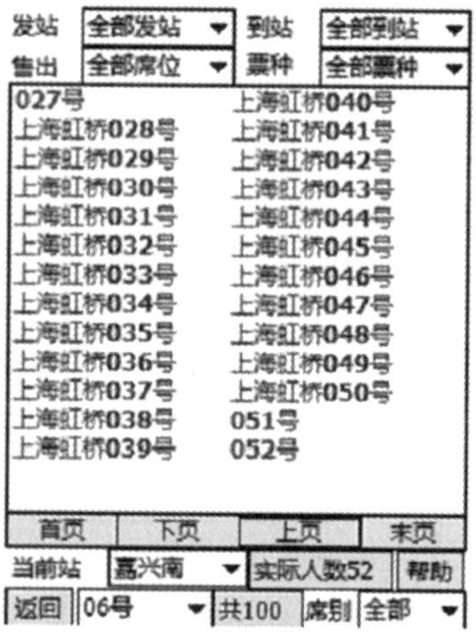

图 5.2.36　6 车厢信息

5. 数据下载

数据下载功能包括以下三个方面的内容：第一，显示了该次列车的停靠站及发点信息；第二，按停靠站记录包括通知单和席位信息在内的相关业务信息的下载状态及下载时间；第三，在系统自动下载失败或者列车晚点等其他异常情况下，提供了人工干预的手段，可以选择车站手工进行下载，点击“数据下载”按钮，进入数据下载界面，如图 5.2.37 所示。

数据下载功能项中增加“实名制车票挂失信息”数据的下载，并支持全部车站下载，如图 5.2.38 所示。这里“全部车站”是指已到点可下载数据的所有停靠站。

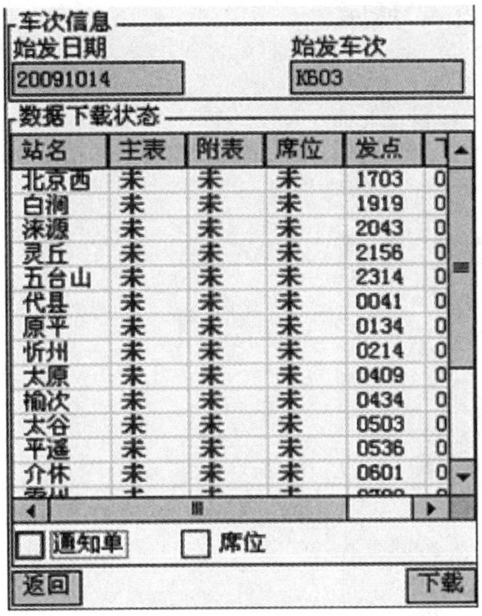

图 5.2.37　数据下载界面

图 5.2.38　全部车站下载

6. 车次查询

车次查询功能包括以下三个方面的内容：第一，显示了该次列车的停靠站及发点信息；第二，为终端系统按停靠站及发点自动下载相关业务数据提供了依据；第三，在列车晚点早点等情况下，提供了人工干预的手段，可以选择车站手工调整自动下载时间。

点击“车次查询”按钮，进入“车次查询”界面，如图 5.2.39 所示。屏幕显示分为三个区域：上方为固定提示信息显示区域，中间为表格展示的停靠站信息区域，下边为功能按钮区域。其中停靠站信息区按停靠站显示了站序、站名、发点、到点、行车天数和可手工调整的晚点时间。

正晚点调整，先点击选择需要调整的车站，如图 5.2.39 所示，进入调整界面；点击“正晚点调整”，输入调整时间，保存，如图 5.2.40 所示。

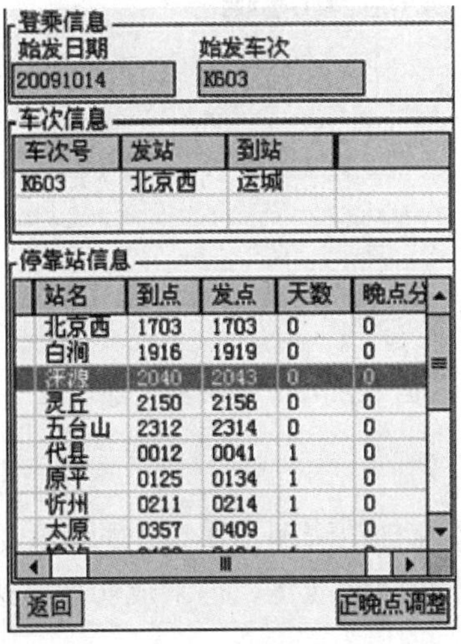

图 5.2.39　车次查询界面

图 5.2.40　输入调整时间

7. 查验车票

查验车票功能为车上业务人员提供了便捷的验票手段，辅助列车上的日常验票作业。点击“查验车票”按钮，进入查验车票界面，如图 5.2.41 所示。

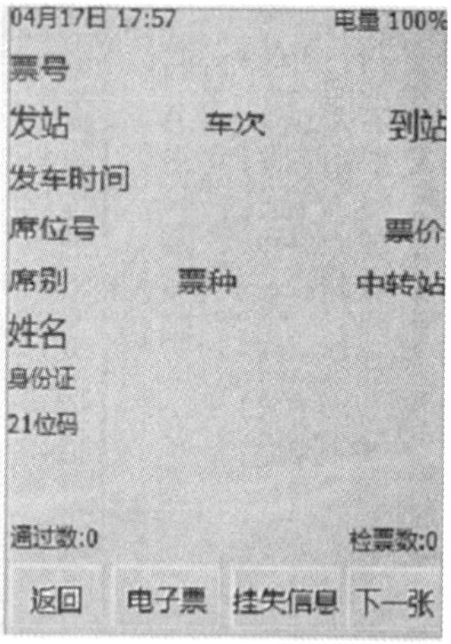

图 5.2.41 查验车票界面

查验车票功能项中更新了二维码解码模块，修复了票面信息还原时旅客姓名汉字乱码的问题；功能项中增加“实名制车票挂失信息”数据的查询功能，并支持按指定证件号码或车厢两种方式查询。

点击“挂失信息”按钮，出现挂失车票的相关信息，如图 5.2.42 所示。

点击挂失信息列表中指定信息（如 3 车 40 号），显示出此车票全部信息，如图 5.2.43 所示。

图 5.2.42 挂失车票信息

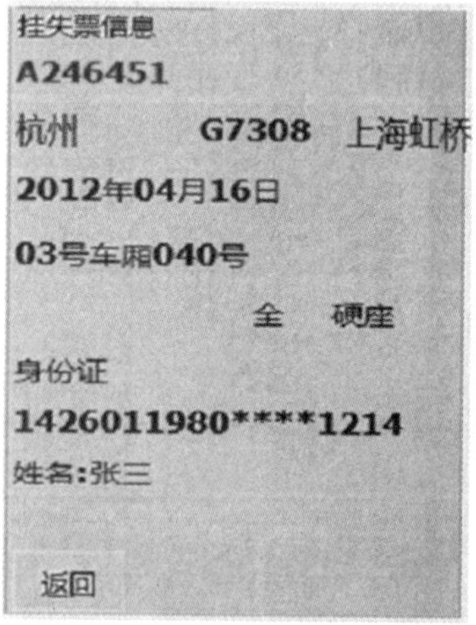

图 5.2.43 挂失票全部信息

8. 退 乘

当一次列车作业完成后，通过退乘操作终端系统自动清理本次操作的相关数据，并与地面系统交互完成退出，释放相关资源，为下次业务开始做准备。退乘成功后将进入系统初始状态。

点击“退乘”按钮，弹出确认退乘对话框，如图 5.2.44 所示。点击“是”后，系统自动清理相关文件并从地面系统退出。退出成功后，弹出提示对话框，如图 5.2.45 所示，点击“确定”。

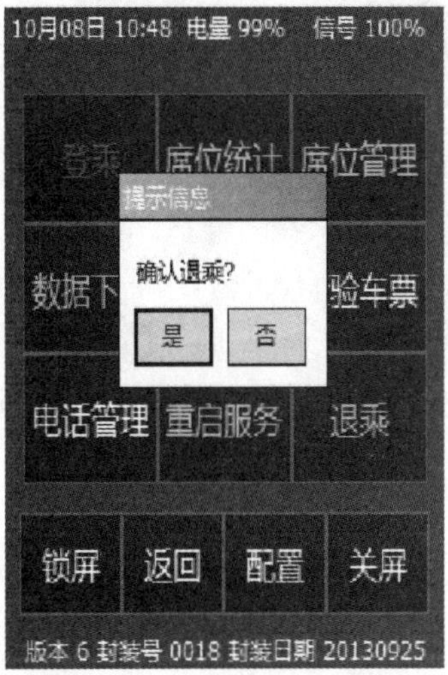

图 5.2.44　确认退出对话框

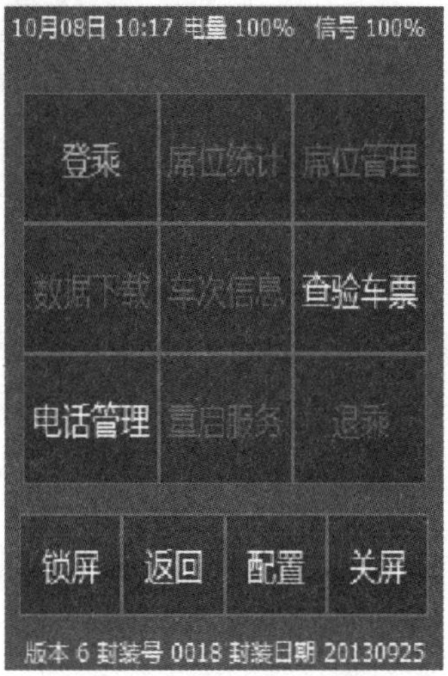

图 5.2.45　提示对话框

异常处理：

退乘过程中可能会出现频繁的“拨号失败”的情况，这可能是由于处于密闭环境，无线网络覆盖较差导致终端的无线信号不强，该情况下应将终端移至信号较好的环境中再尝试操作。

9. 重启服务

重启服务功能是将终端系统的后台服务进程以及相关辅助进程重新启动，在发生系统异常时可提供快速恢复功能的手段。在系统使用时如果数据文件总是无法下载，可以点击“重启服务”按钮，重新启动服务。

（二）站车无线交互系统应用（Android 版）

1. 软件安装

下载“客运站车.apk”安装包；卸载手机 SD 卡，装下到读卡器中，连接电脑在 SD 卡根目录下新建“客运站车”文件夹，将安装包拷贝到“客运站车”文件夹下；卸下读卡器上的 SD 卡，装载到手机上；操作手机系统，在手机 SD 卡里找到“安装包”并点击进行安装，安装完毕后手机屏幕上将出现“客运站车无线交互”图标，如图 5.2.46 所示。

2. 程序启动

启动程序前，请安装 SD 卡、专用的 GSM 或 GSM-R 卡，并确认本设备、SD 卡、GSM-R 卡信息已经注册。点击“客运站车无线交互系统”图标（如图 5.2.46），程序将启动。启动成功后进入系统主界面，如图 5.2.47 所示。

3. 系统设置

在系统主界面上（见图 5.2.47）点击“系统设置”，进入系统设置界面，如图 5.2.48 所示。

图 5.2.46 “客运站车无线交互”图标

图 5.2.47 系统主界面

图 5.2.48 系统设置

1）APN 设置

采用 GSM 网络时，“名称”设为“kyzc_gsm”，“APN”设为“TDBKYZC”。

采用 GSM-R 网络时，“名称”设为“kyzc_gsmr”，“APN”“APN”“用户名”“密码”设置完毕后，返回上一层。

2）服务器地址设置

选择要设置的中心服务器，修改需要调整的参数。

3）字体设置

根据用户使用习惯，选择大、中、小字体。

4）设备及软件信息

查看设备信息，其中 IP 地址在 APN 正确设置且数据连接正常后才分配。

4. 登 乘

初始状态下点击“登乘”按钮，屏幕上会显示登乘界面，如图 5.2.49 所示。默认为当班车长登乘，“当班车长”复选框为选中状态。

输入相关信息后，点击“是”按钮，确认登乘，如图 5.2.50 所示，系统将完成当班车长登乘，车长登乘成功。

图 5.2.49 登乘界面

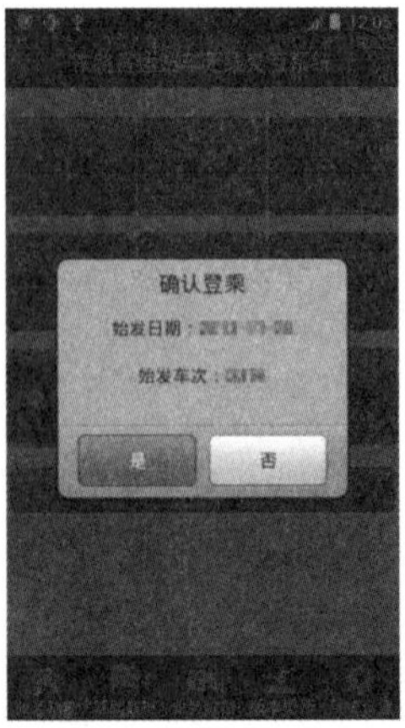

图 5.2.50 确认登乘

5. 数据下载

可查看基础数据、业务数据、版本更新数据的下载情况，系统主界面（见图 5.2.47）显示分为两个区域：上方为固定提示信息显示区域（区域内显示的信息为登乘后车次相关信息，包括始发日期、始发车次等，不可更改和操作），下方为表格展示的数据下载状态区域。

1）基础数据

点击下方系统功能区域的“基础数据”按钮，进入“基础数据”界面，在此界面可以查看基础数据的下载状况，如图 5.2.51 所示。

如果点击未完成的下载数据项，可以进行手动下载数据，弹出提示框，如图 5.2.52 所示。

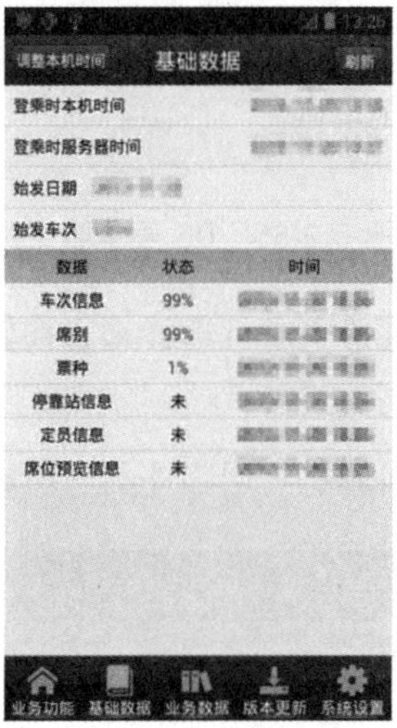

图 5.2.51 “基础数据”界面

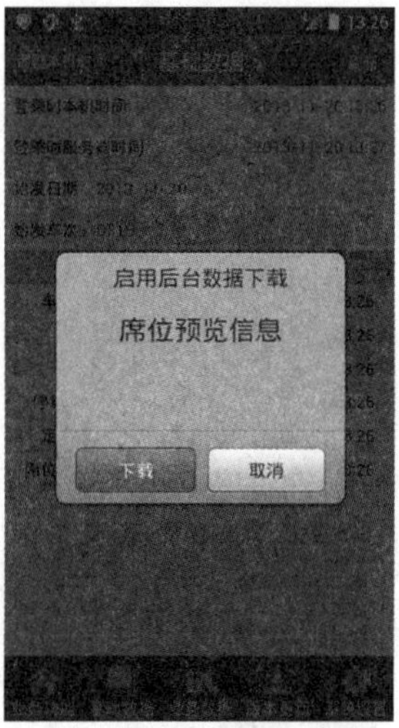

图 5.2.52 手动下载数据

2）业务数据

点击下方系统功能区域的“业务数据”按钮，进入“业务数据”界面，在此界面可以查看业务数据的下载状况。

3）版本更新

点击下方系统功能区域的“版本更新”按钮，进入“版本更新”界面，在此界面可以查看版本数据的下载状况。

6. 席位统计

进入席位统计功能后，屏幕上以表格为主要方式显示了电子化的乘车人数“通知单”“车内人数”“密度表”，如图 5.2.53 所示。

图 5.2.53 “通知单”界面

7. 席位管理

席位管理所需的席位数据，是终端系统根据登录车次信息按停靠站时间点进行自动下载的。

进入席位管理功能后，显示车厢定员浏览界面，如图 5.2.54 所示。

点击某一车厢数据可以进入该车厢浏览详细席位信息，如图 5.2.55 所示。

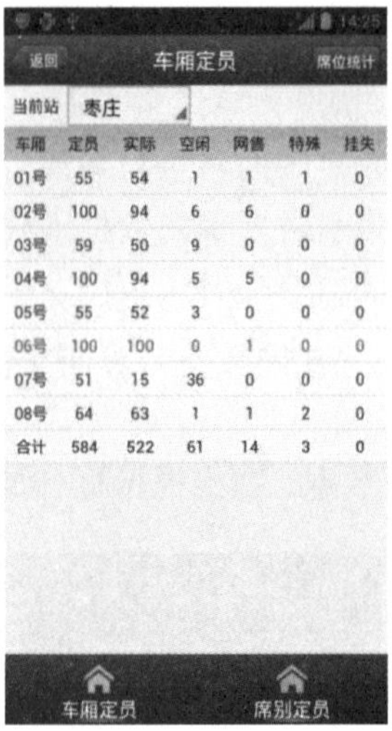

图 5.2.54 “车厢定员”界面

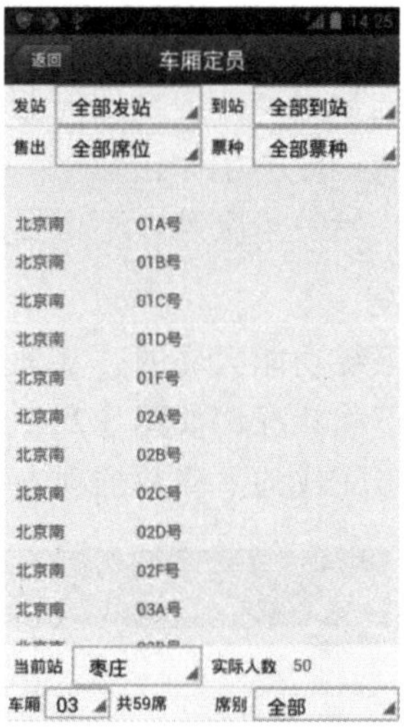

图 5.2.55 03 号车厢定员

当需要查看其他车厢席位时，可通过从车厢下拉菜单中进行选择来直接转到指定车厢，如图 5.2.56 所示。

点击席位信息列表区内席位可以浏览该席位的详细信息，如图 5.2.57 所示。

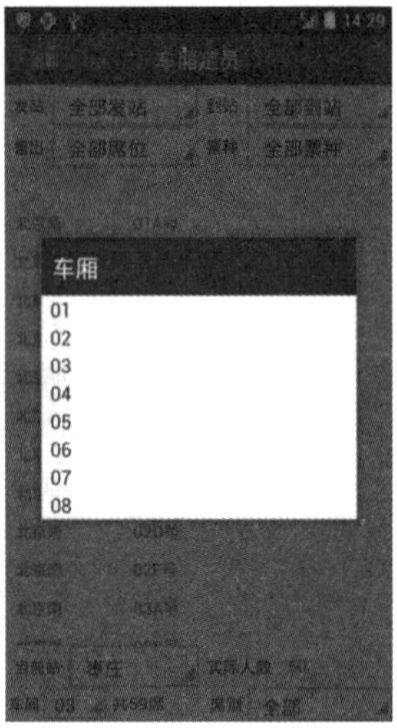

图 5.2.56 选择车厢

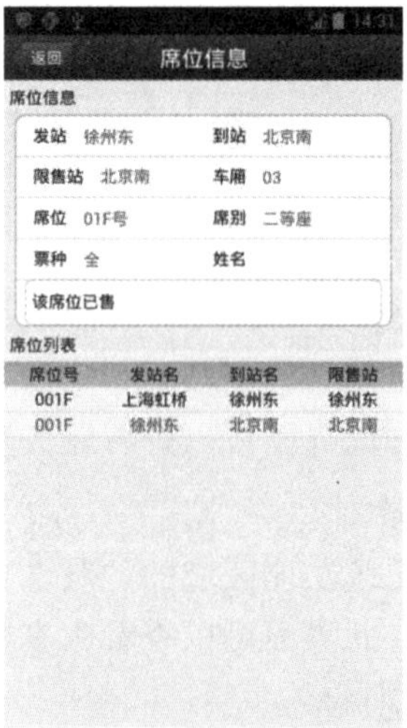

图 5.2.57 席位信息

8. 车次信息

进入车次信息功能后，显示车车次信息主界面，如图 5.2.58 所示。

如果列车出现晚点，终端系统仍然会根据准点时间进行下载轮询，会出现频繁的轮询错误。为了避免由晚点造成的大量提前轮询，可以通过晚点调整推迟轮询时间。晚点设置将作用于各个后续站，所以一旦晚点状态变化，要进行修正。点击车次信息主界面（图 5.2.58）右上角的“正晚点调整”按钮。

9. 查验车票

查验车票页面包括三个功能项，电子票信息图中下方三个选项为“电子票”“挂失票”“验票”，分别提供本趟列车电子票查询、挂失票查询、电子票验票、车票二维码扫描验票功能，如图 5.2.59 所示。

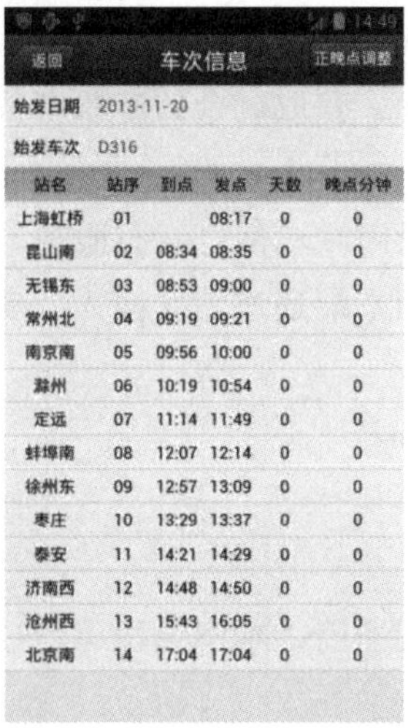

图 5.2.58 车次信息主界面图

图 5.2.59 电子票信息图

10. 退 乘

当一次列车作业完成后，通过退乘操作终端系统自动清理本次操作的相关数据，并与地面系统交互完成退出释放相关资源，为下次业务的开始做准备。退乘成功后将进入系统初始状态。

系统主界面上（见图 5.2.47）点击“退乘”，系统弹出退乘确认提示窗口，如图 5.2.60 所示。

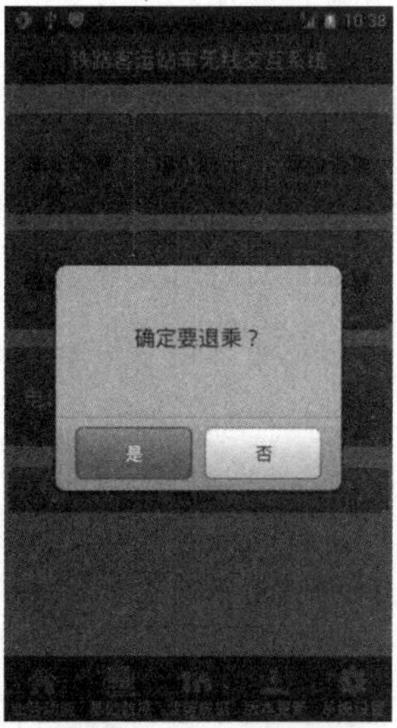

图 5.2.60 确认退乘

11. 退　出

退出程序，将保留登乘状态和已下载的数据。再次启动程序时，将恢复到退出前的状态。

三、列车联网补票功能

列车移动联网补票是使用数据线将移动补票机和站车交互手持终端连接，通过站车交互系统无线通道，实现与客票系统互联，访问客票系统票库，获取剩余的车票席位信息，通过移动补票终端打印有席车票。

联网补票系统采用集中接入集中处理的方式，主要采用站车信息发布服务，一方面与客票系统数据交互，获取票务相关的车次信息；一方面与用户端通过无线接入，实现在线补票业务。

（一）业务规则

1. 席位申请的规则

（1）发起申请的时间范围在始发站开车后，终到站到站前，本车全程运行过程中。

（2）任意时刻允许补全程的席位。

（3）需提供乘车人有效身份证件进行实名制补票。

（4）硬座、二等座不申请席位，仅补无座；其他席别可以申请席位。

（5）在补票终端可以提前录入补票需求，待网络通畅时手工单条提交。

（6）第二个申请席位的请求必须在第一个申请席位的请求结束（结束标志：制票/席位取消/席位冲正）后发起。

2. 席位取消的规则

（1）席位已经申请后，因放弃、作废等原因，需要取消该席位申请时执行此操作。

（2）仅允许取消最后一次的申请席位操作。

（3）暂不开放席位手动取消操作。

3. 席位系统冲正

移动补票系统发出席位申请后，在超时时间范围内没有收到结果，发起席位系统冲正。

4. 对　账

列车终到后，列车补票地面系统将补票存根上传至客票系统，铁路局对客票系统在线补票记录与移动补票系统有席补票记录进行核对，防范出现扣票不出票的风险。

（二）系统结构

列车移动补票终端通过蓝牙无线通信或串口有线通信向站车无线交互系统终端发起席位申请；站车无线交互系统终端收到业务请求后，通过站车 UDP 无线通道转发任务，等待站车平台处理结果并接受成功后，通过蓝牙无线或串口有线传输席位信息到列车移动补票终端；列车移动补票终端打印有席车票。

客运站、车补票流程如图 5.2.61 所示。

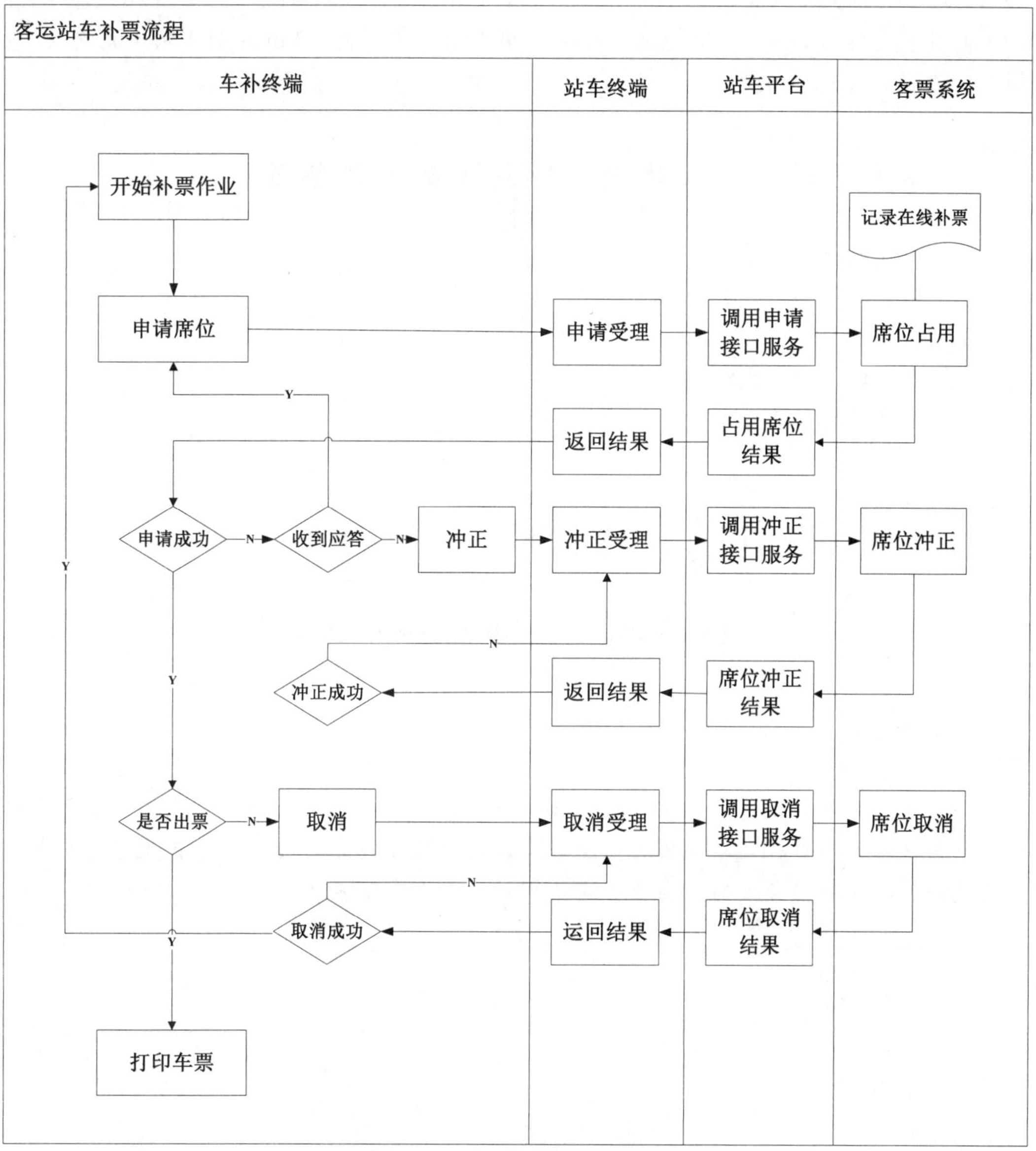

图 5.2.61　客运站车补票流程

任务练习

一、移动补票机补票练习

（1）启动移动补票机（×次列车）。

（2）×旅客，征得列车同意，上车后补票（×站至×站硬座）1 张。

（3）列车查票，发现×旅客，无票乘车，列车补票（×站至×站硬座）1 张。

（4）×旅客持本次列车硬座车票，征得列车同意，上车后补硬卧票（×站至×站）1张。

（5）列车查票，发现×旅客持学生票，无学生证票，列车补票（×站至×站硬座）1张。

（6）列车查票，发现×旅客持本人本次车票1张，携身高1.3 m儿童1名（无票），列车补票（×站至×站硬座）1张。

二、站车无线交互系统手持终端设备使用练习

（1）系统初始化、登乘。
（2）下载、查看乘车人数通知单。
（3）席位查询。
（4）车次查询、晚点调整。
（5）查询实名制车票挂失信息。
（6）查验车票。
（7）退乘。

任务三　列车乘务作业

任务描述

列车乘务作业是铁路列车客运作业的主要内容，包括车厢服务、列车广播、餐车经营等内容。作为铁路列车员、列车值班员，应当掌握列车乘务作业的内容、标准及作业方法，能够正确使用客车各种服务设备，在服务中达到作业标准，使旅客满意。

知识准备

一、车厢服务

车厢服务包括车容整理、备品管理、清洁卫生、旅客服务等内容。

（一）车容整理

列车车容应保持庄重整洁、美观大方，具有时代气息和地方特色。

1. 出库标准

车窗起落一致，窗帘挂摆统一，外层窗帘垂直收拢，内层窗帘拉拢；茶几上铺设规格统一，台布清洁平整，台上正中摆放一只果壳盘；头靠套、座位套服帖、洁净、平展；四框（列车时刻表、旅客须知、安全宣传、广告或风景画）位置统一，内容规范；列车长办公席电子显示屏、软座和餐车挂放的时钟准确，各种装饰美观完整、定位一致。

列车硬席车厢有质地良好的座套、小台布和遮光帘、纱帘。车内装饰应典雅、色泽协调。车内广告应符合《广告法》有关规定，设置规范安全、美观大方，与车内环境相协调，不影响列车应有的服务功能，不挤占规定的铁路图形标志、业务提示、安全宣传等内容和位置。不在车体、运行区间牌、门窗玻璃及厕所内设置广告。车厢内广告的位置和数量规定为：两端墙壁，每端1处；两侧墙壁，每侧2处。卧铺车仅限于走廊一侧设置2处。严禁采用粘贴方式设置广告。

2. 途中标准

1）四条线标准

行李架、衣帽钩、窗帘、毛巾绳等四项设施物品，应做到线齐物平，统一大方。行李架上的物品做到长顺短横、外挡为准，整齐划一；衣帽钩上，不挂衣帽以外的其他物品；窗帘起放统一；毛巾绳上的毛巾整理成四折卷放高低一致。新型空调列车一般没有毛巾绳，但其他三条线作业标准不变。

2）物品安放标准

物品安放应当平稳、整齐、牢固。轻的物品放行李架上，重的物品放座位底下；行李架上不放扁担、长杆等易滑物品，也不放易碎、流质物品。硬卧车厢到夜间，旅客鞋子应摆放整齐，下铺旅客的鞋子放在铺下居中，鞋尖与铺边平齐，中、上铺旅客的鞋子放在铺旁扶梯下面，鞋尖朝里、鞋后跟与铺边平齐，保持车厢走廊一路通畅。

3）乘务员室标准

乘务员室应保持清洁、整齐，物品摆放统一。桌面铺放白色桌布，桌面一角放资料盒（内有本次列车作业程序、旅客去向登记表、备品交接簿、列车时刻表、针线包等），卧铺车票夹要放入抽屉内并加锁，服务设施定位放置。

4）宿营车标准

宿营车应做到安全、整洁、肃静。专人值班，免进闲人；进出慢步低声，保持肃静；个人物品统一放在行李架上；窗帘、门布起落一致，卧具随时整理，保持营房气氛。

（二）备品管理

备品管理应遵循庄重美观、挂摆统一整齐、作用良好的原则。

1. 固定备品

标准：齐全、光亮，作用良好。

四框、示意牌（列车运行区间牌、内外车号牌、活动车号牌）配置齐全，规范统一。窗帘、台布、座套、头靠套及卧具色泽雅致，型号统一，数量齐全，平整完好，定期换洗。手烘干机、液体皂盒、厕所清洗垫圈架、卫生球盒齐全，作用良好。

2. 活动备品

标准：齐全、洁净，作用良好。

果盘、热水瓶洁净、光亮，固定位置摆放，热水瓶把手朝外；软卧车厢衣架型号一致，按钩挂放，钩口朝里，拖鞋数量齐全，定期清洗、消毒，放在铺下居中，鞋尖统一朝里。

茶具清洁、定位，符合要求；茶壶有套、戴帽、整洁光亮、定期擦洗。保温桶、送水车、送货车清洁、光亮，直平摆放，及时加锁。

清洁工具（水桶、刷子、拖把、抹布、铁钩、簸箕等）齐全、隐蔽、好用。垃圾箱架每车一只，放洗漱间旁，垃圾袋内套，标志朝外。

卧铺车的走廊和包房内地毯应平整、干净。车窗有双层窗帘，卧具有棉被（或毛毯）、垫褥、褥单、被套、枕芯、枕头套，软卧车还有衣架、拖鞋、衣刷、带盖茶杯、卫生桶。卧具应整洁，直接接触人体的被套、褥单、枕头套应洁白无污渍、消毒烫平使用，做到一人一换，卧具的使用周期不应超过半年。褥单三边全包、表面平整，换下来的要分类装袋、入柜存放；被套对边四折，两头内藏，头里被外，光面齐平；枕头正面向上，枕巾铺平，标志朝外，放在棉被或毛毯上。

（三）清洁卫生

搞好列车上的清洁卫生，为旅客创造一个良好的旅行环境，保证旅客的身体健康，是列车服务工作的一项重要内容。列车的清洁卫生，应遵循“窗明几净、四壁无尘、器洁镜明、物见本色、严格消毒、消灭死角”的原则。

1. 卫生作业方法

两头大搞，途中勤保，先上后下，先内后外，先冲后擦，先扫后拖。上下以窗台为界，上部是茶几、窗框、板壁、行李架、顶棚，下部是座席、座席缝和卧铺缝、下部板壁、暖气管面与缝隙以及地面边角。内外以车厢两端板壁为界，客室为内，三间两头（乘务间、洗脸间、卫生间、两头通过台）为外。

扫地之前，先把烟灰盒、座位和卧铺缝以及暖气管下面的垃圾掏出来，然后再进行冲洗和擦抹。洗脸池里外都要用去污粉除污垢、用抹布擦干净。用草酸烧去便池内的尿碱，用水冲洗干净；洗脸间、厕所地面彻底洗刷，最后用拧干的拖把拖干地面的水。

2. 出库卫生标准

一切卫生做完后，列车长要按照铁道部规定的出库卫生质量标准进行鉴定，检查验收。出库卫生要求达到“十无、四净、四光亮”。

“十无”即四壁无灰尘和污斑，窗沿、茶几无灰尘和茶渍，座席、卧铺边缝无灰尘和垃圾，暖气盖板无灰尘和杂物，地板地毯无垃圾和污垢，凳角、边角无积垢，三间两头无积垢和杂物，厕所无异味和涂写痕迹，连接处无灰尘和污垢，排水系统无堵塞。“四净”即通风器、行李架、平梯、扶手洁净。“四光亮”即标志醒目、光亮，瓷盆、镜子洁白光亮，铝合金边条鲜明光亮，不锈钢器皿擦净光亮。

3. 途中标准

列车运行途中，为了保持车内干净整洁，卫生工作要见缝插针，做到“一化、二锁、三不倒、四干燥、五个要”。

“一化”即垃圾装袋化、扎口，交规定处理站。“二锁”即停站锁闭厕所、到达列车终点站或通过市区、隧道、大桥时锁闭厕所（真空集便式厕所除外）。“三不倒”即车窗、车门、连接处不倒垃圾、污水。“四干燥”即厕所、洗脸间、连接处、通过台保持干燥。“五个要”

即地面要随脏随扫、车容要随乱随整、茶几果盘要勤倒勤清，三间两头要勤冲勤保，车内空气要随时保持清新适宜。

4. 终到标准

列车即将进入终点站，卫生应做到“一消毒、二清洁、三不带”。

“一消毒”即严格消毒餐具、茶具，操作时按照“一冲二洗三擦四消毒”的程序进行，保持干净无菌。“二清洁”即车厢客室、三间两头清洁。“三不带”即不带垃圾、污水、粪便。

（四）旅客服务

旅客列车服务应坚持“人民铁路为人民”的宗旨，做到全面服务、重点照顾，要通过列车乘务人员热情、有礼貌的服务，为旅客创造亲切、舒适的乘车环境。

所谓全面服务，就是要做到“三要、四心、五主动”，对旅客不同需求提供相应服务。“三要”即对待旅客要文明礼貌，纠正违章态度要和蔼，处理问题要实事求是；“四心”即接待旅客热心，解答问题耐心，接受意见虚心，工作认真细心；“五主动”即主动迎送旅客，主动扶老携幼，主动解决旅客困难，主动介绍旅行常识，主动征求旅客意见。重点照顾就是对重点旅客（老、幼、病、残、孕）服务做到“三知、三有”。“三知”即知座席、知到站、知困难，“三有”即有登记、有服务、有交接。

1. 车门立岗

在车门立岗迎接旅客时，应热情、诚恳、礼貌、周到，目光关注旅客，用亲切的语言表示欢迎：“您好，欢迎乘车！请出示车票”。同时，按顺序快速查验车票，防止旅客误乘或无票旅客上车。

车门口旅客较多时，应组织排队，维持秩序，及时提醒旅客注意安全。遇到老人、小孩、行动不便的旅客要主动搀扶、给予帮助。

2. 引导入座

对乘车经验少、老人及行李较多的旅客应主动引导，注意对号入座。如果该座位有其他旅客，应礼貌地请其让座；旅客主动让座的，应及时表示感谢；对拒绝让座的旅客应积极寻找其他座位，缓解矛盾，使车内秩序尽快平静下来。

3. 致迎宾词

列车从始发站开车后，乘务员要致欢迎词。致辞时，应两眼注视旅客，沉着自信，面带微笑，语言清晰，音调适中，用词恰当，以营造一个轻松、温暖的乘车环境。

欢迎词一般是：“各位旅客，大家好！欢迎大家乘坐本次列车，本次列车是由××开往××的列车。我是本车厢的乘务员，胸章号码是××号。在旅途中我将服务在大家周围，旅客们有什么困难和需要，请向我提出来，我会尽力帮助大家解决。

“本车厢为无吸烟车厢，需要吸烟的旅客请到车厢两头的连接处去吸。旅客们对我们的服务工作有什么意见和要求，请您写在意见本上，以便我们改进，更好地为旅客服务。

“最后祝大家旅途愉快，一路平安。”

4. 供应开水

为旅客送开水是一个重要的服务项目，任何列车在始发和运行途中都要做到这一点。有电茶炉的客车，要向旅客介绍电茶炉的位置。对重点旅客，坚持送水到位。卧铺车厢的热水瓶要注意续水。

送开水要注意不要烫伤了旅客和自己。提水壶行走要保持平稳，随时提醒旅客注意避让。接旅客的茶杯时，手握茶杯的中下部。如果是带把的杯子，手把朝向旅客。倒水时，注意不倒过满。万一不小心水溅到旅客身上或物品上，应马上帮旅客擦干净。

5. 对重点旅客的服务

（1）对各类残疾旅客和老人，应主动帮拿行李，安排座位或卧铺，介绍列车设施及作用，联系就餐，端茶送水，协助上厕所，尽可能为他们提供方便。

（2）儿童活泼好动，应随时观察小孩的举动，发现有危险行为，要及时制止，并提醒家长看好自己的孩子。

（3）对身体表现出不适的旅客，应主动询问是否需要找医生，在生活上多加照顾，必要时联系餐车做“病号饭”。

（4）孕妇容易疲劳，行动也不方便。可以安排一个方便走动的座位或铺位，动员周围的旅客说话、动作轻，尽量提供一个安全宁静的休息环境。

二、列车广播

列车广播是宣传工作的一部分，是社会主义精神文明建设的一个重要阵地，也是铁路客运工作的一个重要内容，是展现铁路风貌的重要窗口。搞好列车广播工作，对于保证旅客旅行安全，丰富旅客旅行生活、组织指挥客运生产和服务、倡导社会主义精神文明，有重要作用。

（一）列车广播的主要任务

列车广播的主要任务是为旅客服务，为铁路客运服务，为党的中心工作服务，为社会主义精神文明服务。

（1）宣传党的方针、路线、政策，按时转播中央人民广播电台新闻联播节目。宣传人民铁路为人民的宗旨和铁路建设成就，建立良好的路风路誉。

（2）根据铁路特点和旅客需要，介绍车内设备设施、旅行常识，宣传安全、服务、卫生以及防火、防爆、防盗知识，组织旅客乘降等有关事项。

（3）介绍沿途风光、城市概况、名胜古迹、革命纪念地，中转站列车车次及时刻。

（4）播放文艺、体育节目，介绍科普、健康知识和商品信息。

（二）列车广播作业要求

（1）列车广播工作应坚持全心全意为人民服务的原则，坚持同党中央宣传口径保持一致的原则，坚持思想性、艺术性、计划性、针对性的原则。广播宣传口径要以中央报刊文章和中央人民广播电台的稿件为准。广播资料用语由铁路局编写、统一使用。自编用语报客运段审批。临时用语由列车长审批。

（2）广播员在每次出乘前都要制定“广播趟计划”。计划的内容包括列车运行全过程中的播音项目、播出时间及节目内容，即对乘务中各阶段各区间的播音内容作详细安排。制定的依据是当前上级对广播工作的要求、本车次线路作业过程、广播作业过程、上一趟乘务中旅客和添乘干部对广播工作的意见与建议。列车长必须检查广播计划，指出播音要点，批准广播员按计划执行。

（3）列车运行中除计划播音外，还可以根据实际情况，灵活机动地穿插相关内容。如客流大时要做好列车超员、互相让座的宣传；临时停车做好维护秩序宣传；列车晚点30分钟及以上应代表列车长向旅客道歉；节假日期间做好防火防爆安全宣传，广播找人、寻医；遇有其他突发情况做好稳定旅客情绪的宣传等。

（4）广播员应经常向旅客宣传铁路旅行常识，使广大旅客懂得铁路运输知识，自觉遵守铁路规章制度。为了防止旅客坐过站或下错车，应及时通告停车站站名和到开时刻，列车到站应报三次站名，即开车后预告下一站、进站前预报第二次、列车到站停稳后报第三次。

（5）为了方便旅客就餐和使用卧铺，广播应准确介绍餐车供应和剩余卧铺发售情况。餐车供应通告，包括餐车供应时间、品种、售价、方式、餐车位置。剩余卧铺通告，应介绍发售的车厢、位置，做到公开发售。

（6）清晨第一次播音应介绍洗漱设备的使用方法，宣传节约用水，提醒旅客不要遗忘贵重物品等。夜间停止播音前要重点介绍安全注意事项、夜间停站预告及注意防盗等事项。

（7）列车广播的听众是广大旅客，旅客的年龄、职业、籍贯、文化程度、旅行目的不同，兴趣、爱好也千差万别。广播员应经常研究旅客心理、开动脑筋，将节目安排得丰富、生动、紧凑，既要进行时事宣传和业务通告，也要播放文艺节目。节目形式灵活多样、生动活泼，节目内容兼顾到大多数旅客的兴趣和需要。

（三）广播室管理

（1）列车广播机的功能和性能指标必须符合安装、使用和管理要求，具备可靠的过压、过流、过载、短路、温升等保护功能，在环境温度为 $-5\ ^\circ C \sim 40\ ^\circ C$、电源电压 $44 \sim 60$ V 的条件下应连续正常工作。

（2）广播室要张贴“广播员岗位责任制”，配备日历、字典、闹钟、旅客意见簿、《广播资料汇编》《列车广播作业过程》、列车时刻表，建立“资料剪辑册”和“广播日志”。所有备品设施、台账资料齐全定位。

（3）加强广播室安全管理。安装广播机的乘务室应采用专用门锁。列车运行途中，禁止无关人员进入广播室和擅动设备，检修人员进入广播室检修设备时，不得损坏广播设备。广播员在广播室内不准吸烟，不准堆放与工作无关的杂物，保持室内整洁，保证广播机械安全和播音质量。

（4）广播员要爱护广播设备，开机后不能离开播音室。广播机在工作期间，广播员应定时巡视检查设备的工作状态，发现异常立即处理。广播员要离开广播室时，必须关闭广播机、关掉总电源、关灯、关好车窗，最后锁好广播室门。

（5）列车始发前和终到后，广播员应与设备维修人员共同对设备进行检查实验。列车广播机在途中发生故障时，由列车长负责通知终到站设备维修单位处理。折返站广播工区接到广播故障通知后，应负责处理，保证列车折返时正常播音。

（6）广播员应按规定时间播音。为了不干扰旅客正常休息，列车播音时间一般规定为6:30 至 21:00（品牌列车为 7:00 至 22:00），夏季 12:00 到 14:00 为午休时间。每次连续播音时间不超过 1 小时，间歇时间不少于半小时。22:00 以后始发的列车可在开车后广播 30 分钟，凌晨终到的列车可在到站前提前 30 分钟广播。

三、餐车经营

旅客列车餐车供应的基本任务是保证广大旅客在旅途中的饮食需要。由于餐车活动范围小，餐厅只有 48 个座位，厨房（加工间）面积小、设备条件有限，餐车工作人员也少，要供应全列车上千名旅客的用餐，任务非常艰巨。旅客的年龄、生活习惯、身体条件不一样，饮食需求相差很大，因此搞好列车饮食供应、满足各种不同层次旅客的需要，应该树立服务理念，不断拓宽服务领域，增加经营品种，提高经济效益。

（一）餐车经营的原则和任务

列车餐车经营不同于其他饮食服务行业，应遵循以下原则：

（1）认真贯彻执行国家政策和法令，做到面向旅客、经济实惠、保质保量、适应需要。

（2）由于品种受限制，不可能专业化，应在保证供应的基础上求质量，以照顾大多数旅客的饮食需求为主，适当兼顾各方面的需要。

（3）本着保本微利的原则，为旅客服务，为国家建设积累资金。

其具体任务是：

（1）全心全意地为广大旅客服务。

（2）保证旅客旅行途中的饮食供应和旅行用品的需要。

（3）不断提高供应水平和服务质量，改善卫生状态。

（4）质量良好地完成供应计划指标。

（二）专业管理

客运段（列车段）设旅行服务车间，为独立的会计单位，实行专业化管理。在段长的领导下，负责经营旅客饮食供应工作。餐车是旅行服务车间的一个基层单位。

（1）餐车是旅客列车乘务组的一个组成部分，是一个营业单位，在乘务中接受列车长的统一领导，但在业务经营上由餐车长负责，全面领导餐车业务，按照供应政策、原则及铁道部、铁路局有关供应业务经营管理办法执行。

（2）餐车领班厨师在餐车长的领导下，负责后厨的全部财产责任，出乘前做好请领餐料单（见表 5.3.1）。认真执行各项制度，具体掌握调剂供应品种、投料标准、销售价格，以及组织餐车厨房人员提高烹饪技术。

表 5.3.1 餐 料 单

××客运段				
餐料上料单				
				年 月 日
餐料名称	单位	数量	单价	金额
餐料金额合计				
麻袋				
蛋篓				
燃料				
领料人员	厨师	仓库员		

（3）餐车长是餐车经营的领导者，应当具备良好的素质，思想端正、作风正派，懂得旅客饮食供应、食品卫生和经营管理的知识。其工作职责是：

① 遵章守纪，听从列车长的指挥，负责餐车经营管理、食品加工、服务和商品供应工作，做好旅客饮食供应工作。

② 全心全意为旅客服务，做到主动、热情、诚恳、周到，尽量满足不同旅客在饮食方面的需求。首长和外宾就餐要亲自接待，指派专人制作，遇有问题及时向列车长汇报。

③ 负责餐车的现金、物资、票券和备品管理，编制班组经济核算制，严格执行财务制度，做到餐清趟结、账目清楚。

④ 在进料、加工、保管、出售等环节中，组织餐车人员认真执行食品卫生“五四制”，做好防毒、防火、防盗工作，以保证旅客运输安全。

⑤ 做好餐车班组的基础管理，组织餐车人员学习技术业务，提高自身素质和管理水平。

（4）餐车服务员、炊事员除完成餐车长、领班厨师分配的工作任务外，根据岗位责任制的分工，质量良好地完成各自任务。

（三）业务经营

1. 经营范围

餐车供应以快餐为主，适当供应部分单炒菜，兼营商品。还可以根据季节和客流特点，开展夜宵、冷饮等延伸服务。列车售货组主要供应食品，兼售烟、饮料、水果等商品。

一日三餐，每餐的供应根据旅客的需求来安排。早餐可安排面条、粥、馒头、包子、牛奶、咖啡、面包、蛋糕等，中、晚餐可安排面食、快餐、单炒菜、卤菜、汤以及低度白酒、红酒、啤酒、饮料。快餐主食以米饭、面食（包括包子、饺子、花卷、烧麦等）并重，根据地区货源和旅客需要搭配副食（包括蔬菜、鸡蛋、鸡块、鱼肉、排骨、火腿等）。可以搭配供应，也可以单一快餐食品装袋或装盒供应。一般来说，进京、进沪和出入特区的列车以中档为主，根据旅客需要也可供应高档品种，其他列车以中、低档相结合供应。

随着人民生活水平的提高，旅行饮食也向着口味、风味和中高档次发展。特别是外出旅游的旅客，把品尝美食、研究饮食文化作为旅游生活的一个重要内容，列车的饮食结构就得适应这些变化，除了了解全国各地的饮食习惯外，对少数民族、外籍旅客的饮食文化也应熟悉和掌握，尽量制作出有特色的风味菜、各地名菜，如咕佬肉、鱼香肉丝、宫保鸡丁、糖醋黄河鲤鱼、麻婆豆腐等，满足旅客需要，丰富旅行生活。

为了满足旅客多方面的需要，报请铁路局审批后，餐车可以开办经营性休闲茶座，但是必须符合国家和铁道部的规定。具体条件如下：

（1）隶属旅行服务部门管理，由所在班组餐车负责经营。

（2）必须是新型空调特快、快速旅客列车。

（3）消费者自愿。

（4）购买休闲茶座票的旅客必须持有有效车票。

（5）经营项目、内容、收费价格、使用票据等符合国家法律法规规定。

（6）开办的经营项目、服务内容、收费价格公开，明码标价，保证专人为休闲茶座服务，兑现服务承诺，杜绝变相卖座和只收费不服务。

（7）休闲茶座营业时间不占用早、午、晚旅客正常就餐时间。

（8）办理休闲茶座时，需留出不少于 2 个餐桌席位。

（9）接受旅客监督，公布受理旅客投诉的部门、通信地址、邮政编码、电话号码（市电）。

2. 营业时间

餐车供应实行一日三餐定时供应或不间断供应，营业时间范围一般是：早餐，6:00 ~ 8:00；中餐，10:30 ~ 13:30；晚餐，16:30 ~ 19:30；夜宵，19:30 ~ 21:00。

由于各次列车始发、终到的时间不同，旅客对就餐的需求各异，各次列车可从方便旅客的角度出发，考虑餐车加工条件，具体规定供应餐次、营业时间和区段。

3. 餐饮价格

餐车经营要遵守公开、公平、公正和诚实信用的市场原则，合理定价，自觉维护价格秩序，向旅客提供质价相符的服务。

餐车经营的饮食品价格，必须遵守国家关于禁止谋取暴利的规定，符合规定的饮食品价格毛利率及差价率。列车上的餐饮价格规定如下：

（1）自制的主食品、冷热菜、酒水、饮料等饮食品的综合毛利率最高不得超过 55%。其中，制作简单、不提供就餐场所的盒饭等饮食品毛利率最高不得超过 45%。包装盒价格按进价单独计算，不计入原材料成本。

（2）外购饮食品、饮料、酒水等饮食品差价率不得超过 50%。

餐车经营还必须遵守国家关于明码标价和价格结算的各项规定，使用价目表、价目簿进行标价，做到价目齐全，标价详细准确、字迹清晰、摆放位置醒目。使用标价签时，要做到一货一签。除盒饭外，结账时向旅客提供票据或结算清单。

4. 供应方法

餐车供应采用餐厅供应与送盒饭到车厢供应相结合，实行一日三餐，准时营业或不间断供应的方法。

（1）长途列车，就餐旅客较多，时间也较为集中，应实行先送盒饭到车厢、餐厅后开餐厅的方法，保证多数旅客按时吃到饭，少数旅客可以到餐厅就餐，保证就餐秩序良好。

（2）短途列车，旅客上下频繁，就餐时间难以集中，可以采用先开餐厅后送盒饭的方法，满足不同层次旅客的要求。

（3）餐车供应，原则上应做到售票到座，送饭到桌，先票后饭，凭票取食。也可以根据不同对象，采用不同的供应方法：

① 旅客在车厢或餐厅先行购买餐票，服务员见票送饭；

② 送盒饭到车厢，现收款现卖饭，以提高供应速度，适应客流多的需要；

③ 外宾、首长等旅客在餐厅就餐，可以先就餐后结算。

（四）餐车经营的卫生要求

1. 从业人员卫生

（1）食品生产经营人员每年必须进行健康检查，取得健康证可上岗。凡患有细菌性痢疾、伤寒、病毒性肝炎、活动性肺结核、渗出性化脓性皮肤病以及其他有碍从事直接为顾客服务的疾病，一律不得从事服务工作。

（2）餐车工作人员必须穿着规定服装，佩戴职务标志。作业前必须洗手，作业中不得抽烟，做到个人卫生“四勤”：勤洗手剪指甲、勤洗澡理发、勤洗衣服被褥、勤换工作服。不得面对食品打喷嚏和咳嗽、用勺子尝咸淡、手抓熟食及作出其他有碍食品卫生的行为。

2. 食品卫生

食品卫生的基本要求是：食品应当无毒、无害，符合应当有的营养要求，具有相应的色、香、味等感官性状。

（1）原料到成品实行“四不制度”：采购员不买腐烂变质的原料，保管验收员不收腐烂变质的原料，加工人员不用腐烂变质的原料，服务员不卖腐烂变质的食品。

（2）食品存放做到“四隔离”：生与熟隔离，成品与半成品隔离，食品与杂物药物隔离，食品与天然冰隔离。

（3）销售无包装直接食用食品要有防蝇、防尘措施，不徒手接触食品。

3. 餐车卫生

餐车是食品加工场所，也是接待旅客就餐的地方，必须保持整洁，窗明地净，无卫生死角。厨房操作台、水池无油污，地面无积水，排气扇无油垢。

（1）餐车出库标准。

餐车车厢：保持车皮外墙干净，车内设备完好、无油垢，车厢连接处干净，通风窗、排烟罩无油垢，顶棚、四壁、暖气管无灰尘，边角压条干净无死角，通过门、储藏室整洁干净，清扫用具存放定位隐蔽。定期进行消、杀、灭工作，无蟑、鼠害。

厨房卫生：各种炊具、容器洁净无油垢，放置整齐，送饭车保持清洁，加盖饭车罩、定位存放；刀、板、盒生熟分用，有标志；炉台、作业台、地面保持干净，无积灰、污渍；蒸饭器、冰箱无油垢、无异味。

（2）途中卫生每餐一小扫、一日一大扫。小扫时，餐厅要一扫二拖三擦抹，保持储藏室、地面、陈列柜、台面、花瓶、台酒架、四味架、酱醋碟、烟灰缸、椅套整洁干净；厨房要一刷二冲三扫四擦抹，保持食品柜、冰箱、制作台、碗柜、餐具、炊具、用具、洗池、地面、炉灶干净。大扫即内外台全面清扫。到达终到站，要从上到下、从里到外，按照“出库标准”彻底清扫。

（3）餐具必须洗净消毒。未经洗净消毒的餐具不得供旅客使用。餐、茶具消毒方法是：

① 物理消毒。一般用蒸、煮、烫等方法。将洗净的餐茶具放入专用的消毒柜消毒，或用蒸笼用汽蒸，开锅后继续蒸 10 ~ 20 分钟。将碗、筷、茶杯放入开水锅内煮 5 ~ 10 分钟。

② 药物消毒，目前常用含氯制剂——二氯异氰尿酸钠——配制成 0.3% ~ 0.5% 溶液，浸泡 1 ~ 3 分钟即可杀灭病原微生物。但使用餐茶具前要用清水冲洗，去掉残留氯。

（五）乘务用餐

列车乘务餐，只供应本列车乘务人员、机车便乘人员（交验司机报单和便乘证或调度命令进行登记），邮政乘务员、机要交通人员用乘务餐要核收加成。

本列车乘务人员包括机车乘务员、运转车长以及客运、公安、车辆乘务员。他们长年工作、生活在旅客列车上，以车为家，餐车工作人员应安排好他们的饮食，照顾好他们的生活，让他们全身心地为旅客服务。做到粗菜细做、细菜精做，在烹调上多下功夫，口味上以多数人为主，讲求花色变化，每餐的菜肴尽量避免重复。要照顾有特殊需求的乘务员用餐，对身体不好或临时生病的乘务员安排营养可口、易于吸收消化的食物。

乘务员就餐的时间应与旅客用餐分开，一般安排在 10:00，16:00，23:00 左右，凌晨 3:00 安排一次夜宵。乘务员要求集体用餐，按列车长分配的餐桌就座。餐具要严格消毒，餐厅干净整洁，餐厅服务员要热情接待、微笑服务。对工作独立性较强，一时因工作繁忙而未能赶上集体就餐的人员，如列车长、广播员、行李员、乘警等，餐车长要交代厨房领班留好饭菜。特别是春运期间，列车超员严重，离餐车较远的列车员因人多拥挤无法及时赶到餐车就餐，列车长或餐车长应派人送饭到位，让全体乘务人员体会到集体的温暖，提高工作的积极性。

四、空调车列车员作业流程及质量标准

（一）出乘会

（1）按规定时间到段参加班组出乘会。

（2）听取列车长布置本趟乘务重点工作，主动上交烟火给列车长统一保管。

（3）携带规定证件及相关业务资料、票据、报表。

（二）出乘点名

（1）集体到派班室点名，穿着规定服装，佩戴职务标志，箱包统一。

（2）听取派班员传达上级有关文电、命令、指示。

（三）接　车

（1）排成两列纵队，拎包方向统一，按照规定行走路线进站（入库）接车。

（2）与看车人员交接卧具、备品情况，发现缺少、损坏要向列车长报告。

（3）检查验收车内保洁质量，督促保洁人员整改存在的问题。

（4）检查车内上水情况，发现车内缺水要向列车长报告。

（5）按规定项点检查服务设施设备，发现问题填写在“乘务工作日志”上，并报告列车长。

（6）定位摆放服务备品、资料，检查外悬挂物加固、粘贴情况，各门、窗锁加锁，对塞拉门进行试开关，做好出库准备工作。

（7）开启车内空调、电茶炉等开关，进行车内预冷、预热，卧车列车员为暖瓶注水。

（四）始发作业

（1）广播预告出场后，整理服装、制帽、职务标志、仪容仪表。

（2）广播通知出场立岗，开门、卡牢翻板、擦扶手、高站台安放安全渡板、警示带，面向旅客放行方向立岗（高站台时不背对车厢连接处立岗）。

（3）看票上车，扶老携幼，结合服务做好安全宣传工作。双班作业时，车上列车员引导旅客到座席、铺位，安置物品，做好不吸烟车厢宣传工作。

（4）开车铃响或哨响，脚踏安全线、面向出场门立岗，铃停或哨止，两步登车，放翻板；高站台收取警示带和安全渡板，面向站台立岗。

（5）始发五步作业步骤如下：

① 第一步。

车门管理。列车启动关、锁车门，面向站台行注目礼，身体位于车门中部，后脚跟与翻板后沿平齐，出站台检查瞭望四门开厕所，互检相邻车厢四门。自互检车门时按“N”字形顺序检查，自检车门时开上锁拽把手检查确认下锁锁闭，再锁上锁，确认双锁锁闭；互检车门时只拽把手检查，不开锁（塞拉门除外，自互检时只检查防开链及指示灯状态）。

② 第二步。

擦抹通道、通过台。地面洁净无泥垢、无烟头、无泡泡糖。

③ 第三步。

车内整容。行李架物品摆放安全整齐，铁器、锐器、易碎品、大件物品严禁上行李架，衣帽钩仅限挂衣帽、服饰。

④ 第四步。

去向登记（“4、6”字头列车除外）。

始发后及 22:00 开启半灯前登记旅客去向，重点旅客做到“三知三有”。卧车收票换卡（直达列车看票登记铺位）。

⑤ 第五步。

安全检查。对车窗及重点安全部位和“三品”进行检查。

（五）途中作业

（1）途中五步作业步骤如下。

① 第一步：检查。

车门、配电室门、车窗锁闭，压角压住翻板，电气设备运用良好，车内温度适宜，上水站前后确认水量状态。

② 第二步：收倒。

对茶桌和烟灰盒进行清理，及时回收硬质包装物品，做到垃圾不落地，桌面无杂物。

③ 第三步：擦抹。

对洗面间、通过台、照面镜、垃圾箱、电茶炉、地面等部位进行擦抹做到地面无积水，厕所冲刷及时、无积便、无积水、无异味，照面镜光亮、无水渍。

④ 第四步：整容。

对车内行李架、衣帽钩、窗帘、座席套、头靠套进行整理，达到整齐、美观、牢固，窗帘、座席套、头套不脱落；通过台、过道、洗面间、车门口无大件物品堵塞、占用。

⑤ 第五步：组织。

硬座车列车员要通告站名、站停时间，引导重点旅客到车门等候下车；卧铺车到站前提前 30 min 换票，做好下车准备。

（2）乘降所、重点区段配合乘警进行开包检查“三品”。

（3）会让和待避动车前，加强车内巡视，做好安全宣传，检查车窗锁闭状态。待避动车时，坚守车门，监控车内，严禁旅客下车。

（4）垃圾装袋在指定站扎口投放，有风雨棚的站台放在就近的风雨棚立柱旁，无风雨棚的放在安全线以外或指定位置，投放垃圾必须在旅客乘降完毕后进行；严禁向车外抛扔杂物，回收的硬质物品装袋隐蔽存放。

（5）运行中配合列车长按规定查验车票。

（6）列车运行在市区、长大隧道、大桥和站停 3 min 以上的停车站应锁闭厕所；中途停车站提前 5 min，省会所在地城市、直辖市和列车终到站提前 10 min 锁闭厕所，出站后及时开启厕所，对特殊情况急需使用厕所的旅客，应提供方便；采用集便装置的列车应及时清理厕所废弃物，吸污、未供电时及单双管客车混编时，在全列制动机试验前应锁闭厕所，其他时间可不锁闭厕所。当运行途中因列车管压力下降被迫停车时，按照车辆乘务员要求，将集便式厕所适当锁闭。

（7）列车运行途中为重点旅客提供必要的服务。

（8）列车上下车超过 30 人以上时必须双开车门（高站台除外）。双开车门时，站在两车门中间站台安全线处立岗，面向车门组织旅客乘降，做好扶老携幼工作。

（9）卧车换票时，铁路乘车证按规定加盖卧铺使用章，便乘铺凭单程有效的便乘证和司机报单在便乘区段使用，收回便乘证，加盖“已乘”章，下车前交还本人。票夹入屉（柜）加锁保管。

（10）进站提前到岗试开车门（塞拉门除外），停稳开门，卡牢翻板、高站台安全渡板，擦扶手，出站台自、互检车门、瞭望；到站锁闭卧车端门；列车运行中，硬座与软座、硬卧车相连接时应加强管理，防止旅客越席乘车。

（11）列车昼间通过隧道或停在高架候车室下时开启半灯；22:00 后软、硬座车开启半灯（始发、终到站及客流量大的停站除外），硬卧车关闭顶灯、开启地灯。

（12）进包房应先敲门，经同意后方可进入。软卧旅客下车后，及时清扫卫生、整理卧具，昼间运行途中，随时清理房间卫生。

（13）旅客集中用餐时间、软卧车禁止用垃圾袋直接收取垃圾。

（14）卧铺车熄灯前提醒旅客做好睡前准备，同时拉合窗帘，将旅客茶杯及物品放在铺空茶桌上，宣传夜间安全注意事项，了解重点旅客服务需求。

（15）硬卧车熄灯后，下铺旅客鞋摆在下铺中部地面，中上铺旅客鞋摆在下铺端头处地面（半包式卧铺，旅客鞋从铺空内下铺端头处地面开始摆齐）。

（16）卧车列车员夜间巡视车厢，边座值岗（列车运行方向第三个边座，面向运行方向执岗），实行“一包二”乘务制度的在值乘车厢轮换巡视值岗。做好重点服务，对过往旅客问明事由，送出本车与邻车交接，将本车厢的旅客引导到铺位，不得有非本车旅客逗留。

（17）对卧车提前下车的旅客进行登记；将临时要求提前下车的旅客报告列车长、乘警登记后方可下车。

（18）交接班时，交班班组进行全面清扫，接班班组与交班班组在本岗位面对面交接，交接工具备品、资料、卧车车票，介绍重点旅客及有关事项。

（19）途中因旅客责任产生的重污卧具，应取得当事旅客证明一份。遇有卧具污染要及时更换时，应将卧具污染部位初步处理后单独存放。

（20）运行途中发现缺水向列车长汇报，上水站到站前及开车后填写“沿途给水情况登记簿”。

（21）终到前，双班乘务的要提前 40 min 进行双班作业，全面清扫擦拭，达到不留垃圾、污水、粪便。

（六）终到作业

（1）列车停稳开门，卡牢翻板，高站台放安全渡板，擦扶手，扶老携幼，组织旅客下车。

（2）巡视车厢，发现旅客遗失物品交列车长、乘警处理。

（3）旅客下车后撤换卧具，撤下的卧具分类装袋，严重污染的卧具单独交接，定置存放。

（4）到达折返站，按出库标准全面做好折返整备和库内看车；休班人员统一列队到公寓休息。

（七）返程作业

（1）按时参加返乘会，听取列车长总结往程工作，部署返程重点工作。

（2）返程作业与往程作业相同。

（八）退乘交班

（1）各种资料、工具备品归位，与接车人员进行交接；卧车列车员与接车人员进行卧具交接；损坏、丢失备品要及时请领、补齐；卧具、备品丢失、损坏时，列车长填写“运输进款动支凭证（财收—29）”，乘务员签字确认。

（2）退乘人员站台集合，统一列队到派班室点名退乘。

（3）参加退乘会，听取列车长讲评趟班及考核结果。

任务练习

一、车厢服务内容练习

（1）作为座席车厢列车员，对接到的车厢进行始发前的车容整理练习。

（2）作为卧铺车厢列车员，对接到的车厢进行始发前的车容整理练习。

（3）作为列车员，对车厢进行始发站发车后的车容整理练习。

（4）作为列车员，对车厢进行终到前的车容整理练习。

（5）作为列车员，对旅客进行车厢服务练习。

二、列车广播作业练习

（1）作为广播员，练习使用播音设备（录播、转播）。

（2）作为广播员，练习直播（找人、寻医问药等）。

任务四　列车长工作

任务描述

列车长是旅客列车的行政负责人，是直接为旅客服务的组织和指挥者。列车长工作是铁路列车客运作业的重要内容，包括列车长乘务作业、票务处理、客运记录编制、铁路电报的编制及班组管理、列车收入管理等内容。作为铁路列车长，应当掌握列车长工作的内容、标准及作业方法，能够正确使用客车各种服务设备，在服务中达到作业标准，使旅客满意。

知识准备

一、列车长的岗位职责

列车长是旅客列车的行政负责人，是直接为旅客服务的组织和指挥者，必须具有高度的工作责任感和事业心，热爱本职工作，牢固树立全心全意为人民服务的宗旨，努力学习政治、业务知识，不断提高自身素质，严格执行各项规章制度，以身作则，当好表率。

（一）列车长的基本素质

根据列车长的工作性质、特点和地位、作用，要做一名称职的列车长，必须具备以下素质：

（1）政治素质。

要求列车长具有坚定的政治方向，坚决执行党和国家的有关政策、法令和规章制度，具备良好的职业道德，作风正派，勇于开展批评和自我批评。

（2）文化素质。

要求具有高中以上文化程度，能积极学习，胜任各种文字、核算工作；有一定的口头表达能力和较强的逻辑思维能力；知识面宽。

（3）业务素质。

要求精通与本职有关的客运规章和行李知识，在各种技术考试中成绩优秀；有一定的技术基础和资历。根据铁道部客运管理处的要求，列车长的聘用要精通三大业务（即餐营、行包、列车值班员的工作），因此，业务素质是当列车长的必要条件。

（4）管理素质。

要求具有一定的组织能力，工作中善于抓重点、抓关键；善于运用科学的管理手段，进行全方位的有效管理；善于协调人际关系；勤于思考、分析，处事稳妥、慎重，避免单一思维、主观武断，善于总结经验教训。

（5）行为素质。

要求列车长过好“四关”，即权利关、金钱关、人情关、用人关。列车长的职位包括班组人员的调动权、空余卧铺的支配权、奖金分配权等，一定要树立公仆思想，发扬民主，反对独断专横；金钱是商品经济的产物，要反对“一切向钱看”，我们讲经济效益更要讲党性、讲原则，不唯金钱；一切工作都离不开人，人又是有感情的，因此要处理好人情关，必须坚持原则第一、人情第二，站在党性的立场来衡量和处理各种人际问题、用人问题。

（二）列车长岗位职责

（1）遵守国家法令和规章制度，按照列车长的岗位标准和要求，领导乘务人员质量良好地完成旅客和行包输送任务。

（2）严格执行安全制度，经常进行安全教育和群众性的查思想、查制度、查领导、查纪律的“四查”活动，确保旅客、行包和国家财产的安全。

（3）坚持人民铁路为人民的宗旨，组织乘务员做好列车服务、广播宣传、饮食供应和整容卫生工作；认真听取并及时正确地处理旅客意见；遇有部、局客运领导检查工作，主动汇报；有外宾或者首长乘车时，要亲自接待，妥善安排；遇有情况，请示报告。

（4）根据上级命令指示，及时修改规章，组织乘务员练好基本功；按规定查验车票，正确填写票据、表报，妥善保管票款，掌握客流、行包运输规律，做好客运计划工作。

（5）加强班组管理，认真组织社会主义劳动竞赛，及时总结、推广先进经验，密切站车协作，搞好“三乘一体”的关系。

（6）正确行使列车长的职责，坚持群众路线，关心群众生活，注意工作方法，发现问题，正确处理。同时，坚持民主管理的原则，分配公开，调查研究，主动征求、虚心听取职工意见，接受群众监督。

（7）根据上级工作要求，制订工作计划，采取有效措施，认真组织落实，及时总结汇报，遇有领导乘车或检查工作时，按规定主动汇报，接受指导。

二、列车长客运业务

（一）票务处理

列车内的验票工作由列车长负责组织实施，由乘警、列车值班员等有关人员配合。列车验票时，对持实名制车票的旅客，同时核对旅客、其所持车票及票面所载的有效身份证件原件，票、证、人不一致的，按无票处理。成年人持儿童票的，视为票、证、人不一致。

普速列车实行车门验票制度。普速列车在始发站，由列车员在车门口进行实名制验证验票，对票、证、人不一致的拒绝其乘车。遇客流高峰，旅客集中上车来不及查验时，可先允许旅客上车后再补充查验。

普速列车实行途中查验制度。普速列车每运行 6 个小时进行 1 次全面验票，运行时间不足 6 小时的列车不得少于 1 次，一站直达列车全面查验 1 次（可与车门验票合并）。

动车组列车实行途中查验制度。动车组列车运行时间超过 2 小时的，始发后全面验票 1 次，途中对上车旅客进行验票；运行时间不足 2 小时的组织抽验，抽验比例不少于乘车人数的 20%。对票、证、人不一致的按无票处理。

做好“挂失补”车票和铁路乘车证查验工作。各次列车要利用站车无线交互系统进行“挂失补”车票全列核对，对持“挂失补”车票、原票的旅客进行认真比对。同时，要使用站车无线交互系统对持铁路乘车证的旅客进行查验。

列车通过站车交互系统终端，获取实名挂失车票信息，列车遇有实名挂失补办的情况时，应核验“挂失补车票”、购票时所使用的有效身份证件原件与旅客是否一致。列车上发现旅客丢失的车票被他人所持有时，对持原票旅客，按无票处理，收回原票。列车上发现办理车票挂失旅客本人持有原票，要求其出示挂失补车票，不能出示的按无票处理。旅客持新车票（即“挂失补”车票）乘车时，应向列车工作人员声明，到站前，列车长确认该席位使用正常的，开具客运记录交旅客，与“挂失补车票”一并作为到站退票的凭证。列车上对票务的处理包括：补票、乘车不符、误售误购车票、车票丢失、变座（铺）、变径、越站、旅客分乘、等。列车上对票务处理的原则是：该补收的票款要补收，并核收手续费；该退还的票款，出具客运记录，旅客持客运记录和车票，在正当到站退还票款。

1. 补票（乘车不符）

（1）在下列情况下，补收车票票价或票价差额，核收手续费：

① 应买票而未买票的儿童（身高在 1.2 ~ 1.5 m），身高超过 1.5 m 的儿童使用儿童票乘车。

② 持站台票上车送客未下车但及时声明时。

③ 主动补票或者经站、车同意上车补票的。

（2）有下列行为时，除按规定补收票价（或票价差额）、核收手续费外，还必须加收已乘区间应补票价 50% 的票款：

① 无票乘车时，补收自乘车站（不能判明时自列车始发站）起至到站止的车票票价。持失效车票乘车按无票处理。

② 持用伪造或涂改的车票乘车时，除按无票处理外并送交公安部门处理。

③ 持站台票上车并在开车 20 分钟后仍不声明时，按无票处理。

【例 5.1】 ××××年 1 月 10 日 K265 次（北京—佳木斯，经唐山北、昌黎、沈阳北，空调列车）列车开往秦皇岛前验票发现一旅客无票，自述在扶余（是停车站）上的车，无法证明，要求补票去哈尔滨，列车长应如何处理?

处理：无票乘车时，补收自乘车站（不能判明时自始发站）起至到站止的车票票价，核收手续费，还须加收已乘区间应补票价 50%的票款。

（1）补收票价。

北京—哈尔滨：1249 km

空调硬座快速票价：（93.5 + 36.0 + 23.0） = 152.5（元）

（2）加收已乘区间应补票价的 50%票款。

北京—秦皇岛：299 km

加收空调硬座客快速票价的 50%：（27.5 + 10.0 + 6.0）× 50% = 22.0（元）

（3）手续费：2.00 元

（4）合计：152.5 + 22.0 + 2.00 = 176.5（元）

（3）属于有意取巧的，除按规定补收票价（或票价差额）、核收手续费外，还必须加收已乘区间应补票价 50% 的票款。具体包括：

① 持用低等级的车票乘坐高等级列车、铺位、座席时，补收所乘区段的票价差额。

② 旅客持减价票没有规定的减价凭证或不符合减价条件时，补收全价票价与减价票价的差额。

【例 5.2】 ××××年 1 月 10 日，T179 次（济南—广州，空调列车）列车泰山站开车后清铺时，在 11 号软卧车 3 号铺（兖州预留）发现旅客赵立持当日当次济南至郴州硬座票，要求继续使用软卧至到站，列车长应如何办理?

办理：允许旅客使用软卧到兖州。针对旅客持低等级的车票乘坐高等级铺位的情况，应补收所乘区间票价差额，核收手续费，加收已乘区间应补票价 50% 的票款。

（1）补收票价差。

济南—兖州运价里程：156 km

空调特快软卧下铺票价：27.5 + 6.0 + 3.0 + 75.0 = 111.5（元）

空调硬座客特快票价：14.5 + 6.0 + 3.0 = 23.5（元）

空调特快软卧下铺与空调硬座客特快票价差：111.5 – 23.5 = 88.0（元）

（2）加收已乘区间应补票价 50% 票款

济南—泰山运价里程：73 km

空调特快软卧下铺票价：14.5 + 4.0 + 2.0 + 75.0 = 95.5（元）

空调硬座客特快票价：6.5 + 4.0 + 2.0 = 12.5（元）

空调特快软卧下铺与空调硬座客特快票价差：95.5 – 12.5 = 83.0（元）

加收已乘区间应补票价 50% 票款：83.0 × 50% = 41.5（元）

（3）手续费：5.0 元

（4）合计：88.0 + 41.5 + 5.0 = 134.5（元）

2. 补签补剪

车票未签证、未剪口的，应补签、补剪，并核收手续费，包括：

（1）旅客未按票面指定的日期、车次乘车（即提前乘车，含错后乘车 2 小时以内的），但乘坐票价相同的列车时，应补签、补剪，并核收手续费。错后乘车超过 2 小时的，车票按失效处理。

（2）旅客所持车票日期、车次相符但未经车站剪口的，应补剪；持通票的旅客中转换乘应签证而未签证的，应补签。补剪、补签应核收一次手续费。

【例 5.3】 ××××年 3 月 10 日，T5675 次（北京西—石家庄，空调列车，北京西 10:23 开）列车，北京西开车后验票，发现旅客张弛持当日 K749 次（北京西—信阳，空调列车，北京西 10:29 开）列车北京西至石家庄硬座快速票，列车长应如何处理？

处理：旅客提前乘车，但乘坐列车的票价相同，应补签、补剪，并核收一次手续费。

核收补签手续费 2.0 元，出具收费凭证。

3. 误售、误购车票

列车内发现误售、误购车票，应补收票价时，收回原票，换发代用票，补收票价差额；应退还票价时，列车应编制客运记录，连同原票交给旅客，作为乘车至正当到站退还票价差额的凭证，并应以最方便的列车将旅客运送至正当到站，在处理票价时，均不收手续费或退票费。

4 误　乘

由于旅客没有确认车次或上、下行方向坐错了车，或乘车中坐过了站，统称为误乘。

旅客发生误乘时，列车和车站应认真妥善处理。列车长应编制客运记录交前方停车站，车站应在车票背面注明“误乘”并加盖站名戳，指定最近列车（不办理一般旅客运输的国际列车除外）免费将旅客送回误乘站或正当到站。

误售、误购、误乘或坐过了站的旅客，在免费送回的区段，站、车均应告知旅客不得中途下车。如中途下车时，对往返乘车的免费区段，按返程所乘列车等级分别核收往返区段的票价，核收一次手续费。

5. 车票丢失

1）旅客在列车上丢失非实名制车票

在列车上丢失，应补票。补票时，注明丢失，自丢失站起（不能判明时从列车始发站起）补收票价，核收手续费。

旅客补票后又找到原票时，列车长应编制客运记录交旅客，作为旅客在到站出站前向到站要求退还后补票价的依据。退票核收退票费。

2）旅客丢失非实名制车票

（1）旅客在检票进站前丢失实名制车票。

在检票进站前丢失实名制车票的旅客，到车站售票厅指定窗口办理挂失补办服务，重新购买一张新车票（加注“挂失补”）。

持“挂失补车票”的旅客上车后，须主动向列车工作人员声明，乘坐动车组时主动向列车长声明，乘坐普速客车时主动向本车厢列车员声明。列车应核验“挂失补车票”、购票时所使用的有效身份证件原件与旅客一致性。到站前，列车经查验未发现原车票被他人使用的，列车长开具客运记录交旅客，与“挂失补车票”一并作为退票的凭证。

（2）旅客在列车上丢失实名制车票。

① 旅客乘坐动车组列车在车上丢失实名制车票时，须主动向列车长声明；乘坐普速客车在车上丢失实名制车票时，须主动向本车厢列车员声明。

② 列车经查验旅客本人、购票时所使用的有效身份证件原件、购票信息一致，由列车长办理挂失补办服务，仅核收 2 元手续费，票面标注“车票丢失”字样；列车未查询到购票信息的，按规定先办理补票。到站前，列车核验席位使用正常的，开具客运记录交旅客。

③ 旅客到站后，须主动向出站口车站工作人员声明，并配合车站工作人员进行查验。列车查询到已购车票的旅客，凭票面标注“车票丢失”字样车票、客运记录和购票时所使用的有效身份证件原件办理出站检票手续，车站收回客运记录，列车核收的 2 元手续费不予退还。列车未查询到购票信息而补票的旅客，应在到站后 24 小时内，凭客运记录、后补车票和购票时所使用的有效身份证件原件，至退票窗口，车站核实旅客身份信息及乘车日期、车次等原票、后补购票信息，以及确认有购票记录，已购车票有效后，退还后补车票与原票乘车区间一致部分的票价和列车补票手续费，并核收 2 元手续费，收回客运记录。

6. 旅行变更

在有运输能力的条件下，给予办理。

1）变座、变铺

（1）旅客原因变更，变更后的车次、席（铺）位票价高于原票价时，核收票价差额及手续费；变更后的车次、席（铺）位票价低于原票价时，票价差额部分不予退还。

（2）铁路原因变更，变更后的车次、座席、铺位高于原车票等级的，超过部分票价不予补收；低于原车票的，列车开具客运记录，由到站退还票价差额，不收退票费。

2）变更径路

变更径路是指通票的发站、到站不变，只是改变经过的线路。

持通票的旅客在中途站和列车上，可要求变更一次径路，但必须在通票有效期间内能够到达原到站方可办理。办理时，原票价低于变径后的票价时，应补收从分歧站起算的新旧径路里程的票价差额，核收手续费。原票价高于或等于变更后的径路票价时，持原票乘车有效，差额部分（包括列车等级不符的差额）不予退还。但应在原票背面注明“变更经由 × × 站”，并加盖站名戳记或列车长名章。

变更径路后未使用区段的卧铺票即行失效。

变更径路后的通票有效期间，从办理站起按新径路里程重新计算。

变径的同时变座时，先变径后变座。

3）越站乘车

越站乘车是指旅客原票到站即将到达，由于旅行计划的变更，要求超越原票到站至新到站的乘车。

旅客要求越站乘车，必须在原票到站前提出，在本列车有能力的条件下，方可办理。

遇下列情况不能办理越站乘车：

（1）在列车严重超员的情况下，团体旅客越站乘车，车内会更加拥挤时。

（2）乘坐卧铺的旅客买的是给中途站预留的卧铺时或乘坐的是全程票额共用、席位复用的列车。

（3）乘坐的是回转车，途中需要甩车时。

越站乘车意味着另一旅行计划的开始，所以，办理手续时，应换发代用票，补收越乘区段的票价（不足起码里程按起码里程计算），并核收手续费，但最远不能超过本次列车的终点站。

在同一城市内有两个以上的车站，旅客由于不明情况，发生越站乘车时，如票价相同，原票按有效办理；票价不同，按客票越站乘车办理，只补收客票票价及手续费，不补加快票价、卧铺票价和空调票价。

越站同时变座（变铺）时，先越站后变座（变铺）；越站同时变径时，先变径后越站；越站同时补卧时，先越站后补卧。

【例 5.4】 ××××年 1 月 10 日，K1011 次（石家庄北—上海，"空调"）列车到达南京站前，旅客吴冕持当日当次衡水至南京硬座客快速票，要求越站至苏州，列车有能力，列车长如何办理？

办理：在有运输能力的情况下应予以办理，核收越站区间的票价和手续费。

（1）南京——苏州运价里程为 217 km。

（2）空调客快速票价：21.5 + 6.0 + 5.0 = 32.5（元）。

（3）手续费：2.0 元。

（4）合计：32.5 + 2.0 = 34.5（元）。

4）旅客分乘

凡两名以上的旅客使用一张代用票，要求分票乘车时，称为旅客分乘。站、车应从方便旅客的角度出发予以办理。

无论在发站、中途站或列车上，旅客提出要求办理分乘时，都应按照旅客提出分票乘车的张数，换发代用票，收回原票，并按分票的张数核收手续费。

团体旅客（有优惠的）分乘后，不够优惠条件的，应先补收优惠票价（变更手续），再办理分乘。

【例 5.5】 ××××年 1 月 10 日，T284 次（包头—杭州，空调列车）列车运行至苏州站前，4 号硬座车团体旅客（共 27 人）领队白云，持北京西至杭州客特快代用票（票号 A059865，票价 4 992.0 元，优惠 1 人），找到列车长要求办理分乘手续，其中 10 人苏州下车旅行，其他人不变，列车长应如何办理？

解：符合分乘条件，按分乘办理，补收 1 人票价，核收手续费。

（1）第一张票。

① 北京西—杭州运价里程：1 640 km。

② 空调客特快票价：117.0 + 46.0 + 29.0 = 192.0（元）。

③ 手续费：4.0 元（分乘与变更不是同时发生在同 1 名旅客的情况下，应分别核收手续费）。

④ 合计：192.0 + 4.0 = 196.0（元）。

⑤ 制票。

（2）第二张票。

① 北京西—杭州运价里程：1 640 km。

② 手续费：2.0 元。

③ 合计：2.0 元。

④ 制票。

5）旅客要求变更发生两种以上时

一般按下列顺序办理，每人按最高额核收一次手续费。

（1）变径、变座：先办理变径，再按新径路的变更区间办理变座。

事由栏：变径、变座。

（2）分乘、变更（变径变座卧）：先分乘，后变更（分乘、变更同时发生时，按变更人数核收手续费，不再核收分乘手续费）。

事由栏：分乘、变更。

（3）减价不符、变更（变径、变座、卧）：先处理减价不符，再按全价办理变更。

事由栏：减价不符、变座（变径等）。

（4）过期、变座、卧：先处理过期，后办理变座、卧铺（里程通算）。

事由栏：过期、变座、卧。

（5）减价不符、过期、变更：先处理减价不符至过期站，再处理过期（核收全价），最后按全价办理变更。

事由栏：减价不符、过期处、变更。

（6）儿童随同成人旅行，发生超高时，成人若发生不符合乘车条件需加收50%票款时，儿童均不加收；成人票价产生分段计算时，儿童票价均应通算。

（二）客运记录

1. 客运记录（客统-1）的含义

客运记录是在旅客或行包运输过程中因特殊情况，承运人与旅客、托运人、收货人之间需记载某种事项或车站与列车之间办理业务交接手续的文字凭证。

2. 客运记录的作用

（1）客运记录是站、车办理交接（处理旅客、行包运输有关业务）的依据。

（2）客运记录也可作为铁路运输事宜证实的材料或受理有关票据的收据。

（3）客运记录又是铁路与旅客之间有关业务事项真实情况的记载，作为旅客到站退款的凭证。

（4）客运记录还可作为其他情况说明的根据。

3. 客运记录编制要求

1）总体要求

（1）主题要突出，目的要明确。

（2）文字简练，书写清楚，格式规范。记录语言要简明扼要，条例清楚、语言简练、通俗易懂、能够用精练的语言说清问题。字体要清楚、不潦草，不写自造简化字。

（3）运用规章要准确，内容准确，如实反映情况，不得虚构、假象、臆测。

（4）编写客运记录要一式两份（交站或交旅客一份，签收后留存一份），如需抄送有关部门或其他责任者时，可增加份数。例如：发现旅客携带品超过规定范围（危险品除外），无钱或拒绝补交运费，移交旅客到站或换乘站处理时，编制客运记录一式三份（注明旅客姓名、单位、地址、乘车区间、车票号码），其中一份交旅客，作为到站补交运费领取物品的凭证。

（5）应根据实际填写，要求严格执行签收交接制度，严禁信用交接。列车交到站客运记录时，要由车站客运值班员签收。

（6）留存的客运记录，要妥善保管，装订成册，以备存查（保管年限一年）。

2）格式要求

（1）编号“第×号”：填在右上角，标明月份和顺号（如 1 月份第 1 张记录编号为 0101）。客运记录按顺序编号使用，不得断号，更换客运记录时接续编号。

（2）“记录事由”栏：注明交接主要事项。

（3）第二行：“记录事由“下一行，顶格填写受理单位（站名或车次）。

（4）第三行编制时，空两个汉字（或四个字符）。

（5）落款要注明车次、加盖列车长名章或车站公章。

3）内容要求

（1）客运记录内容中应载明：

① 日期、车次；

② 运行区段、旅客的姓名、性别、有效身份证号等；

③ 车票的种类、座别（铺别）、发站、到站；

④ 事情的经过及原因等；

⑤ 落款（所属站、段，车次，列车长印章，日期）。

（2）移交旅客时，要注明乘车区段、有效身份证件号码、有无车票、移交理由等。

① 移交生病旅客时，还要注明病因、病况、处理过程、旁证材料等事项。

② 移交精神病旅客时，要根据其车票移交给到站或换乘站，对无票的精神病患者要交给最近的三等及其以上车站处理。

a. 有同行人时，应注明同行旅客姓名、性别、单位、有效身份证件号码等；

b. 无同行人时，若有携带品时，注明携带物品的品名、件数等。

③ 移交受伤害旅客时，要详细注明受伤地点、受伤原因、受伤部分、处理简况，以及证据材料清单等内容。

（3）移交车票时，要注明发到站、票种、票号、票价、有效期、席别、铺别、移交原因等主要事项。

（4）移交物品时，要注明品名、件数、移交原因等主要事项。移交旅客遗失品（包括外宾物品）时，在能判明旅客下车站时应注明旅客的下车站。

移交危险品时，要注明危险品的品名、数量，携带人的单位、地址、姓名、车票情况，已采取的应急措施、移交原因等主要事项。

5. 列车编制客运记录的情况

（1）旅客有下列情况需退还卧铺票价时：

① 车站发售重号卧铺票，列车无法安排，需要为旅客证明到站退款时。

② 列车中途摘解软、硬卧车时，列车无法安排或变更席别，须到站退款时。

（2）因铁路责任，造成旅客变更座别、铺别，应退还票价时。

（3）因铁路责任，造成旅客在中途站办理退票，退票票价差额时

（4）处理旅客车票误售、误购，需到站退还票价时。

（5）中途空调失效，需到站退款时。

（6）旅客丢失车票，在列车上办理挂失补办手续时。

（7）旅客持挂失补车票乘车时。

（8）旅客误乘列车或坐过了站，需交前方停车站时。

（9）旅客无票、无钱或拒绝补票，移交相关车站处理时。

（10）旅客在列车上发生意外伤害、急病或死亡，移交车站处理时。

（11）列车内发现无人护送的精神病患者，移交到站或换乘站处理时。

（12）列车移交重点旅客（老、幼、病、残、孕）或弃婴时。

（13）发现旅客携带危险品或国家禁止、限制运输的物品乘车，移交最近前方停车站或有关车站处理时。

（14）发现旅客携带品超过规定范围（危险品除外），无钱或拒绝补交运费，移交旅客到站或换乘站处理时。

（15）向查找站或列车终到站转送旅客遗失品，与车站办理遗失物品交接时。

（16）发现各种乘车证违章乘车，移交到站或转交有关部门处理时。

（17）发现列车上行李、包裹品名不符，或实际重量与票面记载的重量不符，应编制客运记录移交到站或前方停车站补收运费，污染、损坏其他行包时，记录还应分别附在损失和被损失行包票上，以便说明情况。

（18）发现列车上行李、包裹内有限制运输物品或危险品，移交前方停车站处理时。

（19）行李、包裹无票运输时。

（20）行李、包裹发生变更运输时。

① 列车接到行包托运人要求在发站取消托运，将行包运回发站时。

② 列车接到发站行李、包裹变更运输（包括行李误运）电报时，应编制客运记录。连同行李、包裹和运输保单，交前方营业站或运至新到站（需中转时，转交前方中转站继续运送），旅客在列车上要求变更时同样办理。

（21）列车处理旅客误购、误售车票时，若旅客托运了行李，应编制客运记录（或发电报）通知行李所在站。

（22）行李、包裹在运输途中发生事故，移交到站处理时。

（23）中途发现多收票款和运费，移交车站退款时。

（24）其他要与站方办理的交接事项。

【例 5.6】 ××××年×月×日，4426 次（石家庄—唐山，空调列车，经德州、天津）列车，到达德州站前，一旅客急忙找到列车长，声称误购了当日 K233 次（石家庄—上海，空调列车，票号 A0112）列车石家庄至常州的硬座快速票，其目的是去沧州，要求改乘此车去正当到站，列车长应如何处理？

处理：旅客误购车票，应退还票价时，列车长应编制客运记录交旅客，作为乘车至正当到站要求退还票价差额的凭证。

列车编制客运记录交旅客，作为乘车至沧州站的凭证。旅客在沧州站凭原票和客运记录要求退款，不收退票费。

列车长编制客运记录，如图 5.4.1 所示。

××铁路局　　　　　　客统-1

客 运 记 录

第 × 号

记录事由：退票价差
沧州站:
×年×月×日 4426 次列车到达德州站前，发现该旅客误购车票，实际到站沧州，误购至常州硬座客快速票，票号 A0112，请贵站按章退还票价差额。该票于×月×日到达有效。 实名制信息：（略）
××~~站~~段 编制人员 4426 次列车长 （印） 站段 签收人员　　　　（印） × 年 × 月 × 日编制

图 5.4.1　客运记录编写样例

【**例 5.7**】××××年×月×日，T57 次列车邯郸站开车后，列车验票，一名旅客持当日该次列车北京西至石家庄空调硬座客特快票，坐过了站，列车长如何处理？

办理：列车长编制客运记录，交下一停车站（安阳站），免费送回，并告知旅客：免费送回区段，中途不得下车，若中途下车，补收往返免费区段车票、手续费。客运记录如图 5.4.2 所示。

××铁路局　　　　　　客统-1

客 运 记 录

第 × 号

记录事由：坐过站
安阳站:
×年×月×日，该旅客（××，身份证号×××××××）持北京西至石家庄的空调硬座客特快票，×车×号，票号 A0005，乘坐我车，我车通告站名后，因其误认为还没有到站而坐过了站，现编制记录移交你站，请按章处理。
××~~站~~段 编制人员 T57 次列车长 （印） 站段 签收人员　　　　（印） × 年 × 月 × 日编制

图 5.4.2　客运记录编写样例

【例 5.8】 ××××年×月×日，Z12 次列车天津站开车一旅客向列车长声明，持的是挂失补车票（到站为郑州站，×车×号上铺，票号 A1234），列车如何办理？

办理：乘坐动车组时，持“挂失补车票”的旅客上车后，主动向列车长声明，列车应核验“挂失补车票”、购票时所使用的有效身份证件原件与旅客一致性。到站前，列车经查验未发现原车票被他人使用的，列车长开具客运记录交旅客，与“挂失补车票”一并作为退票的凭证。客运记录如图 5.4.3 所示。

××铺路局　　　　客统-1

客 运 记 录

第 × 号

记录事由：挂失补

郑州站：

×年×月×日，Z12 次列车天津站上车旅客××，身份证号××××××，持当日天津站至郑州站的本次列车挂失补车票，×车×号上铺，票号 A1234，经确认席位使用正常，可以办理退票，现移交你站，请按章办理。

×× ~~站~~段　编制人员　T253 次列车长

（印）

站段　签收人员　　　　（印）

×××× 年 × 月 × 日编制

图 5.4.3　客运记录编写样例

（三）铁路电报

铁路电报是处理生产业务的通信工具，是办理紧急事务公务的表现形式。

1. 电报分级

铁路电报等级按电报的性质和急缓程度，分为以下七种：

1）特提电报（TT）

指特别紧急的命令、指示，处置重大突发事件等性质的电报。受理后即行办理，从受理到送达用户原则上不超过 2 小时。

2）特急电报（TJ）

指非常紧急的命令、指示、处理较大突发事件等的电报。从受理到送达用户原则上不超过 4 小时。

3）加急电报（JJ）

指紧急命令、指示、时间紧迫的会议通知、列车改点、变更到站和收货人、车辆甩挂、超限货物运行及行车设备施工、停用、开通、限速的电报及其他时间紧迫的电报。从受理到送达用户的时间原则上不超过 8 小时。

4）平急电报（PJ）

指一般性命令、指示、会议通知等性质的电报。从受理到送达用户的时间原则上不超过 24 小时。

5）限时电报（X）

指限定时间到达的电报。根据需要与收发报条件，由用户与电报所商定，在附注栏内填记送交收电单位的时间，如限时 9:30，应写“XS9.30”。

6）列车电报（L）

指处理列车业务，必须在列车到达以前或在列车到达当时送交用户的电报。列车电报是处理生产业务的一种应急通信工具，又是列车办理紧急事务所使用的一种公文表现形式。

7）国际联运电报（G 或 C）

指处理国际铁路运输业务的电报，办理时限同特急电报。中朝报代码为 C，其他代码为 G。从受理到出口原则上不超过 4 小时。

2. 电报内容

1）拍发电报的主要内容

① 主送：发生问题、解决问题的直接单位；

② 抄送：发生问题、解决问题直接单位的有关上级领导机关和本单位的上级有关领导机关；

③ 正文：日期、车次、区间、发生问题、处理经过；

④ 落款：车次、日期、发电报的站名、列车长的姓名。

2）列车运行中因发生意外伤害导致旅客重伤或死亡时，拍发的事故速报内容

① 事故种类；

② 发生日期、时间、车次；

③ 发生地点、车站、区间、里程；

④ 伤亡旅客姓名、性别、国籍、民族、年龄、职业、单位、地址；

⑤ 车票种类，发到站、票号，身份证号码；

⑥ 事故及伤亡简况。

3）发生和发现重大行包事故时，拍发的事故速内容

① 事故等级；

② 发生日期、时间、车次；

③ 发生地点、车站、区间、公里；

④ 票号、发到站；

⑤ 事故简要情况。

4）下列情况电报所不予受理

① 处理私人问题的电报（由组织领导处理职工个人的问题不在此限）；

② 已有文件电报的重复通知；

③ 挑应战、倡议书、感谢信的电报；

④ 公用乘车证丢失声明的电报；

⑤ 由于工作不协调互相申告的电报（执行列车乘务工作的负责人在列车运行中向上级领导汇报列车运行中发生的问题不在此限）；

⑥ 报捷、祝贺、吊唁的电报（铁路局及处以上单位或其负责人不在此限）；

⑦ 推销产品、书刊及广告类的电报。

3. 拍发电报要求

1）明确主送、抄送单位

抄送单位不宜过多，可以不抄送的单位应免去。

（1）主送单位。

是指具体受理单位或主办单位（主要接收单位应排在最前列）。

（2）抄送单位。

是指知晓、协办、督促、备案、仲裁的单位（一般上级单位在前，依次排列，也可按主次单位顺序排列，担当排在最后）。

（3）抄送范围。

抄送范围根据不同情况而定，一般情况下，局管内的事，不抄报到总公司，涉及两局以上的事，应根据情况抄报有关局业务处。

涉及治安问题，要主送公安派出所、公安处、公安局。

涉及路风问题，应抄送各级路风办。

涉及铁路乘车证问题，应抄送劳资、财务部门。

涉及行车安全问题，应抄送各级安监室。

涉及急性传染病时，应主送疾病预防控制中心及卫生主管部门。

遇到涉外问题时，应抄送公安和外事部门。

遇列车超员、行李车满载、超载运输、急性传染病时应传送客调。

（2）电文内容要简明扼要，表达明确的意思。

（3）电文内容要正确，如实反映问题，不要擅加自己的意见；不要漫天发报，人为地把事态扩大。

（4）拍发电报时要掌握好时机，及时准确，不要延误，以免加重事态。

（5）电报编制一式两份：一份交站转报，一份签收留存。列车电报交由电报所车站拍发。

（6）拍发电报时的电文应字迹清楚。

（7）凡是可以用电话或书面反映的就不必拍发电报。

（8）对所担当的列车各站是否是电报所，列车长要去了解，要做到心中有数。

4. 拍发范围

铁路电报为铁路内部业务使用，列车运行中发生临时紧急情况需通知有关部门，或本次列车不能解决，需请示立即支援或汇报领导时，均可拍发铁路电报。

列车遇以下情况应拍发电报：

（1）列车运行中因发生意外伤害导致旅客重伤或死亡时，应立即向上级主管部门及有关铁路集团公司主管部门拍发事故速报（条件允许时，应先电话汇报事故概况）。发生重大、大事故时还应立即向铁路客运主管部门和所属集团公司和发生地有关铁路集团公司、站、段拍发事故速报。

（2）发生和发现重大行包事故，应立即向铁路总公司、所在地铁路集团公司拍发事故速报并抄送有关单位（指中转站、行包到站、公安部门等）。

（3）遇特殊情况，途中发生餐料不足，应向前方客运（列车）段拍发电报，请求补充，并抄送其主管集团公司。

（4）专运列车或车辆在中途临时需要补煤时，应发电报给前方客运（列车）段（无客运段时为车站），请求支援，抄送其主管局和车辆配属段。

（5）列车行包满载、列车严重超员，要求前方各站控制装载量及客流，确保安全正点，应电告各站，并抄送各主管铁路局，必要时抄送铁道总公司主管部门。

（6）列车发生重大刑事案件，急需侦破时，应向铁道总公司、所在地铁路局、公安部门、铁路派出所拍发电报，抄送本局公安局、乘警支队。

（7）在列车上办理补收款额时发现少收票价、运费的情况出现时，应给旅客发站（段）及其主管局收入检查室拍发电报。

（8）列车广播设备（属电务部门维修）中途发生故障，需紧急处理时，电告前方站广播工区前来维修，并抄送本局电务（通信）段（广播工区）。

（9）列车有关业务声明澄清责任时，应向有关站（段）发电报，抄送铁道部、主管铁路局业务部门。

（10）处理旅客误购、误售车票，若旅客托运行李，应发电报通知行李所在站。

（11）遇列车空调失灵，应电告前方停车站停售、停剪本次车空调票。

（12）其他紧急情况，需迅速报告时。

【例 5.9】 ××××年×月×日，1523 次列车（哈尔滨—石家庄）硬座实际定员 924 人，大虎山有大批民工乘坐该列车去衡水，致使列车严重超员，车内人数达 1 438 人，超员率为 54%。列车如何处理（大虎山站属于沈阳局，石家庄客运段担当乘务）？

处理方法：

（1）编发列车超员电报，如图 5.4.4 所示。必须写清楚列车、实际定员、车内现有人数及超员率。

（2）超员和行包满载发电报时不应把电报发至终点站，在电文中不应采用“各站停剪停售车票”的语气。

<table>
<tr><td colspan="6" align="center">铁路电报</td><td>电报统-1</td></tr>
<tr><td>发报所</td><td>电报号码</td><td>等级</td><td>词数</td><td>日</td><td>时分</td><td rowspan="2">附 注</td></tr>
<tr><td></td><td></td><td></td><td></td><td></td><td></td></tr>
<tr><td colspan="7">主送：锦州——深州间 1523 次列车各停车站</td></tr>
<tr><td colspan="7">抄送：铁道部运输局客运处、客调，北京、沈阳局客运处、客调，石家庄客运段</td></tr>
<tr><td colspan="7">×年×月×日，1523 次列车（哈尔滨——石家庄）硬座实际定员 924 人，大虎山站</td></tr>
<tr><td colspan="7">有大批民工乘坐该次列车去衡水，致使列车严重超员，车内人数达 1 438 人，超员率为 54%。</td></tr>
<tr><td colspan="7">请各站严格按票额售票，以确保列车安全正点。</td></tr>
<tr><td colspan="7"></td></tr>
<tr><td colspan="7"></td></tr>
<tr><td colspan="7" align="right">石家庄客运段 1523 次列车长发于大虎山站</td></tr>
<tr><td colspan="7" align="right">×年×月×日</td></tr>
</table>

图 5.4.4　铁路电报编写样式

（四）站车交接

站车交接是指车站与列车发生相互交接旅客或物品时，应履行的手续和办理的作业。

在办理站车交接作业时，由交方出具客运记录，记明事件的过程、交办的内容及应证明的情况等。接方应核实情况后，在客运记录上签章（一份返交方，一份自己留用）、接收。

【例 5.10】 ××××年×月×日，1524 次（石家庄—哈尔滨）列车辛集开车后查验危险品，发现旅客王蒙（男，石家庄市辛集张店乡农民，身份证号××××××××××××××××××）持当日该次列车石家庄至天津车票一张，携带的提包内装汽油 2 kg（前方到达衡水站），列车如何处理？

处理方法：

（1）列车上发现汽油属危险品，按该件全部重量（2 kg）加倍补收石家庄至衡水站四类包裹运费。危险物品汽油交前方停车站衡水站处理。没收危险品时，向被没收人出具书面证明。

（2）编制客运记录，随汽油交衡水站。客运记录上要写明旅客姓名、性别、住址、身份证号码、车票发到站、票号、所携带危险品品名、数量等，如图 5.4.5 所示。

【例 5.11】 ××××年×月×日，T89 次列车郴州站开出后，15 车下铺的旅客王陵（男，37 岁，广东省佛山市顺德区人）突发急病。列车通过广播寻找医生诊治后未见好转，需下车治疗。经查，该旅客无同行人，持石家庄至广州空调硬座客特快卧车票一张，票号为 A00005，携带提包一个，内有西服 1 套、索尼照相机 1 部。列车如何处理？

处理程序：

（1）立即组织抢救，寻医找药。

（2）寻访同行人，了解发病原因，收集旁证材料（不少于两份）。

（3）编制客运记录，送交县、市所在地的车站或较大车站处理。

××铁路局　　客统-1

客 运 记 录

第 × 号

记录事由：移交危险品
衡水站
× 年×月×日，我车辛集站开车后检查危险品，查出旅客王蒙，男，石家庄市辛集张店乡农民，身份证号××××××××××××××××××，持当日1524次石家庄至天津空调硬座客快票，票号C0007，携带汽油2 kg。我车已补收运费，现将危险品汽油交你站，请按章处理。
××~~站~~段　编制人员　1524次列车长 （印） 站段　签收人员　（印） × 年 × 月 × 日编制

图 5.4.5　客运记录编写样例

（4）旅客病情严重不能自理或神志不清，又无同行人时，应会同乘警清点旅客车票、携带品一并移交。（无票人员同样办理）

处理方法：

（1）收集证人证言时，应当记录证人姓名、性别、年龄、地址、联系方式、身份证号码等内容，编写客运记录交三等以上车站处理。

（2）参加诊治的医生的证言必须以乘警笔录的形式留好。

注意事项：

（1）旅客在列车上发生急病时，要立即设法组织治疗、抢救（广播找医生，发动旅客提供药品等）。旅客病情较重或找不到医生时，列车长要及时编制客运记录，将患病旅客送交有医院的市、县所在地车站或较大车站转送医院治疗。

（2）旅客病重或昏迷不醒，又无同行人时，列车长要会同乘警清点旅客车票、携带物品一并移交。一定要收集旅客列车救治的旁证材料，取证要有公安人员参加。

（3）列车上一般没有仪器或人员能够判明旅客病情或死亡，列车移交时一般不做结果的判断。结论由医院或医生下，并有材料或证明。

（4）旅客取证材料一定要真实。

客运记录填写如图 5.4.6 所示。

××铁路局　　　　客统-1

客 运 记 录

第 × 号

记录事由：急病

韶关站

× 年×月×日，T89 次列车郴州站开车后，15 车下铺旅客王陵，男，37 岁，广东省顺德市人，无同行人，突发急病休克。列车广播找医生诊治后未见好转，现编记录交你站，请按章处理。

附：石家庄至广州空调硬座客特快卧车票一张，票号：A00005；提包一个，内有西服 1 套，索尼照相机 1 部。

××　~~站~~ 段　编制人员 T89 次列车长

（印）

站 段　签收人员　　（印）

× 年 × 月 × 日编制

图 5.4.6　客运记录编写样例

三、列车台账管理

（1）动车组列车除携带《电报》《客运记录》和处理票务等必要的业务资料外，其他台账不得携带上车，车队存放。普速旅客列车台账实行列车上、车队（间）分别设置。普通旅客列车上应设置的台账如表 5.4.1 所示。

表 5.4.1　列车台账设置目录

序号	名称	办公席	软卧车	硬卧车	软座车	硬座车	行李车	广播室	餐车	邮政车	保管期限	存放地点
1	客运乘务工作日志	△									年度	车上
2	客运记录	△					△				年度	车上
3	电报	△					△				年度	车上
4	作业过程	△	△	△	△	△	△	△	△		有效	车上
5	油垢清理记录								△		年度	车上
6	三乘检查记录	△									年度	车上
7	防火巡查记录						△			△	年度	车上
8	备品损坏记录（客统 36）	△									当月	车上
9	交接簿	△	△	△	△	△	△	△			当月	车上
10	去向登记				△	△					当趟	车上

续表

序号	名称	办公席	软卧车	硬卧车	软座车	硬座车	行李车	广播室	餐车	邮政车	保管期限	存放地点
11	行李运输密度表						△				年度	车上
12	乘务工作记录						△				年度	车上
13	行李及包裹装卸交接证（客统5）						△				年度	车上
14	沿途给水情况记录簿		△	△	△	△		△	△		季度	车上
15	站车给水交接单	△									年度	车上
16	特殊重点旅客服务交接簿	△									年度	车上
17	班组学习、会议记录										年度	车队
18	列车消防管理台账										年度	车队

（2）列车台账按规定设置齐全，定位摆放，专人管理。规章修改，文电、命令摘抄及时、正确；票据、报表、资料填写规范、清晰、数据准确，按照时效保管完整。

（3）列车上设置的台账资料柜不得占用旅客空间，不得影响安全。资料柜内台账摆放整齐。

（4）班组出乘只需携带本趟所需台账，退乘后按规定上交车队或车下按期限分类保存，历史台账改车下存放。各铁路局应积极采取信息技术，逐步实现列车台账无纸化。

（5）铁路总公司不定期对列车台账管理情况进行检查，铁路集团公司每年要对所属旅客列车台账管理情况进行检查，确保列车台账管理符合规定。

（6）在列车上检查时，任何单位和个人不得检查列车上设置范围以外的台账，不得跨专业检查列车台账。

四、列车运输收入管理

旅客列车的收入工作是铁路整体运输收入管理中的重要一环，也是目前运输收入管理的薄弱环节。加强旅客列车运输收入管理对于改善旅客乘降秩序，保证旅客旅行安全，提高服务质量，维护铁路运输收入的完整，防止路风事件发生的重要措施之一。

（一）列车运输收入形成的原因及管理的特点

1. 列车运输收入形成的原因

铁路运输的特点，决定了列车收入的必然性。主要原因有以下几个方面：

（1）运输条件设施的不完善，是产生无票乘车的重要原因。全路共有 5 000 多个车站，其中特、一、二、三等站约占车站数的 21%，其余为四、五等站和乘降所。四、五等站基本上没有完善的进出站口来制约乘降旅客检验车票，即使是三等以上的车站设有比较完善的进出站口，也无法完全杜绝无票人员的进出。所以在运输中就会产生一部分人员无票上车，从而形成列车收入的来源。

（2）乘降所的设置为区段客流乘降列车提供了方便。设置单一的无人售票旅客乘降所，势必造成旅客必须在列车上补票，使列车取得收入。

（3）列车软、硬卧铺空余发售和周转利用。列车运行起止站间区段较长时，由于旅行目的地不尽相同，旅客乘降频繁，根据客流情况及时周转利用空余卧铺形成了列车收入。

（4）由于一部分人的思想觉悟或其他一些原因，仍有违法乱纪现象发生，这就形成了按规章制度查堵处罚追加的列车收入。

2. 列车运输收入管理的特点

列车组织运输收入与车站组织收入相比有其特点。车站是以发售车票、办理行包运输直接取得客运收入，而列车则是在移动过程中通过办理旅客旅行变更、发售空余卧铺和处理无票旅客补票而取得运输收入，属于正常运输收入的补充收入或称之为堵塞漏洞的收入。只有正确、及时地取得这部分收入，才有可能维护运输收入的完整。但列车收入管理有一定的难点。在运输中，旅客不购票或无票乘车是经常发生的。在当前运能与运量不足和超员过多的情况下，由于列车工作环境、条件、人员所限，在运输安全作为首要要求和搞好服务工作的前提下，给运输收入增加了一定困难。

（二）列车运输收入的组织管理

1. 运输收入管理分级

旅客列车收入的组织管理分两大部分。

1）段运输收入组织管理

依据铁道部第 24 号令公布的《铁路运输收入管理规程》和铁财〔2006〕38 号文令公布的《铁路运输收入票据管理工作规则》，根据整合后的段实际情况，各客运段制定了《票据、票款安全管理考核办法》及《段收入管理及票款提成奖罚办法》作为段收入管理制度。

2）列车班组收入管理

我们常说的班组查漏堵收是在列车运输移动过程中通过办理旅客旅行变更、发售剩余卧铺、补收超重超大物品和处理无票旅客补票取得的收入。列车运输收入管理主要是严格认真执行规章制度，加强票据、票款管理，在做好旅行服务的同时，做好维护铁路正当收入工作，确保运输收入完整和资金的及时上缴。

2. 票据、票款的管理

1）客车车班票据、票款管理的责任人

（1）列车长是班组票据、票款管理的主要责任人，负责出乘时使用的票据、碳带、IC 卡的请领、保管和上缴工作，不得委托他人代理，必须建立相关台账，对请领、使用、结存等情况逐一进行登记。

（2）列车长在出乘前必须请领足够本趟使用的客票票据、碳带，保证值乘中不脱售，在请领票据时必须与发票人办理双方签认手续，未经收入科同意批准，不准车班间相互调拨和借用票据、碳带，并在使用票据、碳带时做到先领先用，不积压。

（3）对列车办理补票后的票据、票款及时整理，并锁入保险柜保管，回乘后及时将所补票款、票据全额上缴段收款室，严禁任何人贪污、挪用、截留票款，确保运输收入的完整。

2）在列车上使用票据、办理交接、调动移交及保险柜的管理

（1）台账。收入设有四本台账，分别是“车内票据、票款交接单”“车内补票缴款、缴票单”“查出涂改、挖补、仿造票证登记簿”“现金票据丢失、被盗登记台账”。

（2）交接。

① 列车长在出乘前至段收入科收、发票据地点请领足够本趟使用的票据、碳带，并在“票据发放单”上和发放部门办理双方签认手续，领取票袋时应认真查看封条。

② 列车上发放票据和收回票据、票款时，应与使用人在“车内票据、票款交接单”上登记，双方签认。

③ 经收入科同意在途中借用其他班组的票据、碳带时应办理票据、碳带借用手续，注明时间、班组、数量，一式三份，双方签认，借用双方各持一份，一份交收入科备查。

④ 回乘后，将所剩余票据、碳带装入票袋上锁，贴好封条，与发、收票据人办理双方签认手续。

（3）票据使用。

① 填写式票据在使用过程中必须按照票据符号、票号顺序、加盖列车长专用章方可使用，要认真、规范地进行填写，票据必须同联同时复写，不得分联填写、省略项目，不得涂改及无故作废票据。需要作废的票据，必须注明理由后由列车长进行签认，字迹必须清楚，对需作废的电子票不允许横折。

② 票据发生填写错误或代用票剪断线与填写金额不符时，不得涂改，一律按作废票处理。“旅客联”剪断线一经剪断，原则上不得按作废处理，如属特殊情况，应由经办人写出经过，列车长签认后报收入主管部门核实处理。

③ 乘务终了，列车长应根据本趟填发发售的票据、核收的现金，编制“车内补票缴款、缴票单”，一式三份，一份自留，两份连同票据报告联、存根联在返乘当时一并上缴段收款室。“车内补票缴款、缴票单”必须按规定格式填写，不得漏填、错填。

④ 发生票据、票款丢失事故时应及时保护现场，收集有关情况，立即电告收入主管部门和公安部门，及时组织破案。

（4）调动移交。

① 列车长调动班组或调离工作岗位时，应把自己领用后剩余票据认真清理、登记、移交给接班车长，双方签认后将清单交收入科备案。

② 当列车班组改组时，应整理好剩余票据，填写交接清单，凭交接清单和票据一起交段收入科进行交接签认。

（5）保险柜的使用。

列车上备有保险柜，由列车长负责管理，用于保管票据、票款，以确保列车票据、票款的安全。保险柜钥匙由列车长亲自保管、使用、交接，个人私物严禁锁入保险柜。

① 班组出乘请领的票据、碳带及中途收回的票款、票据存根，应及时放入保险柜，对使用、结余情况逐一登记。

② 智能保险柜应在出乘前认真检查，设置密码，如发现故障应及时向段维修部门报修，以保证保险柜在中途能正常使用。中途发生保险柜故障应及时向段收入科及维修部门汇报，请求专业人员上车进行维修。

（6）电子补票机及碳带的管理与使用。

① GTB-3、GTB-5 两种型号补票机是目前使用较多的补票机，在使用过程中应注意妥善保管，按有关规定进行操作。尤其 GTB-5 型补票机，对碳带的使用要求较高，每卷碳带只能打印电子票 200 张，如超过 200 张仍继续使用将使补票机打印头拉伤，导致机器故障，不能使用。

② 碳带请领后应按所领碳带顺号，先领先用，不积压。GTB-5 型补票机碳带要严格遵守每卷打印 200 张电子票的规定，以确保补票机的良好使用，使用完的碳带应及时上缴。

（7）查验车票。

① 认真执行客规规章制度，坚持立岗验票上车和在规定运行区段时间内查验车票（400 km），重点区段，重点查验，做好无票补收及违章乘车的处理工作；严禁以车以票谋私，乱补乱罚。

② 充分利用列车软、硬卧铺，及时发售列车空余卧铺，检查旅客是否持有效车票，有无伪造、挖补、过期、越站、误补及重复使用、减价不符、未剪口，未签证等不符情况，旅客随身携带超重、超大物品是否补收费用。清查卧铺时应对有无越席乘车或无票人员及各种铁路乘车证的填发是否有效，证件是否齐全，有无转借、涂改等情况进行重点检查。

③ 办理补票时，要先问清旅客的发、到站，人数，座别，铺别后再制票，代用票及电子票制票完毕后要检查确认票价金额，通知旅客准备现金。使用补票机应按程序正确使用。

④ 填发代用票必须符合客规有关规定，正确填写，字迹清楚，票面加盖规定印章，不随意涂改，尤其是不得涂改发、到站，人数，金额。填写完毕后要检查确认合计金额，按合计金额剪下剪断线。交递车票找零时，应复诵，做到先收钱再付票、后找零，唱收、唱付，当面点清。

3. 运输收入事故、违纪的定性及处理

1）事故分类与等级

（1）运输收入事故的种类分为现金事故、票据事故和坏账损失。

① 现金事故：现金丢失、被盗、被抢劫。

② 票据事故：在印制、保管、发放、寄送、运输和使用过程中所发生的铁路客货运输票据丢失、被盗、短少。

③ 坏账损失：无法收回的应收账款。

（2）运输收入事故的等级分为一般事故、大事故和重大事故。

① 一般事故：损失金额不足 1 万元。

② 大事故：损失金额 1 万元及以上，不足 10 万元。

③ 重大事故：损失金额 10 万元及以上。

2）事故金额的计算（以下内容只与客运部分有关）

（1）现金、银行票据和坏账损失按实际损失计算。

（2）区段票每张按剪断线最高金额计算（现已基本不使用）。

（3）代用票按每组 1 000 元计算。

（4）计算机软纸票按每张 1 000 元计算。

（5）对使用过的到达铁路客货运输票据事故金额，按上述相应票据计算。

（6）对使用过的发送铁路客货运输票据事故金额，能确定运输收入实际损失的，按造成的运输收入实际损失计算，不能确定实际损失的，按上述相应票据计算。

3）事故的处理

（1）发生运输收入事故时，应保护好现场，并电告收入管理部门和公安部门，及时组织破案。

（2）事故发生后应于 5 日内向本企业收入管理部门提出“运输收入事故报告表”，并附责任人书面材料。重大、大事故应及时书面报告铁道部。发生运输收入事故除经济赔偿外，可视情节轻重对责任人给予行政处分，情节严重的应追究至主管领导的行政职责。

（3）一般事故由站、段处理，并报本企业收入管理部门备案。

（4）重大、大事故由铁路运输企业处理，并报铁道部收入管理部门备案。

4）运输收入事故的处罚

对发生的票据、票款丢失事故按照《铁路运输收入管理规程》第九章进行处理。

（1）构成运输收入一般事故的，责任人除负责经济赔偿外，给予责任人行政警告处分，并对责任班组列车长、车队队长按事故金额的 10%、2% 进行考核，同时给予责任班组列车长待岗三个月处理、给予责任车队队长行政诫勉三个月处理。

（2）构成运输收入大事故的，责任人、班组、车队除负责经济赔偿外，给予责任人行政记大过处分，给予责任班组当班列车长行政记大过处分，并撤销列车长职务，给予责任车队队长行政警告处分。

（3）构成运输收入重大事故的，责任人、班组、车队除负责经济赔偿外，给予责任人行政开除路籍留路察看处分，给予责任班组当班列车长行政记大过处分，并撤销列车长职务，给予责任车队队长行政记过处分。

（4）构成运输收入事故的，如上级机关有处理决定的，按上级机关处理决定执行，如构成违法的，由司法机关依法处理。

4. 运输收入违纪行为与处罚

1）违纪行为

（1）利用工作或职务之便，篡改票证、报表或用其他方式侵吞票款的。

（2）为长途旅客开短途票的。

（3）私带无票人员的。

（4）安排旅客（包括持有铁路乘车证的铁路职工）越席乘车的。

（5）无票运输货物的。

（6）列车行李员与车站或货主串通，装载超过票记重量、件数的行包货物或为其提供便利的。

（7）违规占用卧铺、座席的。

（8）其他违反铁路运输管理或客运管理的规定，造成运输收入少收的行为。

2）违纪行为的处罚

（1）构成上述第（1）条的，违纪金额不满 200 元的，给予警告处分；200 元以上，不满 1 000 元的，给予记过至记大过处分；1 000 以上，不满 2 000 元的，给予记大过至留用察看处分；2 000 以上的，给予留用察看至开除处分。

实施行政处分的同时，给予违纪金额 2 ~ 5 倍的罚款，未开除的要调离现工作岗位。

（2）构成上述第（2）~（6）条之一的，违纪金额按应收款与已收款差额和获取的好处费合并计算，对责任者给予以下处罚：

违纪金额不满 400 元的，给予警告至记大过处分，情节轻微的可免行政处分；400 元以上，不满 1 500 元的，给予记大过至撤职处分；1 500 元以上，不满 4 000 元的，给予撤职或留用察看处分；4 000 元以上的，给予留用察看至开除处分。

实施行政处罚的同时，可给予违纪金额 1 ~ 2 倍的罚款（但最多不超过 2 万元），未开除的要调离现工作岗位。

（3）构成上述第（7）条行为时按所占铺位、席别补收票款。

（4）单位为谋取小集体的利益构成以上所述行为之一的，除向其追补损失的运输收入外，同时处以违纪金额 0.2 ~ 1 倍的罚款，并给予相应的行政处分。

五、列车长乘务作业标准

1. 始发站准备作业

1）出乘准备

（1）按规定时间提前到段接受任务。

① 向乘务科、车队请示工作，接受任务。

② 到收入室（财务科）请领票据、IC 卡。

③ 填写乘务报告。

④ 到派班室（值班室）摘抄命令指示，了解列车编组、重点旅客及班组人员情况。

（2）准时到派班室（值班室）列队点名，检查仪容、着装，听取有关命令、电报、业务事项传达，接受提问。

（3）布置趟计划，提出工作重点和具体目标。

应达到的质量标准：按规定着装，佩戴职务标志，精神饱满，仪容整洁，列队整齐；命令、电报摘抄齐全，字迹清楚；布置计划重点突出，措施具体，做到人人清楚。

2）接收列车

组织列队接车：到各车厢（库内）检查、了解安全与服务设施设备情况。

组织各车厢卫生整备鉴定，与库内保洁领班进行对口签字交接。

应达到的质量标准：列队整齐，背包统一，情况明了，交接准确。按标准鉴定验收，质量达标签收。

3）库内车容整备

（1）组织各项备品设备设施的请领补充。

（2）检查各工种作业准备工作情况。

（3）组织餐车按计划上足餐料、商品；审批餐车旅客、乘务餐预制计划。

（4）检查各车厢上煤、上水及开水准备情况。

（5）检查各车厢按规定悬挂摆放各种备品、车容整理情况。

（6）整理办公席规章、台账、资料票据及办公用具。

（7）按标准对车容、卧具、备品整理情况进行检查。

（8）组织做好“三乘”联检工作。

4）检查行李车装车准备情况及审批广播计划

应达到的质量标准：备品齐全，设备良好，分工明确，联劳协作，规章、台账、资料、表报齐全完整，卫生达到列车等级标准，卧具整齐统一，备品定位隐蔽，车容全列一致，“两炉一灶”状态良好；餐料、燃料、开水充足；三乘联检落实有记录；预制计划、广播计划审批有签字。

2. 始发作业

1）放客准备

（1）与车站联系，了解有关事项。

（2）根据车站旅客放行时间，督促广播员通知乘务人员到岗到位。

（3）检查各车厢边门立岗情况。

应达到的质量标准：人员到岗到位，站立统一，活动顺号牌悬挂一致，立岗姿势端正规范，验票上车认真。

2）组织旅客上车

（1）车站放客时，列车长按照具体分工立岗：头班车长在列车中部，二班车长巡视车厢，组织引导旅客乘车，了解行包装车、交接情况。

（2）检查乘务员验票上车、查堵危险品、帮助重点旅客有序乘车情况。

（3）做好重点旅客的接待安排。

（4）检查行李员监装、交接情况。

（5）妥善处理临时发生的问题。

应达到的质量标准：分工明确，职责落实，态度和蔼；重点旅客安排落实，乘车秩序良好；行包交接清楚，处理突发问题及时得体。

3）站车交接

（1）接收乘车人数通知单、剩余卧铺通知单，接受站方传达有关命令、指示、通知。

（2）办理客车上水签认工作。

（3）交接旅客上车中的其他事宜。

应达到的质量标准：在列车中部办理交接，交接内容清楚，有记录、有签收。

3. 中途作业

1）开车检查

（1）检查各工种作业标准的落实情况。

（2）召开“三乘”会议。与乘警长、检车长及时沟通情况，提出要求。

应达到的质量标准：检查全面，沟通及时，发现问题，整改到位；会议定期定时召开，内容具体，记录翔实。

2）业务处理

（1）接待安排重点旅客。

（2）核对卧铺使用情况，办理剩余卧铺。
（3）及时填写旅客列车密度表，联系站车交办事项。
（4）接待旅客来访，受理旅客投诉，签署旅客留言簿。
（5）组织查验车票，办理补票业务，处理有关事宜。
（6）按规定及时拍发电报或编制客运记录，移交旅客、物品及“危险品”。
（7）加强列车售货管理，劝阻、制止商贩随车叫卖。
（8）组织开餐（旅客及乘务餐）。
（9）组织开展“红旗车厢”竞赛评比活动（直达列车除外）。
（10）遇首长及上级主管乘车或检查，做好接待及汇报工作。

达到的质量标准：重点旅客服务落实；剩余卧铺公开发售；密度表填写清楚；站车交接及时，交接事项清楚，记录签收认真。接待旅客热情，解答问询耐心，处理问题稳妥，审批意见及时；按规定查验车票、处理超重；票据填写清楚正确；编制记录和拍发电报准确及时、内容简练、符合要求；餐车供应质价相符，保证重点、秩序良好；竞赛评比活动正常；接待汇报得体大方、重点突出。

3）巡视车厢

（1）检查各项安全制度执行情况及“二炉一灶一电”运用状况。
（2）检查各车厢全面服务、重点照顾、仪容着装、文明礼貌、礼貌用语情况。
（3）检查车容卫生、车厢秩序和开水供应情况。
（4）检查广播作业及行包装卸和交接情况。
（5）检查餐车供应、商品供应、饭菜质量和价格情况。
（6）检查各工种作业情况和乘务纪律执行情况。
（7）检查旅客密度、车内温度，组织均衡运输。
（8）检查交接班卫生及备品定位、资料填写、重点旅客交接情况。

应达到的质量标准：巡视检查到位，到站停车交接，问题处理及时；服务项目落实，重点照顾到位；均衡疏导旅客；行包装载良好，车内秩序井然；站站上水签认，开水供应充足；饭菜供应良好，商品销售正常；空气温度适宜，卫生随脏随扫；作业程序达标。

4）卧铺管理

（1）按规定安排宿营车铺位。
（2）按章办理卧铺。夜间旅客休息前核对卧铺。
（3）夜间巡视检查卧铺车。列车员按规定值岗或检查有无非本车厢人员乘坐。

应达到的质量标准：宿营车定人定铺；办理软卧按章核对证件；核对卧铺准确；卧铺车列车员按规定值岗，午间、夜间停止会客。

4. 折返站作业

1）到站准备

（1）组织全体乘务人员按作业程序，做好折返站终到卫生。
（2）审核票据，清点票款，审理旅客留言簿。

应达到的质量标准：卫生达到“三不带”（不带垃圾、污水、粪便），垃圾装袋扎口定点投放。

2）组织旅客下车

（1）列车长双班工作，分工组织旅客下车。

（2）检查各车厢乘务员立岗、扶老携幼、组织旅客下车情况。

（3）检查全列车厢。

应达到的质量标准：旅客下车井然有序，车门立岗到位整齐，扶老携幼服务落实，车厢检查到位。

3）站车交接

（1）向车站客运值班员提交速报。

（2）交办重点旅客。

（3）移交旅客遗失物品。

（4）交接有关旅客旅行其他事宜。

应达到的质量标准：交报准确，交接清楚，手续齐全。

4）停留作业

（1）向折返站客运段派班室（值班室）汇报乘务工作并接受命令指示。

（2）督促餐车班做好返乘补料工作和返乘饮食供应准备工作。

（3）组织乘务人员按质量标准做好车容、备品整理，进行卫生鉴定。

（4）召开会议，总结单程乘务工作，布置返乘工作要求。

（5）安排看车人员，组织列队到公寓休息和列队接车整备。

应达到的质量标准：请示汇报及时认真，接受命令清楚；车容整洁、备品定位、卫生达标；看车人员落实，车长亲自到位；工作布置清晰，重点突出。

5. 终到作业

（1）与接班组列车长办理交接，与库内保洁领班进行对口签字交接。

（2）在指定地点集合列队，总结趟乘务工作。

（3）回段向派班室（值班室）汇报乘务工作和提交乘务报告。

（4）按规定及时交款。

应达到的质量标准：交接认真有记录，总结全面具体，汇报及时，账款相符，台账填写准确，上报资料齐全。

任务练习

一、列车票务处理练习

（1）××××年 1 月 10 日，T151 次列车（北京西—西宁，空调列车）在石家庄站开车后，1 名刚上车旅客找到列车长，要求补办 1 张到宝鸡的硬座车票，如何办理？

（2）××××年 1 月 10 日，K7762 次列车（邯郸—北京西，空调列车）在邯郸站始发前，1 名旅客持站台票要求乘此车软座至保定，列车有能力，如何办理？

（3）××××年 1 月 10 日，K165 次列车（西安—昆明，空调列车）到达咸阳站前，1 名旅客持西安站补票证，要求乘此车硬卧到昆明，列车 5 车 16 号中铺空闲，如何办理？

（4）××××年 1 月 10 日，K974 次列车（武昌—哈尔滨，空调列车）到达广水站前，1 名旅客持南开大学学生证（乘车优惠区间天津—孝感）要求补购 1 张学生票乘车至天津，如何办理？

（5）××××年 1 月 10 日，K280 次列车（十堰—北京西，空调列车）在十堰开车后，1 名旅客出示中国人民大学研究生证（优惠区间北京—十堰）要求补购硬卧至北京西，经确认，10 号车 6 号上铺谷城站后空闲，如何办理？

（6）××××年 1 月 10 日，T145 次列车（北京—南昌，空调列车）在北京站开车后，1 名旅客持当日当次北京至南昌硬卧票一张，要求为同行的 1 名身高 1.23 m 儿童补购硬卧，10 车 16 号下铺空闲，如何办理？

（7）××××年 1 月 10 日，K79 次列车（上海南—昆明，空调列车）在嘉兴站开车后，1 名旅客持当日当次上海南至株洲硬卧票，要求与同行的 1.18 m 儿童分别使用硬卧，假设 12 车 12 号下铺空闲，如何办理？

（8）××××年 1 月 10 日，1112/3 次列车（青岛—汉口，空调列车，商丘 3:19 开）运行至商丘站，1 名旅客持当日 K631 次列车（商丘—信阳，快速，商丘 16:05 开）商丘至信阳硬座票，要求改乘此车硬座至到站，列车同意，如何办理？

（9）××××年 1 月 10 日，K7333 次列车（大连—延吉）在金州站开车后，1 名旅客持当日当次大连至延吉伤残军人硬座票 1 张，因身体不适要求使用软卧至到站，4 车 3 号空闲，如何办理？

（10）××××年 1 月 10 日，4482 次列车（涉县—天津）在磁山站开车后，2 名旅客持当日当次磁山至沧州硬座普快代用票 1 张（票号为 A056788），要求分开乘车，其中 1 名旅客越站到天津站，列车有能力，如何办理？

（11）××××年 1 月 10 日，1481 次列车（包头—南昌，“空调”，石家庄 00:28 开）到达石家庄站后，1 名旅客持当日 K507 次列车（北京西—贵阳，“空调”，石家庄 00:51 开）石家庄至鲁山硬座票，找到列车长，声称车站误售车票，其目的地是庐山，要求乘坐此车去到站，列车同意，如何办理？

二、客运记录编制练习

（1）××××年 3 月 10 日，D2012 次列车（太原—北京西）在定州站开车后，1 名旅客持当日 D2013 次列车（北京西—太原）石家庄北至太原二等车票，找到列车长，声称坐错车，如何办理（列车下一停车站保定站）？

（2）××××年 3 月 10 日，K589 次列车（北京西—重庆北，“空调”）在石家庄站开车后，列车查验车票时，发现 1 名旅客无票，按章补票时，自称无钱，如何办理（列车下一到站邢台站）？

（3）××××年 3 月 10 日，T5680 次列车（邯郸—北京西）石家庄站开车后，列车员巡视车厢时发现 8 号硬座车厢 8 号座位上有旅客遗失提包 1 个，内装西服、茶具、人民币 900 元等，如何办理？

三、铁路电报编制练习

（1）××××年×月×日，K590 次列车（重庆北—北京西，属石家庄客运段）到达洛阳站，临时上法国旅行团 30 人乘车去北京，列车内餐料不足，需补充鲜牛肉 20 kg、白条鸡 15 kg、罐装啤酒 120 听，如何办理（下一停车站月山站）？

（2）××××年×月×日，T89 次列车（石家庄—广州）在新乡开车后，发现列车广播设备（型号 ZLG150-7D）话筒故障，需修理。列车广播机位于机后第 5 节车厢，如何办理（列车下一停车站为郑州、武昌）？

四、站、车交接练习

（1）××××年×月×日，石家庄开往哈尔滨 1524 次列车到达衡水站前，旅客刘明因突发心脏病休克（男，身份证号××××××××××××××××××），持×年×月×日，该次列车石家庄至沈阳空调硬卧票（票号 D00038，15 车 5 号下铺），带有提包一个，内有佳能照相机 1 部、洗漱用品及人民币 3 050 元。经列车通过广播找医生抢救无效死亡。如何处理、移交？

（2）××××年×月×日，北京西开往重庆的 K589 次列车到达邯郸站前，在 6 号车厢发现 1 名无人护送的精神病旅客（男，50 岁左右，无证件），持该次列车邢台至郑州空调硬座票一张（票号 F0908）。如何处理、移交？

（3）××××年×月×日，石家庄开往广州 T89 次列车到达邯郸站前，旅客张武平（男，身份证号××××××××××××××××××）持×年×月×日，该次列车石家庄至广州空调硬座票（票号 D00638，16 车 36 号座），泡方便面时，不小心将自己左手臂烫伤红肿起泡，伤势较重，需下车医治，如何处理、移交？

（4）××××年×月×日，K233 次列车运行到邯郸至安阳间时，列车运行方向左侧遭石块打击，致使 16 号硬卧车厢中部车窗玻璃被击碎。该车厢 10 号下铺旅客陈涛（男，身份证号××××××××××××××××××），持该次列车石家庄至上海空调硬卧票（票号 D00682，16 车 10 号下铺），被玻璃碎片炸伤左眼，伤势严重，需下车医治，如何处理、移交？

（5）××××年×月×日，广州开往石家庄 T90 次列车，广州开车 1 小时后，发现 5 号车厢有 3 名旅客（持本次列车广州至石家庄硬卧车票）出现呕吐、腹泻现象，经询问，旅客自称上车前在市内一家小餐馆用餐后直接上车。其中 1 人病情较重，需下车医治（列车下一到站韶关东站），如何处理、移交？

任务五　列车行包运输

任务描述

列车行包运输是铁路列车客运作业的内容之一，包括行包的装卸、交接及行包运送中的问题处理等内容。作为铁路列车行李员，应当掌握列车行包运输工作的内容、标准及作业方法，能够正确使用行李车各种设备，在行包运输中达到作业标准，使旅客、托运人满意。

知识准备

一、行包装卸和交接

行包运输工作中，列车行李员的工作十分重要。列车行李员必须与车站密切协作，做到“巧装满载”，同时应掌握乘务区段的线路情况、停站时分以及行李中转站的范围、接续车次和各停车站的装卸规律，以防止事故发生，保证列车的安全与正点。

列车行李员出乘前应根据列车长的传达，或亲自到派班室摘抄有关行包停限装的电报、命令、指示，主动到始发站行李房了解情况，掌握行包装车数量、性质及主要到站，并收集附近站预报，做到心中有数；要按行包运输方案及行包装卸交接证核对票据，确定堆放位置。装车时按站方递交的装车计划，认真监装，清点件数。始发站至终点站的行包应集中装在行李车两端，到各中间站的行包按到站的顺序实行：远装里、近装外，大不压小、重不压轻，堆码整齐，装载平衡，货签朝外，易碎、易污、放射性物品分别隔离，鲜活物品注意通风。作业时严格执行“三检、三对”：检查货票、检查标签、检查包装，对件数、对品名、对到站。列车行李员应认真监装，发现危险品、政府限运品及包装不符合要求的货件应拒绝装车。各站都要建立装车前票货核对制度，做到票货相符，一票一清，车站行李员核对无误后，在站、车交接单上签注“核对无误”并盖规定名章方可组织装车。无车站行李员名章，列车行李员有权拒绝装车。办理信件交接时，应坚持“一确认、二检查、三清点”的制度，即确认到站、检查封印包装、清点件数，做到信件清点正确，贵、密件封印符合规定，签收交接应盖规定印章。

列车行李员采用轮班制时，始发站两个行李员要同时上岗。工作时或一人接受款项、密函、信件、公文，并按站顺整理好，另一人负责装货；或两人同时先装行包，然后接受公文信件。一班作业时，列车行李员则应先装货后接受公文信件。凡不合规定的款项、密函、信件应拒绝接受。

列车到达途中各停车站时，行装人员要密切配合，先卸后装。列车停妥后先叫站方核对、接收行包票据、件数、公文信件，然后指明待卸货位。卸车要坚持“二对一隔离”（对件数、对到站，不卸的行包要用红带隔离），列车行李员监卸点件，盖章办理交接。卸完后按站方递交装车计划，接收待装票据、信件、指定货位监装点件，组织装车，其基本作业与始发站相同。列车行李员应认真进行票货核对，防错卸、漏卸、有货无票、混装顶件等事故的发生。为充分利用运输能力，列车行包输送要做到巧装满载，每站卸车后及时将剩余能力和待卸行包向前方站做出预报，一般交站方行李员代报。遇有大批行包或列车晚点时要提早预报，列车长应组织人力，协助站方快卸快装，配合赶正点。

列车与车站、站车各工序之间的交接，是划清行包运输责任的重要作业过程，为了保证行包安全和运输无误，必须严格交接手续。在承运行包时，应指定专人负责进仓，认真做到票、货对照，一票一进仓，盖章交接，归位堆放；行包出库后运送途中，各站应根据本站情况制定交接制度，必须做到有货动有交接，交接有手续，不信用交接，货票相符，件数正确。站车交接做到一车一清，卸车进仓一趟一清，仓库交接一班一清。

站车交接时，如因接收方不盖规定章或印章不清无法确认，接收方应签收而未签收，或虽已签收，但对件数、包装等情况站车双方有异议的，且在开车后 3 小时内（如区间列车运行超过 3 小时不停车为前方停车站）又未拍发电报确认的情形，发生事故，为列车接收站段的责任。

列车到达终到站之前，列车行李员应将票据、公文信件整理清楚，票货核对无误后，准备与站方交接、卸车，然后将往返乘务的行包交接证（式样见图 5.5.1）整理装订成册，统计行包件数，将完成任务情况、有关记录电报事项向列车长汇报。接下来要搞好行李车的终到卫生（包括仓位的清扫，办公间的擦抹、厕所的冲洗等），然后整理各项备品与接收班组办理交接。

行李包裹装卸交接证　　　　客统—5

×年×月×日

自＿＿＿＿＿＿车　站　　　　自第 2312 次列车

交第＿＿＿＿＿＿次列车　　　　×××车 站

站行李＿＿＿＿　　　　列车行李员××

发　站	到　站	行或包	票据号码	包 装	件 数	重 量	记　事
杭州	镇江	行	863110	木箱	2	50 kg	
杭州	镇江	行	311612	皮箱	5	20 kg	手把断一个
嘉兴	镇江	行	311613	皮箱	2	63 kg	
嘉兴	镇江	包	811344	木箱	3	80 kg	一个角磨损
上海	镇江	包	811345	木箱	1	34 kg	
上海	镇江	行	360042	布包	1	45 kg	
苏州	镇江	行	360043	皮箱	2	60 kg	
苏州	镇江	行	322622	皮箱	1	25 kg	
无锡	镇江	包	823411	袋	1	25 kg	
预报事项				合计	18	502 kg	

86—6 000 本 100 页（2982）库客 134

以上件数业经收讫　　　　车站行李员××印

图 5.5.1　行李包裹装卸交接证

二、行包运送

在列车行李、包裹的运输工作中，列车行李员除了负责行包的装卸、交接作业外，还担负列车运行途中，行包常规业务和发生问题的处理等任务，对行包安全、迅速、准确地送达到站起着重要作用。

（一）列车运行中的常规作业

1. 车门管理

在始发和各种停车站行包装卸完毕，列车行李员应及时关闭货仓门，插好插销，货仓连接其他车厢端门必须加锁，风挡处端门、边门应加锁（有运转车长值乘除外），要求各车门无漏检、漏锁，确保安全。

2. 安全检查

列车运行中，行李员要经常巡视货仓，做好防火、防盗、防塌、防潮湿、防丢失工作。行李车应涂打“严禁烟火”“轻拿轻放”“大不压小、重不压轻”等标语。货位应悬挂到站显示牌，必要时整理翻装，各站分开，码放整齐，到站一目了然。下站要卸的行包要放隔离带，注意位置准确，避免行包遗漏。

3. 押运人员登记

《铁路旅客运输规程》规定，车站承运金银珠宝、货币证券、文物、枪支、鱼苗、蚕种和途中需要饲养的动物等，要求发货人必须派人押运。押运人凭“铁路包裹运输押运证”和旅客列车全价车票登乘行李车押运。装卸车时，行包房与列车要对押运包裹进行重点交接，并在站车交接凭证上注明“自押××批××件”字样。

装车时，列车行李员要查验押运人的押运证和居民身份证，无有效押运证和居民身份证或者两者不符的，列车行李员应拒绝该批货物装车及押运人登乘行李车，由此引起的一切后果由装车行包房负责。

装车后，列车行李员要告知押运人安全注意事项和押运管理要求，指定押运位置，保管好押运人随身携带的火种（下车前归还），查验押运人车票，在“乘务日志”记事栏内登记押运人姓名、性别、身份证号码、联系电话、包裹票编号、押运证编号、包裹装卸车站等信息。

列车行李员要坚守岗位，加强巡视，监督押运人遵守铁路旅客及行李、包裹运输的有关规定。

押运须知：

（1）严格遵守铁路规定，服从铁路工作人员指挥，负责所押货物安全。

（2）凭证押运，不得饮酒，不得擅离职守。

（3）严禁携带易燃易爆等危险品进站上车，严禁在仓库和列车内吸烟、弄火、使用电器，随身火种交列车行李员保管。

（4）不得移动、翻动仓库和列车内的物品，不得靠近放射性物品，不准打开车门乘凉，不准在货垛高处坐卧、停留，杜绝人身意外伤害事故。

（5）密切关注行包动态，对危及货物和列车安全的情况，要立即报告铁路工作人员。

4. 整理票据，填写报表，分拣公文

列车从始发站和各停车站开出后，应按行李票、包裹票分别各站填写行李包裹装卸交接证，其目的是保证行包的运输安全与完整，划清运输责任，凭此按规定办理站车交接。填写交接证时应注意票货核对，要求字迹清楚、准确无误。

列车行李员还应根据车内行包件数、重量、各站装卸行包情况填入“列车行李、包裹运输密度表”（见表 5.5.1）。该表是行包计划运输的原始资料，是行李员正确掌握行包密度，向前方车站提交预报的依据，能及时调整和挖掘运输能力，充分利用剩余能力，防止行李车超重或虚糜，实现行包的均衡运输。

表 5.5.1 列车行李、包裹运输密度表

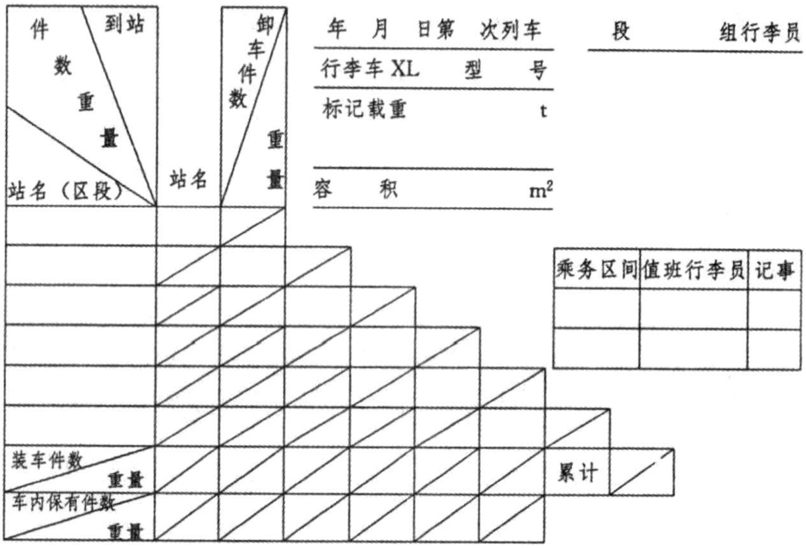

为了使行李车内货位使用充分、明朗，行李员应填写货位揭示板，将货位存放行包的件数、重量、去向标志清楚；对行包存放情况、货位利用一目了然。

为了便于路内各单位之间往来公文及其附件的迅速传递，准许由旅客列车或混合列车传递。列车行李员应将各站收到的公文、信件按站顺分存放入格内，无论挂号与否，均应注意保管、传递，保证不丢失、不延误。传递过程中，还应填写公文交接证，对贵、密件在记事栏内注明。密件、公款的封皮封口处，要粘贴薄纸条，加盖骑缝章，在封皮的左上角，标明挂号的“字号”“密别”或“贵重品”，以便经办人易于识别。

（二）列车行包运送中的问题处理

1. 行包运输变更处理

旅客在乘车途中，要求办理旅行变更的情况是经常发生的，而且办理时间比较紧迫。行包装运后，旅客或发货人要求运回发站或变更到站时（凭客票办理的物品，只办理运回发站和中止旅行站，鲜活物品不办），办理规定如下：

（1）列车接到行李、包裹的变更电报后，找出该批行李或包裹及其票据。

（2）编制客运记录，连同行李或包裹和运输单据，交前方营业站或新到站（旅客在列车上要求变更时可按此办理）。

【例 5.12】 ××××年×月×日发货人李丽在北京站托运至枣庄站文具两件，重 82 kg，票号为 D068341，装运后发货人要求变更到商丘，包裹装于当日北京开往南京西站 65 次列车上。列车行李员找到该包裹后，编制客运记录（见图 5.5.2）交前方停车站徐州站。

××铁路局　　　　　　客统-1
客 运 记 录
第 × 号
记录事由：包裹变更到站
徐州站
接北京 4 月 1 日京发行（95）第 8 号电报，要求将北京发枣庄文具 2 件，重 82 kg，票号 D068341，变更到商丘站，现交你站处理。
×× ~~站~~ 段 编制人员 65 次列车长 （印） 站 段 签收人员 （印） ×××× 年 × 月 × 日编制

图 5.5.2　客运记录编写样例

2. 行包违章运输的处理

列车员发现行李、包裹有违章运输（包括品名、重量不符合及无票运输等）情况时应编制客运记录，连同该货件交到站，由到站按规定补收有关费用；如果是危险品应交前方停车站处理。无票运输指行包应办理托运手续而未办理的一种违章运输，此时站、车应拒绝装运，如已装运，列车长、列车行李员应编制客运记录到站处理，并通知其单位认真调查、严肃处理，必要时给予相关责任人纪律处分。

【例 5.13】 ××××年×月×日，昆明开往成都的 2512 次列车在西昌开车后，正在车内检查行包装载情况的行李员发现货仓内有两条蛇，立即通知了列车长、乘警一起捕蛇。这时又发现广通站发峨眉站冻带鱼一批（3 件，120 kg），票号为 B000118，其中一件木箱包装的一块木挡被其他行包压落，里面是冻蛇，行李员谨慎将木挡封回原处钉好。

处理方法：

（1）猛兽和每头超过 20 kg 的活动物（警犬和运输命令规定运输的动物除外）不能按包裹运输。

（2）少量蛇跑出，可设法抓住，使其不危及人身安全；数量较多不好控制时，可以停止行包作业，并拍电报通知货主，尽量不甩车，挂运至终到站处理。

（3）编制客运记录（见图 5.5.3）交到站处理。

（4）追究货主责任。

3. 行包发生事故的处理

列车运行途中，因车辆紧急制动而使货物倒塌、破损时，列车行李员应及时整理，查明行包破损件数、品名，去向和列车发生紧急制动时间、区段，并了解机车型号、所属段，请司机、运转车长证实，编制客运记录交行包到站和中转站，作为交接凭证和编制事故记录的依据，并应及时拍发电报给有关站，抄报主管铁路局和客运段。

××铁路局 客统-1
客 运 记 录
第 × 号
记录事由：包裹品名不符
峨眉站
×年×月×日×时，本次列车在西昌开车后发现广通站发峨眉站冻带鱼 1 批 3 件 120 kg，票号 B000118，其中 1 件木箱里面是冻蛇。现编记录交你站，请按章处理。
×× ~~站~~ 段 编制人员 2512 次列车长 （印） 站 段 签收人员 （印） ×××× 年 × 月 × 日编制

图 5.5.3 客运记录编写样例

【例 5.14】××××年×月×日，5209 次列车运行至铁岭—开原间，由于列车紧急制动，行李车货仓内货件倒塌，砸毁沈阳发长春站包裹 A711012 号，自押彩色电视机 1 件，25 kg，列车行李员如何处理？

处理方法：列车行李员应编制客运记录，如图 5.5.4 所示。

××铁路局 客统-1
客 运 记 录
第 × 号
记录事由：行李破损
长春站
×月×日，5209 次列车运行至铁岭——开原间，由于列车紧急制动，行李车货仓内货件倒塌，砸毁沈阳发你站包裹 A711012 号，自押彩电 1 件，25 kg，现编制记录说明情况，并将该货交你站处理。 参加人签字： 5209 次乘警 印 5209 次列车行李员 印 5209 次机车司机 印
×× ~~站~~ 段 编制人员 5209 次列车长 （印） 站 段 签收人员 （印） ×××× 年 × 月 × 日编制

图 5.5.4 客运记录编写样例

列车行李员遇有行包货签脱落、票货分离装卸造成误运时，应及时处理，查清到站，编制客运记录转送到正当到站，不得等货交换，严禁顶件。发现货物包装松散，可帮助缝上扎好，并详细登记该货物的品名、到站、票号、行包破损有异状或包装不符合规定的物品，应由交出者在交接证上注明，并加盖名章。如挂号公文信件封套由于非人为的原因而破损，应主动加封停止运送。遇有包封呈异状，有明显揭拆或遗失文件、物品的痕迹时，行李员应拒绝接收。

三、对列车行李员的管理

1. 列车行李员岗位任职条件

（1）文化素质：应具有初中以上文化程度，具有行李员职务资格证书。

（2）身体状况：身体健康，能胜任本岗位工作，持有健康证。

（3）职业道德：遵章守纪、爱护行包、文明装卸、认真负责。

（4）技能要求：应熟知本岗位业务知识和职责，认真执行规章、制度、作业标准，具备妥善处理突发事件的能力。上岗前应通过安全、技术、业务培训，经分公司理论、实做考试合格后，持证上岗。

2. 行李车定置管理标准

1）规章资料

规章资料依据《铁路旅客运输服务质量标准》配置，运行中按从大到小（A4，A5）由左至右排列，定置于办公桌面左侧靠车窗处，值乘完毕入柜。

2）设备设施

（1）灭火器材：4具水型（干粉）灭火器，装挂于灭火器套内。

（2）隔离红带：隔离红带（捆齐）定置于办公桌右侧抽屉内。

（3）站名牌：定置于办公桌右侧抽屉内。

（4）链条锁：定置于办公桌右侧抽屉内。

（5）货票、交接证：定置于办公桌中间抽屉内。

（6）办公用文具：笔、计算器、印纸、票夹、垫板等，定置于办公桌中间抽屉内。

（7）暖瓶：定置于行李车办公间密件柜边并配有暖瓶座。

（8）水杯：定置于行李车办公桌上右前角。

（9）清扫工具：墩布（洗净）、笤帚、簸箕清扫后放在水桶内，定置于行李车厕所门后。抹布叠摆成方块形，定置于厕所梳妆台靠门一边；无梳妆台的叠摆成方块形定置于洗面池边上靠车窗玻璃一侧。

（10）焚火工具：铁锹、铲子（摇把）、炉钩（钎子）定置于行李车锅炉室内左侧小水箱一侧。

（11）箱包：轮乘制列车行李员箱包必须统一放置在宿营车规定位置；列车未编挂宿营车的，箱包可定置于行李车办公间行李架上。

（12）饭盒：定置于办公桌左侧抽屉内。

3）标志揭挂

（1）货位示意图、本次列车时刻表：定置于行李车办公间靠货仓一面墙壁左侧。

（2）岗位责任制、押运人员须知：定置于行李车办公间靠货仓一面墙壁右侧。

（3）严禁烟火标志：定置于行李车货仓一位端月牙板正中位置，与“爱护行包”位置相对。

（4）爱护行包标志：定置于行李车货仓二位端月牙板正中位置，与“严禁烟火”位置相对。

（5）公司所辖列车行李员印章应按《关于加强行李车乘务基础管理工作的通知》（快运网〔2006〕254号）的要求管理。

3. 列车行李员乘务管理制度

加强对列车行李员的乘务管理是公司实现站车一体化管理目标的重要组成部分，是保证货物安全、准确、便利、优质送达的重要措施。

1）列车行李员乘务管理模式

列车行李员的乘务管理主要是以属地营业部管理为主，同时发挥专业公司网络的优势，实施网络互控与值乘中“四乘一体”管理相结合的模式。

2）网络管理的权利和职责

（1）对各分公司所管辖区域内所属营业部和途经各次列车行包运营的安全服务质量进行监督检查。

（2）对违章违纪和影响行包运营安全、服务质量的列车行李员给予通报批评，限期整改，并予以经济处罚及建议给予行政处分。

（3）对全公司所辖范围内的列车行包运输安全及服务质量进行动态监控。

（4）查阅营业部及列车行李车的有关文件、档案、卷宗、票据等资料。

3）“四乘一体”管理中列车长的监管职责

（1）列车长依据《铁路旅客运输服务质量标准》实施考核。

（2）列车长应加强对行包运输的乘务管理，列车始发时必须检查行李员的作业情况及行包装载情况。

（3）列车长巡视车厢时，同时对行李车的日常工作进行检查；遇有特殊、应急物品运输时，应严格执行有关规定，随时掌握货物运输中的情况，确保货物的运输安全。

（4）各分公司与属地客运段签订列车长对行李车的监管协议，明确责任、权利、利益。

4）列车行李员安全、服务质量问题的判定与处理

（1）“红线”管理。对发生下列问题的责任人，视为“触红线”，分公司应按照与铁路局签订的“集体劳务用工协议”的有关规定处理，退回劳务输出单位，触犯法律的移交司法部门处理。

① 在乘务期间伤害旅客、货主及其他人员情节严重者（责任人承担医疗费用）。

② 在乘务期间违法乱纪，受治安拘留或行政记过以上处分的。

③ 在乘务期间酗酒、赌博。

④ 利用职务之便私带无票人员，私留行李车货位，获取私利；捎带盈利性物品，私带货物情节严重者。

⑤ 行包运输发生责任火灾、爆炸及行包灭失、破损，构成行包重大、大事故。

⑥ 利用职务之便，盗窃运输物资。

⑦ 故意损坏车辆设备、运输物品。

⑧ 服务行为粗暴，推、拉、拽旅客、货主，造成投诉或影响恶劣的（新闻媒体曝光）。

⑨ 每月在工作质量考评中，被累计处罚两次以上的。

⑩ 漏乘。

（2）“黄线”管理。对发生下列问题的责任人，视为“触黄线”，应给予调离本岗位处理，年内连续两次发生的比照“红线”管理考核中相关条款处理。

① 被各级检查组通报批评。

② 刁难、调戏旅客，并向旅客、货主进行敲诈、勒索钱物。

③ 参与非法速递活动，无论是否获取利益。

④ 旅客在乘务室逗留。

⑤ 收受押运人员的各种钱物。

⑥ 行李车发生异常情况，不及时报告，造成不良影响或损失。

⑦ 中途作业，不办理站车交接或在行李车有能力情况下拒装行包。

⑧ 发生火灾苗子。

⑨ 不按规定出勤、退勤；在值乘中串岗、睡觉及其他违反“两纪”行为，造成失控的。

⑩ 旅客、货主投诉，经核实属一般服务质量问题的。

（3）各分公司应依据上述规定，自行制定列车行李员日常管理细则及考核办法. 并报公司业务管理部备案。

5）乘务管理考核的信息传递渠道

（1）网络监督管理的信息传递通过各网络监察人员在网络检查时发现问题，及时填写“安全质量监督监察记录”“服务质量问题判定书”并加盖监察名章（一式三份：一份当事人，一份交所属分公司，一份自存）的方式进行。

（2）“四乘一体”的管理信息传递通过列车长将值乘中对列车行李员实行监控、监管后的情况和上级有关职能部门监督检查的情况填写在“列车行李员工作质量写实记录”，由列车行李员退乘后将“行李员工作质量写实记录”交相关营业部乘务中心“室”的方式进行。

（3）营业部乘务中心（室）应依据“安全质量监督监察记录”“服务质量问题判定书”和“列车行李员工作质量写实记录”中提出的问题，及时与有关部门反馈信息，提出处理意见。

四、列车行李员作业流程及标准

（一）始发作业

1. 出乘准备

作业内容：

（1）按规定时间到营业部乘务中心（室）出乘点名。穿着规定服装，佩戴职务胸章。
（2）摘抄命令、指示及停限业务电报，签收查询电报。
（3）请领备品、资料。
（4）提前到行包发送区了解行包装车计划。

作业标准：

（1）按时间出乘，出乘前 8 小时内严禁饮酒，保持精力充沛；服装、仪容仪表符合《铁路旅客运输服务质量标准》的规定。

（2）命令、指示及停限业务电报摘抄及时、准确。

（3）备品、资料按需请领。

2. 始发前作业

作业内容：

（1）清点清扫工具、办公用品，按规定交接车辆设备、备品（检查货仓是否灵活，门窗锁、玻璃、制动阀、灭火器材、配电盘、便器、洗脸池、行李架、衣帽钩、翻板、天棚盖等是否牢固）。

（2）采暖期间，交接取暖锅炉及焚火工具，检查缺煤、缺水情况。

（3）发现备品丢失、损坏时互相签字明确责任。

（4）整理清扫工具。

（5）卫生保洁：先上后下、先内后外，先冲洗、后擦抹，先扫后拖；刷擦窗台；擦抹四壁、顶棚、办公桌椅、行李架、衣帽钩、洗脸池、面镜，暖管（罩）；冲洗厕所、便器、锅炉室；扫拖办公间地面、通过台，刷货仓四壁，扫冲地面。

（6）落放车窗，挂摆窗帘，挂摆提示牌。

（7）整理规章资料、设备设施。

作业标准：

（1）工具备品完整齐全，车辆设备作用良好。

（2）取暖锅炉达到规定标准，焚火工具齐全，不缺煤、缺水，交接手续完备。

（3）清扫工具，隐蔽定位。

（4）办公室窗明地净，四壁无尘，窗帘挂摆平整，桌椅洁净，洗脸池便器洁白，厕所无臭味，暖管无积灰，锅炉室无杂物。

（5）货仓无杂物，四壁无污垢，地面干净。

（6）办公间有规定的时刻表、岗位职责、货位示意图和“押运人员须知”，货仓内有“严禁烟火”“爱护行包”标志，按标准贴挂。

（7）报表资料齐全，规章修改及时、规范准确，隔离红带、站名牌、链锁等设施齐全，按规定标准定置摆放。

3. 始发站台作业

作业内容：

（1）接车站行李员递送装车计划，指定货位，车门监装，清点件数。

（2）坚持“三检、三对、一隔离”制度。

（3）办理信件交接坚持“一确认、二检查、三清点”制度。

（4）与车站行李员办理交接，根据交接证的记载清点票据、装车计划清单和货物件数。
（5）盖规定印章办理交接班。公司级大客户、时限快递及其他重点货物重点交接。

作业标准：

（1）先远后近，计划装车，车门监装点数，按票逐批清点；充分利用货仓空间，合理安排货位，货物堆码大不压小、重不压轻，做到装载平衡，巧装满载，堆码平稳。

（2）“三检”：检查货票、标签、包装。“三对”：对件数、品名、到站。“一隔离”：易碎、易污、放射性物品分别隔离。

（3）“一确认”：确认到站。“二检查”：检查封印、包装。“三清点”：清点件数；保证信件清点、正确，贵、密件封印符合规定，签收交接加盖规定印章。

（4）与车站行李员办理交接时，点清票、货件数；重点货物指定专门货位，重点交接。

4. 始发站开车作业

作业内容：

（1）装车完毕关闭货仓门，按规定加锁车门，正确使用链条锁。

（2）巡视货仓，整理堆码货物，挂站名牌，放隔离红带。

（3）遇有押运人员，要看票验证，按规定格式逐项登记，交代安全注意事项。

（4）整理票据，填写行包交接证、铁路公文物品运送单；核对票货；填写“行包密度表”、货位示意图。

（5）公文、信件按站顺分存，放入格内。

（6）对贵重品、密件要入柜加锁。

（7）运输麻醉品及精神药品时，妥善保管运输证明副本。

作业标准：

（1）装车完毕，关闭货仓门，插好插锁，加锁封闭，风挡处端门、边门锁闭并加锁底锁（有运转车长值乘时除外），连接其他车厢端门必须加锁隔离（不允许加锁底锁）。各车门无漏检，漏锁，确保安全。遇有货仓门锁作用不良或承运鲜、活物品需开启仓门时，要加锁链条锁。

（2）货位有序，堆码整齐，留有防火通道（通道底宽 50 cm，上宽 80 cm，装载高度距棚顶中心线高度不少于 50 cm）。站名牌悬挂准确、挂牢，隔离红带按规定放置。

（3）看票验证认真，登记清楚，安全注意事项交代详细。遇有押动物、植物时，同时查验检疫部门出具的检疫证明。

（4）贵、密件入柜加锁，不丢失，不泄密，并在栏内注明。

（5）票据按站顺整理，表簿资料填写及时、准确，字迹清楚。货位示意图与实际货位相符。

（二）往程中途作业

1. 到站前作业

作业内容：

（1）到站前按票核对件数、到站，不卸行包用红带隔离。

（2）整理货物，将预卸货物移至货仓门边。

（3）做好到站前卫生，锁闭厕所。

作业标准：

（1）件数、到站正确，不卸行包用红带隔离。

（2）发生误装、误卸、货票分离等差错时，立即查找原因，及时处理，查清到站并编制客运记录，交站方处理。

（3）整理货物，将预卸货物移至货仓门边，做好前方站卸车准备。

（4）到站“三不带”：不带垃圾、污水、粪便。

2. 停站作业

作业内容：

（1）列车停稳开门后先交要卸的行包票据、公文信件，指明应卸货位，监装监卸。大站双人组织装卸作业。

（2）向站方行李员提出前方停车站应卸件数、容积重量预报（传真）。

（3）盖章办理交接。重点货物重点交接。

作业标准：

（1）车门监装卸，点数正确，按站方装车计划，指定货位监装点数，组织装车，做到巧装满载。双人值乘时，执行大站双人作业规定。

（2）按规定预报，件数、重量准确。

（3）按规定与站方盖章办理交接，加盖规定印章，不信用交接。公司级大客户、时限快递及其他需重点交接货物，单独制证交接。

3. 开车后作业

作业内容：

（1）按规定加锁车门。

（2）整理货位，挂站名牌，放隔离红带。

（3）业务处理。

（4）对押运人员登记，交代安全注意事项。

（5）拍发电报，编制记录。

（6）整理职场卫生。

（7）加强货仓巡视。

作业标准：

（1）装车完毕，关闭货仓门，插好插销，风挡处端门、边门锁闭并加锁底锁（有运转车长值乘除外），连接其他车厢端门必须加锁隔离（不允许加锁底锁）。各车门无漏检，漏锁，确保安全。遇有货仓门锁作用不良或承运鲜、活物品时，需加锁链条锁。

（2）货位有序，堆码整齐，留有防火通道（通道底宽 50 cm，上宽 80 cm，装载高度距棚顶中心线高度不少于 50 cm）。站名牌悬挂准确、挂牢，隔离红带按规定放置。

（3）票据按站顺整理，表簿资料填写及时、准确，字迹清楚。货位示意图与实际货位相符。

（4）遇有押运人员时看票验证认真，登记清楚，安全注意事项交代详细。遇有押运动、植物时，同时查验检疫部门出具的检疫证明。

（5）遇有行包满载及时拍发电报；遇有行包超载、偏载时，立即汇报列车长、检车员，及时处理，视情节拍发电报，编制客运记录。

（6）按标准整理职场卫生，扫拖、整理办公间，冲刷厕所，做到清洁无卫生死角。

（7）行李车内严禁吸烟，严禁闲杂人员进入货仓，防止货物倒塌。

4. 交接班作业

作业内容：

（1）交班前卫生整备。

（2）交接票据、信件、设备设施，填写行李员乘务工作日志认真交接。

（3）交接押运人员情况。

作业标准：

（1）交班前整理职场环境，做到卫生无死角。整理用具、备品，做好交接班准备。

（2）与接班行李员进行交接，做到“七不交”：公文，信件，贵、密件不清不交；行包件数不清不交；货位不清不交；行包堆码超规不交；备品不全不交；卫生不好不交；锅炉温度不达标不交。

（3）详细交接押运人员情况；重点货物单独交接。

（三）折返站作业

1. 折返站到达作业

作业内容：

（1）整理职场卫生，冲洗厕所、锅炉室。

（2）到站前整理票据，清点件数。

（3）核对贵、密件，点清公文信件。

（4）填写“行包密度表”，汇总单程运送行包件数、重量；填记资料、台账。

（5）监督卸车，站车交接。

（6）差错处理。

（7）整理资料台账、设备设施。

（8）到折返站营业部乘务中心（室）报到。

（9）按规定到公寓休息。

（10）执行折返站库内看车制度。

（11）参加班组返乘会。

作业标准：

（1）到站前清扫地面，擦抹办公桌椅、柜、信格、洗脸池、照面镜，冲洗厕所、锅炉室，卫生做到“三不带”。

（2）票据正确，件数相符，资料台账填写规范、数据准确。设备设施齐全有效，作用良好。

（3）组织卸车，监卸点数，与站方办理交接，加盖规定印章。公司级大客户、时限快递及其他需重点交接货物单独交接。

（4）资料台账入柜加锁，设备设施定置摆放。

（5）到折返站营业部乘务中心签到，汇报单程工作，接受传达指示。
（6）到公寓休息时，执行外埠公寓的各项规定。
（7）严格执行冬季采暖库内规定，确保安全。

2. 折返站始发作业

作业内容：
同行李车始发作业内容。
作业标准：
同行李车始发作业标准。折返站始发前须到折返站乘务中心（室）办理出乘并接受传达指示。

（四）返程中途作业

作业内容：
同行李车往程中途作业内容。
作业标准：
同行李车往程作业标准。

（五）终到作业

1. 终到前作业

作业内容：
（1）清理职场卫生。
（2）终到站前整理票据，清点件数，汇总行包、公文交接证、电报、记录、“行包密度表”及站方装车计划清单，装订成册，并加封面，写清乘务日期、车次、班组、区间、件数、重量、行李员姓名。
（3）检查清理取暖锅炉。
（4）整理“列车行李员工作质量写实记录”，由列车长签字对本次值乘质量予以鉴定。
作业标准：
（1）到站前清扫地面，擦抹办公桌椅、柜、信格、洗脸池、照面镜，冲洗厕所、锅炉室，卫生做到“三不带”。
（2）票据正确，件数相符，点清公文、信件，贵、密件数、重量统计正确，交接证装订整齐，封面逐项填写无遗漏。
（3）设备设施齐全有效，锅炉作用良好。
（4）如实填写“列车行李员工作质量写实记录”，到达交乘务中心审核、保管，下趟出乘时领取。

2. 终到站作业

作业内容：
（1）监督卸车，站车交接。
（2）差错处理。
（3）按规定交接车辆设备、备品、清扫工具。

（4）妥善保管备品、资料。

作业标准：

（1）组织卸车，监卸点数，与站方办理交接，加盖规定印章。公司级大客户、时限快递及其他需重点交接货物单独交接。

（2）发生误装、误卸、货票分离等差错时，立即查找原因，及时处理。

（3）按规定交接车辆设备、备品、清扫工具。

（4）要善保管备品、资料。遇有甩挂车命令时，将备品、资料妥善保管。

3. 终到退乘作业

作业内容：

（1）做好退乘、汇报准备。

（2）到营业部乘务中心（室）签到，上交表报，汇报趟车工作情况。

（3）退乘。

作业标准：

（1）按规定到营业部乘务中心（室）签到，上交“行包密度表”、行包装卸交接证、计划单、铁路公文物品运送单、“列车行李员工作质量写实记录”等表报，汇报本趟乘务工作情况，汇报详细、实事求是。

（2）按规定退乘。

任务练习

一、行包装卸、交接练习

××××年×月×日，正常运行的 K213 次旅客列车下一停车德州站，行李车内有下一停车站到站的 2 批行包，其中行李 1 批（行李卷 1 件、木箱 1 件，共 2 件）、包裹 1 批（衬衣，纸箱 10 件）；中转行包 2 批，其中包裹 1 批（皮鞋，纸箱 5 件；帽子，纸箱 3 件）、包裹 1 批（苹果，纸箱 10 件；鸭梨，纸箱 10 件）。练习列车行李员在下一停车站前所做的工作、停车后行包装卸交接（其他需要的条件自拟）。

二、列车行包运送中的各种问题的处理练习

（1）××××年×月×日，K213 次列车（天津—西安）运行到石家庄北站，收到包裹变更电报，列车行李员在行李车内找到该包裹（发货人彭博，文具两件，重 80 kg，票号为 D068234，变更到包头站），列车如何处理（列车下一停车站太原站）？

（2）××××年×月×日，2223 次列车（天津—吉林）运行至梅河口至朝阳镇间，由于列车紧急制动，行李车货仓内货件倒塌，将沈阳北站发吉林站包裹 A351120 号（自押彩色电视机 1 件，25 kg）砸毁，列车如何处理？

思考题

1. 25 型客车的主要特点有哪些？CRH 动车组有哪几个系列？
2. 客车所采用的供电方式有哪几种？
3. 客车通风装置有哪几种？
4. 客车空调装置由哪几个系统组成？
5. 紧急制动阀的使用时机是什么？
6. 手制动机的使用条件有哪些？
7. 列车消防器具管理措施有哪些？
8. 车厢服务包括哪几方面内容？
9. 车厢卫生作业标准有哪些？
10. 旅客服务包括哪几方面内容？
11. 列车广播的主要任务是什么？
12. 餐车经营的具体任务是什么？
13. 食品卫生要求有哪些？
14. 哪些人可以使用乘务餐？
15. 服务质量问题分为哪几类？
16. 服务质量问题有哪几种处罚方式？
17. 列车乘务人员的哪些行为属于违反铁路运输收入纪律的行为？
18. 行包装车作业的“三检”“三对”指什么？
19. 押运员须知的内容有哪些？
20. 押运员乘车押运的凭证有哪些？
21. 哪些物品不办理变更？
22. 哪些情况被视为列车行李员“触红线”？
23. 哪些情况被视为列车行李员“触黄线”？
24. 客运记录的作用有哪些？
25. 客运记录的编制要求有哪些？
26. 遇哪些情况需编制客运记录？
27. 编制铁路电报的要求有哪些？
28. 遇哪些情况需编制、拍发铁路电报？
29. 班组长应重点抓好哪几项工作？
30. 运输收入事故分为哪几类？运输收入事故等级如何划分？

【拓展知识】

旅客列车禁烟管理规定

一、旅客列车禁烟原则

各次旅客列车，自始发起至终到止，各客运、餐饮、保洁、车辆乘务员、乘警等，在列车运行中值岗或添乘警履行的各级干部检查工作时，一律禁止在列车内的任何场所吸烟。

各次旅客列车，在管内和异地库内停留时，自车体入库（或停留线）至出库止，各客运、餐饮、保洁、车辆、公安及入库因履行检查的各级干部等，在库内（或停留线）停留的客车车体上执行岗位作业或检查工作时，一律禁止携带香烟、火种上车，禁止在车体内任何场所吸烟。

沈阳铁路局各次旅客列车，在列车始发前，各工种乘务人员必须自觉上缴个人携带的香烟、火种。客运、餐饮、保洁由列车长负责收缴，车辆、行包、邮政由乘警长负责收缴。

二、旅客列车禁烟管理

旅客列车禁烟管理，由各客运担当段承担主体管理责任，管内实施库乘分离的库内停留车辆，在库内由旅行服务段承担主体管理责任。

旅客列车运行中，对列车工作人员的禁烟管理实施列车长、乘警长共同负责制。

旅客列车运行中，对列车的禁烟管理，公安部门应承担主体监管责任。

旅客列车运行中，根据运行时间（含短途套跑累计时间），以乘务休班为前提条件，在“定时”“定点”“定人”具备监控条件下，可由各客运段制定（旅客列车运行中限制性吸烟管理办法）（以下简称（办法））解决作业人员吸烟问题。

列车运行中乘务员吸烟实行“定时”“定点”“定人”管理，即，定时为运行中的乘务员休班时段，定点为运行中的宿营车旅客端通过台，定人为休班客运、车辆、餐饮乘务员。运行中收缴的烟火由专人保管，休班乘务员吸烟时由休班列车长或宿营车乘务员监控管理。

三、旅客列车吸烟处罚

旅客列车始发前，所有各工种乘务人员，未按规定主动上缴或私藏香烟、火种时，责任人给予行政警告处分并离岗培训一个月。

旅客列车车体在库内停留，车体上作业或看车人员，私自携带香烟、火种上车时，责任人给予行政记过处分并离岗培训两个月。

旅客列车在列车运行中或在库内作业时违反规定吸烟，责任人一律给予行政记大过处分，离岗培训三个月并调离本岗位另行分配其他岗位。

旅客列车行李员未按规定收缴押运人烟火，给予行李员行政记大过处分，离岗培训3个月并退回客运段改职列车员。

旅客列车行李员未按规定上缴烟、火，给予行李员警告处分，离岗培训1个月并退回客运段改职列车员。

旅客列车邮政押运人员不执行上缴烟、火规定或在职场吸烟，铁路方有权要求邮政部门将责任人调离本岗位工作，直至甩车整顿。

旅客列车邮政押运人员未按规定上缴烟火，并在职场吸烟，造成火灾险情的，追究邮政公司责任，取消邮运车挂运资格，并赔偿所造成的经济损失。

旅客列车在列车运行中或在库内停留时，作业人员违反规定吸烟，按违反条例工种责任让人，对列车长、餐车长、检车长、工班长等列车负责人一律给予行政记大过及免职处分。

列车长或各工种班组长不执行收缴烟、火规定，给予列车长或班组长行政警告处分并免职。

库内停留车体（含异地）外雇保洁人员发生违反条例行为时，除对责任人给予辞退处理外，对责任公司（含旅行服务段）给予5 000~20 000元罚款。

旅客列车运行中，各工种作业人员在作业或看车时因吸烟引发火情、火险动用灭火器，按系统地给予相关单位的车间、车队主管副职撤职处分，正职行政记大过处分并免职，段级主管副职警告处分。

库内停留车辆，各工种作业人员在作业或看车时，因吸烟引发火情、火险动用灭火器，按系统地给予相关单位车间、车队主管副职撤职处分、正职行政记大过处分并免职，段级主管副职警告处分。

旅客列车运行或车体入库停留过程中，各工种作业人员在作业时因吸烟引发火灾后果，根据消防部门鉴定结果依法追究责任。

旅客列车急救药箱管理规定

一、急救药箱的配备与管理

（1）列车医药点设于办公席车厢内，配置急救药箱，并应设置紧急救护标识，使旅客容易知晓，以便遇有紧急情况时及时向工作人员求助。紧急救护标志和药箱外标志统一使用红十字标志。

（2）急教药箱由班组中的红十字会救护员负责保管、使用，列车乘务班组要有2名接受红十字救护知识培训并取得合格的人员。

（3）单程全程运行时间超过4 h、运行区间超过1 h或总运行距离超过1 000 km的旅客列车配备甲类药箱，达不到上述条件的旅客列车配备乙类药箱。

二、急救药箱药品及器械的配备

（一）甲类药箱配备药品及器械种类

退热、止咳化痰类、心血管类、平喘类，止泻类、抗过敏类、抗眩晕类及其他如云南白药等口服药，退热类、外伤类及其他如清凉油等外用药，表式袖带血压计 1 台、听诊器 1 个、体温计 2 支、袖珍手电筒 1 个、大剪刀 1 把、16 cm 弯头和直头止血钳 1 把、12 cm 直镊子 1 把、消毒棉（签/球）若干、医用胶带 1 卷、三角巾 4 个、无菌纱布 1 包、无菌绷带 1 轴、弹力绷带 1 卷，橡胶止血带 3 根、保护带 2 条、无菌手套 3 副、呼吸面膜 2 片、一次性压舌板 4 片、次性产包 1 个、一次性连体防换服 3 件、一次性 6 个等器械，含氯消毒片剂或粉剂（用于环境及物品消毒，单独放置）等消毒剂

（二）乙类药箱配备药品及械种类

退热止化痰类、心血管类、平喘类、止泻类、抗过敏类、抗眩晕类及其他如云南白药等口服药，退热类、外伤类、其他如清凉油等外用药、表式袖带血压计 1 台、听诊器 1 个、体温计 2 支、袖珍手电筒 1 个、大剪刀 1 把、16 cm 弯头和直头止血钳各 1 把、12 cm 直钳子 1 把、消毒棉（签/球）若干、医用胶带 1 卷、三角巾 4 个、无菌纱布 1 包、无菌绷带 1 轴、弹力绷带 1 卷、橡胶止血带 3 根、无菌手套 2 副、一次性压舌板 2 片、一次性连体防护服 2 件、一次性罩 4 个等器械，含氧消毒片剂或粉剂（用于环境及物品消毒，单独放置）等消毒剂。

三、药品药械使用登记及补充要求

红十字救护员使用药品药械后应当客观、详实地填写（药品药械使用登记薄）(登记表应包含日期、药品名称、数量、发放人签名和使用人签名)。列车红十字药箱内的药械每次使用消耗后，必须在返乘时及时申领补充，确保在出乘时药械齐全，严禁自行采购药品、器械。

项目六　客运安全工作

【教学目标】

客运安全工作是铁路客运工作的重中之重，关系到人民生命财产和国家政治声誉，必须十分重视。保证旅客运输安全，是我国铁路运输组织的基本原则之一，是客运职工为旅客服务的首要职责，是客运工作优质服务的重要标志。客运安全工作包括旅客运输事故处理、旅客运输阻碍处理、旅客列车安全保障等内容，是所有客运人员必须具有的技能。为此，本项目的教学目标是：

一、知识目标

（1）旅客人身伤害定义、种类、等级；
（2）行包事故定义、种类、等级；
（3）旅客运输阻碍的定义、种类。

二、技能目标

（1）能够判别旅客人身伤害事故的责任；
（2）能够现场处理疾病、受伤害及死亡的旅客；
（3）能够调查、处理旅客人身伤害事故；
（4）能够判别行包事故责任；
（5）能够调查、处理行包事故；
（6）能够现场处理各种旅客运输阻碍。

任务一　旅客运输事故处理

任务描述

旅客运输事故的处理是铁路旅客运输不可缺少的一项工作，是补救措施，是搞好铁路旅客运输服务的一项善后工作。旅客运输事故包括旅客人身伤害事故、旅客急病死亡事故、行包事故等。作为铁路车站客运员、客运值班员、行李员、列车员、列车长，应当掌握旅客运输事故处理方法，能够预防旅客运输事故的发生，一旦事故发生，能妥善处理，并将事故损失降到最低，将事故的不良影响降到最小。

知识准备

一、旅客运输安全

1. 旅客安全运输的意义

保证旅客运输安全，是关系到人民生命财产和国家政治声誉的问题，必须十分重视。保证旅客运输安全，是我国铁路运输组织的基本原则之一，是客运职工为旅客服务的首要职责，是客运工作优质服务的重要标志。尤其是市场经济的今天，确保旅客运输安全是树立好企业形象，提高其在运输市场中的竞争力的最有力措施。因此，各级领导要经常对职工进行政治思想、安全知识和遵章守纪的教育，建立健全群众性的安全生产组织，经常开展“四查”活动（查思想、查纪律、查制度、查领导），抓事故苗头，挖事故根源，论事故危害，订防止事故的措施，牢固树立安全生产人人有责的思想，确保旅客运输安全。

2. 旅客安全运输的措施

（1）维护好站、车秩序。客运工作人员必须经常向旅客宣传铁路安全旅行常识，认真执行岗位责任制。车站要有秩序地组织旅客进出站、上下车，随时清理站内闲杂人员，严禁旅客钻车和横跨股道。除指定车站作业的小型机动车（限速 10 km/h）外其他车辆严禁进入站内。列车乘务员要加强车门管理，严禁旅客背面下车，认真执行“停开、动关、出站加锁、四门瞭望”等安全制度。

（2）车站建筑物和站、车一切为旅客服务的设备，应经常保持良好状态。

（3）加强防火、防爆的宣传，严禁危险品带进站、带上车。对旅客携带品发现可疑时，站、车客运人员应配合公安人员检查，对查出的危险品，在车站应由旅客自行处理，在列车上交最近前方停车站处理。列车长应编制客运记录一式三份（一份交车站，一份交旅客，一份列车存查）。列车交下的危险品除易燃、易爆品及放射性物品交公安机关处理外，其他物品交有关部门收购，所得价款寄交旅客。

（4）车站发现无人护送的精神病患者，应严禁其乘车。对有人护送的，应通知列车长注意，协助护送人员防止发生意外。

二、旅客人身伤害事故的处理

（一）旅客人身伤害事故的定义

凡持有效车票的旅客，经检票口进站验票加剪开始，至到达目的地出站验票完毕时止（中转下车的旅客自出站至进站期间除外），在旅行中遭受到外来、剧烈、明显的意外伤害事故（包括战争所致者在内）以及承运人的过错，致使旅客人身受到伤害以至死亡、残废或丧失身体机能者，均属旅客人身伤害事故。

（二）旅客人身伤害事故的种类及等级

1. 种　类

旅客人身伤害按其程度分为三种：

（1）轻伤。伤害程度不及重伤者。

（2）重伤。肢体残废、容貌毁损，视觉、听觉丧失及器官功能丧失。具体参照司法部颁发的《人体重伤鉴定标准》。

（3）死亡。

2. 等　级

旅客人身伤害事故分为六等：

（1）轻伤事故，是指只有轻伤没有重伤和死亡的事故。

（2）重伤事故，是指有重伤没有死亡的事故。

（3）一般伤亡事故，是指一次造成死亡 1 人至 2 人的事故。

（4）重大伤亡事，是指一次死亡 3 人至 9 人的事故。

（5）特大伤亡事故，是指一次死亡 10 人至 29 人的事故。

（6）特别重大伤亡事故，是指一次死亡 30 人以上的事故。

（三）责任划分

铁路旅客人身伤害事故责任分为旅客自身责任、第三人责任、铁路运输企业责任及其他责任。

1. 旅客自身责任

旅客违反铁路安全规定，不听从铁路工作人员引导、劝阻等违法违章行为或其他自身原因造成的伤害，属于旅客自身责任。

2. 铁路运输企业责任

由于铁路运输企业人员的职务行为和设施设备的原因给旅客造成的伤害，属于铁路运输企业责任。

铁路运输企业责任分为客运部门责任和行车等其他部门责任。客运部门责任分为车站责任和列车责任。

（1）有下列情形之一的，属于车站责任：

① 旅客持票进站或下车后在检票口以内因组织不当造成伤害的。

② 车站引导标志缺失或不准确，误导旅客造成其人身伤害的。

③ 车站设备、设施不良造成旅客人身伤害的。

④ 车站在停止检票后继续检票放行或检票放行时间不足，致使旅客抢上列车造成人身伤害的。

⑤ 车站组织不当造成旅客上车时发生人身伤害的。

⑥ 因车站客运工作人员违章作业、过失造成旅客人身伤害的。

⑦ 有理由认定属于车站责任的。

（2）有下列情形之一的，属于列车责任：

① 车门漏锁致旅客坠车造成人身伤害的。

② 列车工作人员过错致旅客误下车、背门下车、在不办理乘降的车站（包括区间停车）下车、列车运行中开启车门造成人身伤害的。

③ 列车组织不当或列车工作人员违反作业标准，导致旅客乘降时造成人身伤害的。

④ 列车客运工作人员对设备管理不善造成旅客人身伤害的。

⑤ 列车客运工作人员违章作业、过失造成旅客人身伤害的。

⑥ 有理由认定属于列车责任的。

事故处理工作组认为两个以上单位都负有责任时，可列两个以上的责任单位。

（3）其他部门责任：

铁路运输企业的其他部门责任造成旅客人身伤害的。

3. 第三人责任

由旅客和铁路运输企业合同双方以外的人给旅客造成的人身伤害，属第三人责任。

4. 其他责任

非上述三种责任造成的旅客人身伤害，属于其他责任。

发生原因基本确定，但由于发生单位或相关设施设备管理部门未及时搜集或未妥善保管相关证据资料，导致不能确定责任主体时，发生单位或相关设施设备管理部门应承担相应责任。

列车需将伤病旅客交站处理，调度部门因信息处置或安排停车不及时，车站因推诿或未及时联系医疗机构影响救治的，可将调度部门、车站与责任单位共同列为责任主体。

铁路安全监督管理办公室（客运专业管理部门）在调查中，对涉及铁路运输企业责任的，应按发生原因、铁路运输企业及其各部门职责等确定责任单位；两个以上单位都负有责任时，可以列两个以上单位的责任。

铁路安全监督管理办公室（客运专业管理部门）确定责任后，出具“铁路旅客人身伤害事故定责通知书”如图 6.1.1 所示，寄送责任单位并抄知其上级客运主管部门。

铁路旅客人身伤害及携带品损失定责通知书

NO.______________

________________铁路局：
______________站（段）：

关于_______年______月______日发生______________________________旅客人身伤害（携带品损失），经调查处理工作组研究，列__________________站（段）__________________责任。

特此通知。

XX安全监管办公室（公章）

______年______月______日

注：本通知一式四份，一份交善后处理工作组，一份处理站（段）留存，寄送责任单位及其上级主管部门各一份。

图 6.1.1 铁路旅客人身伤害及携带品损失定责通知书

在旅客人身伤害及携带品损失调查中，涉及旅客或第三人责任，且旅客、第三人或其代理人没有异议的，应当在有关调查报告中进行载明，并经其签字确认后，作为善后处理的依据；旅客、第三人或其代理人不予认可的，可告知其协商解决或通过司法途径处理。

对责任划分有争议时，铁路安全监督管理办公室（客运专业管理部门）应将调查报告、案卷、处理意见等有关资料报发生、责任、处理单位共同的上级主管部门或其授权的主管部门裁决。

发现定性不准确或处理不符合规定的，上级主管部门可以责令重新审查或纠正。

（四）旅客人身伤害事故的现场处理

1. 处理办法

（1）列车、车站发生旅客人身伤害时，站车工作人员应当到场查看旅客伤害情况，报告列车长、站长组织救护，稳定人员情绪，维护现场秩序。

（2）因旅客伤害需交车站处理时，应移交前方县、市所在地车站或者当地具备公共医疗条件的停车站；需要提前报告运行所在铁路局客运调度时，由客运调度通知车站做好救护准备工作。

旅客不同意在规定的停车站下车处理时，应当由旅客出具拒绝下车治疗的书面声明，并按照规定收集两份及以上的证人证言。

（3）列车因旅客伤害严重需紧急停车处理或发生3人以上疑似食物中毒的，应立即报告运行所在铁路局客运调度。接到报告后，客运调度应当立即根据列车长提出的要求，通知有关车站及值班主任（列车调度员），需要停车处理的停车处理，并报告本铁路局客运处。

（4）列车发现旅客在区间坠车时应当立即停车，查看旅客伤情，报告列车长，并通知就近车站或将受伤旅客移交就近车站。需要防护时，按有关规定处理。不具备停车条件或者迟延发现的，列车长应当报告运行所在铁路局客运调度，客运调度员接到报告后立即通知值班主任，值班主任通知相关列车调度员和铁路公安局指挥中心，由列车调度员和铁路公安局指挥中心分别通知邻近车站及车站铁路公安派出所派人寻找。列车运行至前方停车站时，列车长应拍发电报，向发生地和列车担当铁路局主管部门报告。

（5）车站对本站发生的及列车移交的伤害旅客，应当及时联系当地医疗急救机构或送就近医院抢救。发生医疗费用时，应当根据对责任的初步判断，属于旅客自身责任或第三人责任的，由旅客或第三人支付医疗费用。暂不能区分责任或者责任人不明、无力承担的，经处理站站长或者车务段段长批准，可用站进款垫付。动用站进款时，填写或补填“运输进款动支凭证”（财收－29），10日内由核算站或车务段财务拨款归还。

（6）受伤旅客经现场抢救无效死亡，或对站内、区间发现的旅客尸体，经医疗部门或公安机关确认死亡，公安机关现场勘查结束后，车站应当转送殡仪馆存放（在此之前，车站应将尸体转移至适当地点并派人看守），并尽快通知其家属。尸体存放原则上不超过10日。

死者身份不清且在地（市）级以上报纸刊登寻人启事后10日仍无人认领的，应当根据铁路公安机关书面意见处理尸体；系不法侵害所致的，应当根据铁路公安机关书面意见并商死者家属意见处理尸体。

对死者的车票、衣物、随身携带物品等应当妥善保管，并于善后处理时一并转交其继承人；死者身份不明或者家属拒绝到站处理的，按无法交付的物品处理。

外国人在铁路站车死亡的按照《关于转发〈民政部、外交部、公安部关于外国人在华死亡后处理程序有关问题的实施意见〉的通知》）处理。

（7）发生旅客人身伤害、需要保护现场时，应当及时采取措施保护现场，禁止与救援、调查无关的人员进入。必要时，可请求地方政府协助。

（8）发生旅客人身伤害后，列车长、站长应当及时组织现场查验，全面搜集、梳理相关证据资料，检查旅客所持车票的票种、票号、发到站、车次、有效期及有效身份证件信息等，描绘现场旅客定位图，收集不少于两份同行人或见证人的证言及查验记录、现场照片、录像等其他相关证据，形成比较完整的证据链，能够证明发生的过程和原因，初步明确性质，并妥善保管。

旅客或第三人能够说明事件发生经过或责任的，应当由其出具书面材料，并签字确认。

涉及违法犯罪或者旅客死亡的，由铁路公安机关组织进行现场勘查。

证人应当具有完全民事行为能力。证人证言中应当记录证人的姓名、性别、年龄、地址、联系方式、有效身份证件信息等内容。有医务工作人员参加救治时，应当由其出具参与救治经过的证言。证言、证据应当真实，能够反映发生的时间、地点、过程、原因和结果。

（9）列车向车站移交伤害旅客时，车站不得拒绝接收。办理移交手续时，列车应当编制客运记录和旅客携带物品清单一式两份，一份由列车存查，一份连同车票、证明材料、相关证人或其联系方式等一并移交。客运记录应载明日期、车次，旅客姓名、性别、年龄、国籍、民族、职业、单位、有效身份证件号码、联系方式、住址，车票种类、号码、发站、到站、车厢、席位，受伤地点、受伤原因、受伤部位，处理简况以及证据材料清单等内容。因时间来不及记明前述内容时，可在客运记录中简要记明日期、车次、下交原因，并必须在3日内向处理单位补交有关材料。特殊情况来不及编制客运记录时，列车长或其指定的专人应随同伤害旅客下车办理交接。涉及第三人时，应将第三人同时交站处理。

对已经控制的违法、犯罪嫌疑人，应当及时移交车站铁路公安派出所。

（10）在站内或区间线路上发现有坠车旅客时，发现或接到通知的车站应当迅速通报有关列车。有关列车接到通报后，应当立即调查，并按规定收集相关证据材料及旅客携带物品，向处理单位移交。

（11）对下列情形造成的旅客人身伤害应当立即向铁路公安机关报警：

① 杀人、抢劫、抢夺、强奸、爆炸、纵火、绑架、结伙斗殴、寻衅滋事、故意伤害、击打列车、故意损毁、移动站车设备等违法犯罪行为；

② 散布谣言、谎报险情、疫情、警情、扬言放火、爆炸、投放危险物质，或者非法阻拦行车、堵塞通道等，引起公共秩序混乱；

③ 火灾、爆炸、中毒等治安灾害事故；

④ 精神病人肇事肇祸，醉酒滋事行为；

⑤ 自然灾害；

⑥ 铁路设备、设施故障造成的事故。

（12）发生旅客人身伤害及携带品损失且有下列情形之一的，应当及时通知铁路公安机关：

① 应当控制、约束违法犯罪嫌疑人和扣押相关涉案物品的；

② 应当保护现场、维持秩序、协同救助的；

③ 应当由铁路公安机关介入调查、获取证据、查明原因的；

④ 引发治安纠纷或者酿成群体性事件并影响站车秩序的，应当及时处置的；

⑤ 造成旅客死亡的。

2. 事故通报

车站、列车发生旅客人身伤害时，可用电话向所在单位或上级主管部门报告概况；但发生重伤以上旅客人身伤害时，应在第一时间以短信的方式向所属铁路局主管部门报告，随后向有关铁路局主管部门拍发速报（见图 6.1.2），并逐级向上级主管部门和宣传部门报告，报告（含速报）内容主要包括：

旅客人身伤害事故速报

填报单位：

事故种类：（挤伤，摔伤，扎伤，跳车，烧烫伤，石击列车，其他）

伤害程度：（轻伤，重伤，死亡）

发生时间：　　年　月　日　　时　　分

发生地点：　　站　　　　次列车（担当单位：　　　　　）

　　　　　　区间：　　　线　　　公里＋　　　米

伤亡旅客姓名：　　　性别：　　　年龄：　　　住址：

车票种类：　　　发站：　　　到站：　　　　票号：

事故及伤亡简况：

　　　　　　　　　　　　　　　　　　　报告人姓名：

　　　　　　　　　　　　　　　　　　　　　年　　月　　日

图 6.1.2　旅客人身伤害事故速报

（1）发生日期、时间、车次、地点、车站、区间里程。

（2）伤亡旅客的姓名、性别、年龄、国籍、民族、职业、单位、有效身份证件号码、联系方式、住址以及车票种类、号码、发站、到站、车厢、席位等基本情况。

（3）发生经过、旅客伤亡及现场处理简况。

（五）旅客人身伤害事故的调查处理

1. 事故调查的组织部门

（1）在铁路旅客运输过程中（自旅客进站检票时起至出站检票时止）发生的铁路旅客人身伤害及携带品损失，由发生地或处理站所在地的铁路安全监督管理办公室（客运专业管理部门）作为组织部门，组织处理站或其上级主管部门、铁路公安派出所或其上级铁路公安机关、相关专业管理部门等开展调查工作，了解相关情况，确定责任主体，提出处理意见。

（2）下列情形造成的铁路旅客人身伤害及携带品损失，依据有关法律法规由相关部门组织调查：

① 因铁路交通事故造成铁路旅客人身伤害及携带品损失的，依据《铁路交通事故调查处理规则》由相关部门组织调查。

② 属于铁路公安机关管理职责范围的，由铁路公安机关组织调查。

③ 旅客食品安全事故的调查处理，由铁路食品安全监督管理办公室负责，并依据有关法规规定程序执行。

（3）发生旅客轻伤且旅客同意现场调解、责任明确的，可由处理站（段）作为组织部门，会同铁路公安派出所，发生单位，旅客、第三人或其代理人等共同处理。

2. 善后处理工作组的主要工作

发生旅客人身伤害事故后，发生地车站（车务段）或处理站（车务段）应当组织发生单位、车站铁路公安派出所及相关单位成立善后处理工作组（以下简称工作组）。必要时，由发生地或处理站所在地铁路局组织。

（1）办理受伤旅客的就医、食宿等事宜。

（2）收集相关资料，建立案卷。案卷中应有：客运记录、证人证言、车票、医院证明、现场照片或图示、寻人启事及铁路公安机关处理尸体意见等材料；铁路公安机关制作有现场勘验笔录、法医鉴定结论的，在不影响案件办理的情况下，可以收集存入案卷。

（3）核查伤亡旅客身份，通知其家属或发布寻人启事。

（4）处理旅客遗留物品或死亡旅客遗体。

（5）向旅客或其继承人、代理人通报有关情况，协商处理善后事宜。

（6）其他与善后处理有关的事宜。

受伤旅客临床治疗结束或死亡旅客遗体处理完毕，工作组应当根据铁路安全监督管理办公室对责任确定情况，核实各项费用及授权委托书、亲属关系证明等有关证明后，涉及铁路运输企业责任的，尽快按有关法律规定与旅客或其继承人、代理人协商办理赔付。

3. 事故分析会的召开

事故发生后，应当及时召开事故调查分析会。铁路局应派员参加重大及以上伤亡事故调查分析会。

会议分析的主要内容包括：发生经过（还原事故过程）、原因分析（伤害的主要、次要客观原因）、责任分析（有无违章、违纪行为）、教训梳理、整改措施、责任认定（有责、无责、主要责任、次要责任）、责任部门及责任岗位处理意见、考核实施、伤害处理后续方案细化等。

由政府安全监督管理部门负责调查处理的旅客人身伤害事故，按照国家有关规定办理。

4. 明确处理费用

旅客受伤需治疗时，医疗费用应根据实际产生或后续治疗需要，凭治疗医院单据或建议核定。旅客需转院治疗时，应与处理单位协商一致，并经治疗医院同意。

残疾赔偿金应根据有关鉴定机构出具的旅客人体损伤残疾程度鉴定意见，或者根据旅客受伤程度，比照有关人体损伤残疾程度鉴定标准所对应的残疾等级，按照有关标准计算。

因处理事故需要发生的其他费用（如看尸、验尸、现场勘验、寻人启事等与处理直接有关的支出）一并在处理费中列支并在处理报告上列明。

根据责任确定情况，处理旅客人身伤害所发生的赔偿金及其他费用，由责任单位承担；无法确定责任单位的，由发生单位承担。

5. 赔付程序

对伤亡旅客的赔偿一般应当于治疗结束或尸体处理完毕后进行。由旅客或其继承人、代理人（代理人应当出具被代理人的书面授权书）提出赔偿要求，并出具治疗医院的证明，作为处理站办理赔偿、确定给付赔偿金数额的依据。

工作组接到赔偿要求后，应当尽快与旅客或其继承人、代理人协商办理赔偿。办理赔付时，编制“铁路旅客人身伤害及携带品损失最终处理协议书”，如图 6.1.3 所示。经各方确认、签字或加盖处理单位公章后，将赔偿金依据法定顺位支付给旅客或其继承人、代理人，旅客或其继承人、代理人出具收据交处理单位。同时，开具“铁路旅客人身伤害及携带品损失赔付通知书”（见图 6.1.4），及时将赔偿金支付给旅客或其继承人、代理人。

需向责任单位或发生单位转账时，由处理单位所属铁路局财务部门开具“转账通知书”（会凭 7），连同“铁路旅客人身伤害及携带品损失最终处理协议书”转送责任单位或发生单位所属铁路局财务部门。

责任单位或发生单位所属铁路局财务部门应当在收到“转账通知书”等材料次日起 30 日内将费用转拨至处理单位所属铁路局；超过 30 日的，每超过 1 日，按应付费用的 0.5%支付滞纳金。

铁路旅客人身伤害及携带品损失最终处理协议书

NO.__________

一、旅客基本情况：

姓名：________身份证件号码：________________性别：_____ 年龄：______ 职业：________

电话：____________________住址：____

二、车票情况：

号码：_______ 日期：_______ 车次：_______ 发站：_______ 到站：_______ 席位：________

三、发生情况：

日期、时间、车次：____

地点、车站、区间：____

四、旅客人身伤害及携带品损失发生经过、救治及善后处理简要情况：

____

____

____

____

五、处理意见：

____

____

____

____

六、协议人签字：

旅客签字：____________________ 处理单位（章）

代理人签字：__________________

身份证号码：__________________

联系电话：____________________

日　期：_______年____月___日　_______年____月___日

第三人签字：________________________

代理人签字：______________________

身份证号码：________________________

联系电话：__________________________

日　期：________年_____月____日

发生（责任）单位代理人签字：________________________

职务：________________________

联系电话：______________________

日　期：________年_____月____日

注：本协议由处理单位填写，一式五份：一份报铁路局主管部门，一份转铁路局财务部门，处理单位、责任（发生）单位、旅客或家属各一份。

年　　月　　日

图 6.1.3　铁路旅客人身伤害及携带品损失最终处理协议书

铁路旅客人身伤害及携带品损失赔付通知书

No ________

________旅客：

对________年____月_____日所发生旅客人身伤害（携带品损失），依据有关法律规定，经当事各方共同协商同意，赔付旅客共计人民币____________元（大写__________）。请您携带本通知和本人有效身份证件，于30日内到我站领取。如继承人、代理人领取时，请携带领取人有效身份证件以及与旅客身份关系证明或授权委托书（以上证件或证明均需原件）。

特此通知。

处理单位（章）

________年____月_____日

联系人：________________ 电话：________________ 单位地址：____________________

图 6.1.4 铁路旅客人身伤害及携带品损失赔付通知书

三、旅客受到人身伤害或发生急病、死亡时的处理

（一）旅客受到人身伤害的处理

1. 站内旅客受人身伤害

（1）车站客运主任或客运值班员应当会同铁路公安人员查看旅客受伤程度，及时采取抢救措施（若旅客所在地点危险，先将旅客抬至安全地点）。

（2）检查旅客所持车票的票种、票号、发到站、车次、有效期及是否加剪和随身携带品，详细做成记录。

（3）对受伤旅客进行简单包扎处置后，客运值班员开具介绍信（若伤害属于旅客自身责任，介绍信应写明，医药费旅客自负），并派工作人员及时将受伤旅客护送医院抢救。

（4）妥善保管旅客的财物并收集不少于两份的受害人、同行人、见证人的证明材料。

（5）旅客伤害事故发生后，应立即向上级主管部门及有关路局主管部门（客运处、客调、公安处、所属车站）拍发事故速报，条件允许时，应先通过电话汇报事故概况。

（6）车站负责组成由车站、车站公安派出所和受害旅客的代表参加的善后处理工作组。收集事故有关资料，建立档案。

（7）通知受害人家属（无同行人时）。

（8）召开事故分析会，分析事故发生的原因，确定事故单位及责任者，提出处理意见和防止措施。

（9）旅客伤愈出院，由受害旅客或法定继承人、代理人提出赔偿，并出具治疗医院的“诊断证明”，作为处理站办理赔偿、确定给付赔偿金额的依据（若伤害属于旅客自身责任，故一切费用由旅客负担。旅客无异议，可自行办理出院手续，处理到此终结）。

（10）处理站接到赔偿要求后，应尽快召集善后处理工作组开会，拿出处理意见，编制“铁路旅客人身伤害及携带品损失最终处理协议书”一式五份。参加会议各方对协议书所载内容无异议后签字生效。

（11）处理站将“旅客伤害事故赔偿要求书”“铁路旅客人身伤害及携带品损失最终处理协议书”一式五份、“旅客伤害事故报告表”一式三份和医院结账清单、处理事故有关费用单据，一并报路局客运主管部门。

（12）路局客运主管部门对呈报的上述材料审查后签署意见，加盖“事故处理专用章”转路局财务部门一份，返回处理站三份，作为赔偿依据。

（13）事故处理站接到路局批复后，开具“旅客人身伤害赔付通知书”于10日内将赔偿金支付旅客或其继承人、代理人。

2. 列车内旅客受人身伤害

（1）立即设法组织抢救。

（2）列车长会同乘警检查旅客受伤情况和车票、财物，及时勘验事故现场，详细做成记录。

（3）收集不少于两份同行人或见证人的证言和有关证据，并保管好证据材料及证人准确信息。

（4）需要向车站移交受伤旅客时，填写客运记录（一份存查，一份交车站），连同车票、旅客携带品、证明材料一起移交。来不及编写客运记录时，列车长指派专人与车站办理交接，并必须在3日内向处理站补交有关处理。

（5）因意外伤害导致旅客重伤或死亡时，列车长还应向铁路局客运处、铁路公安局、车务段拍发事故速报。

（二）旅客发生急病的处理

1. 持有车票的旅客在车站候车期间发生急病

（1）客运值班员立即到现场了解有关情况，问清病人姓名、家庭住址、是否购票，并做成记录。

（2）车站应将旅客送至医院，一切费用由旅客本人支付。

（3）若旅客为传染病，车站立即通知铁路卫生防疫部门，并同时与传染病医院联系，将旅客送至传染病医院。

（4）按照旅客提供的地址通知其家属。

（5）家庭无力支付时，填写“铁路旅客人身伤害及携带品损失最终处理协议书”，比照旅客意外伤害程序进行处理。

2. 旅客在列车上发生急病（或食物中毒）

（1）立即设法组织治疗、抢救：广播找医生，发动旅客提供药品等。

（2）发生食物中毒时，保存好呕吐物，并拍发电报，主送前方铁路卫生防疫站，抄送铁路局客运处、客调。

（3）旅客病情较重或找不到医生时，列车长编写客运记录，将旅客连同其车票、财物一并交县、市所在地车站或当地具备公共医疗条件的车站，车站转送医院或传染病医院治疗。

（4）旅客病情严重不能自理，又无同行人时，列车长要会同乘警清点旅客车票、携带物品一并移交车站。编制客运记录时，应注明旅客姓名、性别、年龄、单位、住址、身份证号码以及携带品的名称、件数（大写）等。

（5）保护现场，稳定旅客情绪，封存可疑食物、呕吐物样品（如旅客食用列车出售食品及饭菜，应停止销售可疑食物，并追回售出可疑食物），等待卫生监督人员查验。

（6）调查取证，向发病人（同行人）、周围旅客及有关工作人员调查发病原因及食用的食物。

（7）发现传染病人后，应立即控制车厢人员及接触过传染病人的人员，等待防疫部门人员进行处理。

（8）向有关部门拍发电报。

（三）旅客发生死亡的处理

1. 持有车票的旅客在车站候车期间死亡

（1）客运员发现后立即汇报客运值班员，客运值班员了解情况后，立即向客运主任（值班干部）汇报，通知执勤民警。

（2）车站客运主任（值班干部）会同公安勘查现场，判定死者死因，如因传染病死亡的应根据卫生部门的指示办理。检查死者车票（查看车票票种、票号、发到站及有效期间），清点随身携带品，详细编制物品清单，连同物品妥善保管，待家属或单位来认领后向其归还。

（3）搜集旁证材料两份以上。

（4）根据死者携带的电话信息，联系死者家属或单位前来认领。

（5）若不能判明死者身份时，由公安人员负责确认死因，排除他杀后，公安负责照相、取布样、登寻人启事。

（6）将尸体放置妥善地方保存，10 日内无人认领时，根据公安的指示火化处理。如因传染病死亡，按照卫生防疫部门指示办理。

（7）一切费用由死者家属负责。若尸体暂无人认领，所需费用由车站垫付。

2. 旅客在列车上死亡

（1）列车长会同公安人员查看现场，收集旁证。

（2）查看车票、遗物。

（3）编制客运记录。

（4）将车票、遗物、尸体连同客运记录交市县所在地车站进行处理。

（四）无票人员发生急病或死亡时的处理

没有车票的人员，在站台或列车上发生急病或死亡时，由铁路部门负责处理。在候车室、广场等地发生急病或死亡时，由车站通知地方有关部门处理。

四、旅客携带品损失的处理

在铁路运输过程中发生旅客携带品损失时，旅客或其继承人、代理人应当向铁路运输企业提出可确认的证据；铁路运输企业经确认后，使用“铁路旅客人身伤害及携带品损失最终处理协议书”，由参与协商的各方签字盖章后，办理赔付。

五、事故处理报告与统计

旅客人身伤害处理完毕后，处理单位和发生单位应在 3 日内向所属铁路局客运主管部门报送“调查处理报告”。

铁路局应当在每月 20 日前汇总本局上月处理的旅客人身伤害情况，按要求填写“铁路局旅客人身伤害统计表”和“安全情况报告”，（见表 6.1.1、图 6.1.5），报铁路总公司运输局。

案卷一案一卷，由处理单位保管，保存期为 5 年。事故案卷必须包含以下内容：客运记录、车票、事故速报、旁证材料、费用单据、铁路旅客人身伤害事故最终处理协议书、分析会会议纪要、其他材料。

表 6.1.1　______年______月份××铁路局旅客人身伤害统计表

________铁路局（公章）

人数 / 责任	死亡	重伤	轻伤	主要原因 / 人数 / 责任	挤伤	摔伤	砸伤	烧烫伤	跳车	石击列车	疾病	其他
铁路企业												
旅客自身												
第三人责任												
不可抗力												
其他												
人数合计												
赔偿金合计												

填报人签字：______　填报日期：______年____月____日

××铁路局安全情况报告

旅客×××，性别，年龄，籍贯。

××××年×月×日持××次××站～××站车票，列车运行至××线××～××间（或在××站），××原因，在××处死亡（或重伤）。

图 6.1.5　安全情况报告（格式）

六、行包运输事故

（一）行包事故的种类

（1）火灾。

（2）被盗（有被盗痕迹的）。

（3）丢失（全部未到或部分短少，无被盗痕迹的）。

（4）损坏（破损、湿损、变形等）。

（5）误交付。

（6）票货分离，票货不符，误装卸或顶件运输。

（7）其他（污染、腐坏等）。

（二）行包事故的等级

行包事故按其性质和损失程度，分为重大事故、大事故和一般事故三个等级以及事故苗子。

1. 重大事故

（1）由于承运的行李、包裹发生火灾、爆炸造成人员死亡或重伤达 3 人的。

（2）物品损失（包括其他直接损失，以下同）价值超过 3 万元的。

（3）尖端保密物品、放射性物品灭失。

2. 大事故

（1）由于承运的行李、包裹发生火灾、爆炸造成人员重伤的。

（2）物品损失价值超过 1 万元 ~ 3 万元的。

3. 一般事故

（1）由于承运的行李、包裹发生火灾、爆炸的。

（2）物品损失价值超过 200 元 ~ 1 万元的。

4. 事故苗子

在运输行李、包裹过程中（自承运时起至交付完毕时止）造成轻微损失及一般办理差错为事故苗子。

事故苗子包括：

（1）损失轻微其价值不超过 200 元（含 200 元）的。

（2）被盗在 30 日内破案并追回原物，损失轻微的。

（3）票货分离、票货不符、误装卸及时发现纠正，未造成损失的。

（4）误交付及时发现并取回，未造成损失的。

（5）未按规定办理交接手续的。

（6）违反营业办理限制的。

（三）行包事故的责任划分

1. 铁路与旅客、托运人、收货人责任的划分

行李、包裹从承运时至交付时止，铁路担负安全运输的责任，如发生灭失、损坏、短少 、变质、污染时铁路应负责赔偿，并在规定的运到期限内运至到站。

由于下列原因造成的灭失或损坏，铁路不负赔偿责任：

（1）不可抗力，如水害、风灾、冰雹、地震、泥石流等。

（2）物品本身的自然属性或合理损耗，如枯萎、死亡、水分蒸发而产生的减量，化学制品的老化干裂，放射性同位素和短寿命生物疫苗的失效等。

（3）包装方法或容器质量不良，但从外部又不能观察发现或无规定的安全标志时。

（4）在行李、包裹中夹带有规定不能按行李、包裹托运的物品。

（5）托运人自己押运的物品。

（6）旅客和托运人、收货人的过错。

由于旅客和托运人、收货人的责任给铁路造成财产损失时，应负赔偿责任。

2. 承运人内部站、车责任的划分

铁路运输行李、包裹过程中，涉及铁路内部的发送站、中转站、到达站及各次列车等单位，为了判明造成行包事故的责任者，以便追究赔偿责任，也必须进行责任划分。

（1）直接发生事故的车站和列车，应主动承担责任。

（2）在查询过程中，未按规定期限答复时（除已查明直接责任者外），事故责任列逾期答复站、段。

（3）由于违章承运行李、包裹造成事故时，事故责任列承运站。如承运不符合规定的包装技术条件的行包时；应派人押运的包裹无押运人时，或规章允许可不派人押运的包裹，但未按规定在包裹票和托运单上由托运人自行签注“包装完好、内部破损，铁路免责”字样等。

（4）中途站对包装破损未加整修继续运送，造成事故时，事故责任列应整修而未整修的车站。对符合规定包装要求的行李、包裹，能够证明直接造成包装破损站、车的，发生事故时，事故责任列直接造成破损的站、段。

（5）站、车交接时，接收方不盖规定名章或印章不清无法确认，以及接收方应签收而未签收或虽已签收但对件数、包装等情况站、车双方有异议时，而在开车后 3 小时内（如区间列车运行超过 3 小时不停时，为前方停车站）又未拍发电报确认的，发生事故时，责任列接收站、段。

（6）列车到达终点站后，超过 1 小时不签收或虽未超过 1 小时而列车入库，行李、包裹未卸完，发生事故时，列终点站责任。

（7）车站对无法运送的无主行李、包裹，逾期积压不报或顶件运送，应承担事故责任。

（8）由于装卸责任造成事故时，责任列装卸部门，但装卸与客运同属一个单位的除外。

（9）事故赔偿后又找到原来的行李、包裹，而旅客或收货人又不愿领取时（确有欺诈行为除外），事故责任仍定原单位。

（10）由于行车事故造成的行包事故，由行车安全监察部门确定的责任单位负责。

（11）由于下列原因造成的行包事故，责任单位列入“其他”：

① 由于列车紧急制动，造成行李、包裹损失时。

② 因托运人、收货人责任给第三者的行李、包裹造成损失时。

③ 其他无法判明责任单位的事故。

（12）事故处理站在核定事故责任单位时，如发生站、车各方意见不一致，可将事故记录连同附件逐级上报，由上级机关仲裁核定。若站、车属一个铁路局管辖的，报铁路局；跨铁路局的，报铁路总公司。

（四）行包事故赔偿

1. 赔偿标准

1）实际损失的赔偿

实际损失是指因灭失、短少、变质、污染、损坏导致行李、包裹实际价值的损失。按照实际损失赔偿时，对灭失、短少的行李、包裹按照其实际价值赔偿；对变质、污染 、损坏降低价值的行李、包裹，可按照其受损前后实际价值的差额或者加工，修复费用赔偿。

2）保价运输的赔偿

保价运输的行李，包裹在运输中发生损失，无论托运人在办理保价运输时，保价额是否与行李、包裹的实际价值相符，均应在保价额内按照损失部分的实际价值赔偿，实际损失超过保价额的部分不予赔偿。如果损失是因铁路运输企业的故意或重大过失造成的，不受保价金额的限制，按照实际损失赔偿。行李、包裹灭失、损坏时的赔偿标准如表 6.1.2 所示。

表 6.1.2 行包事故赔偿价格一览表

项目	保价物品	不保价物品	附记
全部灭失	按实际损失赔偿，但最高不超过保价金额	按实际损失赔偿，但最高不超过铁路总公司所规定的赔偿限额（含包装每千克 15 元），但是铁路运输企业的故意或重大过失造成的，不受赔偿限额的规定	退还全部运费
部分灭失、损坏	按实际损失的比例赔偿	按实际损失赔偿，但最高不超过铁路总公司所规定的赔偿限额，但是铁路运输企业的故意或重大过失造成的，不受赔偿限额的规定	退还灭失货物重量的运费
分件保价	按所灭失的该件实际损失赔偿，但最高不超过该件保价金额		退还灭失货物重量的运费
证明声明价格超过实际价格	按实际价格赔偿		多交的保价费不退

2. 赔偿时限

铁路与旅客、托运人、收货人相互间要求赔偿或退补费用的有效期限为 365 日。有效期限由下列日期起算：

（1）全部灭失为运到期限终了的次日。

（2）部分灭失或损坏为交付的次日。

（3）给铁路造成损失时，为发生事故的次日。

（4）多收或少收运输费用，为核收该项费用的次日。

责任者自接到赔偿要求书的次日起，必须在 30 日内办完赔偿手续。

3. 赔偿批准权限

（1）赔偿（包括行李、包裹包装整修费）不超过 200 元（含 200 元）的，由处理站审核赔偿。

（2）赔款 200 ~ 5 000 元的，由决算站、段审核赔偿，报铁路局备案。

（3）赔款超过 5 000 元的，由铁路局审核赔偿，报铁路总公司备案。

4. 赔偿款额清算

（1）赔款不超过 200 元（含 200 元）的，互不清算，由处理站所属铁路局列销。

（2）赔款超过 200 元的，处理站与责任站在一个铁路局管内，由责任站相互间清算；跨铁路局的由铁路局相互间清算。

（3）责任局接到赔款通知书之日起，必须在 10 日内办完付款手续，逾期付款每日增加 0.5% 的资金占用费。未按规定及时付款时，铁路局管内由铁路局、跨局由铁路总公司按季强行划拨。

（4）列其他责任的事故赔款，由处理局列支。

（5）行包事故赔款，不论行李、包裹是否保价，均由保价周转金支付。

5. 行包事故的统计

（1）事故件数以一批为 1 件，但在同一车站或同一列车内，同时同一原因发生的多批事故视为一批，应按 1 件统计。其事故等级按损失款额的总和确定。

（2）一件事故由几个单位共同承担时，事故件数由主要责任单位统计。无主要责任单位时，按发到站间的站顺，由第一个责任单位统计上报。列其他责任的，由处理单位统计上报。

（3）事故一律按结案日期统计。对报经上级仲裁的事故，按接到批复的当月统计。

（4）行包事故处理结案后，应按时逐级上报。每月填报“旅客伤亡及行包事故报告”（客报-7）时，行包事故情况各栏增加斜线。斜线上方填写保价行包内容，斜线下方填写未保价行包内容。

6. 行包事故案卷的保管

行包事故结案后，对行包的案卷应整理清楚，一案一卷登记入册。事故案卷材料应包括：

（1）行李票或包裹票。

（2）行包事故记录。

（3）赔偿要求书。

（4）证明物品内容和价格的凭证。

（5）查询电报（包括复电、答复书）和有关客运记录。

（6）其他有关附件。

事故案卷应由处理单位负责保管。其保管期限：赔偿案卷 3 年；诉讼案卷 4 年；事故记录 2 年；客运记录 2 年；行包交接证 1 年；查询电报 1 年；复电、查复书 1 年。

其他不随事故案卷保管的资料也要保管一定时间以备查用。

七、行包事故的处理方法

（一）行包事故的立案

行李、包裹发生下列情况之一者，应立案处理：

（1）行李、包裹运输发生火灾、被盗、丢失、损坏、误交付、票货分离、票货不符、误装卸或顶件运输及其他事故时。

（2）行李、包裹超过运到期限 10 日，鲜活包裹超过运到期限没有运到时。

（3）行李、包裹超过运到期限没有运到或发生票货分离、票货不符、误装卸时，车站向发站拍发电报查询行李、包裹的下落，查询无结果时。

事故立案和调查处理由到站办理。行李、包裹在发站装运前全部灭失、毁损时由发站办理。

事故立案时，车站应会同有关人员编制行包事故记录（用货运的），一式三份，一份留编制站存查，一份调查用（属于自站责任的留站存），一份交旅客或货主作为提出赔偿要求的凭证（经查询找到后交付时应收回）。

行包事故记录是铁路内部调查分析责任和处理事故的基本资料，是旅客或货主向铁路提出赔偿要求的依据，因此，必须严肃认真、详细地填写，如实记载事故现状，不得虚构、假想、臆测，用词必须具体、准确、明了，书写应清楚，如有涂改必须由涂改人在改正处盖章，对事故责任无确切依据时不作结论。编制事故记录时应根据事故性质会同有关人员共同编制。丢失、被盗事故应由车站负责人、公安人员、有关行李员及装卸人员共同编制。

行李、包裹在发站或运输途中，发生行包事故时，有关站、车应编制客运记录，一式两份，一份存查，一份随行李、包裹递送到站，作为站、车交接的凭证和到站编制事故记录的依据。如在途中全部丢失、被盗、毁损时，应将客运记录和运送票据车递挂号寄送到站。

（二）行包事故的调查

行李、包裹超过运到期限没有运到或发生票货分离时，到站必须立即向发站拍发电报查询，并抄有关铁路局。

（1）发站接到查询电报后，应立即查找核对，如不属于本站责任，应将装车日期、车次、签收情况电复到站，并抄知接收的列车主管段。列车主管段接到电报后，如不属于本段责任，应将卸车站和卸车日期、签收情况电复到站，并抄知卸车站。有关站、段按此顺序进行查找。对用事故记录调查的，接收站、段应将调查结果电复到站，同时应填写事故查复书（用货运的）附在记录上，转送接收的站、段继续查找。如系本站、段责任，则直接填写事故查复书随同事故记录寄送到站。

如发、收双方跨局查询电报或事故记录（包括复电和查复书），应抄送有关铁路局。

（2）站、段在接到查询电报或事故记录后，车站必须在 3 天内，段必须在 15 天内答复到站，不得拖延。否则，由拖延站、段承担事故责任。但对用事故记录调查的，如逾期不答复，到站可再次电报催问，受调查站、段自接到催问电报日起，再超过 5 天不答复时，即视作责任单位。

（3）发生火灾、被盗事故，应及时向公安部门报案，并会同调查。

（4）发生和发现重大事故的车站及列车，应立即向铁路总公司、铁路局拍发事故速报，并抄知有关单位。

行李、包裹未到的查询、调查程序如图 6.1.6 所示。

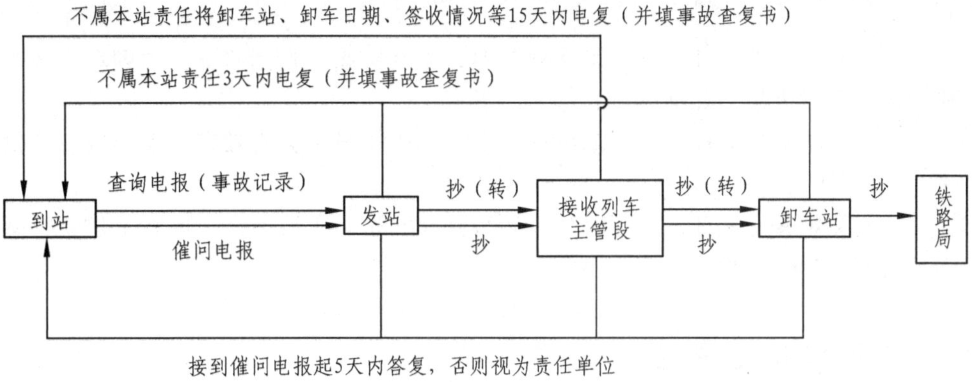

图 6.1.6　行李、包裹未到时查询、调查程序图

（三）赔偿手续

（1）行李、包裹灭失、损失或超过运到期限 30 日尚未到达，旅客和托运人、收货人有权向铁路提出赔偿。

（2）旅客和托运人、收货人要求赔偿时，应在有效期内提出赔偿要求书（用货运的），并附下列证件：

① 行包事故记录。

② 行李票或包裹票。

③ 证明物品内容和价格的凭证。

（3）行李、包裹事故经过调查，只要能够证明是铁路责任的，不论其具体事故单位是否确定，事故处理站均应先行办理赔偿。对需要查找下落的行包事故，其赔偿期限，自旅客或收货人提出赔偿要求书之日起，最迟不得超过 30 日。

（4）车站在受理赔偿要求时，需审核赔偿要求人的要求权利、有效期限、赔偿要求书及有关证明文件。接受赔偿要求后，应在赔偿要求书收据上加盖站名戳记和经办人规定名章，交给赔偿要求人。如经铁路审核确定责任不属于铁路不予赔偿时，处理单位应用正式文件，说明理由和依据，连同全部赔偿资料（赔偿要求书除外）退给赔偿要求人，并抄知有关单位。

赔偿要求人向法院提出的诉讼案，由诉状中所列的被告出庭答辩。

任务练习

一、旅客人身伤害处理练习

（1）××××年×月×日，××次列车运行到××站前，旅客戚全泡方便面时，不小心将自己左手烫伤，如何处理？

（2）××××年×月×日，××次列车运行到××站进站时，因列车过道岔摇晃，旅客张存龙跌向风挡处，造成左手拇指、食指、中指挤伤，如何处理？

二、掌握旅客急病、死亡的处理练习

（1）××××年×月×日，××车站候车室，旅客陈露（持当日××次列车有效车票）突发急病倒地，不省人事，如何处理？

（2）××××年×月×日，××车站候车室，陈露（身上无有效车票）突发急病倒地，不省人事，如何处理？

（3）××××年×月×日，××次列车运行到××站开车后不久，旅客王建新突感身体不适，不省人事，如何处理？

三、行包事故处理练习

（1）××××年×月×日，××市家电商店在××站托运 VCD 影碟机 2 件，重 40 kg，声明价格 8 000 元，到站×××站，收货人×××市家电商店，包裹票号为 A000345，托运后待装时，由于保管不善，造成被盗，应如何处理？

（2）××××年×月×日，××站发×××站黄瓜 10 箱，重 360 kg，声明价格 720 元，收货人刘滨，包裹票号为 B002345。收货人按货物运到期限，在到站领取时，货件未到，到站立即拍发电报向发站查询，未答复。两日后该货仍未到，到站即立案处理。又过两日该货到达（原因是发站未及时装运），经到站与收货人共同验货，发现已有一半腐烂，收货人要求赔偿，如何处理？

任务二　旅客运输阻碍处理

任务描述

在铁路旅客运输中因意外事件致使铁路运输不能正常进行，称为运输阻碍。旅客运输阻碍的处理是铁路旅客运输不可缺少的一项工作，是补救措施，是搞好铁路旅客运输服务的一项善后工作。作为铁路车站客运员、客运值班员、列车员、列车长，应当掌握旅客运输阻碍的处理方法，一旦运输阻碍发生，将损失降到最低。

知识准备

一、运输阻碍的种类及造成的原因

1. 运输阻碍的种类

（1）列车撞车、颠覆、脱轨、坠河。

（2）列车发生火灾、爆炸。

（3）线路中断（含自然灾害、行车事故等）。

2. 造成运输阻碍的原因

（1）自然灾害，如水灾、雪害、冰雹、地震、泥石流等。

（2）旅客责任，如携带危险品、吸烟者乱扔烟头所引起的燃烧、爆炸等。

（3）铁路过失，如设备陈旧、失修，职员素质低、基础工作薄弱、劳动纪律松弛、列车严重超员等所引起的意外事故。

（4）其他原因，如人为破坏、战争等。

二、发生运输阻碍的应急处理

1. 列车发生火灾、爆炸

（1）立即停车。旅客列车在运行中，乘务人员发现火情后应冷静判断；火情如果能及时有效扑灭或控制，应立即设法灭火。如发现火势较大，情况严重，不停车不能扑灭时，本车厢列车员应立即拉下紧急制动阀，将列车停在安全、易于扑灭和疏散旅客的路段，但不得停在桥梁、隧道、道岔、长大坡道，并应避开生产、存储易燃易爆危险品的场所，同时应向相邻车厢的列车员通报火情，由相邻车厢的列车员采用接力传递的方式向列车长和乘警报告。

（2）疏散旅客。紧急制动后，在列车长、乘警未赶到现场之前，发生火情的车厢值班列车员和相邻车厢的列车员应在积极扑救火灾的同时，迅速将旅客疏散到安全地带。注意：列车停在复线时，应打开没有线路的一侧车门，并阻止旅客在线路一侧下车。其他车厢乘务人员应迅速封锁车厢，严防旅客在客车运行中跳车、串车厢发生意外事故，并做好宣传工作，稳定旅客情绪，以免发生混乱。

（3）迅速扑救。列车长和乘警接报火情后应立即赶赴现场。同时，通过广播通知全体乘务人员坚守岗位，服从统一指挥，稳定旅客情绪，并组织、指挥列车全体人员按事先分工，本着“先救人后救物”的原则，使用灭火器材或其他适当方法进行有序扑救。集中供电列车发电车值乘电机机械员应迅速切断电源，启用临时备用电源。

（4）切断火源。停车后，车辆、机车乘务员和运转车长要迅速将起火车厢与列车分离，车辆乘务员要积极配合负责剪断折角塞门、钩提杆捆绑铁丝，将起火车厢与列车分离至少 50 米以外，切断火源，防止火势蔓延。

（5）设置防护。列车分解后，运转车长和机车乘务员要迅速设置防护。

（6）报告救援。在疏散旅客、组织灭火的同时，列车长（或指派专人）、机车乘务员和乘警长应尽快向行车调度报告事故情况，报告内容要简明扼要，包括：车次、时间、地点、火势、人员伤亡情况。调度指挥部门视情况迅速向当地政府、公安消防部门请求支援。险情消除后应迅速组织开车。

（7）抢救伤员。在疏散旅客、迅速扑救的同时，要积极地抢救伤员。列车乘务人员应发动和组织旅客开展自助自救活动。

（8）保护现场。在扑救火灾时，要注意保护好现场。乘警要采取多种措施保护现场秩序，视情况需要设置警戒区，灭火后禁止任何人进入保护区（持机要证件，抢救机要文件的人员除外），不得擅自移动火场中的任何物品，对火灾痕迹和物证，应采取有效措施，妥善保护。列车乘务人员应积极协助乘警工作，采取多种措施做好宣传工作，稳定群众情绪，维持秩序，以免发生混乱。

（9）协助查访。列车长、乘警长要积极协助公安机关了解情况，提供线索，帮助侦破。

（10）认真取证。公安乘务民警应尽可能了解事故情况，索取证据，以利于现场勘查、侦查线索和查明原因。

全体乘务人员在列车发生爆炸、火灾后，必须按照分工坚守岗位，不得擅离职守，要在列车长、乘警长的统一指挥下，根据实际情况灵活果断地采取得力措施，进行紧急处置。

上述 10 条 40 个字是应急方案的要点，在处理突发事故时可根据实际情况同步进行。

2. 列车发生撞车、颠覆

（1）设置防护。机车乘务员（受伤、遇难时由其他人员）和运转车长负责迅速设置防护。

（2）报告救援。尽快向行车调度员报告事故情况，请求救援，并应迅速向当地政府、公安机关和驻军请求支援。

（3）抢救伤员。抢救时要先重后轻、先伤后亡，会同乘警控制现场，为查明原因提供依据。

（4）保护现场。通过宣传稳定秩序和保护现场，可依靠旅客中的军、警、干部、工人等，防止有人乘乱作案。

3. 列车被洪水围困

（1）列车立即退回安全地段（高坡，后方车站或线路所），退行办法按有关行车规定办理。

（2）必要时有组织地疏散旅客上高地或小山。

（3）设法报告上级，请求救援。

（4）通过宣传稳定秩序，组织保卫，以免发生混乱。

（5）组织照顾老、弱、病、残、孕、幼等重点旅客。

（6）联系地方居民组织饮食供应。

4. 列车被塌方阻挡

（1）立即退回安全地带或后方车站。

（2）迅速报告上级，听候处理。

（3）坚守岗位，维持好车内秩序，禁止旅客擅自下车。

（4）必要时可利用其他交通工具有组织地绕道输送旅客，防止发生混乱。

三、线路中断后对旅客和行包的处理

1. 线路中断后对旅客的安排

由于自然灾害造成铁路线路中断，列车停止运行。列车停止运行后，应按下列规定安排已购买车票的被阻旅客。

（1）在停运站或被阻列车上，车站（或列车）在车票背面注明“原因、日期，返回××站”，作为免费返回发站或中途站退票、换车、延长有效期的凭证。如在发站或一个中途站等候继续旅行的，在通车10日内可凭原票重新签证恢复旅行，车站应根据旅客候车日数延长车票有效期（但卧铺票除外，应办理退票）。动车组列车旅客不办理车票有效期延长，但可根据等候日数，办理车票改签。

在返回途中自行下车，运输合同终止。

（2）在发站（或返回发站）停止旅行时退还全部的有效车票票价，但手续费、加收部分的票款、携带品超过规定范围补收的费用以及已使用至到站的车票票价不退。

（3）在停止旅行站（或中途站）退票时，退还已收票价与发站至停止旅行站间票价的差额，发站至停止旅行站不足起码里程按起码里程计算（铁路责任退全部票价）。

（4）铁路组织列车绕道运输时，组织原列车绕道时，原票有效。组织换车绕道时，注明“因××原因绕道××站（线）乘车”，并加盖站名戳。绕道变座、变铺时（铁路责任按铁路原因变座、变铺），应补收时补收变更区间票价差额，不足起码里程按起码里程计算；应退还时退还变更区间票价差额，不足起码里程票价不退。

绕道过程中，旅客中途下车时，运输合同终止。

旅客自行绕道，按变径办理。

（5）线路中断后旅客买票绕道乘车时，按实际径路计算票价。

（6）旅客索取线路中断证明时，由车站出具文字证明，加盖站名戳。

【例6.1】 ××××年3月11日，T107次（北京西—深圳，空调列车）运行到衡水站，京九线南宫东与清河城间线路中断，命令该列车返回北京西站。一旅客持当日当次在列车上补的北京西至南昌的硬座票，要求退票，如何办理？

办理依据：发生线路中断旅客要求退票时，在发站（包括中断运输站返回发站的）退还全部票价，不收退票费，但因违章加收的部分不退。

办理过程：

（1）北京西—南昌运价里程1 449 km。

（2）空调车硬座客特快票价：105.5 + 42.0 + 26.0 = 173.5元。

（3）净退款额：173.5元。

【例6.2】 ××××年3月11日，T107次（北京西—深圳，空调列车）运行到衡水站，因铁路责任京九线南宫东与清河城间线路中断。一旅客持当日该次北京西至南昌的硬卧（上）票，要求在衡水站中止旅行，要求退票，如何办理？

办理依据：

（1）因承运人责任造成线路中断，致使旅客退票时按下列规定办理，不收退票费：在中途站，退还已收票价与已乘区间票价差额，已乘区间不足起码里程时，退还全部票价。

（2）因铁路责任致使旅客退票时，无论在发站、中途站还是到站，均应积极为旅客办理，不得互相推诿，继续给旅客造成困难。同时产生应补收时不补收。不收退票费。

（3）退还票价时，按客、快、卧起码里程分别计算。

办理过程：

（1）已收票价。

北京西—南昌运价里程1 449 km。

空调车硬座特快卧（上）票价：105.5 + 42.0 + 26.0 + 123.0 = 296.5 元。

（2）应收票价。

北京西—衡水运价里程 274 km。

空调车硬座特快票价：25.5 + 10.0 + 6.0 = 41.5 元。

卧铺不足起码里程不收票价。

（3）净退款。

应退票价：296.5 – 41.5 = 255.0（元）。

净退款：255.0 元。

【例 6.3】 ××××年 1 月 10 日 6:00，因黔桂线水害线路中断，铁路组织原 K1222 次列车（成都—广州东，经柳州、茂名，空调列车）绕道沪昆线、京广线至广州东站，1 名旅客在贵阳站持 9 日 L1236 次列车（昆明—南昌，经贵阳、柳州、安顺至广州）硬座普快通票 1 张，要求乘坐当日 K1222 次列车软座去到站，如何办理？

办理依据：旅客要求乘坐绕道运输列车按变径实际径路里程计算票价，补收新、旧径路里程票价差，核收手续费。

办理过程：

（1）旧径路票价。

贵阳—广州（经柳州）运价里程为 1 452 km。

硬座普快票价：72.5 + 14.0 = 86.5 元。

（2）新径路票价。

贵阳—广州东（经株洲）运价里程为 1 560 km。

空调车软座快速票价：224.5 + 46.0 + 29.0 = 299.5 元。

（3）新旧径路票价差。

补收新、旧径路里程票价差额：299.5 – 86.5 = 213.0（元）。

（4）手续费：2.0 元。

（5）合计收费：213.0 + 2.0 = 215.0（元）。

2. 线路中断对行李、包裹的安排

（1）未装运及由中途运回发站时，收回行李、包裹票，在旅客页和报单页记事栏注明“线路中断、取消托运”，填写“退款证明书”，退还全部运费，并将收回的行李、包裹票附在“退款证明书”报告页上报。

（2）已运至到站要求返回发站的行李，运费不退。在行李票报销单加盖“交付讫”戳，记事栏注明“线路中断，已运至到站的行李返回，运费不退”，交旅客报销。

（3）在中途站领取时，收回行李、包裹票，填写“退款证明书”，退还已收运费与发站至领取站间运费差额。不足起码里程按起码里程计算。在旅客页、报单页记事栏注明“线路中断，中途提取”附在“退款证明书”报告页上报。

（4）在发站（或中途站）停止旅行，要求行李仍运至原到站，补收全程（或终止旅行站至到站）的行李和包裹的运费差额。

（5）包裹变更到站，补收（或退还）已收运费与发站至新到站的运费差额。不足起码里程按起码里程。在“客杂”（或退款证明书）记事栏注明“因××线路中断，变更到站”。

（6）鲜活包裹被阻，返回发站或变更到站按上述有关规定处理。要求承运人在中途站处理时，退还已收运费与发站至处理站间（不足起码里程按起码里程计算）的运费差额和物品处理所得款。

（7）组织行、包绕道运输时，应在行李、包裹票记事栏注明“线路中断，绕道运输、被阻×日”并加盖站名戳，原车绕道时加盖列车行李员名章，到站根据实际运输里程加上被阻日数计算运到期限。

（8）线路中断后承运包裹，经铁路局批准，按实际径路计算运费。

【例 6.4】 ××××年 6 月 25 日，石家庄站发送兰州站行李 2 件 55 kg，保价 300.0 元，票号 F077322，因临潼至西安间水害线路中断，行李被阻于临潼站，旅客在临潼站停止旅行，要求将行李返回发站取消托运，如何办理？

办理依据：线路中断，行包由中途站运回发站时，退还全部运费。

办理过程：

（1）临潼站编制客运记录，与行李一起返回发站。

（2）石家庄站。

① 收回行李，在报单页和旅客页记事栏注明“因水害线路中断、行李由临潼站返回，取消托运”字样，报单页盖“交付讫”字样章交旅客。

② 退还全部运费。

石家庄站—兰州站运价里程 1 599 km。

55 kg 行李运费：0.741 × 55 = 40.8（元）。

③ 保价费、装卸车费不退，不收变更手续费和保管费。

④ 填写“退款证明书”，退还运费 40.8 元，并将收回的行李附在“退款证明书”报告页上报。

【例 6.5】 ××××年 6 月 25 日，定州站发送武昌站行李 1 件 25 kg，保价 800.0 元，票号 F000201，因安阳至郑州间发生行车事故，线路中断，旅客在邯郸站停止旅行，要求将行李仍运至原到站，如何办理？

办理依据：在发站（或中途站）停止旅行，要求行李仍运至原到站，补收全程（或终止旅行站至到站）的行李和包裹的运费差额。

办理过程：

（1）计算运费差。

邯郸站—武昌站运价里程 783 km。

已收 25 kg 行李运费：0.416 × 25 = 10.4（元）

应收 25 kg 三类包裹运费：1.053 × 25 = 26.3（元）

补收运费：26.3 − 10.4 = 15.9（元）

（2）邯郸站填写“客杂”，交旅客作为收费凭证。

（3）旅客在原到站郑州站，凭原行李票领取行李。

【例 6.6】 ××××年 8 月 25 日，天津水产公司自天津站托运冻带鱼到海拉尔站，共 5 箱，重 125 kg，收货人为海拉尔水产局赵琳，票号 D11254。该批包裹装当日 1301 次列车，8 月 27 日列车运行至通辽站时，前方水害线路中断，被阻于通辽站，经与发站联系，托运人要求在被阻站给予变卖（当地价格 6 元/kg）。通辽站、天津站如何办理？

办理依据：

（1）通辽站：鲜活包裹被阻，托运人要求承运人在中途站处理时，变卖货物，以客杂上缴。

（2）天津站：退还已收运费与发站至处理站间（不足起码里程按起码里程计算）的运费差额和物品处理所得款退。

办理过程：

（1）通辽站。

① 变卖货物款：6.0 × 125 = 750.0（元）。

② 编写客运记录，如图 6.2.1 所示，附处理单据寄送发站天津站。

③ 填写“客杂”，上缴变卖货物款，如图 6.2.2 所示。

（2）天津站处理费用。

① 已收运费：

天津—海拉尔（经大虎山、通辽、齐齐哈尔）运价里程为 1 837 km。

125 kg 二类包裹运费：1.520 × 125 = 190.0 元。

② 应收运费：

天津—通辽（经大虎山）运价里程为 842 km。

125 kg 二类包裹运费：0.805 × 125 = 100.6 元。

③ 退还运费差：190.0 − 100.6 = 89.4（元）。

④ 共退款额：89.4 + 750.0 = 839.4（元）。

⑤ 填写退款证明书退款，如图 6.2.3 所示，客运记录、处理单据及收回的包裹票随“退款证明书”报告页上报。

沈阳铁路局　　　　客统-1

客 运 记 录

第 03 号

记录事由：线路中断鲜活包裹在被阻站变卖

天津站

因水害线路中断，根据你站要求，将被阻与我站 8 月 25 日你站发海拉尔冻带鱼 5 箱 125 kg，票号 D11254，在我站变卖处理（当地价格 6.00 元/kg），所得变卖价款 750 元，我站以客杂 A052330 号上缴。现编客运记录随处理票据、运输报单寄送你站，请按章处理。

通辽 站 ~~段~~ 编制人员　印　（印）

站段 签收人员　（印）

× × × × 年 8 月 27 日编制

图 6.2.1　客运记录编写样例

		沈 阳 铁 路 局			丙
		客运运价杂费收据			
		**** 年 8 月27日			（报告用）
原票据	种 别	日期	8月25日	月 日 时到达、通知、变更	
	包裹票	号码	D11254	月 日 时 交 付	
		发站	天津	核收保管费 日	
		到站	海拉尔		
核 收 区 间			核 收 费 用		款 额
			种别 / 件数 / 重量		
自 站			带鱼 / 货款 /		750.0
至 站					
经由（ ）					
座别 人数			合 计		750.0
记事	线路中断，包裹被阻，托运人要求在被阻站按当地价格处理，得款750.00元，上缴。				
			通辽 站经办人 印 印		
					A000000

图 6.2.2　客运运价杂费收据填写样例

退 款 证 明											（财收-16）
×××× 年 8 月 30 日											编号：12
票据种类	票据号码		填发日期		发站	到站	单位	名称及地址			
包裹票	D11254		××××.8.25		天津	海拉尔		开户银行及账号		×× ××	
原记载	品名	件数	包装	实重	计重	运价号	运价率	运费	违约金		合计
	带鱼	5	纸箱	125	125		二类	190.0			
订正											100.6
记事：根据通辽站 03 号客运记录，因水害线路中断，托运人要求在被阻站处理（当地价格 6.00 元/千克）所得价款 750.00 元，运费 100.6 元。						应 补 收					
						应 退 还		89.4	750.0		839.4
						净退（大写）		捌佰叁拾玖元肆角整			
						上项退款已于 8 月 30 日 现金 ~~支票~~ 如数退讫，丙联已随 8 月 30 日财收-8 报局收入监察室。经办人＿＿印＿＿					
填发单位 印 （公章）						填发人 印			付款人 印		

图 6.2.3　退款证明填写样例

任务练习

一、列车发生火灾、爆炸的处理练习

（1）××××年×月×日夜间，××××次旅客列车在区间正常运行，旅客向列车员报告车内起火，列车员赶去查看火势较大，很难扑灭，怎样处理？

（2）××××年×月×日夜间，××××次旅客列车在区间正常运行，6号车厢发生爆炸，列车员赶去查看情况严重，怎样处理？

二、列车发生撞车、颠覆的处理练习

××××年×月×日夜间，××××次旅客列车在区间正常运行，突然发生撞车事故，列车颠覆，5节车辆脱轨，怎样处理？

三、列车被洪水围困的处理练习

（1）××××年×月×日，1433次列车（南京西—成都，空调列车）到达宝鸡站，由于宝鸡至兰州间水害，线路中断，旅客李敏持合肥至兰州空调硬座客快卧（中铺）票，要求返回商丘站退票，并要求把其托运的行李两件（旅行包、纸箱各一件），重20 kg一并返回商丘，经电话查询，该行李已运至兰州，各站如何处理？

（2）××××年×月×日，K433次（北京西—玉溪，经株洲，空调列车）运行至冷水江东时前方山洪暴发，线路中断，列车不能继续运行，旅客陈鹏持北京西至贵阳空调硬座客快速卧（下）联合票1张，冷水江东站非该次列车停靠站，试处理以下情况：

① 旅客要求返回发站（北京西）办理退票；

② 旅客要求在停止运行站（冷水江东）办理退票；

③ 旅客要求返回中途站（武昌）办理退票。

（3）××××年8月5日，邢台制药厂李奇，在邢台站托运急需药品到乌鲁木齐站，共10箱，重350 kg，收货人为乌鲁木齐医药站高盛。因西安至宝鸡间水害，线路中断，经铁路局批准该批包裹绕京包线运输，如何办理？

任务三　旅客列车运输安全保障

任务描述

旅客列车运输安全保障是铁路旅客运输不可缺少的一项工作，是搞好铁路旅客运输服务的一项工作，包括危险品识别、列车消防、乘务员人身安全等。作为铁路列车员，尤其是列车长，应当掌握客运列车运输安全保障措施，能够预防旅客列车运输事故的发生，一旦事故发生，将事故损失降到最低。

知识准备

一、旅客列车安全工作

1. 安全管理

列车长首先要抓好安全管理工作，经常对车班乘务人员进行政治思想、安全知识和遵章守纪的教育，提高安全意识，加强责任感，掌握应急处理预案。

列车长应建立健全安全管理组织（防火消防队）和安全管理制度，经常开展查思想、查纪律、查制度、查领导的“四查”活动，制定防范措施。

搞好安全，列车长最重要的是检查落实各项安全规章、制度、措施的执行情况，抓好客运“七项卡死”制度，严把安全“十道关”。

客运“七项卡死”制度的内容为：卡死车门管理，卡死“两炉一灶”管理，卡死食物中毒，卡死油炸食品制度，卡死隔离车管理，卡死邮政、行李、加挂车管理，卡死出乘前、乘务中、折返站的纪律。

“安全十道关”是指：边门关、“三品”关、烟头关、人身安全关、“三房一仓”关、重点旅客关、餐车关、行包关、行李架关、开水关。

列车长巡视或检查中，发现车班人员违章违纪，应及时教育、纠正，并严格考核；发现设备隐患，及时处理，将事故苗头消灭在萌芽状态。

2. 安全宣传

搞好站、车秩序，列车长必须教育乘务人员经常向旅客宣传铁路安全旅行常识，加强防火、防爆、禁止携带危险品的安全宣传工作；劝告旅客不在无烟车厢内吸烟，不要将瓜皮果壳丢在取暖器或其他电气设备上，丢烟头时要将烟头熄灭；劝告旅客不要乱动车厢内的紧急制动装置，防患于未然。列车长应督促广播员做好安全宣传工作，以消除事故隐患。

3. 列车停站时的安全

列车停站时，列车长要督促列车乘务员注意旅客上下车的安全，维持好站台秩序，组织旅客排队，先下后上。客流大时，要将旅客分散在各个车厢，做到均衡输送。列车员在车门口看票上车，注意照顾重点旅客上下车的安全，严禁从背面上下车。停站时，为维持车内秩序，软卧包房、餐车、硬卧车要互相锁牢，做到“三不通”。

送亲友者一般不能上车，特殊情况已经上车的，开车前 5 分钟，列车广播以及各车厢列车员要通知他们下车，并站在站台安全线内。同时，列车员应动员车门的旅客回到车厢去，以免列车开动时，车上车下互相握手而发生危险。

列车在乘降所停车，由客运乘务员传递信号。这时一定要注意瞭望，列车长确认各车厢旅客上下完毕后，才能给运转车长信号。

4. 列车运行中的安全

列车运行中，列车长要重点抓好车门管理工作，经常检查督促乘务员认真执行“停开、动关锁、出站台四门检查瞭望”的制度，牢记列车边门管理“四门制十句话”，即“停开动关锁，自检互检要认真；临时停车要瞭望（左单右双），严禁上下防攀登；坚守门岗不离开，验票上车要执行；先下后上排好队，扶老携幼保安全；反面边门要注意，严禁旅客上下车”。同时做好宣传工作，动员旅客不要站在车厢连接处，不要手扶门框、风挡，不要将头手伸出窗外。锁闭车门时，要“一关、二锁、三拉、四销”。检查目的一是瞭望是否有人扒车，二是检查车门是否漏锁或锁件失灵。加强车门管理，是维护旅客安全的重要保证，任何列车员都必须严格执行车门管理制度，切不可掉以轻心。

列车员应提醒带小孩的旅客看管好自己的小孩，以防发生意外。行李架上的物品应摆放平稳、牢固，较重的物品、锐器、杆状物品，玻璃制品等应放在座位下面。车厢内开水桶和锅炉间随时加锁。茶水员送开水时，壶加套，嘴加塞，稳步慢行。列车员为旅客倒开水时，两脚站稳（列车过弯道或道岔时不倒水），对准杯子，不倒过满，避免烫伤旅客。

列车通过大桥、隧道时，列车员提前锁闭厕所（直排式），动员旅客关闭车窗。运行中非工作联系，任何人不得进入行李车、软卧包房、餐车厨房和广播室，以保安全。

二、危险品的范围及处理规定

1. 危险品的范围

危险品指具有爆炸、易燃、毒害、感染、腐蚀、放射性等特性，在运输、储存、生产、经营、使用和处置中，容易造成人身伤亡、财产损毁或环境污染而需要特别防护的物质和物品。

常见危险品按其性质和运输要求分为以下几类：

（1）爆炸品：如烟花、鞭炮、摄影用闪光弹、发令纸、摄影用闪光粉、射钉枪子弹、爆炸式铆钉、子弹、炮弹、雷管、手榴弹、炸药、火药等。

（2）气体：如氢气球、发胶摩丝、气体杀虫剂、空气清新剂、碧丽珠、压缩气体的喷雾罐、打火机、充气罐、灭火器、液化气体、冷气罐、高压气瓶、氧气瓶、液化气罐等。

（3）易燃液体：如胶粘剂、汽油、柴油、石油制品、皮革光亮剂、皮革光滑剂、纽扣磨光剂、香精、香料、香水、指甲油、洗甲水、去光水、印刷油墨、记号笔墨水、氧化锌静电复印油墨、塑料油墨、影印油墨、传真纸黏合剂、打字蜡纸改正液、打字机洗字水、脱漆剂、地板油、油漆、涂料、底漆、填料、松香水、油画调色油、油画上光油、汽车防冻水、乙醇、乙醚、汽车门窗胶、汽缸床垫胶、刹车油、染皮鞋水、环氧树脂、有机硅树脂、酒精饮料、皮肤防护膜、鸡眼水、松节油、松香油、牙托水、癣药水、照相用显影液、照相红碘水、碘酒、镜头水、照相用清除液、涂底液、修像（相）油、贴胡胶、发动机冷起动液、引擎开导剂、电子数码管石墨乳、塑料印油、塑料薄膜油墨、电子束光刻胶、快干助焊剂、擦铜水、淡金水、发光油、鱼鳞光、FT—901 堵固剂、聚氨脂化学灌浆料、乳香油、阳离子表面活性洗涤剂、尼龙丝网感光浆、二硫化钼润滑膜、按叶油、氢化可的松涂膜剂、硫汞白癜风搽药、医用羊肠线、着色渗透剂、荧光探伤液、半干型防锈油、薄层防锈油、不饱和聚酯树脂、三聚氰胺树脂、无油醇酸树脂、硅钢片树脂等。

（4）易燃固体、易于自燃的物质、遇水放出易燃气体的物质：如固体酒精、锂电池、胶片、火补胶、铝银粉、蚊香料、木炭粉、安全火柴、冰片、塑料粒、湿棉花、干棉花、油布、油绸及其制品、樟脑、硅粉、易燃金属、生松香、废橡胶、拷纱、油麻丝、硝化棉、保险粉、碳等。

（5）氧化性物质和有机过氧化物：如过氧乙酸、高锰酸钾、漂白粉、面粉增白剂、皮革鞣制剂、皮革鞣制剂、肉制品着色剂、化肥、土荆芥油等。

（6）毒性物质和感染性物质：如照相显影剂、生漆、大漆、服装干洗剂、消毒剂、一氧化铅、士的宁、烟碱、铅汞合金、砒霜、锌汞合金、镀铜、镀锌药水、粮库蒸熏剂、煤焦沥青、农药、除草剂等。

（7）放射性物质：如夜光粉、发光剂、放射性同位素等。

（8）腐蚀性物质：如蓄电池、酸铅蓄电池、甲醛溶液、汞、无机液体黏合剂、强酸、强碱、石灰等。

（9）杂项危险物质和物品：如石棉、蓖麻籽、蓖麻粉、化学品箱、急救箱等。

（10）违禁品：如非法出版书籍、非法音像制品、管制刀具、枪械、无准运证香烟（3 条及以上）、无运输证明麻醉类药品、毒品、猛兽、超过 20 千克活动物、尸体、骨灰等。

2. 危险品的处理

为了保证旅客运输的安全,《铁路法》的第四十八条规定：禁止旅客携带危险品进站上车。铁路公安人员和铁路职工有权对旅客携带的物品进行运输安全检查。站、车应加强禁带危险品的宣传，铁路公安人员和客运人员要密切配合共同做好检查危险品工作，严把“三品”检查关。

在列车上查堵危险品时应认真执行“宣、看、闻、问、摸、查”六字作业法。“宣”是指向旅客宣传携带危险品乘车的危害性；“看”是指注意观察旅客携带物品有无异状及神情是否异常；“闻”是指闻一闻周围有无异味；“问”是指发现携带物品可疑时，问一问里面装的什么；“摸”是指在整理行李架时，触摸携带品有无异状；“查”是指请旅客开包检查。需要注意的是对旅客要讲清道理，多做宣传工作，不准利用执行任务之便而要权威有意刁难侮辱旅客。

对查出的危险品，根据《铁路法》的规定予以没收。数量较大的交由铁路公安部门处理；对大量携带危险品，性质恶劣，情节严重者，按有关法律规定处理。列车上查处的危险品，由值乘的公安人员妥善保管，移交最近前方停车站公安派出所处理，车站不设公安派出所的，则由列车长编制客运记录移交车站处理。对发令纸、鞭炮类的危险品，应立即浸水处理。对携带危险品进站上车，造成事故时，按国家有关规定处理。

三、列车消防安全

1. 消防基本知识

1）火灾常识

火灾是指在时间和空间上失去控制的燃烧所造成的灾害。

（1）燃烧。

燃烧是指可燃物与氧化剂发生的一种氧化放热反应，通常伴有光、烟、或火焰。燃烧是一种很普遍的现象，但燃烧是有条件的，不是随便就会发生的。燃烧必须是可燃物、助燃物和着火源这三个基本要素同时存在，并相互作用才能发生。

① 可燃物质。

是指能与空气中的氧或其他氧化剂起剧烈化学反应的物质，如气体的石油液化气、氢气、甲烷、乙炔；液体的汽油、煤油、乙醇；固体的木材、棉花、钾、镁、硫黄等。

② 助燃物质。

是指能帮助和支持燃烧的物质，如空气、氧气、氯和硝酸盐、氯酸盐、高锰酸钾等其他氧化剂。这些氧化剂含氧较多，当受到热、光或摩擦、撞击等作业时，都能发生分解，放出氧气，起到助燃作用。

③ 着火源。

是指能引起可燃物质燃烧的热源。常见的热源有火柴火、打火机火、烟头、炉火等明火；电器设备由于漏电、短路、过载造成的高温电火花及雷击；化学热源、摩擦热源等。

可燃物、助燃物和着火源三者能否相互作用，发生燃烧和持续燃烧，在于燃烧三要素的数量是否符合燃烧条件，燃烧需要达到四个充分条件：

① 必须具有一定数量的可燃物。

若是可燃气体或可燃液体，其泄露的数量或挥发出的蒸汽量要达到燃烧浓度。

② 必须有足够数量的氧气或氧化剂。正常情况下空气中的含氧量为 21%，能够保证燃烧正常进行。当空气中的含氧量减少到 18%～14%时，一般可燃物的燃烧十分缓慢，直至熄灭。如空气中氧气含量低于 14.4%，蜡烛就不能继续燃烧。

③ 着火源必须具有一定的温度和热度。如从烟囱里冒出的碳火星，温度约有 600℃，碳火星落在柴草或刨花上，就能引起燃烧，若落在大块木材上，就不能引起燃烧，这就说明除了温度外，还要有足够的热量。

④ 燃烧要素之间必须相互作用。可燃物、助燃物及着火源这三要素，在我们生活的空间中经常同时存在，但燃烧并不是随时发生的，只有燃烧三要素相互作用，燃烧才能发生。

2）灭火方法

掌握了物质燃烧的本质、燃烧三要素的性质及相互关系，就了解了用火、防火和灭火的基本原理。从消防的观点来说，一切防火措施都是为了防止和避免燃烧三要素的相互作用；一切灭火措施都是为了破坏燃烧三要素的结合，或抑制连锁反应，使燃烧反应的游离基消失。

灭火的基本方法包括冷却法、窒息法、隔离法和化学抑制法等 4 种方式。

（1）冷却法。将灭火剂直接喷射到燃烧物上，使燃烧物及周围温度下降，从而导致燃烧物燃烧停止。

（2）窒息法。阻止空气（氧气）流入燃烧区或用不燃烧的物质冲淡空气中的氧气，使燃烧得不到足够的氧气而熄灭。

（3）隔离法。将火源与周围的可燃物隔离，燃烧会因为缺少可燃物而停止。

（4）抑制法。就是使灭火剂参与到燃烧的反应过程中，使游离基的连锁反应中断，达到制止燃烧的目的。这是一种化学灭火法。

3）灭火的最佳时机

火灾燃烧分为：初始阶段、发展阶段、猛烈阶段、下降阶段和熄灭阶段共 5 个阶段。

（1）初始阶段：一般固体物质燃烧时，火灾的面积不大，烟和气体的流动速度比较缓慢，辐射热较低，火势向周围发展蔓延比较慢，燃烧一般还没有突破房屋建筑外壳。

（2）发展阶段：燃烧强度增大、温度升高、气体对流增强、燃烧速度加快、燃烧面积扩大，为控制火势发展和扑灭火灾，需一定的灭火力量才能有效扑灭。

（3）猛烈阶段：燃烧发展达到高潮，燃烧温度最高，辐射热最强，燃烧物质分解出大量的燃烧产物，温度和气体对流达到最高限度，建筑材料和结构的强度受到破坏，使其发生变形或倒塌。

（4）衰减阶段：随着可燃物燃烧殆尽或者燃烧氧气不足或者在灭火措施（洒水或者化学灭火）的作用下，火势开始衰减。

（5）熄灭阶段：当可燃物烧完或者燃烧场地氧气不足或者灭火工作起效，火势最终熄灭。

燃烧在初始阶段时是扑救火灾的最佳时期，但火灾的点火源、燃烧物性质和分布及通风条件等因素对初始阶段的时间有很大影响，一般固体物质火灾的初始阶段为起火后 5 ~ 15 min。

4）火灾种类

火灾分为 A，B，C，D，E、F 六大类。

（1）A 类火灾：指固体物质火灾。这种物质通常具有有机物质性质，一般在燃烧时能产生灼热的余烬。如木材、干草、煤炭、棉、毛、麻、纸张等火灾。

（2）B 类火灾：指液体或可熔化的固体物质火灾。如煤油、柴油、原油、甲醇、乙醇、沥青、石蜡、塑料等火灾。

（3）C 类火灾：指气体火灾。如煤气、天然气、甲烷、乙烷、丙烷、氢气等火灾。

（4）D 类火灾：指金属火灾。如钾、钠、镁、钛、锆、锂、铝镁合金等火灾。

（5）E 类火灾：指带电火灾。物体带电燃烧的火灾，如变压器火灾、配电盘火灾、电动机火灾、照明设备火灾、电热设备火灾、电焊设备火灾等。

（6）F 类火灾：指烹饪器具内的烹饪物（如动植物油脂）火灾。

列车内六种火灾都有可能发生，车厢内服务设备（桌椅被褥窗帘等）火灾为 A 类火灾，旅客携带的危险品（液体、气体、金属等）火灾为 B 类、C 类、D 类火灾，车厢电气设备火灾为 E 类火灾，餐车烹饪物火灾为 F 类火灾。

电气设备火灾既具有季节性，多发生在夏、冬季；又具有时间性，许多电气火灾往往发生在节日、假日或夜间。

5）火灾等级

火灾等级分为特别重大火灾、重大火灾、较大火灾和一般火灾四个等级。

（1）特别重大火灾：指造成 30 人以上死亡，或者 100 人以上重伤，或者 1 亿元以上直接财产损失的火灾。

（2）重大火灾：指造成 10 人以上 30 人以下死亡，或者 50 人以上 100 人以下重伤，或者 5 000 万元以上 1 亿元以下直接财产损失的火灾。

（3）较大火灾：指造成 3 人以上 10 人以下死亡，或者 10 人以上 50 人以下重伤，或者 1 000 万元以上 5 000 万元以下直接财产损失的火灾。

（4）一般火灾：指造成 3 人以下死亡，或者 10 人以下重伤，或者 1 000 万元以下直接财产损失的火灾（注：“以上”包括本数，“以下”不包括本数）。

6）灭火器的种类及使用方法

（1）二氧化碳灭火器。二氧化碳灭火器主要依靠窒息作用和部分冷却作用灭火，主要用于扑救贵重设备、档案资料、仪器仪表、600 伏以下电气设备及油类的初起火灾。使用时，拔出保险栓，一只手握住喇叭筒根部的手柄（若灭火器没有喷射软管，应把喇叭筒往上扳 70 ~ 90 度），将喇叭筒对准火焰根部，另一只手紧握启闭阀的压把，喷射二氧化碳。若在室外使用，应选择上风方向；若在室内使用，灭火后应迅速离开，以防窒息。

（2）ABC 干粉灭火器。ABC 干粉灭火器主要依靠干粉（磷酸铵盐）在燃烧中产生的自由基，起到化学抑制作用，达到中断燃烧反应链的目的而灭火；再有，干粉的粉末落在可燃物表面，发生化学反应，并在高温作用下形成一层玻璃状覆盖层，从而隔绝氧气，窒息灭火。主要用于扑灭 A 类、B 类、C 类及 E 类的初起火灾。使用时，先要反复摇动罐体，使罐内干粉松散易于喷出，距离火源 3 ~ 5 m，拔出保险栓，喷管对准火焰根部，压下压把，喷射干粉。

（3）水基型灭火器。水基型灭火器主要依靠喷出的成水雾状的灭火剂（碳氢表面活性剂、氟碳表面活性剂、阻燃剂和助剂等组成），瞬间蒸发火场大量的热量，迅速降低火场温度，抑制热辐射，表面活性剂在可燃物表面迅速形成一层水膜，隔离氧气，降温、隔离双重作用，同时参与灭火，从而达到快速灭火的目的。主要用于扑灭除可燃金属起火外的其他全部类型的初起火灾，并可绝缘 36 千伏电。使用时，先拔下保险销，将喷嘴对准火焰跟部，压下压把，喷出的灭火剂横扫火焰根部。灭火器应垂直使用，切勿横卧或倒置。

列车客车车厢每辆车配备 2 kg ABC 干粉灭火器、2 L 水基型灭火器各两具，放置在车厢两端，每端各 2 具；行李车、邮政车、餐车各配备 4 具 4 L 水基型灭火器，行李车配备 35 L 推车式水基型灭火器 1 具，行李车、邮政车的灭火器应设置在工作间内，餐车的灭火器应设置在餐厅。客车配备的灭火器应放置在挂具内，挂具应采用套筒结构，安装牢固、便于取用，底部离地面一般不超过 1 400 mm。干粉灭火器维修期限为 1 年，水基型灭火器为 3 年。

餐车厨房还配备 2 条灭火毯；发电车、行李车、邮政车各配备 2 具防烟毒面具。

7）车厢内配置破窗锤

每一客车车厢在乘务室内配置 1 个紧急破窗锤；硬座车厢内配置 4 个破窗锤。硬卧车厢过道配置 2 个破窗锤。餐车餐厅内配置 4 个破窗锤。

使用时破窗锤破窗时，应敲击靠近窗户四个边角区域的玻璃，敲击时注意自身安全。

2. 列车火灾

1）旅客列车的火灾特点

（1）旅客列车上可燃物多，火灾蔓延速度快。首先，车厢的铺位、座椅和窗帘，旅客携带的携带品都是可燃物品。其次，各车厢及空调系统连成了一个整体，一旦发生火灾，火势会迅速发生蔓延，并通过车厢通过台或空调管线蔓延到其他车厢。如果是双层空调列车，火焰会进一步蔓延至上层，危及上层旅客生命安全。最后，列车如果处于高速行驶过程中，其行驶过程形成的气流压力也会加速火势的蔓延，使列车变成一条行驶的火龙，严重威胁着旅客及线路周围设施设备的安全。

（2）烟气聚集快，易造成人员中毒。因为车厢内部空间狭小，高度较低，空调列车门窗密闭，烟气很难释放到车外，所以火灾产生的热烟气层会很快降低，充满整个车厢，并向相邻车厢蔓延。门窗密闭、旅客拥挤，氧气供应不足，造成车厢内有些可燃物材料不能充分燃烧，释放出大量一氧化碳等有毒气体，致使旅客窒息身亡。

（3）旅客拥挤，疏散困难。列车车厢内旅客、携带品繁杂、拥挤，过道狭窄，特别是春运期间到处人满为患，在车厢里通过非常困难。在这种情况下，车厢两端的车门远远不能满足疏散的需求。车厢窗户也是一个好的逃生选择出口，但空调列车为了密闭性好，窗户多为双层玻璃，不能开启。虽然在紧急情况下可以将玻璃砸破，但玻璃不容易被砸破，砸玻璃也需要时间，这样会耽误逃生时间。所以列车一旦发生火灾，如果不能及时将火灾扑灭在初始阶段，后果将不堪设想。

（4）车厢内空间狭窄，扑救困难。列车车厢内部是一个比较密闭的空间，如果内部起火，救援人员很难快速进入车内进行扑救。另外，为了保证铁路安全运输，线路两侧多用护栏维护，且大多铁路线路远离公路。所以一旦列车发生列车火灾，消防救援部队即使能够快速到达火灾现场，消防车辆也很难快速接近列车实施灭火，使得灭火准备时间过长。

列车火灾的危险性主要体现在车上人员高度集中，不易疏散逃生；灭火设施少；救援困难；火灾易于蔓延等方面。

2）旅客列车的火灾原因

（1）炉灶设备不良，使用管理不善。

（2）电气设备损坏、老化、绝缘不良和违章用电。

（3）在禁烟部位吸烟，乱扔烟蒂。

（4）旅客携带品或托运包裹内夹带危险品上车及列车安全设施损坏等。

（5）客车停站时有闲杂人等在车上人为弄火。

（6）电气线路、设备故障，特别是隐蔽部位电线未穿管保护，周围有易燃易爆或可燃物。

3. 列车消防管理

1）旅客列车消防安全台账

旅客列车应建立消防安全台账（配备微机的可建立电子台账），由列车长负责填写和管理。旅客列车消防安全台账应包括以下主要内容：

（1）上级有关消防工作的文件（复印件或摘抄件）。

（2）列车编组及乘务人员概况。

（3）列车防火组织机构及成员。

（4）扑救火灾事故应急方案。

（5）防火安全会议和活动记录。

（6）乘务人员消防安全培训记录。

（7）乘务人员上岗证登记。

（8）餐车炉灶清扫记录。

（9）三乘联检记录。

（10）消防器材登记。

2）旅客列车防火领导小组

旅客列车应建立以列车长为组长，乘警长、车辆乘务人员为成员的列车防火领导小组，其职责为：

（1）认真贯彻执行上级有关消防工作的规定和部署，每月召开一次防火安全领导小组会议，总结、安排消防工作。

（2）组织车班乘务人员认真学习消防知识，定期进行考核，达到人人“三懂三会”的目的。

（3）建立车班消防安全考核制度，检查督促乘务人员落实岗位防火责任制。

（4）组织防火检查，及时消除火灾隐患。

（5）做好对旅客的防火安全宣传教育工作，制定易燃易爆危险品查堵措施，组织乘务人员认真开展查堵工作。

（6）细化和完善扑救火灾事故应急方案，明确分工，定期演习，熟练掌握。

（7）建立车班消防安全台账。

3）旅客列车志愿消防队

旅客列车应建立志愿消防队，由列车长任队长，乘警长、车辆乘务人员任副队长，下设指挥组、疏散组、灭火组、伤员抢救组、警戒组等，各司其职。

（1）列车长职责。

① 负责领导指挥乘务人员落实旅客列车消防安全管理规定,贯彻上级有关消防工作的部署和要求，接受上级消防检查。

② 主持召开消防安全小组会议，总结分析、安排布置消防工作。

③ 检查督促乘务人员落实岗位防火责任制，组织乘务人员做好车底停留期间的看守工作。

④ 组织乘务人员学习消防知识，提高防火灭火技能。

⑤ 组织“三乘”联检，针对检查发现的问题，按职责分工进行整改，做好记录。

⑥ 采取多种形式向旅客宣传防火、防爆安全知识，做好查堵易燃易爆危险品的工作。

⑦ 列车发生火灾时，启动火灾事故应急预案，做好旅客疏散组织和扑救工作。

⑧ 按规定填写消防安全台账。

（2）车辆乘务人员职责。

① 负责车辆设备的检查、维修和保养，保证设备状态良好。

② 参加“三乘”联检，做好检查、交接，针对设备存在的问题及时进行整改。

③ 运行中按规定巡视检查，发现违章操作及时纠正，发现隐患故障及时处置。

④ 列车发生火灾时，按预案做好应急处置。

（3）乘警职责。

① 负责列车消防监督检查工作。

② 配合列车长做好对乘务人员的消防知识教育和对旅客的防火宣传。

③ 督促乘务人员落实岗位防火责任制，制止和查处消防安全违法行为。

④ 参加“三乘”联检，做好记录，督促整改。

⑤ 负责组织乘务人员做好易燃易爆危险品查堵。

⑥ 列车发生火灾时，按预案做好应急处置。

（4）列车员职责。

① 严格遵守消防安全规章制度，坚守岗位，落实防火措施。

② 严格执行各项操作规程，正确使用车辆设备，发现故障及时报告。

③ 掌握常见易燃易爆危险品的种类、性质和识别方法，做好查堵工作。

④ 认真巡视，劝阻和制止旅客在车厢内吸烟。

⑤ 列车发生火灾时，按预案做好应急处置。

（5）广播员职责。

① 熟悉广播设备性能，遵守操作规程，严禁无关人员进入，离开广播室时要关机切断电源，锁好门。

② 将防火防爆安全宣传纳入趟广播计划，定时、定区段向旅客宣传列车防火安全知识和列车发生火灾后旅客应急自救知识。

③ 发生火灾时，按列车长的部署，及时广播，下达指令。

（6）行李员（邮政工作人员）职责。

① 严格执行交接和监装监卸制度，防止夹带易燃易爆危险品的货物上车，督促装卸人员按规定堆码货物。

② 按规定巡视，及时发现货物异常情况，妥善处置。

③ 向押运人员宣传防火注意事项，做好身份登记，收缴火种，制止吸烟、动用明火等违章行为。

④ 行李车（邮政车）发生火灾时，及时报告，正确处置。

（7）餐车人员职责。

① 餐车长负责餐车的防火工作，其他人员做好本岗位的防火工作。

② 出库前认真检查炉灶、电气设备安全状况及灭火器材是否齐全有效，发现隐患及时通知有关人员进行处理。

③ 按规定清除餐车油垢。

④ 严格按操作规程使用炉灶。

⑤ 严格执行食品加工安全操作规定，落实值班看守制度。

⑥ 列车发生火灾时，按预案做好应急处置。

4）客车消防安全 4 个 100% 的内容

（1）茶炉、锅炉间要 100% 做到室内干净无杂物、地面无油垢、离人加锁，非取暖期间锅炉室封闭。

（2）消防器材要 100% 配齐、有效，乘务人员做到知位置、知性能、会使用。

（3）乘务人员对紧急制动阀要 100% 做到知位置、会操作使用。

（4）乘务中客运部门各工种要 100% 做到在岗在位。

5）乘务人员“三懂三会”的内容

懂得本岗位的火灾危险性，懂得预防火灾的措施，懂得火灾的扑救方法；会使用消防器材，会报警，会扑救初起火灾。

6）旅客列车防火安全检查

铁路局对列为铁路局防火重点的旅客列车，每年防火检查的频率应不少于两次。每次检查都要将检查情况填入统一印制的旅客列车防火检查记录表，以备检查人员查阅。

客运段、乘警大队应分别组织有关干部和业务技术人员，每季度检查一次。各车队对车班的消防工作，应结合其他安全业务，每月检查一次。车班的防火安全领导小组，要经常对车班防火制度的落实情况进行分析小结，列车长、乘警、乘检和其他乘务员，要对照自己的岗位防火责任制，认真检查落实。

列车防火防爆检查的重点部位：一是“两炉一灶一电”设备安全状况；二是配备的灭火器材的数量、质量；三是循环水泵箱、观察孔、煤斗箱、暖气管、座位下等阴暗隐藏处所，是否有异常物品、可燃杂物和火种；四是各种消防标志是否齐全，通道是否堵塞。

7）对旅客列车特殊工种在消防工作的要求

原铁道部印发的《铁路旅客列车消防管理规定》中明确规定：操作“二炉一灶”和空调、照明等电气设备的乘务人员，要经过专门的消防知识培训，取得合格证后方可上岗。

8）客车“三乘联检”制度的规定

各车班应严格执行“三乘联检”制度。邮政车、加挂客车纳入车班消防管理，列车始发前，由列车长、乘警长、车辆乘务长对列车火源、电源和消防器材进行全面检查，运行中重点检查，终到后彻底检查；检查结果由检查人员分别签字确认，严禁代签、漏签和弄虚作假。

4. 客车重点部位消防管理

1）“两炉”使用管理的基本要求

“两炉”必须设备良好，安全可靠。要由持有合格证的人员操作使用，并严格按照程序操作。在使用中做到“不漏水、不漏气、不滋火、不超温、不干烧”；不用易燃液体引火助燃；向炉膛内加煤时要仔细检查有无爆炸物；清出炉灰用水浇灭；炉室内不准放杂物；人离锁闭炉室；停炉时要把火压好；停用炉室必须彻底清除可燃物，将门锁闭。

2）餐车炉灶防火安全管理的基本要求

餐车炉灶不准使用临时电源吹风助燃，运行中严禁炼油。每趟往返进行一次清除炉灶、烟囱、排油烟罩的油垢，并认真填写清除记录。乘务人员严禁使用自备炉具和电热器具。

3）配电间、工具间、乘务室的防火安全管理要求

配电间、工具间、乘务室内禁止堆放各种杂物，做到人离门锁，门窗玻璃透明无遮挡；配电柜、控制箱门锁必须良好，人离锁闭；乘务室内除备品和列车员必需用品外，禁止放置其他杂物，人离时必须确认室内无火种并将门锁闭。

4）发电车防火安全管理要求

发电车内严禁闲杂人员进入，车内保持整齐清洁，无漏油、无漏水、无油污，严禁存放杂物。用弃的油棉应集中妥善放置，不得随意丢弃在发电车内。发电车内安装的火灾自动报警探测器每年应由有资质的消防中介服务机构进行一次清理，并做好相关的功能试验，出具测试报告。车辆乘务员应做好相应的运行记录。

5）邮政车、行李车防火安全管理要求

邮政车、行李车货仓要留有安全通道，宽度不小于 0.5 m，不得堵塞端门，照明灯具下方不准堆放物品。邮政车、行李车严禁使用明火或电炉等大功率电器烧水做饭。未经铁路总公司主管部门和公安消防机关同意，严禁擅自增设使用各种电气设备。

6）客车电气设备使用管理要求

电气设备必须由持有合格证人员检查维修，并严格按程序操作。车厢电源和电气设备必

须保持状态良好，严禁乱拉电线、擅自加装电气装置，禁止在配电室、配电柜、配电箱内和电气设备上放置物品。保险丝容量必须符合规定标准，严禁用水冲刷地板。

除车辆出厂配属的电气设施外，增设其他电气设备必须经铁路局车辆主管部门及公安消防监督机构同意。

每辆空调客车乘务室内配备一把应急铁锤，乘务员要妥善保管，做好交接记录。

5. 客车消防措施

1）发现车厢内有旅客违章携带的易燃液体溢出时的处置

发现车厢内有旅客违章携带易燃液体溢出时，乘务人员应立即动员旅客熄灭一切火种，及时开窗通风，并将溢出的易燃液体清除干净，剩余的应妥善处理。

2）列车上查获或旅客主动交出的易燃易爆危险品的处理

对列车上查获或旅客主动交出的危险品要做好记录，妥善保管，交前方停车站处理。对查获收缴的鞭炮、发令纸、火药等危险品应及时用水浸湿；对判明不了性质的危险品及其他可疑物品，严禁在车上进行试验。

3）轴温报警器报警的处置

轴温报警器显示声光报警信号时，在确认车厢、轴位后，及时采用车厢列车员相互传递的方式，设法通告检车乘务员。具体处理方法为：

（1）在报警车厢立即判明报警的轴位；

（2）将车窗打开（靠近报警轴位的车窗）进行监视判断；

（3）有明显燃轴（冒浓烟，冒明火、有异味、有异声），立即使用紧急制动阀停车；

（4）如无任何燃轴现象，严禁随意使用紧急制动阀，等候检车乘务员处理。

4）车厢内发生旅客携带的携带品等一般可燃物起火的扑救

在火势没有蔓延的情况下，可先用车厢内的水将火扑灭。能不动用灭火器时尽量不用，防止扩大损失，造成惊慌。

5）车内配电设备起火的扑救

电气设备发生火灾时，应立即切断电源，并用 ABC 干粉灭火器迅速将火扑灭。

6）餐车油锅起火的处理

油锅或其他容器内发生火灾时，可用石棉被或车上棉被、毛毯等织物浸水后，覆盖在锅口或容器上，火势就会窒息熄灭。

7）车内茶炉、取暖炉一旦缺水温度过高的处理

立即打开炉门，采取封火、压火措施，待炉温降下后，再行补水。

8）列车在区间发生火灾的处理

列车在区间发生火灾时，在上级领导和公安消防人员到达之前，火灾扑救工作由列车长组织指挥，其他人员密切配合。火灾扑灭后，列车长、乘警长、检车乘务长要对起火部位进行全面检查，确认火已经完全熄灭。在确保安全的情况下，按有关行车调度命令，列车方可继续运行。

9）旅客列车发生初起火灾的处置

列车初起火灾一般指初起烟火局限在相当硬座车厢、卧铺车厢二分之一空间范围内，使用灭火器等手段能及时扑灭或有效控制不致蔓延的火灾。

（1）乘务员要沉着冷静，加强宣传，稳定旅客，迅速向两侧邻座、邻车厢疏散旅客，防止旅客擅自开窗、开门跳车。

（2）视火情立即使用灭火器或水等进行扑救，来不及取灭火器时，就地取材实施灭火，同时通知邻近各车厢列车员迅速向起火车厢传递灭火器。

（3）及时通过邻车列车员通知列车长、乘警、检车员赶赴火场。

（4）列车长及时将有关情况向段调度室报告。

10）对旅客的指导要求

（1）发现火灾后，先通知列车员。

旅客在列车内发现起火情况时，先要以最快的速度找到列车员，告知情况。

（2）别开窗、先灭火。

火灾初起，火势还比较小时，不要开窗，以免引起风助火势。旅客应该协助列车员，用车上的灭火器进行灭火。如果没有灭火器，可以用衣物如毛巾、棉衣等用水打湿来灭火。

（3）列车运行中，旅客不能跳窗。

普速列车运行时速度在 80 km ~ 120 km，高铁列车运行时速则在 200 km 以上，旅客遇到列车火灾，千万要冷静，不要开窗、跳窗。在列车运行环境下旅客跳窗，会有生命危险。旅客更不能开窗，因为高速行驶的列车开窗后，新风从窗外吹进，不但增加车内氧气量，更有可能把火越吹越大。

（4）捂住口鼻再撤离。

车厢内充满浓烟时，用口罩捂住口鼻采取低姿态快速撤离。如果没有口罩可以用围巾、手套等用水打湿，紧急时饮料茶水都可用。

（5）撤离只带随身物品。

火势不能控制时，列车只能紧急停车，疏散旅客。当列车停稳后，旅客从通道快速向车厢两侧出口撤离。携带品最好只带随身物品，大件的物品应果断舍弃。此举同时也是为了避免大件物品堵塞通道和出口造成危险。

（6）破窗先等车停稳。

等到列车停稳后，用破窗锤等尖硬物砸车窗玻璃的边角，窗户破开后跳窗撤离。跳窗时注意落地距离，未成年人和老人需在他人帮助下跳车。

四、列车乘务员作业安全

保证广大旅客的安全是客运人员应尽的职责，而保障客运人员自身人身安全，又是做好服务工作的先决条件。

（1）新入职人员须经过业务知识和技术安全教育培训，考试合格取得合格证书，持证上岗。

（2）列车乘务员接班前必须充分休息，保持精力充沛。不得在接班前和工作中饮酒。如有违反，列车长应停止其工作。

（3）出乘时不得穿塑料鞋、木板鞋和带钉的鞋，女同志不要穿高跟鞋。

（4）通过线路时，应走天桥、地道，无天桥、地道时则走平过道，并执行“一停、二看、三通过”制度。严禁钻爬车底，跨越车钩。顺线路行走时应走路肩，不走轨心、轨面和轨枕头，并随时警觉前后列车。禁止在运行中的机车、车辆前抢越线路。夜间出乘或返乘时，要特别注意信号机的显示和调车情况。

（5）严禁摸黑开关电器设备，防止触电。

（6）在电气化铁路区段，禁止攀爬车顶进行任何作业，禁止使用胶水管冲刷车辆上部，冲洗车辆下部时胶水管不得朝上，严禁用铁钩捅炉灶或茶炉烟囱，严禁手持长竹竿等物竖立和向上抛扔搭挂绳索等物件，防止触电。如电气化铁路区段附近发生火灾，立即通知列车调度员、电力调度员或接触网工区值班人员，用水或一般灭火器浇灭接触网带电部分不足 4 m 的燃着物时，接触网必须停电；使用沙土灭火距接触网 2 m 以上者可不停电。

（7）列车运行中禁止高空作业，必要时身系安全带，梯子有人扶，物品不下掷；整理行李架应站稳扶牢，防止倒下跌伤，也要防止物品掉下砸伤旅客。

（8）列车运行中不准躺在休息车铺位和行李车货仓内吸烟，以免引起火灾。

（9）列车行李员装卸行包，应于车停后开始，车动前停止作业，严禁车动抢装抢卸、抓车、跳车或随车奔跑。

（10）给水员给客车上水应戴好安全帽，穿好防护服，注意脚下杂物和来往车辆。

（11）乘务员在上下车时，要紧握扶手，不飞乘飞降。列车运行中不允许打开车门乘凉、打招呼，探身窗外，倾倒垃圾。列车头尾部风挡处和餐车厨房侧门要安装安全防护栏。餐车刀具安放牢固定位，炊事员切菜时注意列车运行，思想集中，避免切伤手指。

（12）列车停站开门下车时列车员应抓牢扶手，防止下车旅客将自己挤下车摔伤。站立车门处组织乘降时，注意来往机动车辆和旅客携带品，防止碰伤。在停车 3 min 以内的车站或发车铃响毕，不要由车下送开水。乘务员在发车铃响后，应立即上车，放脚踏板，车动关门、锁门。

（13）列车长、乘警长、检车员下车处理问题时，应注意掌握时间，防止漏乘，列车员应留好车门。有时车已启动，乘务员来不及上车不得强行扒车或呼唤别的乘务员使用紧急制动阀停车，而应改乘下趟快车追赶本次列车。列车长应指定人员代替其工作。

五、列车超员、弹簧压死的处理

1. 列车严重超员、弹簧压死的危害

（1）增加了车体所受的冲击力，给列车运行带来不安全因素，同时给旅客带来了不舒适感。

由于列车严重超员，造成弹簧超出弹性限度而不能回弹时，起不到枕弹簧的作用，相当于车体和轮对之间没有弹簧装置，同时液压减震器也失去了减震作用，则轮对与钢轨冲击时

所产生的加速度会使车体产生很大的惯性力和振动力，不仅在行经钢轨接头处产生的明显振动，更严重的是行经道岔或小半径曲线时更为激烈，甚至可能造成车辆的脱轨。

因此，由于弹簧压死，不能缓冲和消减车辆在运行时的振动、冲击及平稳性，给旅客带来不舒适感，同时给旅客列车运行带来不安全因素。随着客车运行速度的不断提高，机车车辆与线路间的动力作用急剧增加，弹簧压死将进一步引起走行部零件与车体发生顶抗、磨碰，危及行车安全。

（2）影响旅客列车的运行速度。

弹簧的刚度与车辆的构造速度存在着一定的关系，刚度越大，车辆和构造速度越小。目前我国车辆的构造速度大都是 120 km/h，这是与未被压死弹簧的刚度相适应的。弹簧被压死后，无疑将增加弹簧的刚度，影响了列车的运行速度。这与客车的提速运行是矛盾的，如果强行按图定速度行车，势必带来事故隐患。

（3）增加了车钩高差、易造成脱钩。

列车严重超员造成弹簧压死主要发生在乘坐旅客较多的车厢，有时也有行李车，而餐车、软卧车、乘务员宿营车不受影响，势必形成有的客车车钩位置下降，有的不变。如果车钩高度差超过规定的范围（75 mm），当列车运行至道岔、路基松软地段时，车辆上下颠簸，尤其陡坡线路上，容易发生脱钩而造成列车分离，并且高差过大时，使车钩钩舌牵引面变小，局部钩舌的拉力承受不了牵引力，造成断钩。

2. 列车严重超员、弹簧压死的防范

为避免旅客列车严重超员，列车长应及时填写“列车旅客密度表”，随时掌握车内旅客密度，一旦超员，应及时向前方车站拍发超员电报。车站应严格按日班计划和预报组织售票。严禁无计划超售。站车密切配合，组织旅客均衡运输。在停车站组织旅客上车时，注意避免列车中部旅客多而两头少的现象，均匀分布，防止出现弹簧压死的现象。一旦车内人数已超出允许超员率时，列车长应尽快向前方营业站发出满员或者超员的电报，以控制超员在规定的幅度内，防止列车超员过于严重。

3. 列车严重超员，弹簧压死时的处理

当列车严重超员时，由车辆检车员确认车辆转向架弹簧状态，发现弹簧压死时不准开车。运转车长未得到值班乘检的允许不得显示发车信号，其他任何人无权指挥列车运行。

此时，列车长应做好以下工作：

（1）若个别车厢弹簧压死时，列车长应做好解释工作，组织列车乘务员将旅客疏散到其他车厢。

（2）若多数车厢超员严重时，列车长应立即下车，与停车站客运值班员联系，通过客运值班员找到客运主任，与其协商，动员并组织旅客下车，转乘其他列车。站车密切配合，对旅客进行耐心地劝导，做好旅客疏散工作。情况严重时，及时向客调报告，请求上级处理。

（3）经车辆乘务员检查确认弹簧恢复后，在保证安全的情况下方可开车。列车开车后，列车长应立即向沿途各停点站（超员区段）拍发超员电报。为确保旅客和列车的安全正点，

请各站大力协助，停止发售、停检该次列车的车票。对已售出该次列车车票的车站，应改签别的车次输送旅客。

六、旅客列车在车站发生滞留及晚点时的处理

1. 旅客列车在车站发生滞留的处理

（1）列车长应立即通知全体乘务人员各就各位，维持秩序，做好工作。

（2）列车工作人员要坚守岗位，加强巡视，做好宣传，防止旅客跳车。

（3）列车长应迅速编制列车广播词，广播员应反复广播宣传，避免旅客情绪激化。

（4）当发现车上旅客有异常情况时，列车长应立即报告所在车站，请求协助，并转告上级领导。

（5）列车长与乘警、车站值班员互相配合，做好宣传解释和旅客疏导工作。

2. 旅客列车临时停车及晚点的处理

（1）列车在中途站或区间临时停车时，列车乘务员要认真做好车门瞭望，确认列车所在位置及方向，注意车外动态。

（2）坚守岗位，加强巡视，防止意外发生，严禁旅客从边门下车。

（3）加强列车广播及乘务员口头宣传，劝说旅客不买、不吃围车叫卖的小商小贩无证经营的食品和饮料。

（4）遇列车晚点，列车长要耐心地向旅客做出解释，因晚点给旅客带来的不便，要在广播中向广大旅客表示歉意。

（5）全面服务，重点照顾，加强列车服务工作，稳定旅客情绪。

七、旅客列车发生食物中毒时的处理

1. 组织救治，保护现场

旅客列车发生 3 人以上食物中毒或疑似食物中毒时，列车长会同公安到现场勘查，立即广播找医生，尽力进行简单抢救处理工作。如用催吐的方法及时地排除胃内容物；用牛奶、豆浆、蛋清阻止毒物的吸收等。

做好现场保护工作，将病人吃剩的食物以及呕吐物要留样保存，以备化验（若病人无剩余食物，必要时将列车的食物留样以备鉴别）。

2. 及时报告，安置病人

列车长应及时通知前方站和所在站的卫生防疫部门派员进行处理，并向上级有关部门报告。编制客运记录，同时做好将病人交前方最近县、市车站转送医院及时抢救的准备。

3. 调查取证，稳定情绪

向旅客了解有关情况，调查食物中毒原因及毒源，收集两份以上旁证材料，取得医生诊断意见书，将中毒人员登记造册，连同病人及其车票和留样物品交站处理。

封存可疑食物，呕吐物品，停止销售并追回售出的可疑食物，待卫生防疫人员现场查验。未查清毒源前，剩余餐料、食品、开水等不允许向旅客供应。

稳定旅客情绪，对病人用过的餐具、器具、食品、物品集中保管，对病人用过的厕所清洗消毒，必要时暂时封闭。

属人为投毒而造成的事故，还应通知公安部门现场勘查侦破。

八、旅客列车对精神病旅客及其肇事行为的处理

1. 对精神病患者乘车的处理

1）对无人护送的精神病患者（或旅客）的处理

车站发现无人护送精神病患者，应严禁其乘车。

列车内发现无人护送的无票精神病患者，列车长应编制客运记录，交最近前方三等以上车站处理。车站原则上应通知其监护人领回，公安人员予以协助。

列车内发现无人护送的精神病旅客，列车长应指派专人看护，公安人员应予以协助。列车长应编制客运记录，移交旅客到站或换车站处理，不得转交中途站。

车站对列车上交下的无人护送的精神病旅客，由车站客运、公安共同负责妥善处理。

2）对有人护送的精神病旅客的处理

车站对有人护送的精神病旅客，应通知列车长；列车乘务员应向护送人员介绍安全注意事项，协助护送人员，防止发生意外。

2. 发生旅客突发性精神病肇事的处理

列车上发生旅客突发性精神病肇事时，应做到发现得早、控制得住、处置得了，有效防止人员伤亡和财产损失。

（1）及时报告，安定情绪。

乘警和列车工作人员经常巡视车厢，发觉精神异常人员应及时向列车长和乘警长报告，并采取妥善措施，安定其情绪。

（2）查堵管制刀具，防止发生危害。

要加强管制刀具的查堵工作，发现旅客携带管制刀具乘车时要坚决依法予以收缴。对于不在管制刀具之列，但又易于伤害旅客的其他危险性刀具，须指导携带人妥善保管，防止发生危害。餐车的刀具要保管好，不准闲人进入厨房。

（3）配备非杀伤性警械和药品，以备急需。

经常发生旅客突发精神病肇事的列车，可配备一定数量的约束带和警绳（不得使用手铐）和缓解精神的药品，以备急需。

一旦发现肇事苗头，列车工作人员要请旅客中的医务人员对其进行药物治疗，避免酿成事端。

（4）发生危及安全的情况时进行有效处置。

突发性精神病患者有如手持管制刀具或其他器具正在或准备伤害旅客、损毁公私财物、准备跳车或用其他方式自杀、玩火或准备纵火等严重危及行车安全或旅客安全的行为时，列

车长和乘警立即赶赴现场，组织列车工作人员紧急疏散旅客。要在保证旅客安全的前提下，立即采取果断措施，并设法接近精神病患者，将其制服。对不听制止危害他人安全的，乘警可采取保护性约束措施，包括使用约束带、警绳等约束性警械，至精神恢复正常。同时做好相应疏导工作，稳定旅客情绪，维护良好秩序。

（5）一旦造成人员伤亡或财产损失，列车长要积极组织抢救，调查人员伤亡财物损失情况。受伤人员交站送医院救治。列车乘警做好现场记录。

九、其他非正常情况的处理

1. 旅客列车发生票据、票款丢失的处理

（1）立即报告列车长和乘警，保护现场。

（2）提供线索，收集材料，协助调查，组织查找。

（3）拍发电报，报告有关部门。

2. 对弃婴的处理

列车内发现弃婴，应编制客运记录交县、市所在地车站处理，车站不得拒收。车站对列车移交或车站发现的弃婴应交当地民政部门处理。

3. 旅客在列车上分娩的处理

（1）应安置适当地点（通风、人少、安静、安全、方便）。

（2）通过广播或列车员宣传，请旅客中的医务人员或熟悉接生的旅客协助。

（3）准备好产包、急救药箱、卫生纸、消毒过的桶子、红糖等必需品。

（4）记录产妇和接生人员的姓名、职业、地址、工作单位、分娩情况等。

（5）记录产妇的车票号、发到站和随身携带品，编制客运记录准备交站。

（6）对难产者需本人或护送者签字以备查。

4. 旅客列车遇石击的处理

（1）了解情况，收集旁证（物证）。

（2）救治伤员，编制客运记录交站。

（3）迅速拍发追查肇事者电报。

5. 旅客列车发生突发性治安、刑事案件的处理

（1）立即报告乘警和列车长。

（2）监视现场，维持秩序。

（3）保护现场，调查取证。

（4）抢救伤员，编制客运记录交站，转送医院治疗。

（5）重大刑事案件、凶杀案件及时拍发电报。

6. 旅客列车上发生打架、斗殴的处理

（1）迅速报告乘警和列车长，进行劝阻。

（2）组织救护。

（3）收集旁证。

（4）编制客运记录，交站处理。

（5）车站和派出所不得拒收。

7. 旅客列车发生路外伤亡临时停车的处理

（1）坚守岗位，维持秩序。

（2）列车长督促司机和运转车长迅速处理，将死者移至道旁，将伤者迅速抬上列车，尽快恢复列车运行。

（3）列车广播找医生，进行抢救。

（4）编制客运记录交站，转送医院救治。

8. 空调列车运行途中发现故障的处理

（1）列车员及时报告列车长，通知车辆乘务人员千方百计进行抢修。

（2）在规定时间内不能修复时，经列车长认定并签认后，列车长要妥善安置旅客，做好宣传工作。遇安置有困难时，由列车长编制客运记录交旅客到站退空调票。

（3）若发现发电车油量不足列车空调不能使用至终到站时，应在保证必要的照明、通风的情况下，酌减用电负荷，必要时向旅客做出解释和道歉，并及时向本单位汇报并听取指示。同时发电报通知前方车站（有加油站的）和有关客调、车辆部门要求加油。

（4）当检车组长预测返程空调不能修复时，列车长应及时拍发电报通知该车厢停止发售空调票，尽量将问题在旅客乘车前解决。

9. 列车夜间运行中突然停电时的处理

（1）列车乘务员应立即通知检车员到场处理。

（2）列车乘警要及时赶到现场，稳定车内秩序，加强治安管理。

（3）停电车厢乘务员要坚守岗位，封闭两端车门，防止发生意外。

（4）严禁使用明火照明。

10. 列车运行途中因车辆故障甩车时的处理

（1）列车长应立即向所属路局（集团公司）和担当客运段报告。

（2）向本车厢旅客做好解释工作，并有组织有秩序地疏散，同时，做好重点旅客和外籍旅客的安排工作。

（3）甩车后造成旅客变更座别、铺位时，对所发生的票价差额，应补收的不补收；应退款时，由列车长编制客运记录，到站退还变更区间票价差额；已乘区间不足起码里程时，退还全程票价差额，变更区间不足起码里程时，按起码里程计算。均不收退票费。

列车长应派检车乘务员和列车员看守被甩车辆，并积极联系当地调度、车辆维修部门，修复车辆后挂回客运段所在车站。

任务练习

（1）××××年×月×日，×××次列车发车，列车员如何检查危险品？

（2）××××年×月×日，×××次列车到达××站，列车本已超员，又上来大批旅客，致使车辆弹簧压死，如何处理？

（3）××××年×月×日，××××次列车运行在××站至×××站间，6 号车厢 4 名旅客出现呕吐、腹泻现象，病情较重，如何处理？

（4）××××年×月×日，××××次列车运行在××站至×××站间，5 号车厢 20 号座位下腾起烟雾，如何处理？

（5）××××年×月×日，××××次列车运行在××站至×××站间，行李车发生火灾，火势较大。乘务人员扑救、控制无效，如何处理？

（6）××××年×月×日，×××次列车运行到长沙至武昌间（20:30）乘坐硬座 17 号车厢无座旅客陈××，男，41 岁（河南省方城县四李店乡小店村），由其女儿陪同，持广州至郑州车票，因车内严重超员，旅途无座，疲劳过度晕倒。其女儿告诉列车员，该列车员立即向列车长报告。列车长得知后立即会同乘警赶赴该车厢，将晕倒旅客背到 14 号硬卧车厢边门外安置休息。但他醒来后便胡言乱语，举止狂躁，大喊有人追杀他，到处乱跑乱撞，用头猛撞击车门，欲跳车，造成头部前额创伤。此时正好检车员通过此处，在无防备的情况下，被他强夺手锤，进入车厢内挥锤乱舞，造成旅客惊恐，纷纷躲避，如何处理？

（7）××××年×月×日凌晨，××××次（广州—重庆）列车运行至柳州地段，3 号车厢有 4 名不法之徒手持菜刀进行扒窃，如何处理？

思考题

1. 保证旅客安全运输的措施有哪些？
2. 旅客人身伤害事故的种类与等级如何划分？
3. 行包运输事故的种类与等级如何划分？
4. 什么叫运输阻碍？
5. 运输阻碍的种类及造成原因有哪些？
6. 简述列车发生火灾、爆炸的处理步骤。
7. 简述列车发生撞车、颠覆的处理步骤。
8. 简述列车被洪水围困的处理步骤。
9. 旅客列车安全管理的“七项卡死”制度，严把安全“十道关”分别指什么？
10. 列车上查堵危险品的六字作业法指的是什么？
11. 火灾燃烧分为哪几个阶段？扑火的最佳时期为哪个阶段？
12. 列车上一般配置的灭火器有哪些种类？配置哪里？使用时什么注意事项？
13. 乘务人员消防知识的“三懂三会”指什么？

【拓展知识】

铁路旅客人身意外伤害保险

铁路旅客人身意外伤害保险简称“铁路乘意险”，是指由中国铁路财产保险自保有限公司（以下简称铁路保险公司）经中国保监会核准经营的，保障旅客在保险期间内持有效乘车凭证合法乘坐境内列车遭受意外伤害致使旅客本人身故、伤残或治疗的，铁路保险公司按照约定给付保险金的一种保险产品。

铁路乘意险分为指定行程产品、固定期限产品等。

一、铁路乘意险——指定行程产品

铁路乘意险——指定行程产品，是指由中国铁路财产保险自保有限公司经中国保监会核准经营的，保障旅客在指定行程的保险期间内持有效乘车凭证合法乘坐境内列车遭受意外伤害致使旅客本人身故、伤残或治疗的，铁路保险公司按照约定给付保险金的一种保险产品。

1. 购买的渠道

旅客可通过中国铁路客户服务中心网站（www.12306.cn)或铁路售票窗口等渠道购买，每张火车票可投保 1 份铁路乘意险，未成年人须让父母为其投保。

在铁路售票窗口购买铁路乘意险仅支持现金支付保费。

2. 购买时使用的证件类型

旅客购买火车票时可自愿购买铁路乘意险，铁路乘意险实行实名制投保，应准确提供被保险人（乘车人）的有效身份证件信息。有效身份证件包括：

（1）中华人民共和国二代居民身份证。

（2）港澳居民来往内地通行证。

（3）台湾居民来往大陆通行证。

（4）按规定可使用的有效护照等。

3. 购买的费用

每份“指定行程乘意险”的保险费用为 3 元人民币，未成年人的保险费用为 1 元人民币。

在中国铁路客户服务中心网站（www.12306.cn）购买铁路乘意险的成人父母，其免费携带的一名身高不足 1.2 米且不满 10 周岁的乘车子女（经二代身份证核验）可免费领取一份铁路乘意险。

4. 保障额度

每份“指定行程乘意险”的保障额度为成年人最高 30 万元意外身故、伤残保险金和 3 万元意外医疗费用，未成年人最高保障 10 万元意外身故、伤残保险金和 1 万元意外医疗费用。

5. 保险期间

铁路乘意险指定行程产品的保险期间为：被保险人按保险单载明的乘车日期、列车车次和发到站，持有效乘车凭证合法乘坐境内（不包括港、澳、台地区）客运列车期间。随同成人旅客免费乘坐境内列车的儿童，在本保险合同中视为其持有有效乘车凭证。

乘坐境内列车期间指被保险人持有效乘车凭证通过实名制验证或检票进站时起，至被保险人检票出站时止，但不包括被保险人中途下车出站至重新进站期间和被保险人所乘列车在境外运行期间。

6. 变更、退保

旅客办理车票改签、变更到站时，铁路乘意险保单将按照保险条款的约定自动批改，保单号不变；退保时，应在保险责任开始前办理退保手续。未换取纸质车票的，在不晚于列车开车前 30 分钟时，可在中国铁路客户服务中心网站直接办理单独退保手续。在开车前 30 分钟内的或已取得纸质车票的，须凭与保险期间一致的火车票在车站指定窗口办理单独退保手续。退票、改签或变更到站时，保险合同将自动解除或批改。

除另有约定外，保险合同应投保人要求解除的，保险人可以向投保人收取应交保险费 20%的手续费，并在 30 日内向投保人退还保险费。

7. 发票的领取方式

（1）在人工窗口购买铁路乘意险的，保险发票当场交付，购保险人应及时索要保险发票，未及时索要的不能再补领发票。

（2）在中国铁路客户服务中心网站投保的，可在不晚于所购火车票载明的乘车日期起 31 日内，凭车票或投保时使用的有效身份证件到车站指定窗口领取保险发票。

（3）铁路乘意险保险发票在退保时须缴回，遗失不补。

8. 未随票购买铁路乘意险的投保方法

在中国铁路客户服务中心网站已购票的未购保旅客，可在中国铁路客户服务中心网站或售票窗口购买铁路乘意险；已购（或换取）纸质车票的未购保旅客，可在铁路售票窗口单独购买铁路乘意险。

9.“电子保单”查询方式

旅客在中国铁路客户服务中心网站购买铁路乘意险后，会收到短信通知；在人工售票窗口购买铁路乘意险后，会收到保险告知单。旅客可凭短信或保险告知单载明的保单查询号和投保时使用的有效身份证件号，拨打 12306 人工查询，或登录中国铁路保险网站（www.china-ric.com）查询、下载并打印电子保单；在中国铁路客户服务中心网站购票购保的，可登陆购票账户，在“我的 12306—我的保险”中查询投保信息。

10. 保险合同的受益人

1）身故保险金受益人

订立保险合同时，被保险人或投保人可指定一人或数人为身故保险金受益人。身故保险金受益人为数人时，应确定其受益顺序和受益份额；未确定受益份额的，各身故保险金受益人按照相等份额享有受益权。

被保险人死亡后，有下列情形之一的，保险金作为被保险人的遗产，由保险人依照《中华人民共和国继承法》的规定履行给付保险金的义务：

（1）没有指定受益人，或者受益人指定不明无法确定的；
（2）受益人先于被保险人死亡，没有其他受益人的；
（3）受益人依法丧失受益权或者放弃受益权，没有其他受益人的。

受益人与被保险人在同一事件中死亡，且不能确定死亡先后顺序的，推定受益人死亡在先。

被保险人或投保人可以变更身故保险金受益人，但需书面通知保险人，由保险人在保险合同上批注。对因身故保险金受益人变更发生的法律纠纷，保险人不承担任何责任。

投保人指定或变更身故保险金受益人时须经被保险人同意。被保险人为无民事行为能力人或限制民事行为能力人的，应由其监护人指定或变更身故保险金受益人。

2）其他保险金受益人

除另有约定外，保险合同的伤残保险金受益人、医疗费用保险金受益人均为被保险人本人。

11. 出险报案方法

发生保险事故后，请向现场铁路客运工作人员报案，铁路客运工作人员将根据相关规定，告知旅客理赔流程，并指导旅客填写《铁路乘意险索赔申请书》，开展理赔服务工作。

12. 申请乘意险赔偿金理赔，需要提交的资料

保险金申请人向保险人申请给付保险金时，应提交以下材料：

1）身故保险金申请

（1）保险金给付申请书；
（2）保险金申请人的有效身份证明；
（3）乘车证明；
（4）中华人民共和国境内二级及以上的公立医院或保险人认可的医疗机构出具的被保险人死亡证明，或人民法院出具的宣告死亡证明文件，以及公安部门出具的被保险人的户籍注销证明；
（5）保险金申请人所能提供的与确认保险事故的性质、原因、损失程度等有关的其他证明和资料；
（6）监护人代无民事行为能力人或者限制民事行为能力人申领保险金的，应提供监护人的有效身份证明等资料；
（7）委托他人申领保险金的，应提供授权委托书原件、委托人和受托人的有效身份证明等相关证明文件。

2）伤残保险金申请

（1）保险金给付申请书；
（2）保险金申请人的有效身份证明；
（3）乘车证明；
（4）中华人民共和国境内二级及以上的公立医院或保险人认可的医疗机构或司法鉴定机构出具的伤残鉴定诊断书；

（5）保险金申请人所能提供的与确认保险事故的性质、原因、损失程度等有关的其他证明和资料；

（6）监护人代无民事行为能力人或者限制民事行为能力人申领保险金的，应提供监护人的有效身份证明等资料；

（7）委托他人申领保险金的，应提供授权委托书原件、委托人和受托人的有效身份证明等相关证明文件。

3）医疗费用保险金申请

（1）保险金给付申请书；

（2）保险金申请人的有效身份证明；

（3）乘车证明；

（4）中华人民共和国境内二级及以上公立医院或保险人认可的医疗机构出具的入院出院证明、诊断证明、医疗费用原始收据及明细清单、病历资料；

（5）保险金申请人所能提供的与确认保险事故的性质、原因、伤害程度等有关的其他证明和资料；

（6）监护人代无民事行为能力人或者限制民事行为能力人申领保险金的，应提供监护人的有效身份证明等资料；

（7）委托他人申领保险金的，应提供授权委托书原件、委托人和受托人的有效身份证明等相关的证明文件。

保险金申请人因特殊原因不能提供以下材料的，应提供其他合法有效的材料。保险金申请人未能提供有关材料，导致保险人无法核实该申请的真实性的，保险人对无法核实的部分不承担给付保险金的责任。

13. 投保人、被保险人义务

（1）订立保险合同，保险人就被保险人的有关情况提出询问的，投保人应当如实告知。

① 投保人故意或者因重大过失未履行前款规定的义务，足以影响保险人决定是否同意承保或者提高保险费率的，保险人有权解除本保险合同。

② 投保人故意不履行如实告知义务的，保险人对于合同解除前发生的保险事故，不承担给付保险金责任，并不退还保险费。

③ 投保人因重大过失未履行如实告知义务，对保险事故的发生有严重影响的，保险人对于合同解除前发生的保险事故，不承担给付保险金责任，但应当退还保险费。

（2）投保人住所或通信地址变更时，应及时以书面形式或通过客服电话通知保险人。投保人未通知的，保险人按本保险合同所载的最后住所或通信地址发送的有关通知，均视为已发送给投保人。

（3）投保人、被保险人或者受益人知道保险事故发生后，应当在四十八小时内通知保险人。故意或者因重大过失未及时通知，致使保险事故的性质、原因、损失程度等难以确定的，保险人对无法确定的部分，不承担给付保险金责任，但保险人通过其他途径已经及时知道或者应当及时知道保险事故发生的除外。

上述约定，不包括因不可抗力而导致的迟延。

14. 保险人义务

（1）订立保险合同时，采用保险人提供的格式条款的，保险人向投保人提供的投保单应当附格式条款，保险人应当向投保人说明保险合同的内容。对保险合同中免除保险人责任的条款，保险人在订立合同时应当在投保单、保险单或者其他保险凭证上做出足以引起投保人注意的提示，并对该条款的内容以书面或者口头形式向投保人做出明确说明；未做提示或者明确说明的，该条款不产生效力。

（2）本保险合同成立后，保险人应当及时向投保人签发保险单或其他保险凭证。

（3）保险人依据投保人、被保险人义务的第 1 项所取得的保险合同解除权，自保险人知道有解除事由之日起，超过 30 日不行使而消灭。

（4）保险人在合同订立时已经知道投保人未如实告知的情况的，保险人不得解除合同；发生保险事故的，保险人应当承担给付保险金责任。

（5）保险人认为保险金申请人提供的有关索赔的证明和资料不完整的，应当及时一次性通知保险金申请人补充提供。

（6）保险人收到保险金申请人的给付保险金的请求后，应当及时做出是否属于保险责任的核定；情形复杂的，应当在 30 日内做出核定，但保险合同另有约定的除外。

（7）保险人应当将核定结果通知保险金申请人；对属于保险责任的，在与保险金申请人达成给付保险金的协议后十日内，履行给付保险金义务。保险合同对给付保险金的期限有约定的，保险人应当按照约定履行给付保险金义务。保险人依照本条约定做出核定后，对不属于保险责任的，应当自做出核定之日起三日内向保险金申请人发出拒绝给付保险金通知书，并说明理由。

（8）保险人自收到给付保险金的请求和有关证明、资料之日起六十日内，对其给付的数额不能确定的，应当根据已有证明和资料可以确定的数额先予支付；保险人最终确定给付的数额后，应当支付相应的差额。

15. 保险公司的保险责任

在保险期间内，被保险人持有效乘车凭证合法乘坐境内列车遭受意外伤害，并以该意外伤害为直接且单独原因而导致被保险人本人身故、伤残或治疗的，保险人按照下列约定给付保险金。

1）意外伤害保险责任

（1）身故保险责任。

在保险期间内，被保险人遭受意外伤害，并自该意外伤害发生之日起 180 日内因该意外伤害身故的，保险人按保险单所载明的该被保险人意外伤害保险金额给付身故保险金，对该被保险人的保险责任终止。

在保险期间内，被保险人因遭受意外伤害且自该意外伤害发生之日起下落不明，后经人民法院宣告死亡的，保险人按该被保险人意外伤害保险金额给付身故保险金。但若被保险人被宣告死亡后重新出现或身故保险金受领人确知其没有死亡的，身故保险金受领人应于知道或应当知道被保险人没有死亡后 30 日内退还保险人给付的身故保险金。

被保险人身故前，保险人已按本保险合同约定给付伤残保险金的，身故保险金应扣除已给付金额。

父母为其未成年子女投保本保险的，因被保险人身故给付的保险金总和不得超过国务院保险监督管理机构规定的限额。

（2）伤残保险责任。

在保险期间内，被保险人遭受意外伤害，并自该意外伤害发生之日起 180 日内依据中国保险行业协会、中国法医学会联合发布的《人身保险伤残评定标准》（中保协发〔2013〕88 号）鉴定为一至十级中任一级伤残的，保险人按照《人身保险伤残评定标准》中规定的给付比例乘以该被保险人意外伤害保险金额给付伤残保险金。如第 180 日治疗仍未结束的，按当日的身体情况进行伤残鉴定，并据此给付伤残保险金。若被保险人因遭受意外伤害事故导致的伤残不在《人身保险伤残评定标准》之列，保险人不承担给付伤残保险金责任。

（3）在保险期间内，保险人依据本保险合同对被保险人给付身故保险金和伤残保险金的总额，以保险单所载明的该被保险人的意外伤害保险金额为限。一次或多次累计给付的身故保险金和伤残保险金总和达到意外伤害保险金额时，保险人对该被保险人的身故保险责任和伤残保险责任终止。

2）意外伤害医疗费用保险责任

在保险期间内，被保险人遭受意外伤害，在中华人民共和国境内二级及以上公立医院或保险人认可的医疗机构治疗，对被保险人实际支出的、符合当地政府颁布的社会基本医疗保险报销范围内的、合理且必要的医疗费用，保险人在扣除社会基本医疗保险或其他任何途径（包括但不限于任何商业保险机构、公费医疗、侵权责任人等）已经补偿或给付的部分以及人民币 200 元的免赔额后，按其剩余部分的数额依据本保险合同的约定给付医疗费用保险金。

若保险期间届满时被保险人治疗仍未结束的，保险人继续承担给付保险金的责任，但对住院治疗者最长不超过自该意外伤害发生之日起连续 180 日，对门诊治疗者最长不超过自该意外伤害发生之日起连续 15 日。

保险人依据本保险合同对被保险人医疗费用保险金的给付总额，以保险单所载明的该被保险人的意外伤害医疗费用保险金额为限。一次或多次累计给付医疗费用保险金总和达到意外伤害医疗费用保险金额时，保险人对该被保险人的意外伤害医疗费用保险责任终止。

16. 保险公司免除责任的情况

1）因下列原因之一，造成被保险人身故、伤残或治疗的，保险人不承担给付保险金责任

（1）投保人的重大过失或故意行为；

（2）被保险人故意犯罪或抗拒依法采取的强制措施；

（3）被保险人自致伤害或自杀，但被保险人自杀时为无民事行为能力人的除外；

（4）因被保险人挑衅或故意行为而导致的打架、斗殴、被袭击或被谋杀；

（5）被保险人违反《中华人民共和国铁路法》《铁路安全管理条例》等法律、法规、规章或未遵守铁路部门安全管理规定；

（6）被保险人妊娠、流产、分娩、疾病、猝死、药物过敏、食物中毒、高原病（高山病）、减压病、中暑、细菌或病毒感染，但因意外伤害事故导致流产、分娩和创伤感染的除外；

（7）被保险人接受手术或其他医疗；

（8）被保险人未遵医嘱，私自服用、涂用、注射药物；

（9）被保险人因遭受铁路交通事故以外的原因失踪而被人民法院宣告死亡的；

（10）任何生物、化学、原子能武器，原子能或核能装置、核燃料、核废料所造成的爆炸、灼伤、污染或辐射；

（11）恐怖主义行为、恐怖袭击、绑架。

2）被保险人在下列期间遭受意外伤害导致身故、伤残或治疗的，保险人也不承担给付保险金责任

（1）被保险人精神和行为障碍（以世界卫生组织颁布的《疾病和有关健康问题的国际统计分类（ICD—10）》为准）期间；

（2）战争、军事行动、暴动、武装叛乱期间；

（3）被保险人醉酒或受毒品、管制药物的影响期间；

（4）被保险人非乘坐境内列车期间，或虽在乘坐境内列车期间但未持有与保险期间对应的有效乘车凭证；

（5）被保险人从事违法犯罪活动期间或被依法限制人身自由、在逃期间。

3）保险人对下列费用也不承担给付保险金责任

（1）非治疗以此次意外为直接且单独原因导致的身体伤害而发生的医疗费用；

（2）当地社会基本医疗保险规定的自费项目和药品费用；

（3）矫形、整容、美容、体检、验光、心理咨询和治疗、器官移植，以及修复、安装及购买残疾用具（包括但不限于轮椅、假肢、假眼、助听器、配镜）的费用；

（4）洗牙、牙齿美白、正畸、烤瓷牙、种植牙、镶牙等牙齿保健和修复费用；

（5）在境外医院、中外合资医院、民营医院、康复中心、联合诊所、特需（色）门诊、特需病房等非保险人指定或者认可的医疗机构发生的费用，但符合本条款第二十八条约定的情形的除外；

（6）营养费、食宿费、交通费、误工费、丧葬费、生活补助费以及疗养或康复治疗的费用；

（7）本保险合同中载明的免赔额。

17. 购买铁路乘意险注意事项

（1）旅客在车站购买铁路乘意险时，应及时索要保险发票，未及时索要的不能再补领发票。

（2）具有完全民事行为能力的被保险人本人、在订立保险合同时对被保险人具有保险利益的其他个人或组织均可作为本保险合同的投保人。

（3）在订立保险合同时，身体健康、能正常生活或工作的自然人，可作为保险合同的被保险人。

（4）投保人不得为无民事行为能力人投保铁路乘意险，父母为其未成年子女投保的，不受此规定限制，但被保险人死亡给付的保险金总和不得超过国务院保险监督管理机构规定的限额。

（5）除父母为其未成年子女投保的以外，投保铁路乘意险应经被保险人同意并认可保险金额，否则以死亡作为给付保险金条件的条款无效。

（6）已投保旅客应妥善保管火车票、12306 所发的投保短信或保险告知单、购保时所使用的有效身份证件和保险发票。

（7）在 12306 网站投保的，可在不晚于自所购火车票载明的乘车日期起 31 日内，凭火车票或投保时使用的有效身份证件到车站指定窗口领取保险发票。

（8）投保人应妥善保管火车票、保险发票，以及投保时所使用的有效身份证件，便于出险时查询和核实有关信息。

（9）保险事故发生后，被保险人若因急诊等特殊情况未在保险人指定或认可的医疗机构治疗的，应在三日内通知保险人，并根据病情及时转入保险人指定或认可的医疗机构。若确需在非保险人指定或认可的医疗机构治疗的，应向保险人提出书面申请，保险人在接到申请后三日内给予答复。对于保险人同意在其他医疗机构治疗的，保险人对该期间发生的医疗费用按本保险合同约定承担给付医疗费用保险金责任。

（10）因履行本保险合同发生的争议，由当事人协商解决。协商不成的，提交保险单载明的仲裁机构仲裁；保险单未载明仲裁机构或者争议发生后未达成仲裁协议的，依法向人民法院起诉。

18. 名词解释

（1）书面形式：指合同书、信件和数据电文（包括电报、电传、传真、电子数据交换和电子邮件）等可以有形地表现所载内容的形式。

（2）乘车凭证：指铁路旅客运输合同凭证，包括纸质车票、电子车票及铁路部门认可的其他乘车凭证。

（3）保险人：指与投保人签订本保险合同的中国铁路财产保险自保有限公司及各分支机构。

（4）意外伤害：指以外来的、突发的、非本意的和非疾病的客观事件为直接且单独的原因致使身体受到的伤害。

（5）故意：指明知自己的行为会产生一定的结果而希望或者放任这种结果的发生。

（6）恐怖主义：指任何个人或集团运用武力或暴力，以达到政治上的、宗教上的或意识形态上的目的，包括意图影响政府，或致使民众或部分民众处于恐慌。

（7）猝死：指由于潜在的自然疾病突然发作或恶化而发生的出人意料的急骤死亡。

（8）保险金申请人：指被保险人、受益人或被保险人的继承人或依法享有保险金请求权的其他人。

（9）不可抗力：指不能预见、不能避免并不能克服的客观情况。

二、铁路乘意险——固定期限产品

铁路乘意险——固定期限产品，是指由中国铁路财产保险自保有限公司经中国保监会核准经营的，保障旅客在固定期限的保险期间内持有效乘车凭证合法乘坐境内列车遭受意外伤害致使旅客本人身故、伤残或治疗的，铁路保险公司按照约定给付保险金的一种保险产品。

1. 保险期间

被保险人按保险单载明的一年时间内，持有效乘车凭证合法乘坐境内列车期间。

乘坐境内列车期间指被保险人持有效乘车凭证通过实名制验证或检票进站时起，至被保险人检票出站时止，但不包括被保险人中途下车出站至重新进站期间和被保险人所乘列车在境外运行期间。

2. 购买的费用和保险额度

现在开办四种固定期限的保险方案：

方案一：年保费 10 元。意外身故伤残保险额度 10 万元；附带意外伤害医疗保险额度 1 万元。

方案二：年保费 20 元。意外身故伤残保险额度 20 万元；附带意外伤害医疗保险额度 2 万元。

方案三：年保费 50 元。意外身故伤残保险额度 50 万元；附带意外伤害医疗保险额度 5 万元。

方案四：年保费 100 元。意外身故伤残保险额度 100 万元；附带意外伤害医疗保险额度 5 万元。

3. 其　他

其他要求与“铁路乘意险——指定行程产品”相同。

参考文献

[1] 裴瑞江、周毅民. 铁路客运组织[M]. 北京：中国铁道出版社，2016.

[2] 裴瑞江. 铁路客运业务演练任务与指导[M]. 北京：中国铁道出版社，2016.

[3] 邓岚. 旅客列车客运乘务[M]. 成都：西南交通大学出版社，2016.

[4] 中华人民共和国铁道部. 铁路旅客运输规程[M]. 北京：中国铁道出版社，2010.

[5] 中华人民共和国铁道部. 铁路旅客运输办理细则[M]. 北京：中国铁道出版社 2010.

[6] 中华人民共和国铁道部. 铁路客运运价规则[M]. 北京：中国铁道出版社，2010.